中国公共管理学科前沿报告

总主编：赵景华

经济管理学科前沿研究报告系列丛书

THE FRONTIER RESEARCH REPORT ON DISCIPLINE OF SOCIAL SECURITY

杨燕绥 李海明 主 编

社会保障学学科前沿研究报告

经济管理出版社
ECONOMY & MANAGEMENT PUBLISHING HOUSE

图书在版编目（CIP）数据

社会保障学学科前沿研究报告 2013/杨燕绥，李海明主编．—北京：经济管理出版社，2019.2
ISBN 978-7-5096-6236-6

Ⅰ.①社… Ⅱ.①杨… ②李… Ⅲ.①社会保障—学科发展—研究报告—中国—2013 Ⅳ.①C913.7-12

中国版本图书馆 CIP 数据核字(2018)第 285942 号

责任编辑：范美琴
责任印制：黄章平
责任校对：董杉珊

出版发行：经济管理出版社
（北京市海淀区北蜂窝 8 号中雅大厦 A 座 11 层　100038）
网　址：www.E-mp.com.cn
电　话：（010）51915602
印　刷：三河市延风印装有限公司
经　销：新华书店
开　本：787mm×1092mm/16
印　张：18
字　数：405 千字
版　次：2019 年 10 月第 1 版　　2019 年 10 月第 1 次印刷
书　号：ISBN 978-7-5096-6236-6
定　价：89.00 元

《中国公共管理学科前沿报告》
专家委员会

编辑委员会

总 序

公共管理学科以公共事务及其管理为对象，研究公共部门特别是政府组织的体制、结构、运行、功能和过程及其环节，注重如何应用各种科学知识及方法来解决公共事务问题，目的是促进公共组织更有效地提供公共物品或公共服务，从而促进公共价值的实现。公共管理学科经历了“传统公共行政”“新公共行政”“新公共管理”以及后新公共管理时代的新治理、网络治理和公共价值等范式的竞争与更迭。例如，韦伯官僚制理想类型模型提供了工业化时代各国政府组织的基本形式，新公共管理理论则为20世纪70年代末期以来的“新公共管理运动”和“重塑政府”运动提供了坚实的理论基础和实践指南。

中国历史上曾经创造了丰富的物质文明，也创造了举世公认的政治文明和政府管理文明，根植于儒家文化中的科举制、内阁制等制度对西方政府制度的设计有着举足轻重的作用。新中国成立后，中国走上了一条探索具有中国特色的政府管理模式的漫长道路。改革开放40年以来，中国的道路、理论、制度、文化在全球的影响力不断扩大和加深，为解决人类问题贡献了中国智慧和中国方案。中国公共管理学科在学者们辛勤的耕耘中成长，也在学者们不断的反思中壮大，当今中国的发展已日益呈现出国际化、本土化、跨域性等特征，回应与解决了一些重大的理论与现实问题。

新时代，中国公共管理学科迎来了前所未有的历史性机遇。党的十九大吹响了决胜全面建成小康社会、夺取新时代中国特色社会主义伟大胜利的号角，明确了中国特色社会主义新的历史方位、总任务和总体布局，提出了新时代我国社会主要矛盾发生转变的重要论断，制定了全面深化改革的战略目标和实施方案。新时代全面深化改革和社会主义现代化建设产生了大量亟待公共管理学科解决的重大理论与实践问题。植根于其土壤的西方公共管理理论无法真正解释和解决我国公共管理的实践问题。因此，中国公共管理学科必须回应新时代国家重大需求，顺应当代哲学社会科学及管理科学的发展趋势，加强话语、理论和学科建构，提升学科影响力，为国家和地方创新发展提供强有力的智力支持。

为此，我们组织编写了《中国公共管理学科前沿报告》。这套丛书集研究性、资料性、权威性、前沿性和代表性为一体，以年度中国公共管理改革与发展为主线，力图系统、全面地反映公共管理最新理论前沿和重大实践成果，图景式地勾勒中国公共管理理论成长足迹和实践创新经验，为理论工作者提供一份视野宽广、脉络清晰的思想“沙盘”；为实务工作者提供一份实用有效、生动活泼的经验总结；为学习研究者提供一份简明清晰、取舍得当的选题指南。丛书共10本，分别针对公共部门战略管理、公共政策、行政管理、政治学、政府绩效管理、城市管理学、电子政务、公共经济学、社会保障、公共危机管理等重点领域，客观记录年度最新理论前沿和重大实践成果，并展望学科领域未来发展趋势。

这套丛书的主编和作者均是相关领域的专家，也是我国新时代改革发展的见证者。这套丛书集结了他们长期对公共管理学科的跟踪和研究，特别是对年度研究热点的深入思考和把握。经济管理出版社对这套丛书的出版给予了全力支持；作为以推进学科发展、直谏政府改革为己任的战略智库，中国管理现代化研究会政府战略与公共政策研究专业委员会为此书的策划、出版做出了重要贡献。作为丛书的总主编，我对付出艰辛努力的各位编委会成员、作者，对出版社的领导、编辑表示由衷的感谢！

这套丛书力图客观反映公共管理领域的重大进展、理论创新和代表性成果，聚焦我国公共管理理论的重点、热点与焦点问题，展现中国政府改革的时代轨迹，意义重大且任务艰巨，难免有不足之处，欢迎读者批评指正。

赵景华

2018 年 10 月

导　论

社会保障是国家抵御社会风险和保障国民基本生活安全的制度安排与服务体系，源自福利经济学，涉及政治学、社会学、管理学、法学等。如今，社会保障卡及其国家为参保人建立的终生权益记录，使其成为信息技术的最大买家，大量涉及信息经济学。总之，社会保障涉及政策制定与执行过程，甚至是三分政策、七分执行，是个跨界的复合学科。1884 年，恩格斯在《法德的农民问题》一文中提出“无地工人”定义及其“最低工资、养老金和伤残抚恤等保障要求”。1952 年国际劳工组织通过的《社会保障（最低标准）公约》（102 号）更加具体地描述了社会风险，即生有所育、住有所居、病有所医、伤有所疗、失业有所帮、老残有所养和灾难有所救。这意味着全球就社会保障的客体达成共识，进而对国家履行社会保障义务形成了初步的评价标准，即社会风险覆盖率、应保人群覆盖率和最低保障水平。

世界各国启动社会保障制度建设的视角和时点不同，英国坚持社会公正与国家福利相结合，美国坚持市场自由与国家干预相结合，德国坚持劳资合作与国家干预结合，由此形成社会福利的自由经济派、政府干预派。在医疗保险领域在经过市场决定与失灵、政府决定与失灵的实践和理性思考之后，人们开始探索中间道路（Middle Way）和混合道路（Mixed Way），最后发现政府与市场合作建立伙伴关系的第三条道路（Third Way）是如今社会保障持续发展的必由之路。正如福利大师贝弗里奇在《社会保险与服务》报告中强调“社会保障需要国家和个人的合作”。[①] 1994 年世界银行在《应对老龄危机》报告中提出养老金三支柱的制度设计。在 2000 年之后的 OECD 和欧盟发展报告中，面对人口老龄化的挑战，积极的应对策略是社会合作与持续发展。为此，我们在《中国老龄社会与养老保障发展报告》[②] 中，制定了全球老龄社会发展的时间表，并基于这个时间表总结了社会保障发展规律：进入老龄社会（1950 年以后），重在建制度，做到全覆盖、保基本；深度老龄社会（1970 年以后），重在调结构，完善基本保障和补偿保障的制度建设；超级老龄社会（2010 年以来），重在实现整合、完善管理服务体系，继而培育“增加就业与贡献，提高管理服务水平”的社会合作文化。

1993 年，党的十四届三中全会提出建立多层次社会保障体系。2004 年中国《宪法》

---

① 《贝弗里奇报告：社会保险与相关服务》，英国文书局，1995 年再版，劳动和社会保障部社会保险研究所翻译，中国劳动社会保障出版社 2004 年版。

② 杨燕绥主编：《中国老龄社会与养老保障发展报告》（2013），清华大学出版社 2014 年版，第 91 ~ 98 页。

修正案第 14 条第四款规定："国家建立健全同经济发展水平相适应的社会保障制度。"同年政府首次发表《社会保障白皮书》。白皮书说，中国对计划经济时期的社会保障制度进行了一系列改革，逐步建立起与市场经济体制相适应，由中央政府和地方政府分级负责的社会保障体系基本框架，包括社会保险、社会福利、优抚安置、社会救助、住房保障以及作为补充保险的企业年金、商业健康保险，还有赈灾救济响应系统和全国社会保障（储备）基金理事会等制度，社会保险是核心部分，包括养老保险、失业保险、医疗保险、工伤保险和生育保险。2012 年，党的十八大报告提出"全面建成覆盖城乡居民的社会保障体系"。党的十九大报告进一步强调"全面建成覆盖全民、城乡统筹、权责清晰、保障适度、可持续的多层次社会保障体系"的发展目标。社会保障体系建设重在政策整合与服务平台建设。

为此，本书基于社会风险的原理，梳理 2013 年国内外社会保障研究与学科建设的前沿文献，以供研究者、教学者和决策者参考。

目　录

第一章　社会保障学学科 2013 年国内外研究综述

第一节　国内研究综述

在关注民生的执政理念推动下，社会保障在国家决策中越来越重要，相应的学术研究成果也不断涌现。养老保障、医疗保障以及农村社会保障是社会保障研究的三大核心主题，工伤保险、失业保险、生育保险等领域的研究成果相对薄弱。社会保障学科具有强烈的问题导向，学术界的研究紧紧围绕国家社会保障建设中面临的突出问题，研究宗旨强调服务于政府决策。

社会保障学科作为一个新兴学科，还未形成完整的学科体系，理论与方法都不够成熟。目前的研究成果侧重于学科交叉，主要思路为利用经济学、管理学、社会学的理论、方法分析社会保障问题。社会保障问题与经济理论相结合，成为一个备受肯定的研究方向，出现了大量的研究成果。其核心思路为把社会保障作为一个影响因素，添加到经典的经济学研究问题之中，从而得到一些新颖的研究结论。定量的实证研究是社会保障研究的主流方向，面板数据、聚类分析、工具变量、倾向得分匹配等计量方法被引入社会保障研究中。

以下将对社会保障理论、养老保障、医疗保障、农村社会保障四个主题，分别介绍相关研究成果。

一、社会保障理论研究

社会保障的概念与社会风险相对应，是指国家为应对年老、疾病、失业、工伤等社会风险而提供的经济保障制度，包括社会风险、基本生活、制度安排和服务体系等关键词。1952 年，国际劳动组织通过的第 102 号公约《社会保障最低标准公约》，就社会风险达成共识，主要包括生有所育、病有所医、伤有所疗、失业有所帮、老残有所养、灾难有所救；在此后的建议书中增加了住有所居等。制度安排包括社会保险、社会福利、社会救助、雇主责任、自储公助等。

中国在2004年发布了《社会保障白皮书》，社会保障制度框架对社会保障的定义是“4+2”模式，即社会保险、社会福利、社会救助、社会优抚加上住房保障、慈善事业，构成一个多层次、多方面的保障体系，为公民提供全方位的保障。通俗理解的社会保障是所谓“五险一金”，即养老保险、医疗保险、工伤保险、失业保险、生育保险和住房公积金，可见社会保险是中国社会保障的核心制度。同样地，社会保险也是社会保障学科研究的重心，社会福利次之，其他主题的研究相对薄弱。

福利国家理论是社会保障研究的基本视角。20世纪以来，世界各国社会保障事业蓬勃发展，建设福利国家是重要的实践推动力。1941年，受英国战后委员会的委托，经济学家贝弗里奇负责对现行的国家社会保障体系进行调查，并提出重建社会保障计划的整体方案。次年，贝弗里奇提交了《社会保险和相关服务》的报告，这就是著名的“贝弗里奇报告”。贝弗里奇报告发展了福利国家理论，并在1945年工党执政以后，成为工党政府建设社会保障体系的纲领。在撒切尔政府改革之前，贝弗里奇报告在几十年的时间里始终是社会保障建设的基础。贝弗里奇报告对整个欧洲的社会保障制度也产生了深远的影响，到现在挪威、瑞典等北欧国家的高福利制度，仍然是福利国家思想的延续。

福利国家是西方经济学研究的一个重要领域，它拓宽了传统福利经济学的疆域，成为“新福利经济学”的支柱。可以说，福利国家是经济学研究一个无法绕开的主题，它与20世纪以来的经济理论发展演变，以及经济社会结构的重大变迁，有着密不可分的联系。[①]福利国家理论探索的一个基本问题是：国家为什么需要建设社会保障以及提供何种程度的社会保障？关于这个问题的回答，具有鲜明的时代特征，尤其是与不同时期主导的经济思想（如凯恩斯主义、新自由主义等）息息相关。“二战”是福利国家建设的一个分水岭。“二战”以前，各国的社会保障只是保证公民维持生存必需的生活资料；“二战”以后，社会保障进入一个繁荣发展的时期，越来越多的国家建立起相对完善的社会保障体系，社会保障的覆盖面、保障水平等大幅度提高。

如果说早期的社会保障强调“生存型”福利，也就是强调基本生活需求的保障，那么新的发展趋势就是强调“发展型”福利，强调社会保障最终服务于人的发展。谢琼试图对两者进行整合，她认为，应该突破“作为最低保障的福利”，把福利界定为“生存”和“发展”，兼顾了补救型与发展型的社会福利。她首先明确了“福利权”的概念，当今社会，福利已经不再是国家给予公民的“恩惠”，而是公民享有的基本权利。而福利权是“大社会权利”概念，包括生存权、发展权、工作权、健康权、教育权、社会保障权等多个方面的内涵，联合国《人权宣言》明确的经济、社会、文化权利，都可以纳入促进人的生存与发展这个范畴之中。[②]

审视福利国家的演变还可以发现，社会保障体系的发展与国家建设存在紧密的互动。

---

① 郑秉文：《经济理论中的福利国家》，《中国社会科学》2003年第1期。

② 谢琼：《福利、福利制度与福利权》，《中国行政管理》2013年第4期。

英国等早期的福利国家建设，一方面是受工业革命的影响，另一方面直接的影响因素就是战后重建，社会保障建设是国家建设的重要内容。英国的贝弗里奇报告，即是在战后重建的背景下提出来的，同时也大大促进了战后重建的进程。美国社会保障体系的建设，同样与国家建设相融合，社会保障体系的建设与发展，实际也是现代国家建设的过程，社会保障体系本身就是现代国家的重要组成部分。美国社会保障体系的发展，呈现出明显的渐进式特征，国家逐步进入社会保障这一原本被认为是私人市场的领域，在这一过程中，政府强化了国家责任，并扩张了政府权力，财政汲取能力和行政管理能力都得以增强。公民权利保障的范围，从原来的民事权利与政治权利，逐步扩展到经济权利和社会权利。通过保护公民的社会权利，重塑了国家与公民的关系，“为所有公民提供保障成为现在国家合法性的重要来源”；将国家力量渗入社会，经济社会事务中出现了政府的广泛干预。[①] 美国社会保障体系建设的过程，反映了社会保障发展与国家建设互动的一般性规律，同时也为正处于现代化进程中的后起国家提供了经验。

另一个对社会保障体系建设产生重要影响的因素是文化。不同国家的社会保障体系，存在着明显的文化差异。正如美国社会保障体系无法摆脱个人主义的影响，德国社会保障体系深受社会民主主义的影响，而亚洲国家的社会保障体系则带有明显的儒家文化特征。政府强制储蓄积累社会保险资金、以家庭为核心的风险分散机制降低风险等亚洲国家的做法都契合了儒家文化的特点。[②]

社会保障体系建设还受到社会保障管理体制的深刻影响。随着各项社会保障制度的建立，中国已经初步建立起相对完善的社会保障体系，但是相应的管理体制却落后于制度建设，这成为社会保障体系进一步发展与完善的制约因素。计划生育带来家庭保障功能弱化，工业化、城镇化进程不断加快等因素，使社会保障管理体制面临着严峻的挑战。社会保障管理体制存在的问题主要表现在：第一，社会保障管理的职责分散，多头管理的问题突出；第二，社会保障管理的行政机构与经办机构存在政事不分的问题；第三，社会保障管理与服务尚未实现一体化。按照大部门体制的要求，完善社会保障管理体制，总体目标是：“建立适应中国社会经济发展要求的，国家统一立法、统一制度、统一政策，地方因地制宜组织实施的具有中国特色的社会保障管理体制”。具体应当从“统一社会保障行政管理机构、加强社会保障经办机构建设、构建综合的社会保障管理服务大平台、制定完善相关法律体系、充分调动社会参与”等方面着手。[③]

社会保障与经济发展的关系，是社会保障研究的经典问题。它最早被经济学家纳入经济学分析的范畴，社会保障作为影响经济活动的一个变量，统一到经济模型之中。随着社会保障学科的发展，关于社会保障的研究主题从经济学中独立出来，成为一个广受关注的学科方向。一方面，经济发展影响社会保障的水平，因为经济发展是社会保障的物质基

① 徐晓新、高世楫、张秀兰：《从美国社会保障体系演进历程看现代国家建设》，《经济社会体制比较》2013 年第 4 期。

② 李耀华：《儒家文化与社会保险：以近代中国职工强制储蓄为例》，《财经研究》2013 年 9 月第 39 卷第 9 期。

③ 叶响裙：《论我国社会保障管理体系的改革与完善》，《中国行政管理》2013 年第 8 期。

础。中国《宪法》明确规定："国家建立与经济发展水平相适应的社会保障制度。"可见，社会保障发展不可能超出经济发展水平，否则将带来一系列的问题。另一方面，社会保障制度建立以后，将对经济发展产生广泛的影响。例如，社会保障制度的建立，可以降低或减少人们面临的风险与不确定性，从而改变其边际消费倾向。

储蓄率偏高是当前中国经济发展存在的问题之一。社会保障制度会对储蓄率产生何种影响？社会保障制度的建立能否降低储蓄率或者增加消费？这也成为社会保障研究的一个热点问题。生命周期理论、世代交叠模型、永久性收入假说、中性理论等不同理论模型，对这个问题给予了不同的回答。

杨继军、张二震结合中国实际，归纳出三种观点：第一种观点认为，养老金作为资产组合之一，与储蓄存在替代关系，因此社会保障制度会抑制储蓄。第二种观点认为，养老保险制度引起个体消费认知和边际储蓄倾向的变化，它使个体认识到养老储蓄的重要性，因此会增加储蓄。第三种观点认为，社会保障制度的影响是中性或不确定的，它通过"资产替代效应"和"诱致退休效应"产生截然相反的影响。他们的研究表明，中国的养老保险制度显著提高了储蓄率水平，其原因在于：一是居民对于养老金账户的资产评价较低，养老金资产与其他资产的替代关系不成立；二是中国养老保险制度处于不断改革过程中，不能为居民提供稳定的预期，居民仍然需要增加储蓄以应对不确定性；三是养老保险改革的不公平性，受益者的边际消费倾向较低时会推高储蓄率。①

社会保障对就业存在何种影响？这是中国社会保障学者关注的另一个热点问题。这一问题的研究视角，主要是从社会保障缴费切入，分析社会保障缴费从劳动力需求侧对就业产生何种影响。与世界其他国家相比，中国社会保障制度的缴费比例偏高，根据现行政策，社会保障的总制度缴费率在50%以上（见表1），企业的缴费负担沉重，用工成本较高，并对企业的经济活力产生不利的影响。利用2004～2010年的省际面板数据研究发现，社会保障缴费过快增长，对中国就业市场产生明显的挤出效应，尤其对中高收入地区的挤出效应更加明显。社会保障缴费率过高对就业存在显著的挤出效应，缴费率每提高1%，总就业水平将降低0.153%。挤出效应在中高收入地区更加明显。造成这种现象的原因在于，企业无法通过转嫁成本的方式减轻负担。一方面，法定最低工资制度使企业无法通过无限度地降低工资以转嫁社保成本；另一方面，根据社会保障的制度设计，企业缴纳的社会保险费被计入社会统筹账户，跟个人未来收益的联系并不紧密，这也在一定程度上阻碍了社会保险费的转嫁。②

由于社会保障费率过高，社会保障覆盖面增加缓慢，企业存在拖欠、逃避社会保障缴费的现象。企业缴费不足的现象较为普遍，2002年北京市社保情况专项审查发现，存在少缴社保费的企业占审核总数的61%，上海社保局在2002～2004年的审计结果也有类似

① 杨继军、张二震：《人口年龄结构、养老保险制度转轨对居民储蓄率的影响》，《中国社会科学》2013年第8期。

② 朱文娟、汪小勤、吕志明：《中国社会保险缴费对就业的挤出效应》，《中国人口·资源与环境》2013年第23卷第1期。

的发现，缴费不足的企业占到80%左右。① 在某种程度上，政府甚至“鼓励”这种现象，譬如有些地方政府将社会保障缴费缓缴、减免作为招商引资的优惠政策吸引企业。对于企业员工来说，社会保障缴费率过高，减少了员工的当期收入，从而影响其跨期消费，因此他们也愿意接受企业不进行参保登记或少缴社会保障费的安排。社会保障费率对企业的社会保险参保程度具有显著的负向影响。适当降低费率能够显著提高征缴率，非但不会减少社会保险基金收入，反而能够提高企业的参保程度，增加社会保险基金的实际收入。②

表 1 城镇职工“五险一金”制度缴费率

社会保险	单位费率(%)	个人费率(%)	政策依据
基本养老	20	8	国务院关于完善企业职工基本养老保险制度的决定（国发〔2005〕38 号）
基本医疗	6	2	国务院关于建立企业职工基本医疗保险制度的决定（国发〔1998〕44 号）
失业	2	1	失业保险条例
工伤	1	—	工伤保险条例
生育	1	—	企业职工生育保险试行办法（劳部发〔1994〕504 号）
住房公积金	5	5	住房公积金管理条例
合计	35	16	总费率：51%

中国社会保障制度维持高缴费率，结果却使实际征缴水平偏低，社会保障基金收入偏低，政府不得不通过大量的财政补贴充实社会保障基金。高缴费、高补贴、低待遇，这成为中国社会保障制度中的畸形现象。由于各地经济发展水平差异较大，不同地区政府的社会保障筹资能力差异极大，这也造成不同地区政府的财政负担不公平。“经济发达省份，社会保障覆盖水平较高，政府财政社会保障负担较轻，已经逐步实现良性循环；而经济欠发达省份，社会保障覆盖缺口较大，政府社会保障负担较重。”③ 也就是说，经济发达的省份财政汲取能力强，同时社会保障基金筹资水平高；而经济欠发达的省份本来社会保障基金的筹资水平就低，再加上财政汲取能力弱，就形成省际间严重的“苦乐不均”。中央政府为了实现社会保障全覆盖，不得不通过转移支付大量补贴中西部省份，导致中西部地区社会保障过度依赖中央财政，无法实现自我平衡。

虽然政府提供大量的财政资金充实社会保障制度，但是财政资金在社会保障制度中的使用效率并不高。如何完善社会保障财政管理制度，成为推进社会保障制度建设的关键问

① Nyland, C., R. Smyth, and C. J. Zhu, 2006, “What Determines the Extent to which Employer will Comply with their Social Security Obligations? Evidence from Chinese Firm - level Data”, Social Policy and Administration, 40 (2): 196 - 214.

② 封进：《中国城镇职工社会保障制度的参与激励》，《经济研究》2013 年第 7 期。

③ 果佳、唐任伍：《均等化、逆向分配与“福利地区”社会保障的省际差异》，《改革》2013 年第 1 期。

题。社会保障财政管理存在的问题表现在：第一，与社会保障制度相契合的财政管理制度不健全；第二，社会保障的财政风险管理落后；第三，社会保障未被列为重要的支出项目，中央政府与地方政府的社会保障职责未能进行科学的制度划分。随着社会保障制度发展、人口老龄化加速、经济发展方式转变、统筹城乡发展等社会保障财政管理的内外部环境发展变化，这些都要求对现行社会保障财政管理制度进行调整和完善。刘大卫提出了以下七个方面的系统化改革措施：①注重顶层设计，坚持适度普惠；②加强制度衔接，实现统筹发展；③扩大覆盖范围，推进全民保障；④建立多元化保障，发挥市场作用；⑤创新管理机制，确保可持续发展；⑥突破体制障碍，提高运行效率；⑦加强监督管理，提高资金效益。[①]

二、养老保障研究

养老保障涉及养老金、老年医疗、老年居住和医养服务。[②] 养老金是人们退休后的日常开支的现金流和生存年金，主要覆盖衣食住行。进入老龄社会之后，伴随着国民平均预期寿命的延长，增加了高龄老人日间照料的费用，且高于老年人的日常开支的 2 ~ 3 倍（要满足务工人员及其家庭的基本生活需求），这对养老金的充足性提出挑战。

养老保障是社会保障制度的核心内容，同时也是社会保障研究的重心之一。各国的社会保障支出中，养老金支出均占据最高的比例，其重要性可见一斑。中国对养老保障的研究集中在养老保障基金收支、制度整合、延迟退休以及养老服务体系建设四个方面。

1. 养老保障基金收支

养老保障基金能否实现长期收支平衡？这是养老保障制度的关键问题，也是各个国家养老保障实务中需要应对的突出问题。根据美国《社会保障法案》，社会保障信托基金需要维持 70 年的支付能力，以保证其长期支付安全，保护参保人的权益。

2013 年，中国社会保险（含城乡居民基本养老保险）基金收入合计 35253 亿元，比上年增加 4514 亿元；基金支出合计 27916 亿元，比上年增加 4585 亿元。全国养老保险基金总体当期收大于支，2013 年结余 4914 亿元，年末累计结存 31275 亿元，当期支付压力并不大。但各级财政大量补贴养老保险基金，如果剔除财政补贴，当期结余将微乎其微。一些中西部省份养老保险基金当年出现收不抵支，财政负担沉重，难以实现良性循环，[③] 其主要原因在于：退休人员和退休待遇不断提高，缴费人员数量减少，中断缴费、退保、提前退休等现象存在，统筹层次低致使难以进行资源调剂，等等。[④]

随着中国人口老龄化加剧，养老保险制度内赡养比不断上升，结果将导致养老保险出

① 刘大卫：《社会保障条件下的财政变量与政策匹配》，《改革》2013 年第 5 期。

② 杨燕绥主编：《中国老龄社会与养老保障发展报告（2013）》，清华大学出版社 2014 年版。

③ 果佳、唐任伍：《均等化、逆向分配与“福利地区”社会保障的省际差异》，《改革》2013 年第 1 期。

④ 赵应文：《城镇职工基本养老保险基金“收不抵支”原因分析与对策选择》，《北京社会科学》2013 年第 3 期。

现长期支付危机。通过采取扩大覆盖面、延迟退休、改革计发办法等措施，能在一定程度上改善养老保险基金的收支状况，但是扩大覆盖面和延迟退休的措施在短期内效果明显，之后改善效果将逐步下降，长期可能会加剧养老保险基金的财务风险。而且中国养老保险已经实现制度全覆盖，实际覆盖率已达到90%以上，"扩面"带来的基金快速增长已经无法持续。通过改革计发办法，可以通过降低退休金水平从而改善代际核算平衡，理论上其对个人账户基金没有影响，而同期可以改善统筹账户基金，且改善规模不断扩大，因为它是可以通过改善代际核算系数的改革，相比改善参保人口结构是长期性改革，时间越长越有效。[①] 但是，改革计发办法会导致养老金水平下降，这无疑将面临来自社会的巨大挑战。

由于养老保险基金面临长期收支平衡的压力，加上老龄化加速的影响，如何维持长期收支平衡成为政府应对的首要问题，而提高保障水平的步伐难以加快。替代率是衡量基本养老保险保障水平的重要指标。中国养老金的社会平均工资替代率水平实际在不断下降，从1997年的76%，至2011年已经下降到44%，低于制度设定的60%的目标替代率，而60%的替代率水平是较为合理的，大致能够实现保障基本生活的目标。但是政府多年来连续调整待遇水平，依然没有解决养老保险实际待遇水平下降的问题。究其原因，主要是缴费水平下降、提前退休、养老基金收益率过低等因素导致替代率水平下降。[②]

基本养老保险的总体替代率水平不高，但是不同群体之间存在较大差异，低收入群体的基本养老保险替代率较低，而高收入群体的替代率则相对较高。养老保险制度未能有效发挥再分配功能，低收入群体的基本养老保险待遇主要取决于缴费，能够获得的社会互济非常有限。灵活就业人员、高龄老人和弱势群体发生老年贫困的可能性很高。[③] 机关事业单位的养老金替代率和相对水平最高，企业职工次之，新农保最低。随着收入水平的提高，制度不公平的问题将越来越突出。[④]

2. 养老保险制度整合

碎片化是中国社会保障制度存在的突出问题，针对不同人群分别建立相应的社会保障制度，这使国家在短时间内实现了社保全覆盖，但也带来了制度整合困难的问题。养老保险制度整合存在两个突出问题：一是机关事业单位与城镇职工养老保险的整合，二是城乡养老保险制度的整合。

养老保险的"双轨制"是一个经常被混淆和误用的用语，它的确切含义是指城乡养老保险（尤其是城镇职工养老保险）和机关事业单位退休制度的"双轨制"，或者说养老

---

① 杨翠迎、冯广刚：《上海市基本养老保险制度三大改革的基金精算评估》，《上海财经大学学报》2013年6月第15卷第3期。

② 李珍、王海东：《养老金替代水平下降的制度因素分析及对策》，《中国软科学》2013年第4期。

③ 郑春荣：《中国城镇职工基本养老金的公平性——基于不同收入群体的分析》，《中国人口科学》2013年第1期。

④ 王亚柯、王宾、韩冰洁、高云：《我国养老保障水平差异研究——基于替代率和相对水平的比较分析》，《管理世界》2013年第8期。

保险与退休制度的“双轨制”，而不是城乡养老保险的二元结构问题。双轨制备受诟病，主要原因是其不公平，机关事业单位工作人员未参加社会养老保险，不用缴纳养老保险费，却享受远远高于企业职工的退休金。养老保险缴费的实际负担不同，企业职工的负担重于机关事业单位工作人员，而且企业职工养老保险的缴费存在明显的累退性，进一步加剧了“双轨制”的不公平性。[①]

双轨制下，养老保险的待遇水平存在较大差距，公务员养老金的替代率高达70% ~ 90%，而企业职工养老保险的替代率只有40% ~60%。养老金替代率的差异对消费产生了消极影响，导致企业职工与公务员的消费差距。如果提高企业职工的养老金替代率，将显著提高其生命周期内的平均消费支出。因为企业职工退休之后，不再面临着收入冲击，同时养老金替代率提高将引起收入增加，其消费水平将有大幅度的增加。[②] 如何弥合“双轨制”的裂痕，成为养老保险制度亟待解决的问题。

相比之下，城乡养老保险制度整合更加容易实现，其整合思路已经逐渐清晰。居民养老保险与城镇职工养老保险的制度模式一致，都是“统筹账户 + 个人账户”，从制度上看二者并轨并没有障碍。以“统账结合”的部分积累制为基础整合城乡养老保险，是较为稳妥和可行的方案。[③] 具体可以分为两步走：第一步是将城镇居民养老保险与新农保整合为城乡居民养老保险；第二步是实现居民养老保险与城镇职工养老保险等其他养老保险制度相衔接。[④] 新农保与城镇居民养老保险在筹资方式、待遇计发方式、管理方式等方面相差不大，整合相对容易实现，但居民与职工养老保险的整合则难度非常之大，到目前尚未形成统一的解决方案。

分步骤、渐进式整合的方案得到政府的认可，但在学术界同样存在很多不同声音。因为这与分人群建立养老保险的过程一样，整合难度非常大，而且未来会产生诸多弊病。在一些学者看来，借养老保险制度整合之机，最好能够进行系统性的顶层设计，提出一揽子解决方案，搭建出良好的制度框架，然后再逐渐细化完善。长远来看，养老保险整合已经得到社会各界的认可，“在城乡社会养老保险统筹发展的概念内涵、社会功能、统筹原则以及可行性等方面的研究已逐渐由异议走向共识，但在统筹制度模式和实施方案等问题上还存有争议。”[⑤]

中国社会科学院经济研究所社会保障课题组将城乡二元结构养老保险和机关事业单位退休制度统称为“多轨制”，并指出“多轨制”的根本矛盾在于养老保险待遇取决于身份特征，这既造成不同身份群体间的“福利竞赛”，又影响了养老基金的可持续性。为此，课题组建议采取以下步骤整合养老保险制度：第一，建立覆盖全体国民的普惠制公共养老金，由政府财政负担，参考最低生活保障标准确定待遇水平；第二，改革城镇职工养老保险，将统筹基金用于正规就业者社会养老保险，机关事业单位人员逐步并入正规就业者社

---

① 李真男：《社会分层、收入差异和机关事业单位养老保险的可能取向》，《改革》2013 年第 2 期。

② 徐舒、赵绍阳：《养老金“双轨制”对城镇居民生命周期消费差距的影响》，《经济研究》2013 年第 1 期。

③⑤ 王晓东：《社会养老保险城乡统筹研究的争议与展望》，《社会保障研究》2013 年第 1 期。

④ 参见国务院《国务院关于开展城镇居民社会养老保险试点的指导意见》（国发〔2011〕18 号）。

会养老保险；第三，将完全积累的个人账户转化为部分积累的记账式缴费确定型账户，由专业机构进行投资运作。① 清华大学公共管理学院提出的养老金改革方案曾在 2013 年下半年引起高度关注，方案提出建立“国民基础养老金 + 个人账户养老金”的二元结构养老金，国民基础养老金以保障基本水平为准统一发放，确保公平性；个人账户养老金体现贡献与差异，确保激励性。②

3. 延迟退休

从社会舆论的角度来看，2013 年最为引人注目的社会保障问题，无疑是延迟退休问题。2013 年下半年，延迟退休曾在微博等自媒体引起激烈的争论，其中不乏尖锐的批评声音。这一争论的起源是，清华大学公共管理学院杨燕绥教授基于人口结构的测算，提出通过延迟退休保证养老基金的可持续性。③ 事实上，延迟退休并不是 2013 年才开始提出的问题，早在数年之前考虑到人口老龄化及养老保障基金的长期支付压力，人力资源和社会保障部就已经在研究提高退休年龄的问题。有的地方政府如上海，已经开始了一些改革现行退休办法的尝试，2010 年上海市探索柔性延迟退休的政策。上海的经验表明，延迟退休未必会导致养老金待遇水平的下降，反而能够增加养老保险个人账户的积累额，提高养老保险待遇水平。④

退休年龄与领取法定养老金年龄并不是同一概念，前者指退出劳动力市场的年龄，后者则是开始领取法定养老金的年龄。中国实行法定退休制度，到达退休年龄之后必须退出工作岗位，并依照规定开始领取养老金。随着劳动力市场的发展，强行绑定退休年龄和领取法定养老金年龄已经越发不可行。发达国家的经验是政府规定领取法定养老金的年龄，退出劳动力市场的时间则由劳动者自由选择。

劳动者对于退休年龄的选择，通常会以法定退休年龄为参照，根据养老保险待遇的计发办法，选择最为有利的退休时间。因为劳动者个人掌握其工作、收入状况的具体信息，何时退休也应该是劳动者自身做出恰当的判断，政府“一刀切”地规定强制退休年龄，这本身就不符合经济学、管理学的基本原则。理性、科学的养老保险制度，应当是通过引导和激励，使劳动者做出养老保险制度所期待的选择。而现行养老保险制度，非但不能激励延迟退休，反而鼓励提前退休。中国养老保险制度的计发办法，曾经引发多次提前退休潮。⑤ 阳义南利用广东省内大样本问卷调研的截面数据进行回归分析发现，提前退休与基础养老金显著正相关，这说明如果选择提前退休，可能获得更高的养老金待遇。⑥

---

① 中国社会科学院经济研究所社会保障课题组：《多轨制社会养老保障体系的转型路径》，《经济研究》2013 年第 12 期。

②③ 杨燕绥、胡乃军、刘广君：《清华方案：中国养老金顶层设计》，《第一财经日报》2013 年 8 月 12 日第 A5 版。

④ 刘彩云、王裕明、高艳杰：《柔性延迟申领养老金政策视角下个人账户效益分析》，《华东经济管理》2013 年 4 期第 27 卷第 4 期。

⑤ 赵耀辉、徐建国：《我国城镇养老保险体制改革中的激励机制问题》，《经济学》（季刊）2001 年第 1 期。

⑥ 阳义南：《基本养老保险制度激励提前退休的实证研究》，《财贸研究》2013 年第 3 期。

4. *以房养老*

养老服务机构的供给是养老服务供给的重要方面。在养老机构的选择中，“老年人群体对不同性质、区位、服务标准和收费的养老设施的偏好呈现明显分化，而且居住在商品房社区、混合社区、单位社区、旧城社区、经适房社区和廉租房社区的居民有明显差异。”① 随着人口老龄化的加速以及“421”的家庭结构形成，老年人普遍面临养老资产不足和养老服务供给不足的问题。由于中国的房产持有率较高，如何将住房转化为养老资产、保证老年人安享晚年，成为一个值得关注的重要问题。“以房养老”就是在这样的背景下提出来的。

“以房养老”又称“住房反向抵押贷款”或“倒按揭”，最早起源于荷兰。在美国，住房反向抵押贷款已经形成成熟的制度和实施细则，由住房与城市发展部负责审批和管理。60 岁以上的老年人可以申请住房反向抵押，由政府作为担保人，为老年人寻找一家银行借贷。根据房屋的估值确定贷款总额，老年人可以选择领取贷款的方式，如按月领取。当老年人去世之后，房屋所有权归政府所有，住房与城市发展部出售房屋并还清银行贷款，如果售房款仍有剩余，则归继承人所有。②

中国已经开始摸索以房养老的模式，出现了南京市“以租换养”、上海市“住房自助养老”、北京市“养老房屋银行”、中信银行“以房养老倒按揭贷款”等多种模式。由于住房自有化率比较高，房地产二级市场成熟活跃，金融机构在“以房养老”中寻找赢利商机，可见以房养老具有一定的可行性，但同时也面临着传统观念的约束等障碍。③

三、医疗保障研究

健康已经成为现代社会人的基本权利之一。世界卫生组织曾经明确提出：享受最高而能获致之健康标准，为人的基本权利之一；不因种族、宗教、政治信仰、经济或社会情境各异而分轩轾。保障人们的基本健康权利，已经成为政府的职责之一。在中国，“看病难、看病贵”的问题成为医疗卫生领域的突出问题，也妨碍了人们健康权利的实现。从 2009 年以来启动的“新医改”，基本目标就是解决“看病难、看病贵”的问题。医疗保障制度建设与完善，是新医改方案的重要内容之一。

随着医疗保障政策的推进，一些“形而上”层面的问题逐渐凸显出来，例如何谓“基本”医疗保险？何谓“合理”的医疗服务？医疗保障中的政策责任应当如何划定？这就需要从价值层面审视医疗保障制度。曹琦利用韦伯价值理性和工具理性的概念，针对中国需要厘清的健康保障政策的价值争议问题、国际上政策工具的效力和无力以及如何整合价值理性和工具理性等问题进行探讨。健康保障政策不应该以无限满足人民的健康服务需

---

① 高晓路：《城市居民对养老机构的偏好特征及社区差异》，《中国软科学》2013 年第 1 期。

② 鲍家伟：《“以房养老”的国际经验及建议》，《宏观经济管理》2012 年第 3 期。

③ 董建平、韩清河、潘振华：《现行养老体制下“以房养老”模式的可行性探讨》，《河北金融》2013 年第 7 期。

求为目标，而应当主动管理其需求，在有限的卫生资源范围内实现配置效率最大化。中国采用“基本”医疗保险的用语，无疑具有其合理性，疑问在于如何阐释“基本”的内涵。在“全民医保”的国际趋势下，“基本”有两重含义：一是经济意义，二是医学意义。经济意义上的“基本”，就是根据可获得资源来决定政府卫生支出总量，即政府可支付能力是界定“基本”的主要依据。在卫生资源配置过程中，还需要平衡“经济价值”与“社会价值”的关系，例如临终治疗很可能在经济上是无效率的，但在社会伦理层面却应当保障。这需要每个国家结合其历史文化、民族精神以及社会观念进行考量。理性的健康保障政策应该在现实的、可持续价值目标区间内整合工具理性，并通过机制设计实现决策程序的透明和公正。中国民生时代更加需要理性的、科学的、有效的民生投入。①

医疗卫生是一个世界性的难题，其根源在于医疗卫生市场的特殊性。卫生经济学的奠基人阿罗在他的开创性论文中就指出，不确定性是医疗卫生市场的根本特征。② 这一方面表现为疾病的不确定性，正所谓“病来如山倒”，这就说明疾病的发生是不可预知的；另一方面表现在治疗结果的不确定性，即使是同样的疾病、同样的治疗方案，由于患者本身的异质性以及疾病的变异，都可能导致无法预知的结果。围绕医疗保健市场的特征，使用规范的经济学理论方法剖析医疗保健市场，这种思路已经衍生为一个新兴的分支学科——卫生经济学。中国医疗保险领域的相关研究，逐渐接受并发展这种研究思路。

医疗保健市场的另一个突出特征为信息不对称，确切地说是医院、患者、医疗保险的三方主体间任意两者都存在信息不对称。信息不对称导致逆向选择和道德风险的问题前者是指信息优势方利用其信息做出损害对方利益的行为，例如疾病风险高的人群更倾向于参加医疗保险；后者是指代理人利用其隐藏信息或隐藏行为做出损害委托方利益的行为，例如医疗保险中的过度医疗行为。赵绍阳等针对未参保的城镇非正式职工的研究，证实了逆向选择现象的存在。③ 无论是逆向选择还是道德风险，最终结果都是损害社会福利，影响资源配置的效率。

医疗保险领域的改革难题，大多与医疗保健市场的特殊性相关。例如付费机制改革，现在已经成为医疗保险改革的核心问题。付费机制之所以重要，根本原因在于医院与患者之间的信息不对称以及不对等的地位，在第三方付费模式下，付费机制是医疗保险制约医院不合理医疗行为的重要工具。自从新医改以来，中国医疗费用大幅增长，固然是由于医疗保险制度建立以后带来医疗服务需求的释放，但不可忽视的原因在于供给诱导需求、过度医疗等不合理医疗行为。付费机制改革在控制医疗费用增长方面发挥着重要作用。总额预付制、按病种付费（DRGs）等付费方式，能够对医院和医生的行为形成有力的制约。通过在医疗保险与医院之间建立“公共契约”模式，使医疗保险成为患者的“团购”代

① 曹琦：《健康保障政策的价值理性和工具理性》，《中国行政管理》2013 年第 4 期。

② Kenneth Arrow. Uncertainty and the Welfare Economics of Medical Care. The American Economic Review，1963（5）.

③ 赵绍阳、臧文斌、傅十和、刘国恩：《强制医保制度下无保险人群的健康状况研究》，《经济研究》2013 年第 7 期。

理人，可以改变医院与患者之间的不对等地位，减少信息不对称带来的消极影响。[①] 医疗保险不仅是医疗费用的支付方，更重要的是成为医疗服务治理的引导者。

中国医疗保险制度由三个支柱构成：一是基本医疗保险，二是补充医疗保险，三是商业保险。其中基本医疗保险又包括城镇职工医疗保险、城镇居民医疗保险、新型农村合作医疗保险三部分。基本医疗保险遵循“低水平、广覆盖”的思路，侧重于基本保障，以维护社会公平为要旨。医疗保险迅速扩大覆盖面，坚持“应保尽保”，体现的是机会平等的精神；而全覆盖之后，医疗保险将注重实质公平的实现。医疗保险全覆盖保证了全体公民平等的参保机会，参保机会平等能够使医疗服务利用有利于中低收入人群，发挥医疗保险的再分配功能，促进医疗服务利用的实质公平性。[②]

基本医疗保险与基本养老保险类似，都采用“统账结合”的模式，但是二者的性质存在明显的区别。养老保险的个人账户是积累制的锁定账户，用于支付参保人退休后的养老金；而医疗保险更接近于现收现付制，个人账户积累的功能不明确。这导致医疗保险个人账户积累了大量的资金，而资金的使用方式却不明确，既增加了管理难度，还形成严重的资源浪费。随着医疗保险个人账户的积累额越来越大，关于其功能定位的争论也越来越多，如何正确定位医疗保险个人账户，成为医疗保险管理中的一个重大问题。从全国来看，医疗保险个人账户分为“板块式”和“通道式”两种模式，大部分地区采用板块式，镇江、九江等地采用通道式。在板块式下，统筹账户与个人账户资金分别划定支付范围，在其支付范围内分别使用，不得相互挤占。统筹账户主要用于支付住院费用以及特殊门诊费用，个人账户用于门诊、定点药店购药等患者自付的费用。在通道式下，参保者无论门诊、住院均先由其个人账户支付医疗费用，只有在个人账户资金用完后，个人先自付一定费用然后再由统筹基金和个人共付。罗微建议将医疗保险个人账户定位为“个人发展账户”，增加医疗保险个人账户的积累额，并扩大个人账户资金的使用范围。[③]

医疗保险的主体是基本医疗保险，但是基本医疗保险的保障水平有限，解决“看病贵”的问题，还需要大力发展补充医疗保险和商业保险。补充医疗保险定位于弥补基本医疗保险的不足，类型有企业补充医疗保险、职工互助医疗保险、公务员医疗补助等。补充医疗保险发展中面临着诸多问题：相应的法律法规不健全，政府在补充医疗保险发展中的职能不清，补充医疗保险风险管理困难，基本医疗保险与补充医疗保险的衔接不顺畅，补充医疗保险的地区、行业发展不均衡等。[④]

为了提高大额医疗费用的保障水平，减少“因病致贫、因病返贫”的问题，政府开始探讨建立大病医疗保险。大病医疗保险定位为基本医疗保险，但保障范围限于医疗费用超过一定数额的“大病”。在广东省湛江市探索建立的商业保险参与大病保险模式基础

---

① 顾昕：《走向公共契约模式——中国新医改中的医保付费改革》，《经济社会体制比较》2012 年第 4 期。

② 瞿婷婷、申曙光：《参保机会、保障水平与医疗服务利用均等化——基于广东省 A 市的地区差异分析》，《财经研究》2013 年 7 月第 39 卷第 7 期。

③ 罗微：《资产社会政策视角下的医疗保险个人账户改革设想》，《华东经济管理》2013 年 2 月第 27 卷第 2 期。

④ 贾洪波、阳义南：《中国补充医疗保险发展：成效、问题与出路》，《中国软科学》2013 年 1 月。

上，国务院要求全国推广建立大病保险，并以商业保险经办作为主导模式。但是商业保险经办可能带来的风险，仍然是值得注意的问题。通过参与大病医疗保险，商业健康保险获得了一些机遇，但是并没有获得真正突破性的发展。

商业保险面对中国社会保障蓬勃发展的机遇，也在不断探索发展模式。在政府提出"医养结合"模式之后，商业保险迅速捕捉到了这一政策先机。随着中国老龄化的速度加快，老年人口的医疗服务需求呈现加速增长，同时老年护理等养老服务缺口也逐渐呈现。养老服务与医疗服务实现一体化供给，无疑是应对老龄化、满足老年人需求的重要举措。泰康人寿保险股份有限公司推出的"泰康之家"模式，为业内较为成熟的发展模式。"泰康之家"养老社区的核心理念有两点：一是医疗养老，二是活力养老。"泰康之家"养老社区内将建成一座二级医院——泰康国际康复医院，提供专业的康复治理、急诊救护、综合诊疗、慢病管理和私人保健等医疗服务，并与北京市内多家三甲医院建立了转诊绿色通道和专家坐诊机制。可见，"泰康之家"将医养结合、医养融合的思路落到实处。

自新医改以来，中国政府在医疗卫生领域投入了大量资金，迅速扩大了医疗保险覆盖面，减轻了居民的医疗费用负担。这一成果得到世界银行的高度评价，在短时间内实现医保全覆盖，这在世界上是绝无仅有的。关于中国医疗保险的功能与效果研究，成为学术界关注的热点，同时也是政府所关心的问题。医疗保险是否减轻了居民的医疗费用负担、是否能够改善居民健康状况，这是此类研究试图回答的两个问题。

中国医疗保险制度把"全覆盖、保基本"作为指导思想，参保机会的公平性被置于首位，其次是保障水平高低的问题。利用城镇居民医疗保险的数据研究表明，医疗保险能够显著增加医疗服务利用，而且不会增加医疗费用支出，实质上这一效果在经济社会状态差的群体身上更加显著。① 但区分医疗费用的类型时，会发现一些差异。参保机会均等化一定程度上能够促进地区间医疗服务利用的均等化，释放居民的医疗服务需求，但可能存在向富人倾斜的"逆向分配"效果，导致不同收入阶层之间存在医疗服务利用的不平等。"在参保机会均等化的情况下，所有地区的医疗服务利用要么表现为亲穷人，要么实现了'同需同治'，这意味着参保机会均等有助于医疗服务向着有利于穷人的方向进行分配。"但是，"特殊病种门诊和住院医疗服务在触发决策阶段都出现了亲富人的横向不公平现象。这说明参保机会均等还无法从根本上解决各地区亲富人的医疗服务利用不公平问题。"②

保障居民的健康，这是医疗保险的最终目标。医疗资源投入效率的高低，根本的评价标准也是对居民健康状况的改善程度。潘杰等采用工具变量分析城镇居民医疗保险对居民健康的影响，发现城镇居民医疗保险能够显著改善居民健康状态，而且可能对经济社会状态较差的居民影响更大。原因在于，城镇居民医疗保险能够增加居民的医疗服务利用，同

① 潘杰、雷晓燕、刘国恩：《医疗保险促进健康吗？——基于中国城镇居民基本医疗保险的实证分析》，《经济研究》2013 年第 4 期。

② 瞿婷婷、申曙光：《参保机会、保障水平与医疗服务利用均等化——基于广东省 A 市的地区差异分析》，《财经研究》2013 年 7 月第 39 卷第 7 期。

时没有显著增加居民的医疗费用负担。① 俞乔等利用全病种、超大样本的数据分析发现，增加医疗费用支出对治疗效果具有显著的正效应，但基本医疗保险支付的医疗费用对治疗效果的边际效应低于自付费用。这说明基本医疗保险制度内的医疗资源配置效率较低。②

但同样存在相反的研究结论，李华、俞卫的调查数据表明，新农合筹资水平对居民健康没有显著影响，原因可能是患者在总人群中的占比较低，新农合对群体的健康状况没有产生影响。另外，新农合的主要功能体现在减轻农民的经济负担。③ 不过，从该研究使用的方法来看，将新农合的筹资水平作为代理变量，可能不能准确反映医疗保险制度的影响，支出水平更能反映医疗资源投入，因此报销比例、报销水平、自付水平等因素对健康状况的影响更为直接。

中国医疗保险已经从制度上覆盖所有人群，但现实中仍有大量人群因就业单位没有缴费而无法参加职工医疗保险，赵绍阳等将其称之为“医保夹心层”。他们研究发现，“医保夹心层”的健康状况相对较差。无保险的状态通过两种机制影响职工的健康状况：一是无保险状态直接影响医疗服务利用，“医保夹心层”往往更少接受住院服务，一旦住院其负担和花费也更重；二是无保险状态影响健康意识，“医保夹心层”在了解医疗保健知识、定期检查身体等方面更缺乏积极性。“无医保不仅在短期会直接影响对医疗服务需求的满足，在长期还会导致健康状况以及健康意识的恶化。”有关医疗保险经济绩效与健康绩效的研究，往往忽视了医疗保险对健康观念与健康状况的长期影响，结果低估了医疗保险的实施效果。④

四、农村社会保障研究

城乡二元对立是中国社会的基本特征，城乡社会保障制度同样城乡分立，在制度模式、筹资模式、待遇计发模式以及保障水平等方面都存在较大差异。农村社会保障制度主要包括三部分重要内容：新型农村社会养老保险（简称“新农保”）、新型农村合作医疗保险（简称“新农合”）、农村最低生活保障。此外还包括一些其他的社会救助或社会福利项目。随着城镇化的进程加快，尤其是新型城镇化战略的提出，城乡社会保障制度的整合也在稳步推进，并且已经形成一些成形的整合路径。

在“关注民生”的背景下，社会各界对农村问题给予了前所未有的关注。农村社会保障问题，无疑也是学术界的研究热点，其中新农保的研究呈现快速增长状态。戚晓明、周应恒统计分析了 2003 ~2011 年新农保研究的学术论文。其间共有 809 篇学术论文发表

① 潘杰、雷晓燕、刘国恩：《医疗保险促进健康吗？——基于中国城镇居民基本医疗保险的实证分析》，《经济研究》2013 年第 4 期。

② 俞乔、杜修立、赵昌文等：《有疗医疗资源在全病种范围配置的有效性》，《中国社会科学》2013 年第 10 期。

③ 李华、俞卫：《政府卫生支出对中国农村居民健康的影响》，《中国社会科学》2013 年第 10 期。

④ 赵绍阳、臧文斌、傅十和、刘国恩：《强制医保制度下无保险人群的健康状况研究》，《经济研究》2013 年第 7 期。

(见表2),论文数量呈上升趋势,可见有关新农保的研究日益受到重视。从2008年开始有基金论文发表,当年仅11篇;至2011年已有246篇基金论文发表。国家级基金论文有62篇,省部级基金论文有122篇,可见新农保研究越来越多地得到高级别基金的支持。“参保”“财政”“基金筹集”“保障水平”“基金管理”“政府责任”“制度衔接”“经办服务”等关键词的出现频率较高,说明参保问题、筹资与基金管理、可持续性、城乡制度整合、保障水平等主题成为研究焦点。① 薛惠元回顾新农保的发展之后,提出了值得关注的七个关键问题:①新农保实现全覆盖的条件具备吗?②个人缴费采用定额缴费制还是比例缴费制?③捆绑式参保取消还是保留?④多缴多得的激励政策是否公平?⑤个人账户中的财政补贴部分继承还是充公?⑥个人账户积累额按一年定期存款利息合理吗?⑦地区差异的中央财政补助政策公平吗?②

表2　2003~2011年新农保期刊论文分布表③

年份	论文数量	比例(%)	年份	论文数量	比例(%)
2003	2	0.25	2008	38	4.70
2004	0	0.00	2009	133	16.44
2005	1	0.12	2010	278	34.36
2006	10	1.24	2011	338	41.78
2007	9	1.11	合计	809	100

新农保采取自愿参保的政策,政府通过财政补贴等激励手段鼓励农民参保,那么农民的参保意愿与参保行为就是值得关注的问题。自愿参保政策可能导致农民的逆向选择行为,从而对新农保的资金收支平衡造成不良影响,而且自愿参保与城镇职工养老保险的强制参保政策不统一,造成制度间的不公平,为此自愿参保政策还受到一些学者的诟病。赵光等研究发现,农民的参保行为受到年龄、家庭承包土地面积、收入水平等家庭经济因素的影响。“年龄与参保缴费呈现正相关关系,年龄较大者参与程度更高。家庭人均年收入与缴费选择显著正相关,较高的收入意味着有较高的缴费能力和保险需求。这也可以解释为什么本次调研中经济水平较高的苏南农民选取较高缴费标准的多,而经济水平相对落后的苏北地区的农民多选取较低缴费标准的现象。”④ 在不改变现行制度的情况下,只能通过采取针对性激励政策,鼓励农民参保;未来可以考虑改革新农保的参保政策。

① 戚晓明、周应恒:《从文献计量分析看新型农村社会养老保险制度的研究进展》,《经济体制改革》2012年第6期;戚晓明、周应恒:《我国新型农村社会养老保险制度研究述评》,《经济问题探索》2012年第11期。

② 薛惠元:《对我国新型农村社会养老保险制度的反思》,《当代经济管理》2012年第2期。

③ 戚晓明、周应恒:《从文献计量分析看新型农村社会养老保险制度的研究进展》,《经济体制改革》2012年第6期。

④ 赵光、李放、黄俊辉:《新农保农民参与行为、缴费选择及其影响因素——基于江苏省的调查数据》,《中国农业大学学报》(社会科学版)2013年1月第30卷第1期。

新农保遵循“保基本”的原则，筹资水平和保障水平都比较低。根据国务院《关于开展新型农村社会养老保险试点的指导意见》，新农保缴费水平分为100～500五个档次，退休人员按月领取养老金的水平不低于每月55元。张思锋等试图将“保障水平”的概念定义为养老金占老年人基本生活需求的比重，经测算，现行新农保制度的保障水平仅为50%左右，长期来看保障水平呈下降趋势。因此，他们建议提高新农保的财政补贴和个人缴费水平，从而保证新农保能够保障基本生活需求。① 穆怀中等从养老保险适度性的角度分析，现行农村养老保险与社会保障水平普遍较低，低于农村养老保险适度性水平下限。提高农村养老保险水平，建立适应水平的个人账户和基础养老金，能够大幅度提高全国养老保险和社会保障水平。② 不过该研究使用养老保险和社会保障支出的数据，证明增加农村养老保险支出将导致全国养老保险支出、社会保障支出增加，这一结论似乎是同义反复。

尽管新农保的保障水平较低，但其经济社会影响不容忽视，尤其是对于中西部落后地区。在东部发达省份，政府的财政汲取能力较强，而且农村经济发展活力充足，新农保的筹资能力比较强，待遇水平相对较高，而且能够实现良性循环。整体而言，中国农村养老保障的政策绩效偏低，养老保障的制度供给和财政投入仍显不足。从省域来看，各地农村养老保障的政策绩效极不均衡，其发展水平受经济发展水平的严重影响和制约，北京、上海等发达地区的发展水平远高于其他地区。③

关于新农保的经济社会影响，相关研究集中在新农保对于消费或储蓄的影响，理论上存在很多争议，不同研究也得出不同的结论。根据生命周期理论，居民会根据其终生收入决定消费水平，新农保提供了一项稳定的未来收入，因此新农保会增加消费、减少储蓄。根据扩展的生命周期理论，如果养老金收入与养老金缴费之间完全相关，那么缴费相当于用未来资产替代当期资产（资产替代效应），这种情况下居民面临的风险降低，会增加消费。但是由于制度允许提前退休并领取打折的养老金，居民有动机提前退休，为了保证退休时的收入不下降，居民可能增加储蓄用于维持退休生活水平（引致退休效应）。总的影响取决于两种效应共同作用的结果。世代交叠模型、持久收入假说等理论，均从不同角度分析了养老保险对消费和储蓄的影响。

理论上莫衷一是，实证研究的结果就显得非常重要。岳爱等根据生命周期理论构建模型，分析新农保对消费的影响。他们把家庭作为分析单元，数据表明参保的农村家庭日常支出费用显著高于未参保的家庭，全家参保的农户家庭日常费用支出比未全家参保的农户家庭高出10%，可见新农保能够促进农村家庭的当期消费。④

① 张思锋、张园、何江平：《“新农保”对农村老年居民基本生活的保障程度研究》，《中国人口科学》2013年第1期。

② 穆怀中、沈毅、樊林昕、施阳：《农村养老保险适度水平及对提高社会保障水平分层贡献研究》，《人口研究》2013年5月第37卷第3期。

③ 黄俊辉、李放：《农村养老保障政策的绩效考察》，《人口学刊》2013年第1期。

④ 岳爱等：《新型农村社会养老保险对家庭日常费用支出的影响》，《管理世界》2013年第8期。

新农保是否影响家庭代际支持关系，是评估新农保政策效果的重要方面。随着中国老龄化的进程加快，再加上“421”的家庭结构，传统社会“反哺式”的代际赡养模式已经无法维持。随着新农保制度的推行，老年人的经济独立性逐渐提高，相应地，老年人在经济上和生活上对子女的依赖度下降，社会正式照料的养老需求正在增加。[①] 老年人的经济状况改善，意味着他们不必过度依赖子女的经济供养，也就是说，新农合对子女提供的代际支持存在挤出效应。因此，与其说新农保提高了农村老年人的福利水平，不如说新农合减轻了子女的供养负担。[②] 封铁英、高鑫还试图分析新农保对养老模式的影响，但并没有得到有价值的结论，新农保是否使农村养老从“家庭养老”转向“机构养老”“商业养老”，答案并不清晰。[③]

农民工是中国城乡二元体制下一类特殊的弱势群体，他们在城市中工作，却没有享受与城市居民同等的就业、社会保障和公共服务等。随着 2000 年以后“农民工新政”的推行，农民工明确被纳入社会保障体系之中，其社会保险参保率大幅度提高。尽管如此，农民工的参保率仍然显著低于市民流动人口和城市本地居民。在就业正规程度较高的国有企业、外资企业和机关事业单位就业的农民工参保率显著高于私营企业、股份制企业、集体企业的就业者以及灵活就业者，在中高端职业就业的农民工参保率显著高于低端职业。[④] 这些就业部门的农民工社会保障问题应更加受到重视。

农民工作为一个流动性非常的群体，其参保深受社会保险关系转移接续的影响。“在各项社会保险中，城镇养老保险的跨地区转移接续困难最大，因此农民工的参保率最低；工伤保险没有跨地区转移问题，农民工的参保率最高。”[⑤]

农民工参加社会保险存在不同的方案，现行方案是将农民工逐步纳入城镇职工或城乡居民社会保险，并保证两种社会保险制度的衔接。从长期来看，不同的参保方案中政府的财政负担有所不同。以养老保险为例，如果农民工全部参加城乡居民养老保险，现存的财政政策将不可持续；如果参加城镇职工养老保险，农民工未来的养老金水平会大幅提高，政府的财政负担反而会下降，但企业和农民工个人缴费负担则大大加重。缴费负担过重不仅影响农民工的参保意愿，而且影响企业的经营活力。正视农民工与城镇人口的收入差距，为农民工建立低缴费和低待遇的养老保险，或许是更为现实和可行的方案。[⑥]

---

① 程令国、张晔、刘志彪：《“新农保”改变了中国农村居民的养老模式吗?》，《经济研究》2013 年第 8 期。

② 陈华帅、曾毅：《“新农保”使谁受益：老人还是子女?》，《经济研究》2013 年第 8 期。

③ 封铁英、高鑫：《新农保政策主导下的农村养老方式选择偏好及其融合效应研究》，《经济社会体制比较》2013 年第 6 期。

④⑤ 郭菲、张展新：《农民工新政下的流动人口社会保险——来自四大城市的证据》，《人口研究》2013 年 5 月第 37 卷第 3 期。

⑥ 蒋云赟：《我国农民工养老保险方案的再研究——基于财政负担的代际核算模拟》，《财经研究》2013 年 10 月第 39 卷第 10 期。

五、总结评价

2013年，社会保障领域的研究成果集中在基础理论、养老保障、医疗保障、农村社会保障等主题。研究具有焦点集中的特点，紧密围绕政策热点以及社会保障实践中的重点难点问题。关于社会保障的基础理论研究，集中在社会保障保障体系、社会保障基金以及社会保障管理体制的问题；养老保障研究集中在养老保障基金、制度整合、延迟退休、以房养老等方面；医疗保障研究集中在医疗保健市场的经济分析、医疗保险的经济分担和健康保障功能；农村社会保障研究集中在新农保和农民工社会保障的问题。社会保障与经济学相结合，是比较流行的研究范式，也是《中国社会科学》《经济研究》等顶级期刊较为认可的模式。社会保障作为影响经济活动的因素，可以纳入经典的经济学模型之中，分析社会保障的经济社会影响。生命周期理论、委托—代理理论等经典的经济学理论在相关研究中被灵活使用。可以预见，社会保障嵌入经济学将成为今后社会保障研究的一个重点方向。

从另一角度来看，这也反映出社会保障基础理论研究较为薄弱，关于社会保障的基本概念、体系、框架不够清楚，缺乏完整的学科体系。领域内的研究多数是问题导向，以解决实践中的一个问题为基本目标。如何构建社会保障学科的宏观框架，这是未来社会保障学科发展面临的一个难题。

第二节　国外研究综述

社会保障（Social Security）一词最早出现于美国1935年的《社会保障法案》（*Social Security Act*）。根据美国社会保障总署的定义，其基本含义是“根据政府法规而设立的计划，为个人谋生能力中断或丧失提供保险，并对其因结婚、生育或死亡而需要某些特殊开支时提供保障”。[①] 根据国际劳工组织的定义，社会保障是“通过一定的组织对这个组织的成员所面临的某种风险提供保障，为公民提供保险金、预防或治疗疾病、失业时资助并帮助其找到工作。”1952年，《社会保障最低标准公约（102）》明确了社会保障制度应对的社会风险类型，包括年老、患病、失业、职业伤害、生育和家庭困难。根据公约规定的风险类型，社会保障制度具体可以划分为养老保障、医疗保障、失业保障、工伤保障、最低生活保障制度等制度构成。在社会保障研究中，养老保障和医疗保障是研究重心。尤其是医疗保障，Arrow在1963发表的关于医疗保健市场的论文，直接催生了经济学的一个新兴的分支学科——卫生经济学，并且已经成为西方经济学中的“显学”。西方经济学的

① 徐晓新、高世楫、张秀兰：《从美国社会保障体系演进历程看现代国家建设》，《经济社会体制比较》2013年第4期。

另外一个分支——劳动经济学，同样把社会保障作为重要的研究主题，分析社会保障与劳动力市场的关系，例如社会保障如何影响就业率。

一、社会保障支出

2013 年，世界主要国家的社会保障仍然尚未摆脱金融危机的阴影，沉重的政府债务与财政负担带来了经济下行的压力，同时也制约了社会保障的发展。深陷债务危机泥潭的希腊等欧洲国家，一方面失业严重，另一方面政府无力提供社会保障支付，经济问题深化为政治问题，造成社会不稳定。由于金融危机和债务危机的影响，欧洲一些国家采取了削减社会保障支出的政策。根据 OECD 的界定，社会保障支出包括老年福利、遗属福利、失能待遇、医疗卫生、家庭福利、劳动力市场支出、失业待遇以及其他社会政策支出。[①] 金融危机之前，OECD 国家的社会保障支出约占 GDP 比重稳步上升，达到 20% 以上；金融危机之后，陷入危机的国家普遍停止了扩大社会保障支出的步伐，希腊、匈牙利的社会保障支出甚至下降了 10% 以上。

老龄化是影响社会保障支出的重要因素，而且是持续性的影响因素。联合国自 2002 年开始分析全球人口动态变化及老龄化趋势，2013 年发布最新的人口老龄化报告。[②] 报告指出，由于生育率、死亡率持续下降，人口预期寿命延长，全球老龄化的速度在不断加快，几乎世界上所有国家都面临着老龄化的问题。全球 60 岁以上人口占总人口的比重，从 1990 年的 9.2%，到 2013 年已经上升至 11.7%，到 2050 年，预计将攀升到 21.1%，80 岁以上的超高龄老人占老年人口的比重，也将从 2013 年的 14% 上升到 19%。2013 年，全球老龄人口赡养比为 8∶1，到 2050 年将下降到 4∶1。目前，OECD 国家的老龄人口赡养比已经降为 4∶1，老龄化严重的日本、德国等国，甚至低于 3∶1。过低的生育率是老龄人口赡养比下降的重要原因，OECD 国家的平均生育率只有 1.7，只有少数国家的生育率高于 2.1 的临界点。[③]

由于老龄化的影响，养老金支出成为社会保障中比例最高的部分。OECD 国家中养老金支出占 GDP 的比重为 10% ~15%，其中养老金支出占政府公共支出的比重高达 24% ~30%。老龄化程度与养老金支出具有高度的正相关性。公共养老金的平均替代率为 40% ~60%，奥地利、匈牙利、意大利、西班牙四个国家的养老金平均替代率超过 70%，替代率最低的美国、德国仅为 41%、42%，OECD 国家中位数收入者的养老金平均替代率为 57.9%。[④]

医疗卫生支出也受老龄化的影响，但是影响程度不像养老金支出那么明显。按照购买

① OECD：The Social Expenditure Database：An Interpretive Guide，2007.

② UN：World Population Aging：1950 - 2050，2013.（http：//www.un.org/esa/population/publications/worldageing19502050/）

③ OECD：Pensions at a Glance - OECD and G20 Indicators，OECD Publishing，2013.

④ OECD：Pensions at a Glance - OECD and G20 Indicators，OECD Publishing，2013.

力平价计算，2011 年 OECD 国家的人均医疗卫生支出额为 3322 美元，只有美国的人均医疗卫生支出高达 8508 美元。2000～2009 年，OECD 成员国人均医疗卫生支出年均增长率为 4.1%，而 2009～2011 年，年均增长率仅为 0.2%。其中受债务危机影响的欧洲国家下降最为明显。不过医疗卫生支出与人均预期寿命存在明显的正相关，医疗卫生支出增速放缓的同时，人均预期寿命的增速也在放缓。①

OECD 国家中，大多数国家实现了医疗保险全覆盖，2011 年医疗保险覆盖率已经达到 90%。只有美国是一个例外，2012 年美国的未参保率为 15.4%，约 4800 万人口没有任何医疗保险。医疗保险改革一直是美国政府的重点议题，改革进程阻碍重重。美国医疗卫生体系兼有高支出、高质量、低效率的特点。全覆盖主要依靠公共医疗保险制度，私人医疗保险则处于上升期的发展阶段。医疗保险全覆盖并不等于可及性高，实际上医疗服务利用存在显著的收入差异，低收入人群的医疗服务需求可能并没有得到有效的释放。

就业保障同样受金融危机和债务危机的影响巨大。失业率居高不下，是危机国家政府面临的突出问题。2013 年，全球失业率为 6%，呈上升趋势，失业人口高达 2.02 亿人。年轻人口的失业问题尤为严重，2013 年全球共有 7459 万 15～24 岁的青年人无法找到工作。预期 2014～2018 年，失业人口将会进一步增加。OECD 国家 2013 年的平均失业率为 7.9%。西班牙、希腊的失业率高达 26%，2007～2013 年平均失业率攀升了 18 个百分点。受高失业率的影响，失业保险的支付压力巨大，OECD 国家对工作年龄人口的补助水平实际上升了 17%。失业保险支付额的增长主要受失业人口增长的影响，人均的支付水平并没有提高，而一些国家为了控制失业保险支付额的增长，采取了限制领取条件等措施。

从社会保障支出的总体情况来看，世界主要国家仍然尚未摆脱金融危机的影响，社会保障作为维护社会稳定的重要工具，在经济衰退时期发挥了重要作用。同时，社会保障支出也给处于危机中的政府带来了沉重的压力。

二、社会保障体系

社会保障体系始终是社会保障学科的一个焦点问题。如何构建完善的社会保障体系，是各个国家面临的共同问题。1994 年、2005 年，世界银行先后提出了“三支柱”“五支柱”的养老保险体系，这成为一种认可度较高的模式。五支柱的养老保险体系由以下五部分构成：①零支柱或基层保障（Zero or Basic Pillar）为基础养老金（Basic Pension）或社会养老金（Social Pension），主要是有效保障终身贫穷者以及资源不足或不适用任何法定老年年金制度的非正式部门和正式部门的年老劳工，其目的在于提供贫穷老人的最低生活保障。②第一支柱（The First Pillar）为强制性的社会保障年金制度，以社会保障保险费为其主要的财源，按照现收现付式的确定给付制进行操作，其主要特色是通过社会连带责任的再分配功能以及代内或代际间所得移转作用为老年退休者提供最低生活水平的终身

① OECD Health Statistics 2013.

保障。③第二支柱（The Second Pillar）为任意性的员工养老保险金制度，如职业年金（Occupational Annuity）或个人年金（Personal Pension），按照确定缴费制进行操作。④第三支柱（The Third Pillar）为自愿性的个人商业保险储蓄制度，其养老保险金给付通过私营部门的保险机构进行，以提高退休者的生活质量。⑤第四支柱（The Forth Pillar）为伦理性的家庭供养制度（Family and Inter－generational Support for Elderly），对无工作的家庭成员提供其晚年生活照顾，经费来源部分来自正规制度的年金给付，也有部分来自子女的供养、自有住宅、家庭间移转或个人储蓄等方面。① 相应地，医疗保险等其他社会保障制度，也借鉴了多支柱的模式构建其保障体系，例如中国医疗保险制度的“三支柱”体系。

与多支柱体系不同，社会“安全网”（Safety Net）是另外一种思路。它强调社会保障降低社会风险的功能，强调社会保障的全覆盖，强调社会保障制度与其他相关制度的整合与对接。国际社会保障协会（International Social Security Association）主办的期刊——《国际社会保障评论》（*International Social Security Review*），是社会保障学科唯一的专业性期刊。2013 年，该期刊将“社会保护底线”（Social Protection）作为最重要的主题。社会保护底线的思想与社会安全网相一致，它是指国家提供基本的社会保障承诺，在居民生命周期中，所有有需要的人都可以获得基本保健和基本收入保障，国家保证满足基本商品和服务需求的底线。② 社会保护底线的确定标准③、财政支持政策④以及社会保护底线与公民社会建设的关系⑤，是这一主题研究的焦点问题。

社会保障建设与经济发展的关系是社会保障学科研究经典的主题。从生命周期理论模型到扩展的生命周期理论、世代交叠模型、理性预期理论等众多诺贝尔经济学奖级别的理论，无不针对这一问题展开分析。可以说，这是一个长盛不衰的研究主题。Maestas、Mullen 和 Strand 发表的经典论文，利用美国社会保障项目（OASDI）的数据，从微观层面分析了社会保障项目对就业的影响。研究发现，项目边际进入的大约 23% 的申请者中，如果他们没有得到福利待遇，就业率大概高出 28%。结果具有异质性，对于残疾更加严重

① 罗伯特·霍尔茨曼、理查德·欣茨：《21 世纪的老年收入保障——养老金制度改革国际比较》，郑秉文、黄念译，中国劳动社会保障出版社 2005 年版。

② Hagemejer, K. & McKinnon, R. (2013). The role of national social protection floors in extending social security to all. International Social Security Review, 66 (3－4), 3－19. Cichon, M. (2013). The Social Protection Floors Recommendation, 2012 (No. 202): Can a six - page document change the course of social history? . International Social Security Review, 66 (3－4), 21－43.

③ Kulke, U. & Guilbault, E. S. P. (2013). The Social Protection Floors Recommendation, 2012 (No. 202): Completing the standards to close the coverage gap. International Social Security Review, 66 (3－4), 87－109.

④ Harris, E. (2013). Financing social protection floors: Considerations of fiscal space. International Social Security Review, 66 (3－4), 111－143.

⑤ Ginneken, W. (2013). Civil society and the social protection floor. International Social Security Review, 66 (3－4), 69－86.

的那些人没有影响，而对于残疾相对轻微的那些参保者高出 50 个百分点。[①]

三、医疗保健服务

在社会保障学科中，关于医疗保健市场的研究无疑是最为成熟的分支。除卫生经济学外，医学和社会保障交叉领域的学者，都非常关注这一主题，《新英格兰医学杂志》《柳叶刀》等世界顶级的医学期刊，都把医疗保健服务、医疗保险作为重点主题。

医疗保健市场是存在广泛市场失灵的领域，因此需要政府发挥积极的作用，但政府的职能范围却是一个具有广泛争议的问题。保护居民的健康和安全是政府的核心职能，公共卫生曾经被认为是不适当的政府职能，而事实却是政府采取了大量的公共卫生措施。政府提高公共卫生水平的倡议包括努力促进自由和开放的信息，以促进知情的决策，保护个人免受其他个人和团体的伤害，并促进保护健康的社会行动。[②] 事实上，公共卫生投入的效率是非常高的，通常能够通过预防等控制措施，防止大规范疾病的发生。简单地从意识形态上争论政府职能范围，已经偏离了医疗保健市场研究的方向。

关于医疗保健市场的研究经历了一个从效率性向价值性转变的过程。早期的研究强调将经济学的分析工具引入医疗保健市场，注重对效率、成本等经济性因素的分析。控制医疗费用增长、节约医疗服务成本，是卫生经济学研究的焦点之一。这些研究忽视了医疗的本质，也就是健康，因此一些学者开始提出基于价值的医疗服务体系。医疗服务体系的目标不是简单地控费，也不是简单地治疗，而是以促进健康为最终目标。在促进健康方面，初级医疗（基本医疗）服务体系具有至关重要的作用。Porter 等基于价值的框架，提出了一个改善初级医疗保健的框架。他们强调，应当围绕有同类需求的患者构建初级医疗体系，在患者亚组的完整服务周期内提供服务，同时通过支付方式等措施建立激励机制。[③] 基于价值的成本分摊工具，能够增加患者对高价值服务的使用，当然这可能加剧不同人群之间的健康不平衡。通过合理的设计与评估，以价值为基础的成本分摊可以成为调节患者和医疗服务供给方行为，激励其追求高价值医疗服务的重要工具。[④] Lee 等则分析了基于价值的医疗保险设计，发现虽然能够改善医疗服务质量，却未必能够节约成本。[⑤]

---

① Maestas, N., Mullen, K. J. & Strand, A. (2013). Does disability insurance receipt discourage work? Using examiner assignment to estimate causal effects of SSDI receipt. The American Economic Review, 103 (5), 1797 - 1829.

② Frieden, T. R. (2013). Government's role in protecting health and safety. New England Journal of Medicine, 368 (20), 1857 - 1859.

③ Porter, M. E., Pabo, E. A. & Lee, T. H. (2013). Redesigning primary care: a strategic vision to improve value by organizing around patients' needs. Health Affairs, 32 (3), 516 - 525.

④ Thomson, S., Schang, L. & Chernew, M. E. (2013). Value - based cost sharing in the United States and elsewhere can increase patients' use of high - value goods and services. Health Affairs, 32 (4), 704 - 712.

⑤ Lee, J. L., Maciejewski, M. L., Raju, S. S., Shrank, W. H. & Choudhry, N. K. (2013). Value - based insurance design: quality improvement but no cost savings. Health Affairs, 32 (7), 1251 - 1257.

基于价值的医疗服务体系，实质便是以患者为中心的医疗服务。关于以患者为中心的医疗服务（Patient - centered Care）的研究已经持续了几十年。一些研究发现，PCC 与患者临床结果之间的关系并不清晰。尽管如此，有证据能够证明 PCC 对患者的满意度和自我健康管理行为具有积极的影响。① 当然，通过医疗服务体系减少贫困，也是基于价值的医疗服务体系的有机组成部分。②

医疗服务市场的治理之难，一方面是由于市场本身的缺陷（信息不对称、不确定性等），另一方面则是由于它深受人们行为的影响——而人的行为无疑并不像经济学假定的那样理性。随着行为经济学的兴起，医疗服务市场的研究也逐渐引入行为经济学的视角。行为经济学能够为患者、医保、雇主创造一个多方共赢的结果。③ Heiss 等分析了在美国 Medicare 项目 D 部分处方药计划中参保人的选择行为，以期评估和优化他们的计划选择能力。研究发现，不到 25% 的个人参加计划，而且参保人每年预计超额支出 300 美元，约占药品和 D 类保险总现金成本的 15% 。④ Attema 等在医疗领域应用前景理论研究发现，在获益和损失生命年时，个人具有风险规避的特征。对于收益，可以用对概率的悲观情绪来解释，收益效用几乎是线性的。对于损失，发现概率 1/2 和凹面效用的权重较小。前景理论最早用来解释涉及货币结果的彩票中的选择。生命年可能与货币结果非常不同，不需要为损失产生突出效用。⑤

四、总结评价

国外社会保障研究的鲜明特点是将社会保障作为经济学、管理学等学科的一个研究主题，而没有将社会保障作为一个独立的学科。在欧洲国家，社会保障通常与社会福利等同，例如影响深远的“福利国家”理论，其核心内容是社会保障体系建设。英国著名的《贝弗里奇报告》最早提出福利国家的发展方向，报告的内容正是构建包括国家卫生服务、国民年金等基本社会保障项目在内的社会保障体系。

社会保障学科的研究，仍然是围绕“社会保障对经济社会发展的影响”这一经典问题而展开，例如社会保障对经济发展、劳动力市场的影响，医疗保障能否减少贫困、改善居民健康状况等。一个逐渐显现的趋势是，社会保障的发展越来越回归其本质，即促进人的发展。“基于价值的医疗服务体系”正是基于这样一种理念。

---

① Rathert, C. , Wyrwich, M. D. & Boren, S. A. (2013) . Patient - centered care and outcomes: a systematic review of the literature. Medical Care Research and Review, 70 (4), 351 - 379.

② The poverty - reducing effect of Medicaid. Journal of Health Economics, 32 (5), 816 - 832.

③ Loewenstein, G. , Asch, D. A. & Volpp, K. G. (2013) . Behavioral economics holds potential to deliver better results for patients, insurers, and employers. Health Affairs, 32 (7), 1244 - 1250.

④ Heiss, F. , Leive, A. , McFadden, D. & Winter, J. (2013) . Plan selection in Medicare Part D: Evidence from administrative data. Journal of Health Economics, 32 (6), 1325 - 1344.

⑤ Attema, A. E. , Brouwer, W. B. & Haridon, O. (2013) . Prospect theory in the health domain: a quantitative assessment. Journal of Health Economics, 32 (6), 1057 - 1065.

此外，社会保障体系的构建始终是世界各个国家面临的重大问题。针对社会保障体系的结构及内容，理论界与实务界都存在诸多争议。国际社会保障协会（ISSA）、世界银行等国际组织代表了实践经验的总结，社会保护底线、多支柱体系等理念得到了许多国家政府的认可，并转化为实际政策，而理论层面的归纳与提炼，则还没有形成共识。

第二章　社会保障学学科 2013 年期刊论文精选

第一节

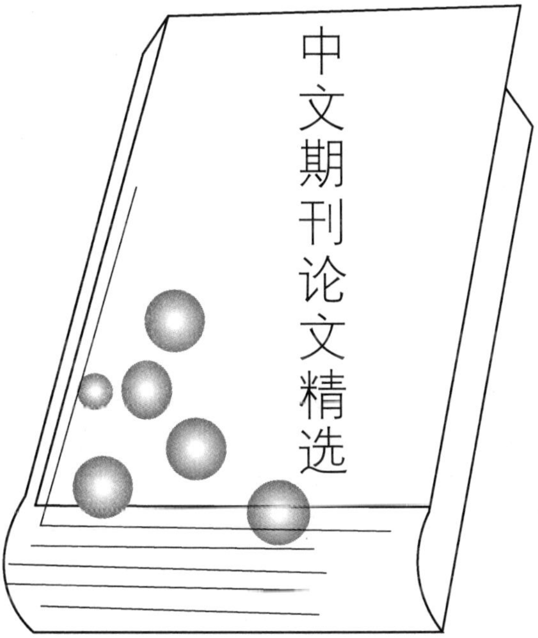

中国社会保险经办服务体系的现状、问题及改革思路*

郑秉文

【摘　要】文章从中国社会保险经办服务体系的现状入手，分析了目前社保经办机构存在的问题，并针对这些问题提出三点改革建议：①社会保险经办人员编制实行动态配比制，工作人员数量与参保人次“挂钩”，以防止出现人员超负荷工作、服务质量下降的现象；②社保经办服务系统的经费预算全部纳入社会保险基金中列支，以彻底解决经费保障不足的问题；③根据推进事业单位改革政事分开和管办分离的要求，建立全国社会保险事业管理总局，各级经办机构实行垂直领导体制，社保经办系统应定性为“特殊类公益事业单位”。

【关键词】社会保险；经办服务；服务型政府；行政体制改革

2013年是中国社会保险经办服务体系（以下简称社保经办服务体系）建立20周年。20年来，社保经办服务体系从无到有，人员规模从小到大，为社会保险制度的发展做出了巨大贡献。中央政府十分重视社保经办服务体系的建设，十八届三中全会通过的《关于全面深化改革若干重大问题的决定》指出，“加快健全社会保障管理体制和经办服务体系”。健全社会保障管理体制和完善经办服务体系，既属于切实转变政府职能和深化行政体制改革的范畴，又属于建设服务型政府的标志性举措。然而，随着中国社会保险制度覆盖人次的成倍增加和社保制度精细化管理的客观要求，全国社保经办服务体系面临着空前的挑战。

一、社会保险经办服务体系的现状与作用

（一）社会保险经办服务体系支撑“制度规模”不断扩大

20年来，中国社会保险制度快速发展，经办服务体系成为扩大制度规模的有力支撑。

* 本文选自《中国人口科学》2013年第6期。

从覆盖人数和基金规模看，2012 年底，全国社会保险覆盖 26.6 亿人次，其中城镇五险合计参保 13.4 亿人次（养老 3.0 亿人次、医疗 5.4 亿人次、失业 1.9 亿人次、工伤 1.5 亿人次、生育 1.6 亿人次），新农保和城居保合计参保 4.8 亿人①，新农合参保 8.4 亿人②。城镇职工养老制度缴费人数从 1990 年的 5201 万人提高到 2012 年的 22981 万人；离退休人数增长幅度更大，1990 年仅为 965 万人，2012 年增加到 7446 万人。1993 年社会保险基金收入合计仅为 461 亿元（不含系统统筹部分），支出 419 亿元，累计结余 288 亿元（包括购买国家特种债券）。2012 年，5 项社会保险（不含城乡居民社会养老保险）基金收入合计 28909 亿元，基金支出合计 22182 亿元，5 项社会保险累计结余（含城乡养老保险）38106 亿元③。1990 年城镇职工基本养老保险基金制度收入仅为 179 亿元，制度支出 149 亿元，累计结余只有 98 亿元，而 2012 年当年的制度收入高达 20001 亿元，支出 15562 亿元，基金累计结余 23941 亿元。

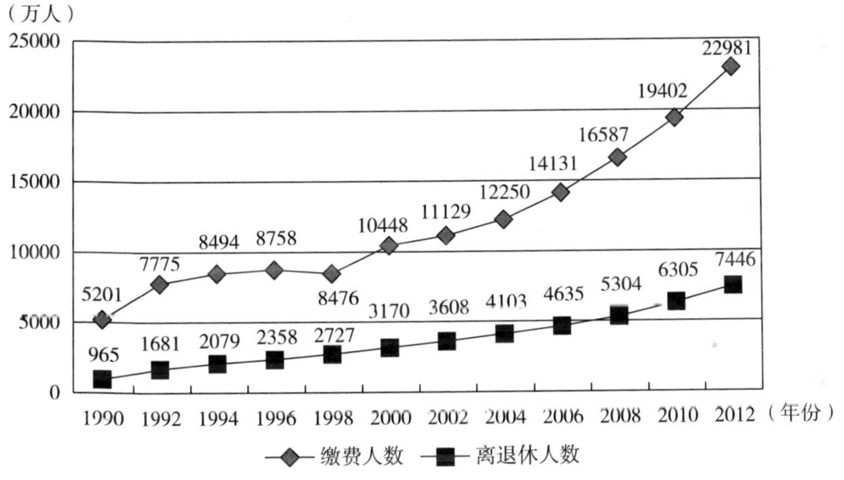

图 1　1990～2012 年中国城镇职工基本养老保险制度覆盖面变化

资料来源：国家人力资源和社会保障部发布的历年《发展统计公告》。

（二）社会保险经办服务体系保证了制度运行质量

近年来，全国范围的社会保险经办服务体系逐步实现了养老金社会化发放，企业保险几年间便"升级"为社会保险，2009 年建立了在 30 个工作日内完成异地转移接续养老关

① 国家人力资源和社会保障部官网：《2012 年度人力资源和社会保障事业发展统计公报》。

② 中国政府网："卫生部就新农合工作进展情况举行新闻发布会"（http://www.gov.cn/xwfb/2012-02/27/content_2077409.htm）。

③ 以上数据均引自国家人力资源和社会保障部官网，其中，1993 年数据来自《关于 1993 年劳动事业发展的公报》；2012 年数据来自《2012 年度人力资源和社会保障事业发展统计公报》。

系的制度框架，用半手工式的操作程序消除了由于制度构建缺陷带来的“便携性损失”。而由此带来的工作量却逐年增大，养老关系跨省转续数量 2010 年为 38 万人次，2011 年激增至 104 万人次，2012 年高达 115 万人次；跨省转移资金规模逐年增长，2010 年、2011 年和 2012 年分别为 22 亿元、104 亿元和 179 亿元①。

在由社保部门征缴的省份，社会保险费的“五险统管”“五险合一”或“一票统缴”征缴体制已成为发展趋势，大约半数省份建立了类似的统一征收制度；社会保障卡发放数量从 2009 年的 1 亿张激增到 2012 年底的 4 亿～8 亿张，平均每年增发 1 亿多张；新农保和城居保先后于 2009 年和 2011 年建立，在短短几年时间里，这两个制度基本上实现了应保尽保。

表 1　1990～2012 年城镇职工基本养老保险基金收支余额情况　　单位：亿元

年份	收入	支出	累计余额	年份	收入	支出	累计余额
1990	179	149	98	2002	3171	2843	1608
1992	366	322	221	2004	4258	3502	2975
1994	707	661	305	2006	6310	4897	5489
1996	1172	1032	579	2008	9740	7390	9931
1998	1459	1512	588	2010	13420	10555	15365
2000	2278	2115	947	2012	20001	15562	23941

资料来源：同图 1。

（三）社会保险经办服务体系自我完善与成长

社会保险制度覆盖面不断扩大，险种不断增加，这就要求经办系统的规模同步发展。为此，各级编制管理部门和社会保险行政管理部门在社会保险经办机构数量和人员配备上给予了很大支持，机构数量从 2000 年的 4784 个增加到 2012 年的 8411 个（见表 2）。2012 年底，全国有 1364 个县（区）设立了居保机构，占县级行政区划的 47.7%。在机构数量和人员比例上，参公管理均占一半左右（见表 3）。在经办人员中，参公管理的为 77657 人，占实有总人数的 45.1%。其中，“养老”机构参公管理人员为 50666 人，占参公管理人员总数的 65.2%，其余四类机构参公管理的人员共 26991 人，占 34.8%，他们包括“医保”（含医疗、失业、生育）、“工伤”“居保”（新农保和城居保）和“机保”（机关事业单位养老保险）。在全国范围内，参公管理的机构有 4421 个，占机构总数的 52.6%，其中，“养老”机构为 2368 个，占参公管理机构总数的 53.5%，其余四类参公管理的机构总计为 2053 个，占 46.5%。

① 本文中未注明出处的数据均由人力资源和社会保障部提供。

表 2　2000 年以来社会保险经办服务系统编制情况、实有人数、机构数量和负荷比

项目	2000 年	2001 年	2002 年	2003 年	2004 年	2005 年	2006 年	2007 年	2008 年	2009 年	2010 年	2011 年	2012 年
机构数量	4784	5135	6469	6805	7293	7433	7455	7434	7419	7448	7653	8109	8411
人员编制	71111	82313	96205	102042	106982	110148	114572	119032	123006	128691	136572	147303	156746
实有人数	74945	85056	98071	104494	112675	116445	124736	129085	133043	140656	150376	161824	172177
参保人数	20663	24073	25949	27851	32524	37028	51225	62397	76371	89445	97444	139966	166876
负荷比	1:2757	1:2830	1:2646	1:2665	1:2887	1:3180	1:4107	1:4834	1:5740	1:6359	1:6480	1:8649	1:9692

注：①机构数量为“个”；参保人员的单位为“万人”；参保人次不含失业保险和新农合。②“负荷比”为经办机构的“实有人数”与参保人次之比。③数据由人力资源和社会保障部提供。

表 3　2012 年 5 项社会保险经办机构基本情况

项目	养老	医疗	工伤	居保	机保	合计
机构						
数量（个）	3447	2219	329	1500	916	8411
参公（个）	2368	1188	139	352	374	4421
人员						
编制（人）	86589	40139	2376	18427	9215	156746
实有（人）	95884	45190	2806	18161	10136	172177
参公（人）	50666	19347	1110	2751	3783	77657

注：①“居保”是指农村养老保险和城镇居民养老保险，2012 年全国有 17 个省份的 1364 个县（区）设立了居保机构，占县级行政区划 47.7%，江西和陕西省 100% 的县区设立了居保机构。②数据由人力资源和社会保障部提供。

2012 年，全国 99.9% 的经办机构实行全额拨款，只有 5 个实行差额拨款，5 个实行自收自支，这 10 个经办机构均为县级以下机构。随着经办队伍规模的扩大，经费预算也随之逐年增加，实际支出有增无减。2010 年全国经办系统实际支出 112.5 亿元；2011 年增长到 131.3 亿元，增长率高达 16.7%；2012 年实际支出为 148.11 亿元，增长率为 12.8%（见表 4）。在经办机构几乎全部为全额拨款的情况下，各级政府逐年大幅增加对经办机构行政成本的转移支付，这说明社会保障越来越受到各级政府的重视，尤其是受到财政部门的支持。

表 4　2012 年各级和各类经办机构经费支出情况　　单位：亿元

	总支出		商品和服务		基本建设		人员经费			其他	
	实际支出	预算	实际支出	预算	实际支出	预算	信息建设	实际支出	预算	实际支出	预算
省级	16.18	16.07	7.91	7.85	0.24	0.23	0.13	6.38	6.35	1.65	1.64

续表

	总支出		商品和服务		基本建设		人员经费			其他	
	实际支出	预算	实际支出	预算	实际支出	预算	信息建设	实际支出	预算	实际支出	预算
地级	48.78	45.08	16.70	15.28	1.39	1.00	0.48	26.38	25.04	4.31	3.76
县级	83.15	71.22	25.24	20.68	3.66	2.30	1.37	47.60	42.78	6.65	5.46
全国	148.11	132.37	49.85	43.81	5.29	3.53	1.98	80.36	74.17	12.61	10.86
养老	98.64	89.37	33.21	29.62	3.17	2.21	0.94	54.04	50.33	8.22	7.21
医保	32.63	28.95	10.90	9.55	0.98	0.62	0.56	17.31	15.87	3.44	2.91
工伤	1.11	1.03	0.34	0.30	0.02	0.02	0.01	0.68	0.64	0.07	0.07
居保	9.88	8.00	3.73	2.98	0.96	0.58	0.40	4.57	3.98	0.62	0.46
机保	5.85	5.02	1.67	1.36	0.15	0.11	0.06	3.76	3.34	0.27	0.21

注：表中数据由人力资源和社会保障部提供。

二、社会保险经办服务体系存在的问题

（一）人均负荷比接近极限，社会保险服务质量受到制约

虽然经办人员规模在过去的十几年里增加了1倍多，但社会保险几个险种合计参保人次却增加了7倍（不含新农合与失业保险），经办系统人员的增长速度远赶不上社会保险制度的膨胀速度，于是，全国经办系统相对应的各个险种的参保人次人均负荷比不断攀升，从2000年的1:2757（即1个经办人员对应2757参保人次），提高到2012年的1:9692；可以预见的是，2013年将超过1:10000人次大关。尤其是2009年以来，新农保和城居保的建立使参保人次激增，从2009年的10亿人次增加到2012年的16.7亿人次，参保人次增加了67%，而经办人员仅增加了22%，从14.1万人增加到17.2万人。

如果将新农合（8.4亿人）和失业保险（1.9亿人）纳入经办体系之中①，截至2012年底，全国社会保险参保人次达到26.6亿。此外，失业保险和工伤保险是两个大险种，随着覆盖面的扩大，还有几个亿的潜在参保人，如果再加上2亿~3亿的农民工和城镇灵活就业人员的潜在养老保险参保规模，未来10年全国经办系统大约还需增加10万人（按照目前1:9692的负荷比计算）。换言之，如果将上述两种情况都考虑进来，未来全国经

① 新农合的经办业务目前仍归卫生和计划生育委员会负责；失业保险在全国各地的经办管理存在三种模式，一是归行政机构管理，二是归经办系统管理，三是归行政机构和经办机构双重管理。鉴于这个复杂情况，本文使用的数据中并不包含失业保险覆盖人数。

办人员规模将逼近 40 万人。如果适当降低人均负荷比，比如，降到 2009 年的 1∶6359，未来 10 年全国范围的经办机构人员将超过 55 万人。若仅从养老保险经办机构的人均负荷比来考虑，情况又有所不同。养老经办负荷比分为大口径和小口径，大口径下的养老经办负荷比根据缴费人数和退休人数的合计数计算，小口径仅根据退休人数进行计算。2012 年，养老保险经办机构人员为 95884 人，大口径下的负荷比为 1∶8135 ［95884/（3.0 亿城职保 +4.8 亿城乡居民）］，小口径下的负荷比为 1∶2140 ［95884/（7446 万 +13075 万）］。显然，这两个口径的负荷比都很高。

由于工作量成倍增加，县市级经办机构工作人员经常处于超负荷运转状态，全国经办系统不得不超编使用工作人员，实有人数长期超过人员编制。2012 年全国有 26 个省份（含新疆建设兵团）超编，累计超编 15431 人。

（二）经费保障不足，社会保险制度处于维持运行状态

全国社保经办系统的经费安排虽然有较大改善，且全系统基本实现了全额拨款，但与实际工作需要相比，仍存在很大差距，不利于社会保障制度目标的实现。从“人均服务费用”① 看，2012 年仅为 8.88 元②。这个标准明显偏低，在这个标准下，即使最基本的服务也很难向全体参保人提供。例如，除去 80 亿元的经办人员工资这个刚性支出（见表 5），人均服务费用 8.88 元就会降到 4 元，如果扣除房租、水电等基本办公费用，还不够为参保人邮寄一份通知书的邮资。各省之间也不平衡，有些地区标准更低。纵向看，由于参保人次激增，2012 年的人均服务费用比 2011 年下降了 0.51 元。此外，越往基层，人均服务费用越低。2012 年，全国市、县两级预算内经费比 2011 年提高了 2.5% 和 1.3%，占实际支出的比重分别为 92.4% 和 85.6%，缺口达 8% ~14%。

表 5　2012 年各级经办机构人数情况与变化　　单位：人

经办机构	合计	省级	地（市）级	县（区）级
人员编制				
编制人数	156746	5149	37567	113985
与 2011 年相比	9443（6.4%）	+1220	−389	+8612
实有人员				
实有人数	172177	4411	43369	124397
与 2011 年相比	10353（6.4%）	+53	+974	+9326

注：表中数据由人力资源和社会保障部提供。括号内数字为增长率。

① “人均服务费用”是指全国经办系统的所有支出除以参保人次，用于衡量社会保险制度为参保人提供公共服务的能力。

② 148.1 亿元 ÷16.69 亿参保人次（不含失业保险和新农合）。

从“经办人员经费支出”来看，2012 年全国经办系统的人员经费支出总计为 80.36 亿元（见表 4）。按 172177 的实有人数来平均，年人均支出 46673 元。值得注意的是，越往基层，人员经费支出水平越低。根据表 4 和表 5 的数据，省级经办机构的人员经费支出为 144638 元（6.38 亿元/4411 人），每月 12053 元；地（市）级的人员经费支出年均水平为 60827 元，每月 5069 元；而县（区）级机构人员的年均收入水平只有 38265 元，每月仅为 3189 元，低于全国 3889 元的平均水平。这就意味着，全国经办机构中有 70% 以上的经办工作人员的平均收入低于全国城镇在岗职工的平均收入水平，而正是这个群体工作在提供社保服务的第一线。此外，各地人员经费支出水平参差不齐，在全国 32 个省级单位中（含新疆建设兵团），有 15 个高于平均水平，17 个低于平均水平；最高的是天津、上海和北京市，分别高达 14.9 万元、10.6 万元和 9.1 万元，最低的是河南省的 2.9 万元和山西省的 2.8 万元。

从“行政成本支出占基金收入比重”来看，2012 年社会保险经办机构总支出 148.11 亿元（见表 4），占社会保险基金征收额 23853 亿元（不含失业保险）的 0.62%。从养老经办机构行政成本占当年养老金支出比重来看，2012 年中国养老保险经办机构的支出总计为 98.64 亿元（见表 4），养老金总支出为 16712 亿元（其中，城职保支出 15562 亿元，城居保和新农保合计支出 1150 亿元），养老保险行政成本仅占养老金支出的 0.59%。上述支出比例均低于国外的平均水平。

（三）经费投入体制不顺，“金保工程”和“三化”建设跟不上服务型政府的发展要求

作为“十五”期间确定重点建设的 12 个电子政务项目之一，“金保工程”经过 8 年的发展累计投入 80 亿元，基本完成了一期建设，全国 80% 的地级以上城市建成了统一的数据中心，30 个省份实现了人社部、省、市三级网络贯通，全国乡镇街道平均联网率达 92%。“金保工程”不但支撑了社会保险业务系统的有效应用，而且通过推动三级数据中心的建设，形成了加速向街道、社区、乡镇基层服务机构延伸的态势。截至 2013 年 9 月底，全国将近 2700 个县级单位通过信息系统办理城乡居保业务。然而，按照“记录一生、保障一生、服务一生”的发展目标，社会保险和公共服务的准确性、可及性、便利性还存在较大差距，信息化、标准化、专业化的“三化”建设还跟不上建设服务型政府的现实需要①。信息化的公共服务能力薄弱，不适应社会保障覆盖全国、惠及全民的需要。例如，社会保障各业务领域的公共服务项目需要进一步整合，管理服务还应实现联动，信息化资源还需进一步共享，各领域的信息化手段还需加强。再例如，管理服务手段陈旧，信息化的公共服务手段不足，就业信息不对称，关系转续比较难，异地就医难和获取服务不

① 官方有关文献中常将社保经办体系“三化”建设界定为规范化、信息化和标准化。但实际上，规范化和标准化的含义相近，在经办体系改革中，队伍建设的专业化是非常必要的。所以，本文将“三化”称为信息化、标准化和专业化。

便，各项制度之间的相互衔接、地区之间的流动、业务之间的状态变化等还需在统一平台上进一步畅通。“金保工程”存在上述问题，主要是投入体制分散化造成的，即“金保工程”的投入是由中央（部委）、省级、地（市）级、县（市）级四级财政分别为当地信息化进行投入的体制，在全国层面未形成统一的规模效应，导致“金保工程”投入分散化、平台“碎片化”，从而导致全国统一建设的核心平台难以真正建立起来。信息化投入体制改革越早，造成的经济损失就越小，因为一旦在全国层面进行一次性投入，此前的分散化投入所形成的“碎片化”信息系统就要淘汰。

标准化和专业化建设也同样受到投入体制不顺的严重影响。虽然现代社会保险制度在中国刚刚建立，但其标准化工作已受到高度重视。自 2009 年全国社会保险标准技术委员会成立以来，中国社会保险标准化工作进展迅速，在短短的几年内，就制定发布了《社会保险服务总则》和《社会保障服务中心设备设施要求》等十几项国家标准。然而，在现实中，由于编制和经费的限制，大部分经办体系的末端（镇里和村里）只能聘用各种缺少专业培训和职业训练的人员，人员身份多达五六种，硬件的标准与国家标准相比存在很大差距。这既是人员编制约束的结果，也是经费投入不足的表现。由于经办服务体系的基层工作人员流动性大，办公场所不正规，服务质量与标准化技术委员会制定的国家标准相去甚远。

三、国外社会保险经办服务制度三种模式划分及其与中国的比较

（一）国外社会保险经办服务制度三种模式划分及其特征

国外的社会保险经办服务制度各有千秋，尤其是各国社保制度的历史演变及其文化环境不同，所以即使是同一种模式，也存在较大的差异。一般来说，大致可分为三种模式。

1. 以英美为代表的“统一模式”

采取这一模式的主要是北欧国家、北美国家、日本和韩国等。如美国的社会保障总署（SSA）、日本的年金管理机构（JPS）、韩国的国民年金公团（NPS）等均属于这一模式。这种模式的主要特点大致与贝弗里奇社会保险模式相对应，以普享性（Universality）、均一性（Uniformity）和统一性（Unity）“3U”原则为主要制度特征。所谓普享性原则是指社保制度覆盖所有居民，不受职业限制，享受福利待遇的唯一资格是“居民”；均一性原则是指每个社会成员都可获得均等的公共服务、待遇水平或替代率，与个人的收入水平关系不大，没有任何歧视性待遇；统一性原则是指国家建立一个统一的行政管理机构和经办服务体系，全国范围的社保基金与津贴发放均由其统一提供和管理。统一性原则实际是指建立起一个统管全国的社保经办系统，这是“统一模式”的主要特征。

2. 以法德为代表的“自治模式”

这种模式主要分布在西欧、南欧及这些国家的广大前殖民地，其主要特征是“职业保险”“对等”和“合作主义”原则，恰好与“3U”原则相对立：“职业保险”原则是指参保状况与职业地位具有高度关联性，没有职业就难以被覆盖进来；“对等”原则是指待遇水平与工资水平和缴费水平相关联或成比例；“合作主义”原则是指整个社保制度大厦是由雇主、雇员和国家三方合作共同撑起的，这个共同协商的伙伴关系结构是“自治模式”的基石。换言之，在自治模式里，从保险费的征缴到养老基金的管理，再到养老金的发放，所有的经办服务机构都是那些以执行特殊公共服务为目的的私人法律地位的社会团体，这些经办机构在工会的深度参与和掌控下代表职工的利益，以社会伙伴的姿态，与政府和雇主密切合作，建造起自治模式的社会保险大厦。

3. 以智利为代表的“公司模式”

这种模式主要存在于拉美地区和中东欧地区，其基本特征是在职工养老保险制度中引入和建立个人账户，账户资金由特许的专业养老基金管理公司进行投资管理，各个特许的养老基金管理公司之间存在着竞争关系，为吸引参保人（顾客），公司需提供较高的投资收益率和良好的服务；公司既是养老保险基金的投资者，也是养老保险业务的经办机构，从保险费征缴到基金投资管理，从各种参保记录到待遇水平计算，从养老金派送发放到退休人员的各种服务，养老基金管理公司是社保制度的唯一载体，提供的是“一站式”服务。

（二）国外三种经办服务模式的经费支出基本高于中国

不管是统一模式、自治模式，还是公司模式，基本都将行政成本列入社会保险基金支出之中（很少有例外），这已成为一个国际惯例。在统一模式里，虽然经办系统是由国家建立的，经办人员在有的国家属于政府雇员（如美国），有的不属于政府雇员（如日本），但其行政成本都列入基金支出之中。例如，1940 年美国老遗残信托保险计划运转以来，其行政成本一直与养老金支出总额并列，共同构成“成本”，支出规模比较稳定，每年占其缴费收入的 1% 左右①。在自治模式里，其行政成本就更是如此，因为从法律上讲，这些经办机构属于“私法地位的公益机构”，其所有经费就更是在基金中列支与扣除。在公司模式里，养老基金管理公司是特许的私人公司，运作模式完全遵循着自负盈亏和自我平衡的市场原则，所以这些特许公司的经营收入就是按照基金比例（或收益率比例）直接收取管理费。中国的经办体系结构属于统一模式，但经办机构的费用支出基本低于其他国家。

① 美国 1985 年行政成本为 22 亿美元，占当年缴费收入的 1.15%；1990 年为 23 亿美元，占 0.78%；1995 年为 31 亿美元，占 0.86%；2000 年为 38 亿美元，占 0.77%；2005 年为 53 亿美元，占 0.89%；2010 年为 65 亿美元，占 1.02%；2012 年为 63 亿美元，占 1.07%。详见 Board of Trustees of the Federal Old—Age and Survivors Insurance and Disability Insurance Trust Funds (2013), The 2013 Annual Report of the Board of Trustees of the der Old - Age and Survivors Insurance and Disability Insurance Trust Funds Communication. Washington. D. C., p. 151. table Ⅵ. A.

从“人均服务费用”来看，2012 年中国仅为 8.88 元人民币，但在自治模式里，2011 年荷兰经办机构该费用高达 43 欧元[①]，是中国的 50 倍。在公司模式里，2009 年玻利维亚 13.7 美元，智利 48.2 美元，哥伦比亚 50.6 美元，哥斯达黎加 22.1 美元，萨尔瓦多 17.7 美元，墨西哥 21.8 美元，秘鲁 36.2 美元，多米尼加共和国 8.7 美元，乌拉圭 45.9 美元[②]，均高于中国。

从“行政成本支出占基金收入比重”来看，2012 年中国社会保险经办机构总支出是 148.11亿元，占社会保险基金征收额 23853 亿元（不含失业保险）的 0.62%。这个比例很低，比三种模式中的任何国家都低：在统一模式里，2011 年韩国国民年金的行政费用为 4836 亿韩元[③]，占当年缴费收入 411810 亿韩元的 1.2%，是中国的 2 倍；在自治模式里，荷兰 2011 年社保经办机构“荷兰社保银行”的管理成本占当年基金收入的 0.79%[④]。法国 2009～2012 年医疗保险经办机构的管理成本占医疗保险基金收入的比例一般维持在 4% 左右，养老保险基金在 1% 左右[⑤]。2012 年奥地利社保经办机构的管理成本占基金总收入的 2.2%，其中，医疗和工伤保险为 2.8%，养老保险为 1.5%。在公司模式里，其行政成本要比统一模式和自治模式高一些，因为投资运营成本高，自然也高于中国经办机构的行政成本。

从养老经办机构行政成本占当年养老金支出比重来看，2012 年中国养老保险经办机构的支出为 98.64 亿元，养老金总支出为 16712 亿元（城职保支出的 15562 亿元与城居保、新农保支出的 1150 亿元之和），于是，养老保险行政成本仅占养老金支出的 0.59%。这个比重低于 2012 年美国的 0.81%（行政支出 63 亿美元 ÷ 养老金支出 7748 亿美元 × 100%），更低于 2011 年韩国的 5%（行政支出 4927 亿韩元 ÷ 国民年金支出 98193 亿韩元 × 100%）[⑥]。

（三）国外三种经办服务模式的人员负荷比基本都低于中国

从人员负荷比来看，2013 年中国将超过 1∶10000。但在统一模式里，美国社会保障署雇员 6.2 万人，在各州残疾鉴定中心还有 1.4 万名地方政府雇员[⑦]。美国基本养老保险即养老、遗属、伤残保险制度（OASDI）的负荷比大约为 1∶3000。在自治模式里，绝大部分国家负荷比都远低于中国。例如，荷兰养老经办机构大口径负荷比仅为 1∶1622（SVB，2011）；奥地利则更低，其大口径负荷比是 1∶808，小口径仅为 1∶307。在公司模式里，

---

① 荷兰社保银行网站（http：//ww. svb. nl/int/nl/over－de－svb/onze－prestaties/cijfers/kerncijfers/）。

② 根据以下网站公布的资料计算得出（http：//www. aiosfp. org/estadisticas/boletinesestadisticos/boletin24. xls）。

③⑥ The NPS Fund Management Report 2012，p. 70，韩国国民年金公团官网（http：//English. Nps. or. kr/jsppage/English/npf_ korea/npf_ 06_ 01. jsp）。

④ 荷兰社保银行网站（http：//www. svb. nl/infnl/over－de－svb/onze_ prestaties/cijfers/kerncijfers/）。

⑤ Direction de La Sécurité Sociale，Les Chifres C16s de La Sécurité Sociale 2012，2013；p. 38（http：//www. se－curite－soeiale. fr/Chifres－cles－2012－de－la－Seeurite－sociale）.

⑦ SSA FY2014 Budget Justification，p. 98，美国社会保障总署官网（http：//www. ssa. gov/budget/FY14Files/2014AE. pdf）。

养老基金管理公司在养老保险缴费、投资管理、养老金发放这三个主要环节实施的是“一站式”服务，在争夺客户（参保人）的前端销售环节和中端的投资管理环节需要雇用大量专业技术人员，因此从理论上讲，其负荷比应远高于其他两种模式和中国的经办体系。但事实上并非如此，智利的负荷比为1∶1457，乌拉圭为1∶2968①。由此看来，公司模式的负荷比与自治模式和统一模式相比较起来并不是很高。例如，法国仅“普通制度”经办人员就达16.4万人②，几乎与中国全国经办系统人员数量一样，但法国该制度参保人员不到中国的1/10。

四、社会保险经办服务体系的改革思路

为确保社会保险经办服务体系能够跟上社会保障制度发展的需要，确保政府职能转变和行政体制改革顺利进行，必须加快社会保障管理体制和经办服务体系的改革步伐。根据十八届三中全会提出的“实现基础养老金全国统筹，坚持精算平衡原则”和“加快健全社会保障管理体制和经办服务体系”总体要求，在借鉴国际惯例的基础上，笔者提出以下政策建议。

（一）经办服务系统的人员编制应与参保人次“挂钩”，实行动态配比制

在社会保障管理体制改革中，要注意防止“重政策、轻执行，重管理、轻服务”的倾向。社保制度的经办服务系统如同“制度框架”，覆盖人次相当于“制度内容”，如果“制度内容”过于庞大而导致“制度框架”难以包含，制度运行的质量就必然受到影响，届时，“投入增加了，但服务质量却下来了”的情况就有可能出现。因此，实行较为严格的动态配比制、人员编制与参保人次挂钩，就成为当前健全经办服务系统的主要工作。经办服务人员编制的核定、经办服务机构的负荷比，是决定社会保险服务质量乃至政府执行力的主要因素之一。迄今为止，由于经办机构的属地化管理等原因，在中央政府层面始终没有制定一个相对权威的经办服务机构人员编制的核定标准，没有给出一个负荷比的参

① 这里的负荷比与前述大口径和小口径略有不同，因为公司模式下养老金发放采取的主要是一次性领取或到商业保险公司转换年金产品的方式，所以退休群体对负荷比的影响不大，在统计中，这里选取的负荷比的公式是：登记参与人数（含缴费人数和断缴人数）/公司雇员（含销售人数）。根据各国年报计算得出。数据来源于 http://www.flap.cl。

② 法国共有四个制度，“普通制度”覆盖全国参保人数的80%以上，经办人员规模最大。其他三个制度为农业制度、自由职业者制度和特殊制度（UCANSS，2011）。

照。据悉，有些地方政府曾经制定过不同的核定标准与核定方法，其负荷比各不相同[①]。广东省社会保险基金管理局等有关部门在参照其他地区核定标准的基础上，经过深入调研，认为在“五险统管”的模式下，社会保险经办机构编制总额除根据参保人数核定外，还应按各险种工作特性进行综合计算，结合地方经济发展水平和信息化水平及具体任务和人员素质等因素。为此，广东省给出了两类地区人员编制的确定公式：

经济发达地区编制总额 $I=[A/8000+B/5000+(C+D+E)/15000]\times K$

经济欠发达地区编制总额 $I=[A/5000+B/3000+(C+D+E)/8000]\times K$

式中，I 为编制总额，A 为养老保险参保人数，B 为医疗保险参保人数，C、D、E 分别为失业保险、工伤保险和生育保险参保人数，K（0.9～1.1）为地方调节系数。

上述经办机构人员编制核定公式里给出的负荷比有些高。为了降低这个负荷比，在该公式之外，广东省增加了一个“保底基数”，即经办机构内设机构必须做到保险关系、待遇核发、基金管理、信息技术、稽核内审分设，市、县级每个科（股）至少配备 3 人（因各项业务的经办、复核、审批不能为同一人），再加上领导职位和后勤人员，市级不少于 25 人、县级不少于 20 人、乡镇基层不少于 8 人。考虑到广东省计算公式里内含了上述“保底基数”，本文以孟昭喜等（2012）给出的省、市、县三级经办机构人均负荷比（1∶8000、1∶5000、1∶3000），将广东省经济发达地区人员编制计算公式调整为适用于全国的计算公式：

$I=[A/3000+B/5000+(C+D+E)/15000]\times K$

根据这个公式，全国经办系统的负荷比大约为 1∶6300，这就意味着，在目前既定的参保人次条件下，经办机构人员的规模将翻一番多。如果将失业保险和新农合整合到“五险统管”的经办体系中，考虑到失业和工伤这两个扩面潜力很大的险种的膨胀，再考虑到 2.6 亿农民工和城镇灵活就业人员这两个群体加入“五险”后的情况，全国经办系统的人员编制为 52 万～58 万人。这个规模与前文的设想比较吻合，是 2020 年经办体系整合之后（失业保险和新农合归属完成）与社会保险覆盖面能够实现应保尽保时的最佳状态。

经办服务体系人员编制实施动态配比制，不仅要提高经办人员的比例，还要提高学历结构。2012 年的数据显示，全国经办系统中，硕士及以上占 2.2%，大学本科占 47.8%，专科占 39.8%，高中及以下占 10.2%。实行动态配比制之后，大学本科及以上学历人员比例应大幅提高，这一方面可提高社保经办队伍的人员素质，进而提高社保制度的运行质量和服务型政府的窗口效率，另一方面还可为缓解大学生就业难做出一定的贡献。

（二）经办机构经费支出应视为制度运行成本，在社会保险基金中列支

社会保险经办服务机构人员编制在全国范围内采取动态配比制，经办机构规模与参保

① 林白桦等（2008）给出了部分地方制定的核定标准与核定方法。例如，北京市规定，区县社保经办机构编制按略高于 1∶5000 的标准配备；河南省规定，县级养老保险经办机构人员编制，在参保人数 10000 人以下的按 10～15 名核定，10001～20000 人的按 15～20 名核定，20001 人以上的，每增加参保人数 2000 人，增加 1 名编制，最高不突破 30 名；四川省成都市规定，市级经办机构编制按 1∶10000 的标准配置，区县按 1∶4000 的标准配置。

人次紧密“挂钩”，这样的改革对经办机构经费来源最具挑战性。1999年以来，全国社保经办机构在同级地方财政的预算安排下运行，这种行政费用属地化预算管理体制是制度运行质量差、痼疾难以根治的主要根源之一。其具体表现为：①经办机构行政费用属地化预算管理是事权与财权严重不匹配和不统一的主要表现之一；②经办机构行政费用属地化预算管理是22年来统筹层次没有提高的主要原因之一；③经办机构行政费用属地化预算管理是导致制度和政策“碎片化”的根源之一；④经办机构行政费用属地化管理将导致出现不公平，影响均等化公共服务的提供；⑤在经济下行压力不断加大的趋势下，地方财政和地方债务形势均不明朗，各级社保经办机构的预算安排好于以往的可能性很小。由此可见，经办机构行政费用在各级财政预算中给予安排不是上策，不符合社保经办机构的行业特征，不利于社保制度建设，不利于构建服务型政府。

既符合国际惯例又符合经济学原理的制度安排，是在养老金制度或社会保险制度中引入“成本”概念，将经办系统的费用视为制度运行的成本之一，全部列入保险基金支出框架之中。《中共中央关于全面深化改革若干重大问题的决定》在论述建立更加公平可持续的社会保障制度时指出，要“坚持精算平衡原则”。精算平衡原则实际上就是养老金制度财务可持续性的一个分析框架。在这个分析工具里，引入成本这个概念是一个前提，否则不建立起一个收入—成本的分析框架，精算平衡概念就无从谈起，精算平衡原则就无法建立。养老保险制度（一般也包括其他社会保险制度）是缴费型制度，缴费型制度的一个基本原则就是费基和待遇水平之间、收入与成本之间要建立起一个逻辑的平衡关系，在现收现付制下，实际就是收入与成本的精算平衡关系；凡是符合精算平衡原则的养老金制度，就是一个健康的制度，否则长期处于精算赤字状态下的养老金制度就必然不是一个健康的制度。

在收入—成本的框架下，要引出“收入率”和“成本率”这两个概念。所谓“成本率”是指“养老金制度的成本占费基的比例”，收入率是指“养老金制度的正常缴费收入占费基的比例”。这样，对某一年而言，当年的收支平衡就必然要求年度收入率等于年度成本率。但对某一个测算评估的时段而言，精算平衡就是指汇总收入率与汇总成本率基本相等，即前者减去后者的“差”等于“零”或大于“零”，这就说明该制度坚持了精算平衡原则；否则，就说明出现了“精算赤字”。

一般来说，养老金制度的“收入”只包括正常缴费收入，不包括投资回报率和财政补贴等其他任何收入来源，而行政成本则包括所有与之相关发生的费用，但主要由养老金和行政费用两部分组成。比如，美国对此做了明确的规定①，而且美国是很早就引入成本概念建立收入—成本分析框架的国家。这个分析框架使其财务可持续性分析变得便捷，甚至成为未来25年、50年和75年，即短期、中期和长期的主要精算工具。2013年美国社

① 在美国，“收入”包括“非利息性”收入，而行政成本是指社会保障总署和财政部在管理美国老、遗、残制度，国内税务总局在征缴工薪税的过程中所发生的费用，该项行政费用在老遗残信托基金之中列支。包括收入率、成本率和长期精算等内容，详见 Board of Trustees of the Federal Old—Age and Survivors Insurance and Disability Insurance Trust Funds（2013）. The 2013 Annual Report of the Board of Trustees of the Federal Old—Age and Survivors Insurance and Disability Insurance Trust Funds Communication. Washington. D. C.，p. 219，p. 217，p. 223，p. 197。

会保障署给出的精算结果为：短期（2013～2037 年）的年均精算赤字为 -1.26%（收入率 14.77%，成本率 16.03%）；中期（2013～2062 年）为 -2.25%（收入率 14.08%，成本率 16.33%）；长期（2013～2087 年）为 -2.72%（收入率 13.88%，成本率 16.60%）。由此可以看出，由于人口老龄化等原因，未来测算期越长，养老金隐性债务负担越大。

上述收入—成本的分析框架显示，在中国养老金制度中引入成本概念，将经办系统的行政费用视为并列入保险基金成本支出是非常必要的，这是建立和坚持精算平衡原则所必需的一个条件。

早在 1997～1999 年经办机构的经费就在基金征收额中列支并提取，但由于出现了挤占、挪用和违规建设等问题，1999 年财政部出台的《财政部、劳动和社会保障部关于社会保险经办机构经费保障等问题的通知》重新进行了规定，并沿用至今。规定指出："从 1999 年 1 月起，经办机构经费，包括人员经费、公用经费和专项经费，由同级财政部门根据人事（机构编制）部门核定的编制人数核拨；各级经办机构不得再从社会保险基金中提取或列支费用"。现在看来，经办机构行政成本在社会保险基金中列支似乎是走回头路，实则不然，因为大环境发生了根本变化。

从经办机构经费预算的批准部门来看，1997～1999 年是社保经办机构向同级财政部门申请，带有明显的"坐收坐支"的性质，容易产生挤占和挪用等问题。实际上，经办机构经费预算应该是自成体系自下而上地申报预算，经费是自上而下地划拨，所不同的只是源头上不在财政预算中列支，而是在基金支出项下列支。但在实现全国统筹之前，应严格实行统收统支，严格实行预算制，严格防止出现"坐收坐支"。

从社会保险基金规模和支出效率来看，15 年前基金余额很小，年度收支基本处于赤字状态，各级财政部门将经办机构成本"接管"过去是对社保制度的巨大支持，是对社保制度变相的转移支付。但目前社会保险基金条件发生了逆转，社会保险基金规模不断扩大，面对的难题是如何保值增值，如何合理扩大支出范围，如何最大限度地减少由于投资体制落后而带来的缩水等。在这种情况下，不仅经办机构的行政成本，而且信息化的投入等都应纳入社会保险基金支出之中；如此扩大支出，在宏观上是提高资金运用效率、减少福利损失、增进国民福利的"大财政"的"一盘棋"措施，也是改革社保制度、健全经办体系、转变行政体制的理性思维的必然结果。

从经办机构人员编制实行动态配比的实际需要看，要使经办机构人员规模能够按负荷比与参保人次指数化增长相适应，其经费支出就只能在社会保险基金中列支，否则经办机构人员急剧增加的态势，是地方有关部门所不愿意看到的，更是地方财政难以承受的。可以说，经办人员实行动态配比与经办行政成本在社会保险基金中列支，这两项举措相辅相成，相得益彰，缺一不可，是 2020 年之前健全社会保障管理体制和经办服务体系的主要内容。

从绩效考核与薪酬激励体系设计上看，行政费用在社会保险基金里列支与实施负荷比制度均属于量化管理和量化考核的必要条件，是建立薪酬激励机制的充分条件，完全符合《中共中央国务院关于分类推进事业单位改革的指导意见》第十八条的规定："以完善工资分配激励约束机制为核心，健全符合事业单位特点、体现岗位绩效和分级分类管理要求的工作人员收入分配制度……探索对不同类型事业单位实行不同的绩效工资管理办法”。同时，经办机构费用在社会保险基金中列支可以得到充足的制度保障。作为服务型政府的一个窗口行业，统一标志和服装标准的社保经办体系有条件可以建立起专业化和职业化的经办服务队伍。众所周知，在双重征缴体制下，在社保费由税务部门代征地区，除正常财政经费外，税务部门还可按社保费征收额的 0.6% ~2% 提取奖励经费，而社保费由社保经办机构征收地区则基本没有这笔奖励经费。多年来遗留下来的这种“同工不同酬”造成的经费保障水平差距应在此次改革中得以消化，社保经办系统应建立一个现代薪酬体系。

（三）社会保险制度应实行政事分开和管办分离，经办系统应采取全国垂直领导体制

党的十八大报告提出对机构编制要严格控制。在这一背景下，面对社会保险服务需求量与日俱增的趋势，必须跳出传统的人事编制政策的局限，对经办机构事业单位定性及其行政体制进行彻底改革。

第一，尽快出台“社会保险经办机构管理条例”，旨在对经办机构的性质和法律地位做出规定。《社会保险法》已生效两年多，但很多重要的配套政策始终缺位。例如，“社会保险基金投资条例”和“社会保险经办机构管理条例”等。这些条例将有可能触及已经固化的某些利益群体，因此尽快立法将有利于推动经办体系改革。

第二，尽快实施政事分开，管办分离，社会保险事业管理中心升格为全国社会保险管理总局是大势所趋。为理顺政府与事业单位的关系，建议经办系统尽快变为法人实体。社会保险经办体系是面向社会提供公益服务的事业单位，将现人力资源和社会保障部的内设机构社会保险事业管理中心升格为全国社会保险事业管理总局，是实行政事分开、管办分离的具体体现；“总局”是独立的法人实体，拥有事业单位法人自主权。

第三，在事业单位分类中将社保经办机构列为特殊类公益事业单位。根据《中共中央国务院关于分类推进事业单位改革的指导意见》，事业单位划分为承担行政职能、从事生产经营活动和从事公益服务三个类别。从事公益服务的事业单位细分为公益一类和公益二类。公益一类承担义务教育、基础性科研、公共卫生及基层的基本医疗服务等基本公益服务；公益二类承担高等教育、非营利医疗等公益服务。社保经办机构的绝大部分服务既是公益性质的，但又带有明显的行政执法职能；经办机构经费来源既不是完全由市场配置的，又有相对应的专用于成本支出的社会保险基金。因此，在事业单位分类改革中，社会保险经办机构应定性为“特殊类”公益事业单位，或称“公益三类”，给予独立法人地位。人员编制完全由负荷比决定，由上级经办机构和同级机构编制管理机关核定，与传统的机构编制管理机关完全脱钩，与参公管理完全脱钩；经办机构经营费用全部在社会保险基金中列支，由经办机构提出申请，由财政部、人力资源和社会保障部核定，彻底与同级财政脱钩。

第四，“金保工程”的投入在社会保险基金支出中列支，以尽快建立起覆盖全国的统一电子平台。鉴于IT行业的特点，“金保工程”应尽量采取自上而下、一次性大规模预算、全国“一揽子”投入的政策。这样，就只有在社会保险基金支出中列支才能做得到，这就要求养老保险基金的统筹管理尽快实现全国统筹。

第五，在全国范围内社会保险经办系统实行垂直管理，建立一支专业化的社会保险职业队伍。由于实行动态配比的负荷比管理机制，每一个经办机构可以建立法人治理结构，向独立自主运营的社会公共服务机构过渡；建立全行业统一的管理经办体制，实行全系统的垂直管理，弱化行政管理职能，制定业绩考核机制，实行工效挂钩，建立薪酬激励制度。

第六，有条件的乡镇以下的经办机构可采取向社会购买服务的方式构建经办服务体系的终端系统。《国务院办公厅关于政府向社会力量购买服务的指导意见》指出，“教育、就业、社保、医疗卫生、住房保障、文化体育及残疾人服务等基本公共服务领域，要逐步加大政府向社会力量购买服务的力度”。在经办服务体系向村、镇、社区和街道延伸时，有些具体的社会保险服务项目可采取政府购买服务的方式予以解决。这样既可满足人民群众日益增长的公共服务需求，又能缓解地区间发展不平衡的问题，还能提高某些领域的公共服务质量。在经办系统内部引入一定的竞争和示范效应，有利于创新公共服务供给模式和社会保险终端服务方式。事实上，几年来，有些经办机构对新农保等部分社会保险项目采取了向商业保险公司委托的方式，取得了较好的效果。

五、结语

目前社会保险经办服务体系离日新月异的社会保险制度本身发展的实际需要，离建设服务型政府的客观要求，离国际通行惯例，还存在较大差距。而这些领域存在的差距，正是需要进行全面深化改革的深水区。鉴于此，本文提出三条改革建议：①社会保险经办人员编制实行动态配比制，工作人员数量与参保人次按比例“挂钩”，以防止出现“投入上去了，服务质量下来了”的情况，确保社会保险服务质量始终在各项公共服务中名列前茅；②社保经办服务系统的经费预算与各级财政预算“脱钩”，纳入社会保险基金支出中列支，以确保经办服务经费始终能够达标；③根据事业单位改革的政事分开和管办分离的要求，建立全国社会保险事业管理总局，全国经办机构实行垂直领导体制，在事业单位分类中将社保经办系统定性为“特殊类公益事业单位”，或增设“公益三类”。

在上述建议中，前两条有望改变目前超负荷的局面，确保社保制度运行质量不降低；既可节省地方各级财政支出用于地方建设，又能从根本上解决经办机构经费保障不足的困境，既可提高社会保险基金运用效率和减少投资收益率过低导致的缩水，又能彻底解决

“金保工程”投入体制的分散化和碎片化痼疾，在全国迅速建立统一的电子核心平台，为保证制度运行质量、提高制度的便携性和弥补制度设计中存在的一些缺陷发挥独有的作用。第三项改革建议是确保前两项改革具有合法性的基本根据，也是建设服务型政府在社会保险领域的具体体现。进而，在上述三条政策建议里，随着收入—成本分析框架的建立，制度运行成本在社会保险基金列支之后，养老保险制度的财权与事权逐渐统一，提高统筹层次的障碍得以部分消除，党的十八届三中全会提出的“实现基础养老金全国统筹，坚持精算平衡原则”将会得到实现，这说明，改革经办服务体系与实现制度目标具有高度相关性，甚至在某种程度上经办服务体系模式的选择对制度运行质量具有决定性作用。一方面，“社会保险经办机构管理条例”和“社会保险基金投资条例”等《社会保险法》的配套法规急需出台；另一方面，《社会保险法》生效虽然只有两年，但必要的修订也应列入议事日程，这既符合社会保险法经常修订的国际惯例，也符合中国社会保险制度改革的现实需要。

参考文献

［1］白桦：《建设与覆盖城乡的社会保障体系相适应的社会保险经办管理体制》，载于中国社会保险学会网站，2008 年 10 月 7 日。

［2］孟昭喜等主编：《完善社会保险经办管理服务体系研究》，中国劳动保障出版社 2012 年版。

［3］SVB（2011），Sociale Verzakeringsbank SUWI – Jaarverslag 2011. http：//www. svb. nl/Images/SU-WI.

［4］UCANSS（2011），Rapport surl’ Emploi 2011. Octobre 2011. http：//extranet. ucanss. fr/contenu/public/EspaceRessou – rees Humaines/InstancesParitaires/CPNEFP/rapports_ empl.

The Issue of China's Social Insurance Service System and Suggestions about its Reform

Zheng Bingwen

Abstract：This paper，starting from examining the current situation for the social insurance service system，analyses the problems of the system and provides three reform suggestions. First，staffing levels of social insurance should bring about a dynamical ratio mechanism，which links staff number to the insured clients to avoid work overload or low service quality. Second，all of the expenditures of the service system should be a part of social insurance funds to completely a-void budgets shortage. Third，in order to divide administration and service management and to separate supervision and operation functions, a national social insurance administration should be instituted, and a vertical system should be set up with the agencies at all levels. The social insurance service system should be characterized as "special public institutions".

Key Words: Social Insurance; Services; Service - oriented Government; Administrative System Reform

强制医保制度下无保险人群的健康状况研究*

赵绍阳　臧文斌　傅十和　刘国恩

【摘　要】因为就业单位不缴或欠缴医疗保险费而被迫无法纳入医疗保险体系的城镇职工在本文中被称为“医保夹心层”。本文利用国务院关于城镇居民基本医疗保险试系点评估调查2007~2009年的跟踪调查微观数据，研究了医保夹心层人群的健康及其医疗服务利用情况。研究发现，在控制了个人特征、就业状况、保险状态以及家庭经济状况后，医保夹心层职工的健康状况较差，其无保险状态会直接影响医疗服务利用，这表现为医保夹心层更少接受住院服务（但在门诊服务方面没有差别），但一旦住院，夹心层住院花费及其负担都会更重；其次，医疗保险状态还会影响健康意识，这表现为夹心层人群在了解医疗保健知识、定期身体健康检查方面缺乏积极性。

【关键词】夹心层；医疗保险；医疗服务；利用；健康

一、引言

目前，几乎所有的中国公民均可通过参加相应的医疗保险获得基本的医疗保障。具体来说，城镇用人单位及其职工应强制参加城镇职工基本医疗保险；无雇工的个体工商户、未在用人单位参加社会保险的非全日制从业人员以及其他灵活就业人员可以选择参加城镇

*　本文选自《经济研究》2013年第7期。

赵绍阳，四川大学经济学院，邮政编码：610065，电子信箱：zhaoshaoyang@ scu. edu. cn；臧文斌，西南财经大学公共管理学院，邮政编码：610074，电子信箱：zangwenbin@ gmail. corn；傅十和，厦门大学王南经济研究院，邮政编码：361005，电子信箱：fushihe@ xmu. edu. cn；刘国恩，北京大学国家发展研究院，邮政编码：100871，电子信箱：gordon@ gsm. pku. edu. cn。本研究得到四川大学中央高校基本科研业务费研究专项项目（skqy20132）、教育部人文社科项目（11YJC790257）、西南财经大学中央高校基本科研业务费的资助。作者感谢中国医疗体制改革——评价与展望论坛、西南财经大学海峡两岸保险与风险管理学术讨论会、中国经济学年会（2010）、香港经济学双年会（2010）参与者的评论；感谢邓国营、窦晨斌等对本文研究提供的建议与帮助；感谢匿名审稿人的意见。当然文责自负。

职工基本医疗保险；城镇未就业的居民可以参加城镇居民基本医疗保险；农村居民可以参加新型农村合作医疗；进城务工的农村居民可根据自身情况选择参保，可以参加户口所在地的新农合，部分地区已经可以选择参加城镇居民基本医疗保险或城镇职工基本医疗保险；国家及事业单位的工作人员和离退休人员有公费医疗；所有公民还可以购买商业医疗保险。截至2011年末，全国参加城镇基本医疗保险人数为4.73亿人，其中参加城镇职工基本医疗保险、城镇居民基本医疗保险的人数分别达到了2.52亿人、2.21亿人。[①] 与此同时，新型农村合作医疗参保人口数达8.32亿人，参保率达到了97.5%。[②] "全民医保"在制度层面已经实现。[③]

然而在现实中，还存在大量由于就业单位没有支付医保费而无法参保的城镇职工，这些无医保职工在本文中被称为"医保夹心层"（Sandwich Class）。因为其就业的企业没有支付医保费而没有被城镇职工基本医疗保险覆盖，但他们又不能加入农村合作医疗（因为是城镇户口），也不属于公费医疗制度范围（因为不是国家工作人员），也不能加入城镇居民基本医疗保险（因为他们有工作或者有就业单位）；他们一般也没有购买商业保险（因为商业保险保费太高）[④]。由于在实际操作中，商业保险公司很少有为年龄超过60岁的公民提供的险种，因此年龄超过60岁的医保夹心层职工甚至无法被商业保险覆盖，成为被医疗保险市场完全排除在外的群体，可以称之为"强制无保者"（Forced Uninsured）。与一般无保险者的最大不同在于，夹心层人群的无保险状态并非自愿选择的结果。职工医保属于强制性保险，所有城镇用人单位及其职工和退休人员都必须参加。[⑤] 在"强制性"的职工医疗保险制度框架下，出现这样一群特殊的无保险人群，对于认识和完善当前的医疗保障制度具有重要的意义。

本文的研究在于回答两个相关的问题：第一，我国目前存在多少"医保夹心层"人群？"医保夹心层"人群产生的根源是什么？在全民医保已经基本实现的前提下，仍然存在大量的夹心层人群，这表明我国目前初步建成的全民医保体系中还存在"夹缝"，并未实现真正意义上的全民医保。第二，因为没有医保，夹心层人群的健康状况、医疗服务利用是否受到影响？国内外大量健康经济学方面的文献表明，没有医疗保险或者失去医疗保险会对无保险者的医疗服务利用以及健康产生各种负面影响。因此，考察我国医保夹心层人群的健康状况、保健预防行为、医疗服务利用状况和医疗负担能够帮助医疗制度改革政策的设计者了解无医保的个人成本和社会成本，从而为设计更加有效的医保制度提供决策参考。由于医保夹心层的无保险状态往往都是因为企业无力负担或者企业故意逃避医保费

---

① 数据来源：《2011年度人力资源和社会保障事业发展统计公报》。

② 数据来源：《2011年我国卫生事业发展统计公报》。

③ 《125亿人参保制度上全覆盖，"全民医保"还有多远?》，《人民日报》2010年12月22日。

④ "夹心层"通常用来指游离在社会保障与市场之外的无能力购房群体。这群人中，或者不满足购买廉租房的条件，同时又无力购买经济适用房，或者同时没资格买经适房、又买不起商品房。

⑤ 1999年发布的《社会保险费征缴暂行条例》以及最新颁布的《社会保险法》都明确我国职工基本医疗保险的强制性。

而导致的，与个人的选择无关，因此医保夹心层的无保险状态可以看成是外生的，这有助于更加准确地识别无保险对个人医疗服务利用以及健康的影响。[①] 由于国内少有对医保夹心层的研究，我们希望本研究的发现能引起社会和医改参与者对医保夹心层的关注。

二、医保夹心层产生的原因及规模估算

首先，我们可以根据“实际参保人群”与“法定应参保人数”的差距估算夹心层人群的规模。依据《社会保险费征缴暂行条例》，基本医疗保险费的征缴范围包括国有企业、城镇集体企业、外商投资企业、城镇私营企业和其他城镇企业及其职工、国家机关及其工作人员、事业单位及其职工、民办非企业单位及其职工、社会团体及其专职人员。[②] 我们将这些法定要求缴纳医保的企业职工人数定义为“应参保人数”，然后根据城镇职工基本医疗保险实际参保人数与“应参保人数”的比例来计算城镇职工基本医疗保险的覆盖率。表1的结果表明：虽然参保率在逐年上升，但是2008年应参保人数（不计个体人员）的参保率也只有87.7%，意味着大约12.3%的职工没有被职工基本医疗保险覆盖；换言之，2008年医保夹心层职工人数超过2100万人。

其次，我们还可根据企业缴纳的城镇职工基本医疗保险保费占企业工资总额的状况来估算企业未缴纳医保的规模。由于没有直接公布的企业缴纳医保费用的数据，我们需要根据城镇职工基本医疗保险基金收入进行估算。[③] 截至2008年，虽然企业医保缴费占工资总额的比例不断上升，但是最大值也只有6.4%，与法定的缴费水平应占工资总额的8%相去甚远。这个保守的估计再一次验证了“企业不缴、欠缴或者拖欠医保”的现象较为普遍，“医保夹心层”职工的数量不在少数。

但是，在“强制性”的职工医疗保险制度框架下，企业缴纳医保费是企业应依法履行的社保义务，为什么还会出现如此多的无保险职工人群？我们认为主要存在以下三个方面的原因。首先，根本原因在于地方监管机构缺乏严格执行社保法规的激励。医疗保险是职工的基本权益保障，但同时也会提高企业的劳动力成本。不少地方政府过度追求经济增长和扩大就业，忽视了公平，甚至以社会保险费的减免、缓缴来刺激地方发展。有些地方政府对吸纳就业人数较多的企业在社保方面给予更多宽限。对于新兴的私营、民营和外资

---

① 通常情况下，评估无保险状态的影响时，如果直接比较参保与未参保人群的健康以及医疗服务利用情况就可能存在遗漏变量导致的偏误问题，这是因为，如果未参保者都是属于“自愿”不参保，自愿参保者可能健康状况更好（臧文斌等，2012）。而医保夹心层的无医保状态，从职工角度来看，都不是“自愿选择”的结果。本文通过比较医保夹心层与一般未参保者之间的差别，就能更加准确地估计无保险对个人医疗服务利用以及健康的影响。

② 各地方政府根据当地实际情况，可以规定将城镇个体工商户纳入职工基本医疗保险的范围。

③ 首先假定基金收入大致等于医保费用（实际上基金收入还包括医保基金的利息收入、财政补贴收入、其他收入等），然后根据企业和个人对医保费用的缴费比例计算其中企业缴费的总额。目前各地区企业和个人缴纳的医保费用分别约占工资总额的8%与2%，因此可以将医保基金收入的80%近似为企业缴纳的医保费用总额。

企业没有执行强制参加医疗保障的要求，这些企业的职工更有可能没有医疗保险。比如刘军强（2011）的研究发现，相对于由社保机构征缴，地方税务机构征收社会保险费更有利于扩大社会保险覆盖面及社会保险基金收入的增长，从而从侧面验证了社保在征缴过程中存在一定的灵活空间。

表 1 城镇职工基本医疗保险覆盖率

年份	（1）实际参保人数（万人）	（2）应参保人数（万人）	（3）应参保人数 I（万人）	（4）参保率 =（1）/（2）	（5）参保率 I =（1）/（3）
1995	702.6	17336	15776	4.05%	4.45%
1996	791.2	17541	15832	4.51%	5.00%
1997	1588.9	17688	15769	8.98%	10.08%
1998	1508.7	15918	13659	9.48%	11.05%
1999	1509.4	15576	13162	9.69%	11.47%
2000	2862.8	14988	12852	19.10%	22.27%
2001	5470.7	14782	12651	37.01%	43.24%
2002	6925.8	15138	12869	45.75%	53.82%
2003	7974.9	15731	13354	50.70%	59.72%
2004	9044.4	16452	13931	54.97%	64.92%
2005	10021.7	17461	14683	57.39%	68.25%
2006	11580.3	18451	15439	62.76%	75.01%
2007	13420.0	19692	16382	68.15%	81.92%
2008	14987.7	20705	17096	72.39%	87.67%

注：城镇职工基本医疗保险参保人数为参保的职工人数，不包括退休人员的参保人数；应参保人数指所有在国家机关、政党机关、社会团体、事业单位及国有企业、城镇集体企业、外商投资企业、城镇私营企业和其他城镇企业工作的就业人员，以及城镇个体就业人员；而“应参保人数”则是“应参保人数”基础上减掉城镇个体就业人员。

资料来源：《中国统计年鉴》。

其次，是由于部分效益差的国有企业或事业单位无力缴纳单位应负担的医保费用。自 20 世纪 80 年代企业制度改革以来，国有和集体企业面临更多的市场竞争，它们所获的政府补贴也不断减少，不少国有和集体企业缺乏效率，处在破产崩溃的边缘。这些亏损的企事业单位没有能力继续支付企业应缴的社保费用，结果使得职工无法参保（Ho et al.，1995；Hu et al.，1999）。而同时期医疗费用的急剧上涨、政府对国有和集体企业医疗补助的减少、员工的老龄化以及 20 世纪 90 年代末强制退休人员的增加可能进一步加剧了企业的社保负担（Du，2009）。①

① 如何使破产国有、集体企业的职工及其退休人员参加医疗保险也一直是个难题。2009 年人力资源和社会保障部下发《关于妥善解决关闭破产国有企业退休人员等医疗保障有关问题的通知》，开始在全国范围内重点解决关闭破产国有企业退休人员的医疗保障问题，凸显出医保夹心层问题的紧迫程度。

最后，因为目前的医保监管方式没有起到实质效果。社保或者其他相关部门主要依靠随机抽查和职工举报两种方法监管企业的社保缴费状况。实际上，两种方法起到的效果都是有限的。随机抽查只能抽查很小部分的企业，而多数企业都存在机会主义倾向。如果企业员工怀疑或者发现企业不交或者拖欠社保费，就可以通过专门的举报电话进行举报。但员工举报的办法效果不大：一方面，企业职工进行举报的激励不够，因为害怕失去工作等原因甚至根本不敢举报自己的企业；另一方面，即使企业被举报了，监管部门到企业核查，企业也可以私下与相关部门协商解决。①

三、无保险对健康的负面影响：文献综述

研究未参保人群各方面状况的文献以美国居多，主要原因是美国长期以来一直存在是否实施强制医保的争论。美国是少数几个没有实施全民强制医疗保险的发达国家，过去几年，其保险覆盖率甚至出现了不断下降的趋势。② 随之而来的是，未参保人群在获得医疗服务尤其是优质的医疗服务方面相对于参保人群更加不利，同时还增加了未参保人群的经济负担，导致生产效率的损失（Davis，2007）。这些后果也成为美国最近不得不实施强制医保的一个关键动因。

没有医疗保险或者失去医疗保险可能会产生多个方面的负面影响，但主要表现在医疗服务的利用方面。无保险者在医疗服务利用上的劣势可能会直接导致其健康状况较差、劳动效率低下等后果。比如 Hafner - Eaton（1993）发现，非老年的未参保人群的医疗服务利用率都要大大低于参保人群，而且这一差距在慢性病人群中更大，但在急性病人群中差距相对要低一些。Franks 等（1993）的研究显示，未参保与死亡率显著相关，医疗保险对死亡率的影响甚至可以与教育、收入等因素对死亡率的影响相提并论。Baker 等（2001）的研究表明，长期没有医疗保险的中老年人群更有可能面临健康恶化的问题，包括行动能力的下降。McWilliams 等（2004）则发现，接近退休的老年无保险人群更可能面临健康问题，且死亡率较高。Wilper 等（2009a）的实证分析表明，虽然 20 世纪 80 年代以来医疗技术和未参保人群的人口特征发生了巨大变化，但无保险状态与死亡率的正相关却没有多大改变。

未参保状态影响健康的途径主要是两个方面：或者直接影响对医疗服务的利用，或者影响健康态度或者健康意识。Currie 和 Gruber（1996a，1996b）与 Hanratty（1996）分别对美国政府的医疗补助制度（Medicaid）和加拿大的全民医保计划的影响效果进行了评

---

① 即使监管部门发现企业没有按照法定的缴费水平缴纳社保，企业还可以在规定的 15 天之内补缴社保费用。如果企业能在规定的时间内缴清费用，企业就不会得到惩罚。

② Gruber（2008）对美国出现如此之多未参保人群的现象、成因等问题做了十分详细的综述。

估，结果发现，医疗保险显著增加对医疗服务的利用，改善了目标群体的健康状况。获得医疗保险有利于医疗服务需求的满足，如果没有或者失去医疗保险则会导致医疗服务消费倾向的下降，以及健康的恶化。比如，Baker 等（2000）发现没有医疗保险是获得医疗服务的主要障碍，即使是对于一些严重的疾病也是如此。Ayanian 等（2000）还发现，长期未参保的人群更有可能未接受例行身体检查，或者在癌症筛查、减少心血管疾病风险以及糖尿病护理方面缺乏相应的医疗服务。Rosen 等（2009）指出，由于治疗不及时、诊断的差别以及较差的健康素养可能导致未参保人群在创伤后的死亡率更高。Wilper 等（2009b）发现，未参保人群中的糖尿病与高胆固醇患者往往由于没有医疗保险而不能及时确诊（Undiagnosed）；无保险成年人更可能忽视自己的高血压和高胆固醇症状，其症状往往处于失控状态，并且与保险人群的这一差异可以由医疗可及性的差异来解释。另外，长期无保险者的此类症状相对于所有的无保险者更难被发现。

国内关于未参保人群的健康和医疗服务利用方面的研究还很少。赵忠、侯振刚（2005）利用中国健康与营养调查数据（CHNS）发现，医疗保险对健康的影响虽然为负但统计上不显著；谢垩（2009）利用 CHNS 数据发现，享受医疗保险组较富裕，其医疗服务利用也较多，医疗保险扩大了医疗服务利用的不平等。这些文献都不同程度地丰富了国内医疗保险与健康的研究，但是正如黄枫、吴纯杰（2009）指出，以上文献中由于存在遗漏变量或者内生性问题，导致估计产生偏差，医疗保险与健康以及医疗服务利用的关系并没有得到准确的估计。黄枫、吴纯杰（2009）利用 2002 ~ 2005 年中国老年人健康长寿影响因素调查数据，借助工具变量法解决模型可能存在的内生性问题，结果发现，在控制人口、社会经济、健康等个人特征之后，与无医疗保险的老人相比，享受医疗保险的老人三年间隔的死亡概率降低了 25.3%；换言之，没有医疗保险会导致老年人死亡概率更高。利用同样数据，黄枫、甘犁（2010）进一步发现，有医疗保险的老人的平均生存时间比无保险的老人多 5 年。而最近许多有关新农合与城镇居民医保绩效评估的研究结果表明，我国基本医疗保险（主要是新农合）在其逐步推行的过程中，参保者“有病不医”的状况得到改善，医疗服务利用率明显提高，并且健康状况也有明显改善，家庭面临医疗风险的降低还导致家庭的预防性储蓄也明显减少，生活消费水平得到明显的提高（程令国、张晔，2012；白重恩等，2012；臧文斌等，2012）；但与此同时也发现，医疗保险并没有显著减轻参合者的实际医疗支出负担和大病支出发生率（Lei & Lin，2009；Wagstaff et al.，2009）。

本文主要从医疗保险状态与健康及医疗服务利用之间的关系入手来研究医保夹心层。本文的贡献主要是：首先本文研究的医保夹心层区别于文献中一般的无保险人群，因为医保夹心层人群可能相对于一般无保险者处于更不利的地位，他们可能想购买保险但由于客观限制而无法参保，属于特别需要关注的群体。其次，医保夹心层的无保险状态往往与个人的选择无关，可以看成是外生的，这有利于减轻甚至避免医疗保险与健康关系的研究中通常存在的内生性问题。当然，本文还通过面板数据等方法验证结果的稳健性，以求较为准确地估计保险状态与健康之间的关系。

四、医保夹心层的健康状况：实证分析

（一）数据及描述性统计分析

本文采用的“国务院城镇居民基本医疗保险（URBMI）试点评估入户调查数据”是受国务院城镇居民基本医疗保险试点评估专家组委托，由北京大学光华管理学院牵头及中国医疗保险研究会等机构参与实施的大规模入户调查。该调查的主要目的是了解医疗保险的覆盖及其实施效果。调查的内容主要包括居民的社会人口学特征、健康状况、医疗服务需求与利用、医疗服务费用、医疗保险相关信息、家庭经济状况等。在 79 个城居保试点城市中，在对人均国内生产总值、全市年末人口数、人均筹资额度、上年度人均城镇职工基本医疗保险统筹基金支出、人口密度、人均床位数及人均医生数 7 个指标进行聚类分析后，随机挑选 9 个代表性的城市，作为样本城市。① 2007 年共调查了 42 个区（县），100 个街道（办事处），141 个社区（居委会），成功入户 11674 户、32989 人。2008 年的跟踪调查合计有效访问 11099 户、32207 人，其中成功随访 26145 人，随访率 79. 32%；2009 年 31646 人，成功随访 25260 人，随访率达 79. 82%。2008 年与 2009 年都在丢失的样本基础上对样本进行了相应的增补。本文采用的数据样本为该调查 2007 ~2009 年三年的数据。为了与医保夹心层人群相对照，本文选取了其中大于 18 岁的所有成年人样本。从表 2 可以看出，2007 ~2009 年，18 ~59 岁的成年人样本中城镇职工基本医疗保险的覆盖率增加了 2 个百分点，而 2007 年刚刚试点的城镇居民基本医疗保险从不到 6% 上升到了 14%；同样的情形也发生在 60 岁以上的样本中，城镇职工基本医疗保险的覆盖率增加不到两个百分点，城镇居民基本医疗保险的覆盖则翻了一番。

表 2　样本中城镇医疗保险情况：18 岁及以上的样本

	18 岁及以上成年人样本				正式职工样本（含已退休的正式职工）	
	18 ~59 岁		60 岁及以上			
年份	职工医保	居民医保	职工医保	居民医保	无任何医保	无职工医保
2007	30. 47%	5. 71%	12. 68%	3. 08%	5. 77%（825）	12. 72%（1818）
2008	31. 41%	11. 63%	12. 78%	5. 75%	4. 41%（621）	14. 14%（1993）
2009	32. 56%	13. 99%	14. 41%	6. 17%	2. 62%（371）	12. 44%（1764）

注：所有比例均以调查人口总数为分母；括号里面为观测样本数。

① 9 个城市为内蒙古自治区包头市、湖南省常德市、四川省成都市、吉林省吉林市、浙江省绍兴市、新疆维吾尔自治区乌鲁木齐市、福建省厦门市、青海省西宁市及山东省淄博市。

如果只考虑其中的正式职工样本（包括在职和离退休），表 2 显示，医保夹心层人群（没有任何保险的职工）在 2007 年占到职工样本人数的近 6%，这个比例在之后下降到了 4.4% 和 2.6%；而没有城镇职工基本医疗保险的职工在这三年中平均为 13%。依据国家统计局的数据，2007 年全国参加城镇职工基本医疗保险人数为 1.8 亿人，其中职工 1.34 亿人，退休人员 4600 万人。[①] 如果 2007 年医保夹心层人群占职工总人数的比例以 6% 计算，那么全国大概有 1150 万职工（含退休职工）没有医疗保险。2008 年全国参加城镇职工基本医疗保险人数增加到了约 2 亿人，其中职工 1.5 亿人，退休人员 5008 万人，医保夹心层人群占职工总人数的比例虽然下降到了 4.4%，但是总人数超过了 920 万。可见医保夹心层人数可观，无保险状态对他们的健康、医疗资源利用以及保健行为的影响需要引起高度重视。

表 3 进一步显示了无业者及不同类型企业的职工的医疗保险状况：无业者无保险的比率是最高的，达到 32.61%；其次是个体户（28.84%）；三资企业和行政事业单位的无保险比率最低，分别只有 3.2% 和 3.5%；国有集体企业次之，无保险比例为 5.3%；正式职工中私营、股份制企业的无保险比例最高，达到 19%。从表中也可以算出，在年龄大于 60 岁的职工中（不含无业者），没有保险的人（即强制无保者）的比率为 5.58%。

表 3　无保险人群的企业类型分布

就业单位	所有成年人			大于 60 岁的老年人		
	有保险	无保险	总计	有保险	无保险	总计
无业	12363（67%）	5982（33%）	18345	4032（74%）	1390（26%）	5422
行政事业单位	10653（97%）	384（3%）	11037	3145（97%）	88（3%）	3233
国有集体企业	25969（95%）	1452（5%）	27421	4633（94%）	319（6%）	4952
股份制及私营企业	8175（81%）	1925（19%）	10100	403（83%）	85（17%）	488
三资企业	835（97%）	28（3%）	863	39（98%）	1（35）	40
个体户	5946（71%）	2410（29%）	8356	222（69%）	102（31%）	324
其他类型企业	1529（74%）	550（26%）	2079	333（89%）	42（11%）	375
总计	65470（84%）	12731（16%）	78201	18677（89%）	2239（11%）	20916

（二）医保夹心层的健康状况：模型设定

假定个人健康程度主要由个人特征以及有无医疗保险状态决定，用计量模型可以表

① 数据来源：《中国统计年鉴 2008》。

示为：

$$y_{it}^{*} = \alpha_0 + \alpha_1 \times Uninsured_{it} + \alpha_2 \times Emp_{it} + \alpha_3 \times (Uninsured_{it} \times Emp_{it}) + \beta x_{it} + \delta_{it} \quad (1)$$

模型（1）中 i 表示个人，t 表示时间，其余变量定义如下。y_{it}^{*}：表示个体健康状况及行为的指标。$Uninsured_i$：表示个人有无任何医疗保险的虚拟变量。如果个人没有医疗保险则取值为 1，有医疗保险取值为 0。Emp_i：表示职工（包含正式职工或者离退休职工）就业单位类型的虚拟变量：如果是正式职工则该变量为 1，否则为 0。我们进一步将 EmpSOE 定义为国有和集体企业的职工；将 EmpSOE60 定义为年龄在 60 岁以上的国有及集体企业职工，因为这些职工年龄较大，无法购买商业医疗保险，属于强制无保险群体。X 为反映个人特征的变量向量，包括年龄、性别、民族、户口、教育水平、婚姻状况、就业类别、就业单位类型、身高、体重、是否吸烟、是否喝酒、家庭收入水平（对数）、家庭离最近医疗机构的距离等。模型中还包括城市和年份的虚拟变量。δ_{it}为随机扰动项。

假定参照组（有保险的非正式职工）的健康状况为 α_0，那么，α_1 是没有保险的非正式职工的健康差异；α_2 是有保险的正式职工的健康差异；$\alpha_1 + \alpha_2 + \alpha_3$ 表示的是无保险的正式职工（即医保夹心层）相对于有保险的非正式职工的健康差异，其中 α_3 是无保险状态和正式职工哑变量交叉项的系数，表示的是医保夹心层状态对健康的单独影响，即在去除了纯粹的无保险和正式职工状态的单独影响之后，正式职工的无保险状态对健康的净影响。换言之，假定参照组（有保险的非正式职工）的健康状况为 0，那么 α_1 表示非正式职工内部没有保险对健康的影响，而 α_2 表示有保险的人群中正式职工与非正式职工的健康差别，因此无保险的正式职工的健康状况为 $\alpha_1 + \alpha_2 + \alpha_3$，其中 α_3 表示的是医保夹心层状态的单独影响。

数据中反映个人健康状况的信息主要是被调查者自我报告的健康状况，共有三类变量。①过去一个月的健康状况：分为五级指标，即很差、差、一般、好、很好，分别用整数 1～5 代替。②相对于过去一年健康的变化：分为三级指标，即变差、没变化、变好，分别用 1、2、3 代替。③调查当天被调查者的健康状况：采用 0～100 的健康标尺，0 代表最差，100 代表最好。① 由于这些健康指标多为离散变量，本文主要使用 Probit 模型或者次序（Ordered）Probit 模型。

模型（1）中我们所关心的系数是 α_3。由于医保夹心层的无医保状态可以认为是外生（强制）给定的，因此可以直接估计模型（1）。但模型（1）中仍有可能存在遗漏变量导致的内生性问题，从而导致对估计有偏误。因此，本文在尽量控制个人特征变量的前提下，还尝试通过使用面板数据结构控制个人不可观测特征的影响。本文接下来采用随机效应的 Probit 模型估计医疗保险对健康的影响。该模型既考虑了被解释变量的离散特征，也

① 问卷调查中对该问题的回答要求被调查者亲自回答，因此由家庭其他成员代答的被调查对象不能回答这个问题，并且只在 2008 年之后对该问题进行调查，导致使用该健康变量时的有效样本减少了很多。

要考虑个体不可观测异质性的影响。①

（三）医保夹心层的健康状况：模型估计结果

表 4 报告了无保险状态对过去一个月内的健康状况的影响，在控制了有无保险状态、就业单位类型、影响健康状况的主要人口和社会学特征包括性别、年龄、家庭规模、民族（是否汉族）、婚姻状况（是否已婚）、身高、体重、教育程度、是否吸烟、是否喝酒、是否锻炼以及家庭收入等）以及城市和年份虚拟变量后，医保夹心层的系数为负但不显著（第 1 列变量 Uninsured × Emp），但国有集体企业的医保夹心层的健康状况却更有可能变差且统计上显著（第 3 列变量 Uninsured × EmpSOE）。

表 4　夹心层的健康状况：模型估计的结果（1）

解释变量	被解释变量：过去一个月内的健康状况（1—很差，2—差，3——般，4—好，5—很好）			
	(1)	(2)	(3)	(4)
Uninsured × Emp		-0.049		
Uninsured × EmpSOE			-0.085**	
Uninsured × EmpSOE60				0.020
Uninsured	0.038***	0.038***	0.040***	0.028**
观测值	66847	66847	66847	66847
Pseudo R^2	0.075	0.075	0.075	0.075

注：限于篇幅，略去稳健标准差（有兴趣的读者可向作者索取）；*、**、***分别表示 10%、5% 和 1% 的显著水平。如无特殊说明，以下各表同。解释变量还包括影响健康状况的主要人口和社会学特征，包括性别、年龄、家庭规模、民族（是否汉族）、婚姻状况（是否已婚）、身高、体重、教育程度、是否吸烟、是否喝酒、是否锻炼、家庭收入、家庭与最近医疗机构的距离以及城市和年份虚拟变量等，为节省篇幅未报告结果。

表 5 报告了无保险状态对过去一年内的健康状况以及被调查者调查当天健康状况变化的影响。所有模型中均加入了表 4 中的所有控制变量，但为了节省篇幅，表中只报告了关键变量的系数和显著性。第 1 ~ 3 列报告了医保夹心层状态对被调查者过去一年内健康状况变化的影响。这三列均表明，处于医保夹心层状态的职工更有可能报告过去一年内健康状况没有变好或者变得更差。第 4 ~ 6 列表明，处于医保夹心层状态的职工更有可能报告

① 需要重点说明两点：首先，由于采用的是随机效应模型，隐含地假定模型中的个体异质性是独立于其他解释变量的；其次，由于被解释变量是个人自我报告的健康状况，属于主观性的指标，其绝对值通常不具有实际意义（都是相对于自身过去健康状态，或者相对于周围人群对自己健康状况的一种主观判断），所以同一个体在不同年份之间报告的健康指标变化不大，此时如果采用固定效应模型进行估计，由于固定效应模型中主要依靠个体保险状态与健康状况在时间维度上的变化来识别保险状态变化对健康的影响，但由于主观的健康指标变化通常较小，且极容易受到报告误差的影响，会导致模型估计出现较大的偏误。方便对照，我们同时报告了采用线性面板数据的固定效应与随机效应模型的估计结果。

被调查当天的健康状况不好。第（3）列和第（6）列表明，60岁以上的医保夹心层职工也认为自己过去一年内健康状况变差或者当天的健康状况不好，虽然统计上不显著。①

表5　夹心层的健康状况：模型估计结果（2）

	相对于过去一年健康状况的变化（1—变差，2—没变化，3—变好）次序 Probit 模型的估计结果			调查当天的健康状况（0—不好，1—好）Probit 模型的估计结果		
	(1)	(2)	(3)	(4)	(5)	(6)
Uninsured × Emp	-0.111***			-0.157***		
Uninsured × EmpSOE		-0.111**			-0.171**	
Uninsured × EmpSOE60			-0.072			-0.073
Uninsured	0.038**	0.032**	0.022	0.090***	0.084***	0.069***
观测值	66868	66868	66868	42057	42057	42057
Pseudo R^2	0.044	0.044	0.044	0.108	0.108	0.108

表6进一步计算了医保夹心层状态和无保险状态分别对过去一年和过去一个月健康指标的边际影响。以表6第一部分第一行为例，0.031表示的是在给定其他情况都不变时，一个职工变成医保夹心层状态会使其“相对于过去一年健康状况变差”的概率提高了3.1%，且统计上十分显著。以此类推，该行第2、3列的数字表示的是在给定其他情况都不变时，一个职工变成医保夹心层状态会使其“相对于过去一年健康状况不变”或“变好”的概率分别下降了1.8%和1.3%，且统计上十分显著。其余分析类似。

表6　医保夹心层职工的健康状况

不同模型	相对于过去一年健康状况的变化				
	变差	没变化	变好		
Uninsured × Emp	0.031***	-0.018***	-0.013***		
Uninsured × EmpSOE	0.030**	-0.018**	-0.012***		
Uninsured × EmpSOE60	0.019	-0.011	-0.008		
	过去一个月内的健康状况				
	很差	差	一般	好	很好
Uninsured × Emp	0.001	0.006	0.0118	-0.008	-0.011
Uninsured × EmpSOE	0.002**	0.012**	0.020**	-0.015**	0.019**
Uninsured × EmpSOE60	-0.0004	-0.003	-0.005	0.003	0.005

① 我们也尝试加入滞后一年的医保夹心层变量来检验是否一年前的医保夹心层状态对健康指标有负面的影响，大多数系数确实为负，但只有少数统计上显著。

表7报告了加入个人固定效应的不同模型的结果。个人固定效应可以部分有效地控制模型的内生性或遗漏变量问题。可以看出，医保夹心层以及国有集体企业的医保夹心层状态对职工的各种健康指标均有显著的负的影响，但强制无保者状态对职工健康的影响大多不显著。[①] 可见，医保夹心层状态对健康的负面影响的结论是很稳健的。

表7　面板数据模型估计结果[②]

Panel A：过去一个月健康状况的变化						
	所有样本			三年平衡样本		
	(1)	(2)	(3)	(4)	(5)	(6)
	固定效应模型	随机效应模型	随机效应 Probit 模型	固定效应模型	随机效应模型	随机效应 Probit 模型
Uninsured × Emp	-0.039	-0.056**	-0.037	-0.025	-0.054*	-0.055
Uninsured × EmpSOE	-0.083*	-0.091***	-0.142**	-0.065	-0.079**	-0.170**
Uninsured × EmpSOE60	-0.004	0.003	-0.177	-0.030	-0.019	-0.019
观测值	67702	67702	67702	42015	42015	42015
职工总数	35453	35453	35453	16077	16077	16077
Panel B：过去一年健康状况的变化						
	(1)	(2)	(3)	(4)	(5)	(6)
Uninsured × Emp	-0.037*	-0.039***	-0.082	-0.053**	-0.061***	-0.157**
Uninsured × EmpSOE	-0.052**	-0.041***	-0.063	-0.067**	-0.070***	-0.171**
Uninsured × EmpSOE60	-0.026	-0.017	0.039	-0.049	-0.052*	-0.038
观测值	73947	73947	73947	45655	45655	45655
职工总数	36838	36838	36838	16115	16115	16115

注：第1、2、4、5列的被解释变量为多值离散变量，第3、6列均将健康指标处理成二值的虚拟变量，其中过去一月的健康，1—好或很好，0—其他；过去一年健康相对变化，1—没变或者变好，0—变差。解释变量还包括表5中的所有其他解释变量。

值得一提的是，表4至表7的结果中，"无保险状态"（变量 Uninsured）的系数都显著为正，一致表明非正式职工人群中无保险人群相对于有保险的人群健康状况都较好，证实了典型的"逆向选择"现象的存在。城镇非正式职工（包括非从业人员）一般都不在城镇职工医保的覆盖范围之内，[③] 但是可以自主选择参加城镇居民基本医疗保险。在自愿

① 采用面板数据的固定效应模型估计的结果，夹心层的系数都不显著，主要是由于自我报告健康状况指标在年度之间的变化太小导致。

② 由于使用"调查当天健康状况"为被解释变量的有效面板数据较少，其结果与使用混合面板数据模型估计的结果基本类似，此处没有报告其结果。

③ 根据表3的统计结果，非正式职工中无保险人群的比例也是最高的。

参保模式下，健康状况较好的个体选择不参保，参保都是健康相对较差的，这与臧文斌等（2012）对城镇居民医保参保过程中“逆向选择”现象的检验结果一致。

（四）无保险影响健康的渠道分析

1. 医保夹心层的医疗服务利用状况

无保险状态的一个直接后果是造成医疗服务使用的不便。尤其是伴随医疗费用上涨，个人难以承担大额医疗花费，没有医疗保险可能成为限制夹心层人群医疗服务利用的最关键因素。根据《中国卫生统计年鉴》（2009）的统计，2008 年出院病人人均医药费为 5464 元，是同期门诊病人人均医药费的 37 倍多，大致相当于 2008 年全国人均可支配收入（15781 元）的 38%，总收入（17067 元）的 32%；而其中比较常见的 30 种疾病平均住院医药费用超过了 7200 元，相当于当年人均可支配收入的 45%，总收入的 42%。如果没有医疗保险，病人的负担将会非常严重。

由于职工基本医疗保险实施大病统筹，主要报销住院花费，对门诊治疗花费报销较少（个人账户支付，额度很小），可以预见，医保夹心层的门诊服务相对于住院服务利用受到的限制要小一些，但住院医疗的限制要更明显。为了检验这些预测，我们重新估计了模型（1），但采用四个不同的被解释变量：过去两周内是否门诊就医（是 =1，否 =0），我们还单独区分了患病成年人的门诊就医情况；过去一年内是否住院，我们还单独区分了应住院患者的住院医疗情况；住院总花费（对数值）；家人因生病造成经济负担的严重程度（不严重或不清楚、严重和非常严重，分别用 1、2、3 代替）。

表 8 的结果表明，就过去两周内的门诊情况而言，没有保险的成年人和没有保险的患病成年人门诊就医的可能性显著较低；医保夹心层职工的门诊就医可能性虽然较低但统计上不显著，可能是因为门诊费用较低且不能报销的缘故。表 9 的结果则显示：没有保险的人住院的可能性显著减少，但这可能是由保险市场上的逆向选择引起的；但医保夹心层人群的住院服务也显著减少，尤其是夹心层应住院患者的住院可能性显著降低，表明医保夹心层状态限制了住院医疗服务的利用。此外，60 岁以上的医保夹心层以及应住院患者的住院的可能性显著降低得更多，表明强制无保状态对住院医疗服务利用的负面影响更大。

表 8　医保夹心层过去两周内的门诊医疗服务利用情况（Probit 模型）

	所有成年人的门诊情况（0—没有就医，1—就医）			患病成年人的门诊情况（0—没有就医，1—就医）		
	(1)	(2)	(3)	(4)	(5)	(6)
Uninsured × Emp	-0.048			0.008		
Uninsured × EmpSOE		-0.042			-0.025	
Uninsured × EmpSOE60			-0.136			-0.006

续表

	所有成年人的门诊情况（0—没有就医，1—就医）			患病成年人的门诊情况（0—没有就医，1—就医）		
	（1）	（2）	（3）	（4）	（5）	（6）
Uninsured	-0.094 **	-0.098 **	-0.131 ***	-0.074 *	-0.068 *	-0.073 *
疾病严重程度	—	—	—	控制	控制	控制
观测值	67924	67924	67924	12851	12851	12851
Pseudo R^2	0.074	0.074	0.074	0.061	0.061	0.061

注："疾病严重程度"为四值的虚拟变量：非常严重、严重、不严重、不清楚。

表 9　医保夹心层过去一年内的住院医疗服务利用情况（Probit 模型）

	所有成年人过去一年的住院情况（1—住院，0—否）			应住院患者的住院情况（1—住院，0—否）		
	（1）	（2）	（3）	（4）	（5）	（6）
Uninsured × Emp	-0.135 **			-0.229 *		
Uninsured × EmpSOE		-0.086			-0.196	
Uninsured × EmpSOE60			-0.176 *			-0.280 *
EmpSOE60			0.170			0.235 ***
Uninsured	-0.189 ***	-0.202 ***	-0.211 ***	-0.127 **	-0.139 **	-0.161 ***
观测值	67924	67924	67924	7650	7650	7650
Pseudo R^2	0.083	0.082	0.083	0.076	0.076	0.078

表 10 表明，与有保险的非正式职工相比，医保夹心层职工的住院费用会显著增加约 58%。住院自负花费要显著提高近一倍；同样，国有和集体企业的医保夹心层的住院费用会显著增加约 53%，住院自负花费要显著提高 85% 左右。与此一致的发现是，国有和集体企业的医保夹心层更有可能感受到家人因生病造成的经济负担。

表 10　医保夹心层的医疗负担情况

	住院总花费（对数）	住院自付花费（对数）	家人因生病造成的经济负担（1—不严重或不清楚；2—严重；3—非常严重）
不同模型	（1）OLS	（2）OLS	（3）次序 Probit
Uninsured × Emp	0.576 ***	0.957 ***	0.120 ***
Uninsured × EmpSOE	0.526 ***	0.845 ***	0.106 **
Uninsured × EmpSOE60	0.501 **	0.834 ***	0.105
观测值	4767	4767	38022

综合以上的实证结果，可以发现，夹心层人群一方面因为缺乏医疗保险导致其医疗服务需求难以得到满足；另一方面，夹心层患者一旦住院，由于病情相对更加严重，就会导致医疗费用更高，医疗负担更重。

2. 医保夹心层的健康行为

医疗保险影响健康的另一个重要渠道就是通过影响个体的健康保健意识。无保险的最直接影响是导致“有病不医”，而长期的“有病不医”则极可能导致个人逐渐降低对健康的关注。为了检验医保夹心层状态对个人健康意识的影响，我们重新估计了模型（1），但采用不同的被解释变量（是 =1，否 =0）来衡量健康行为或态度：是否经常主动了解医疗保健知识，过去一年是否做过健康体检，是否经常锻炼身体。表 11 报告了主要变量的系数和显著性。结果表明，医保夹心层人群，尤其是国有集体企业的医保夹心层职工，在主动了解医疗保健知识以及主动进行健康体检方面相对缺乏积极性，表明无保险可能导致健康意识较差；但是医保夹心层更经常锻炼身体，这可能与夹心层人群较强的风险意识有关。① 而一般的无保险人群在“了解医疗保健知识”“健康体检”以及“锻炼身体”三个方面都表现出较低的倾向（uninsured 的系数均显著为负），很可能是因为此类人群面对相对较低风险的结果。此外，家庭收入水平与健康行为或态度则有显著正向的关联，表明高收入人群的健康保健意识更强。另外，由于人们的健康行为很容易受“邻区效应”（Neighborhood Effect）的影响，我们在第 2、4、5 列中加入了“社区参保率”变量以控制社区参保人数产生的影响。社区参保率对个人“经常锻炼身体”和“健康体检”具有显著的正的影响，表明参保人群对个人的健康预防行为可能有正面的溢出效应。

表 11　医保夹心层的健康行为（Probit 模型）

Panel A 被解释变量：是否经常锻炼身体？

	(1)	(2)	(3)	(4)	(5)
Uninsured	-0.135***	-0.128***	-0.141	-0.134***	-0.132***
Uninsured × Emp	0.046	0.046			
Uninsured × EmpSOE			0.106**	0.108**	
Uninsured × EmpSOE60					0.200***
社区的参保率		0.162**		0.164**	0.165**
观测值	66721	66721	66721	66721	66721
Pseudo R^2	0.071	0.071	0.071	0.071	0.071

① 夹心层人群身体较差，可能风险意识也较强，所以期望通过锻炼身体降低健康风险。

续表

Panel B 被解释变量：是否主动了解医疗保健知识？					
	(1)	(2)	(3)	(4)	(5)
Uninsured	-0.173***	-0.175***	-0.173***	-0.175***	-0.186***
Uninsured × Emp	-0.060	-0.061			
Uninsured × EmpSOE			-0.091**	-0.091**	
Uninsured × EmpSOE60					0.004
社区的参保率		-0.057		-0.058	-0.056
观测值	66645	66645	66645	66645	66645
Pseudo R^2	0.081	0.081	0.081	0.081	0.081
Panel C 被解释变量：过去一年是否做过健康体检？					
	(1)	(2)	(3)	(4)	(5)
Uninsured	-0.248***	-0.238***	-0.273***	-0.263***	-0.285***
Uninsured × Emp	-0.280***	-0.280***			
Uninsured × EmpSOE			-0.220***	-0.218***	
Uninsured × EmpSOE60					-0.080
社区的参保率		0.246***		0.244***	0.247***
观测值	67805	67805	67805	67805	67805
Pseudo R^2	0.120	0.120	0.120	0.120	0.120

因此，综合来看，没有医保不仅会直接影响医疗服务利用情况，导致“有病不医”，而且一旦生病住院，则因为病情相对严重，医疗负担加重，同时由于没有医保而导致的“有病不医”还可能导致个人健康保健意识的下降，进而影响到健康状况。由于健康保健意识的形成通常是一个较为长期的过程，夹心层较差的健康及保健意识，也正好与其长期缺乏医保的事实相吻合。① 而这也正是夹心层与一般无保险人群最大的不同，也是导致夹心层人群健康状况较差的主要原因。

五、结论

由于医保夹心层的无保险状态往往都是因为企业无力负担或者故意逃避医保费，与个

① 由于调查数据的限制，本文对夹心层的界定实际上只是当前的一种“无保险”的状态，无法了解夹心层之前的保险状态。但是，一直按规定缴纳社保、只是最近才不缴的企业毕竟是极少数，所以大部分的夹心层人群应该都可以视为长期没有医保。

人的选择无关，因此医保夹心层的无保险状态可以看成是外生的。本文通过比较医保夹心层与一般未参保者之间的差别，一定程度上避免了自选择导致的内生性偏差，能更加准确地估计无保险对个人医疗服务利用以及健康的影响。我们的研究表明，医保夹心层的自我报告健康（过去一年、过去一个月或调查当天）较差。而与医保夹心层形成鲜明对比的是，一般的无保险人群自我报告的健康状况要明显好于保险人群，这表明在自愿参保的医疗保险模式中存在较为明显的“逆向选择”现象，同时这一发现也从另一方面印证了医保夹心层人群的劣势地位。此类大规模特殊人群健康状况应该引起相关方的关注。

进一步地，我们还检验了无保险状态影响健康的两个关键渠道。实证结果表明，无保险状态会直接影响医疗服务利用，这表现为医保夹心层更少接受住院服务（但在门诊服务方面没有差别），但一旦住院，夹心层住院花费及其负担都会更重；其次，无医疗保险状态还会影响健康意识，这表现为夹心层人群在了解医疗保健知识、定期身体健康检查方面缺乏积极性（但更经常锻炼身体）。由于医疗保障对健康以及健康意识的影响通常是在长期形成的，因此本文的结论表明，无医保不仅在短期会直接影响对医疗服务需求的满足，在长期还会导致健康状况以及健康意识的恶化。因此，医疗保险的长期影响效果不容忽视。而这恰恰是过去的文献不够重视的。有关新农合与城镇居民医保经济绩效与健康绩效评估的文献，几乎都在考察短期的效果，其结果可能会低估了全民医保实施的效果。

大量夹心层的存在，表明我国目前初步建成的全民医保体系中还存在“夹缝”，因此，“板块式”的医保体系如何实现无缝对接，进而实现真正意义上的全民医保体系，应该引起重视。基于本文的分析，我们认为，要着手解决夹心层人群的问题，比较可行的应对方案包括：第一，完善社保（医保）的监管制度，比如可以对国有集体企业实行重点监控，不仅需要解决已关闭破产的国有集体企业职工的医疗保障问题，还需要对符合破产标准的企业实施破产机制，明确破产、关闭企业的职工社保参保办法，或者对困难企业职工参保给予一定的优惠；第二，应该积极发挥商业保险的补充作用。政府应该积极鼓励商业保险开发和提供面向“夹心层”人群及其他医保覆盖存在空隙的人群（尤其是60岁以上的公民）的医保服务产品。

参考文献

[1] 白重恩、李宏彬、吴斌珍：《医疗保险与消费：来自新型农村合作医疗的证据》，《经济研究》2012年第2期。

[2] 程令国、张晔：《“新农合”：经济绩效还是健康绩效?》，《经济研究》2011年第1期。

[3] 黄枫、甘犁：《过度需求还是有效需求——城镇老人健康与医疗保险的实证分析》，《经济研究》2010年第6期。

[4] 黄枫、吴纯杰：《中国医疗保险对城镇老年人死亡率的影响》，《南开经济研究》2009年第6期。

[5] 刘军强：《资源、激励与部门利益：中国社会保险征缴体制的纵贯研究（1999—2008）》，《中国社会科学》2011年第3期。

[6] 谢垩：《与收入相关的健康及医疗服务利用不平等研究》，《经济研究》2009年第2期。

[7] 臧文斌、刘国恩、徐菲等:《中国城镇居民基本医疗保险对消费的影响》,《经济研究》2012 年第 7 期。

[8] 臧文斌、赵绍阳、刘国恩:《我国城镇基本医疗保险中逆向选择的检验》,《经济学》(季刊)2012 年第 12 卷第 1 期。

[9] 赵忠、侯振刚:《我国城镇居民的健康需求与 Grossman 模型》,《经济研究》2005 年第 10 期。

[10] Ayanian, J., J. Weissman, E. Schneider, J. Ginsburg, and A. Zaslavsky, 2000, "Unmet Health Needs of Uninsurcd Adults in the United States", Journal of American Medical Association 284: 2061 - 2069.

[11] Baker, D., M. Shapiro. and C. Schur, 2010, "Health Insurance and Access to Care for Symptomatic Conditions", Archives of International Mcdicine 160: 1269 - 1274.

[12] Baker, D., J. Sudano, J. AIbert, E. Borawski and A. Dor, 2001, "Lack of Health Insurance and Decline in Overall Healthin Late Middle Age", New England Journal of Medicine 345: 1106 - 1112.

[13] Carrie, J. and J. Gruber, 1996a, "Health Insurance Eligibility, Utilization of Medical Care, and Child Health", Quarterly Journal of Economics 111: 431 - 66.

[14] Currie, J. and J. Gruber, 1996b, "Saving Babies: The Efficacy and Cost of Recent Changes in the Medicaid Eligibility of Pregnant Women", Journal of Political Economy 104: 1263 - 1296.

[15] Du. Juan. 2009, "Economic Reforms and Health Insurancein China", Social Science and Medicine 69: 387 - 395.

[16] Davis. K., 2007, "Uninsured in America: Problems and Possible Solutions", British Medical Journal, 334 - 346.

[17] Franks, P., C. Clancy and M. Gold, 1993, "Health Insurance and Mortality: Evidence from a National Cohod", Journal of American Medical Associate, 270: 737 - 741.

[18] Grogan, C., 1995, "Urban Economic Reform and Access to Health Care Coverage in the People's Republic of China", Social Science and Medicine, 41: 1073 - 1084.

[19] G ruber, J., 2008, "Cover the Uninsured in the United States", Journal of Economic Literature, 46: 571 - 606.

[20] Hanratty, M., 1996, "Canadian National Health Insurance and Infant Health", American Economic Review, 86: 276 - 284.

[21] Hafner. Eaton, C., 1993, "Physician Utilization Disparities between the Uninsured and Insured: Comparisons of the Chronically III, Acutely III. And Well Nonelderly Populations", Journal of the American Medical Association, 269: 787 - 792.

[22] Ho, L., 1995, "Market Reforms and China's Health Care System", Social Science and Medicine, 41: 1065 - 1072.

[23] Hu, T., M. Ong Z., Zi. Hua Lin and E. Li, "The Effects of Economic Reformon Health Insurance and the Financial Burden for Urban Workers in China", Health Economics 1999, 8: 309 - 321.

[24] Lei, X. and WI An, 2009, "The New Cooperative Medical Science in Rural China: Does More Coverage Mean More Service and Better Health?", Health Economics, 18: S25 - S46.

[25] McWiliams, M., A. Zaslavsky, E. Meara and J. Ayanian, 2004, "Health Insurance Coverage and Mortality Among the Near - elderly", Health Affairs 23: 223 - 233.

[26] Nielsen, I. and R. Smyth, 2008, "Who Bears the Burden of Employer Compliance with Social Secur-

ity Contributions? Evidence from Chinese Firm Level Data", China Economic Review, 19 (2): 230 - 244.

[27] Nyland, C., R. Smyth and C. J. Zhu, 2006, "What Determines the Extentto Which Employers Will Comply with Their Social Security Obligations? Evidence from Chinese Firm Level Data", Social Policy and Administration, 40: 196 - 214.

[28] Rosen, H., F. Saleh, S. Lipsitz, S. Rogers and A. Gawande, 2009, "Downwardly Mobile: The Accidental Cost of Being Uninsured", Archives of Surgery, 144: 1006 - 1011.

[29] Wagstaff, A., M. Lindelow, J. Gao, L. Xu and J. Qian, 2009, "Extending Health Insurance to the Rural Population: An Impact Evaluation of China's New Cooperative Medical Scheme", Journal of Health Economics, 28 (1): 1 - 19.

[30] Wilper, A., S. Woolhandler, K. Lasser, D. McCormick, D. Bor and D. Himmelstein, 2009a, "Health Insurance and Mortality in US Adults", American Journal Public Health, 99: 2289 - 2295.

[31] Wilper, A., S. Woolhandler, K. Lasser, D. McCormick, D. Bor and D. Himmelstein, 2009b, "Hypertension, Diabetes, and Elevated Cholesterol among Insured and Uninsured U. S. Adults", Health Affairs, 28: 1151 - 1159.

Health of the Uninsured under Mandatory Medical Insurance System

Zhao Shaoyang, Zang Wenbin, Fu Shihe, Liu Guoen

Abstract: Sandwich class refers to urban employed or retired workers that are not insured because their employers did notpay medical insurance premium, and according to our estimates, there are tens of millions of sandwich workers in Urban China. This paper uses an individual panel dataset tracking the medical insurance of urban residents and focuses of the health status and utilization of medical services of the sandwich class. After controlling for individual attributes, employment status, insurance status, and household demographic variables, we find that, compared with insured workers , the sandwich class self—report worse health situation; The sandwich classes receive less in —hospital services , pay morehospital costs, and feel heavier burden of medical costs; They are less likely to actively lean health and medical care information, and are less likely to have preventive physical examinations.

Key Words: Sandwich Class; Medical Insurance; Utilization of Medical; Services; Health

政府卫生支出对中国农村居民健康的影响*

李 华 俞 卫

【摘 要】依据全国30个省份的“千村”现场调查数据，采用国际通用健康SF－8量表的自测健康，运用Grossman理论的扩展模型和顺序概率回归方法，分析公共卫生、基本医疗服务可及性和新农合对居民健康的影响，结果表明：村卫生室诊疗水平对生理健康影响非常显著，对心理健康没有影响；与最近医疗机构的距离和污水排放系统，对所有健康指标均有非常显著影响；饮用自来水对健康有正面影响；新农合筹资水平对居民健康没有影响，其效果主要表现在减少大病患者个人经济风险和促进社会和谐。年龄、教育水平等个人因素对健康有显著影响。研究结果支持政府农村卫生支出重点投向基层医疗服务和公共卫生的发展策略，验证了新农合的目标主要就是化解重大疾病的经济风险。

【关键词】政府卫生支出；农村居民健康；村卫生室；新农合

一、研究背景

医疗卫生事业是关系人民健康和家庭幸福的重大民生问题。我国农村人口众多，经济发展和居民健康长期落后于城市，农村是我国卫生工作的重点。新中国成立以来，加强基层卫生工作是我国卫生事业发展的基本策略，政府通过对农村公共卫生和基层医疗服务体系的投入，改善饮水排污等生活环境，加强妇幼保健和婴儿预防免疫工作，有效控制传染病、地方病和寄生虫病等重大疾病，显著提高了人民健康水平。同时，通过建立以村集体

* 本文选自《中国社会科学》2013年第10期。

本文为教育部人文社会科学基金一般项目“疾病风险全保障的筹资水平与分担机制研究——基于政府财政能力的视角”（11YJAZH045）和教育部人文社会科学研究委托课题“中国农村医疗卫生保障：成绩、问题与对策——基于全国30省748县1451村14332户的调查”（2011120002）的成果。感谢上海财经大学2009年千村社会调查课题组。感谢匿名评审专家的指导。作者李华，上海财经大学公共经济与管理学院教授（上海200433）；俞卫，上海财经大学公共经济与管理学院教授（上海200433）。

为基础的合作医疗制度，提供人人享有的初级医疗卫生保健服务。

20 世纪 70 年代末，我国经济体制开始转型，卫生事业也在探索社会主义市场经济体制下的发展路径，农村公共卫生、医疗服务体系和合作医疗还存在不少问题。公共卫生投入主要靠县、乡地方政府，卫生环境地区差异很大。医疗服务体制机制改革虽然有发展，但存在逐利隐患。各类医疗机构在“放权让利，扩大医院自主权”的思想指导下，通过各种形式的责任承包制开展有偿业余服务，甚至卫生预防保健单位也开展了有偿服务①。而家庭联产承包责任制则使得合作医疗失去了集体经济的依托。2002 年，农村合作医疗覆盖率仅为 9.5%，有 79% 的农村居民没有任何医疗保险②。这些问题的积累推动了 2003 年农村卫生工作的全面改革。

2003 年是改革开放以来农村卫生工作的重大转折点。中共中央、国务院于 2002 年 10 月出台的《关于进一步加强农村卫生工作的决定》和随后各相关部委的一系列配套文件启动了农村公共卫生环境、医疗卫生服务体系、合作医疗制度和医疗救助制度的全面建设。这一轮改革有三个重要特点：一是坚持以公共卫生和基本医疗为主的基层医疗卫生服务体系建设，目标是到 2010 年人人享有初级卫生保健；二是强调了政府对农村卫生事业的责任，改变过去政府对卫生投入比例逐年下降的状态，要求各级政府逐年增加卫生投入，增长幅度不低于同期财政经常性支出的增长幅度；三是政府作为筹资主体重建农村合作医疗，使新农合从过去的集体互助转变成了社会医疗保险。这项转变意义十分重大，为今后实现全民医疗保障，到 2020 年建成小康社会的国家战略目标奠定了基础。

2003 年成功抗击“非典”后，政府全面启动农村基本医疗卫生服务体系建设，以及新农合试点。随着国家经济的快速发展，人民群众对健康的需求也在不断提高，但是卫生资源配置不合理，城乡和区域卫生事业发展不平衡，导致居民健康水平差异长期存在。例如，1982 年全国城乡人均预期寿命相差 4 年，2010 年城乡差距扩大到 4.7 年。③ 在医疗资源向城市集中的同时，医院管理体制和运营机制的不完善和药品流通秩序的不规范导致医疗费用上涨过快。根据 2003 年和 2008 年全国卫生服务调查数据显示，五年期间人均门诊费用增长了 55%，人均住院费用增长了 140%，住院率提高了 91%。④ 但是我国 80% 以上的人口刚刚开始逐步进入新农合和城镇居民医疗保险的低水平保障体系，快速上涨的医疗费用使个人负担加重、医患矛盾突出，“看病贵、看病难”成为医疗卫生体制改革的焦

---

① 卫生部、财政部、人事部、国家物价局、国家税务局：《关于扩大医疗卫生服务有关问题的意见》，国发〔1989〕10 号。

② 卫生部卫生统计中心：《第三次国家卫生服务调查分析报告》，表 2－1－15，第 16 页，http：//www.moh.gov.cn/cmsresources/mohwsbwstjxxzx/cmsrsdocument/doc9908.pdf。

③ 1982 年城乡人均寿命数据来自胡英：《中国分城镇乡村人口平均预期寿命探析》，《人口与发展》2010 年第 2 期；2010 年全国、城镇和农村人口预期寿命数据依据 2010 年第六次人口普查数据中的全国、城镇和农村死亡率数据编制生命表计算得出（http：//www.stats.gov.cn/tjsj/pcsj/rkpc/6rp/indexch.htm）；1990 年和 2010 年各省市的人均寿命数据来自 2011 年《中国统计年鉴》（http：//www.stats.gov.cn/tjsj/ndsj/2011/indexch.htm）。

④ 《2008 年中国卫生服务调查研究——第四次家庭健康询问调查分析报告》，中国协和医科大学出版社 2011 年版。

点。经过全国范围内多轮调查、研究和讨论，中共中央、国务院于 2009 年出台了《关于深化医药卫生体制改革的意见》，启动了新一轮卫生体制改革。

同 2003 年农村卫生服务体系建设的目标相比，2009 年的卫生体制改革把农村卫生工作提高到一个新的层次。在 2010 年人人享有初级卫生保健之后，2009 年的改革目标是在 2020 年基本建立覆盖城乡居民的基本医疗卫生制度。此轮改革对农村主要有三个方面的影响：一是城乡居民逐步享有均等化的基本公共卫生服务项目；二是建立以县级医院为龙头，以乡镇卫生院和村卫生室为基础的农村医疗卫生服务网络；三是加快基本医疗保障制度建设，对农村有直接影响的就是新农合和贫困人口医疗救助。2009 年医改的难点和重点是要求公立医疗服务机构从营利发展机制中退出来，回归公益性，为社会提供成本低、效益好的医疗服务，而财政实力相对较弱的县乡政府则无法为农村公立医疗机构提供充分的补偿。

卫生经济学在社会资源配置方面有两个主要理论体系：以福利经济学为基础的个人效益最大化和以超福利经济学为基础的健康效益最大化理论。前者以市场为主导、以个人效益最大化为目标配置卫生资源，后者以政府为主导、以全民健康为目标配置卫生资源。[①] 当一个国家以全民健康为目标，但资源非常有限时，政府应优先选择成本效益较好的公共卫生和基本医疗服务项目，同时还可选择提供一定水平的医疗保险，以减轻大病、重病患者个人和家庭的经济风险。不过，医疗保险对健康的影响是间接的，具有不确定性，其效益主要体现为社会风险的改善，而不是居民健康水平的提高。纵观新中国成立以来政府对农村卫生投入的策略，基本上是以健康最大化为目标，重点投入公共卫生和基层医疗服务体系建设，而 2003 年试行的新农合体现了政府对居民抵抗重大疾病风险的兼顾。我国农村医疗卫生工作任务非常艰巨，中间也走过弯路，但坚持基层医疗服务体系建设的策略，使农村居民健康水平在经济条件非常有限的情况下得到了明显改善。

自从 2003 年农村卫生改革以来，政府卫生支出增长很快。2004 ~ 2009 年，政府卫生支出增长了 3.6 倍。我国政府卫生支出主要投向了三个领域：一是公共卫生服务体系，二是医疗服务提供体系，三是以基本医疗保险为核心的基本医疗保障体系，到 2011 年，三项支出占医疗卫生支出的比重分别为 17.38%、24.17% 和 50.56%，合计高达 92.11%。[②]

本文依据上海财经大学“千村”调查数据，分析了政府农村卫生支出中公共卫生、医疗服务可及性和新农合筹资水平差异对居民健康的影响，从而为政府增加农村卫生支出，特别是调整结构提供依据。

① 俞卫：《卫生资源配置谁主导：政府抑或市场——基于卫生领域规范经济学理论的思考》，《中国社会科学报》2012 年 8 月 6 日，第 A6 版。

② 《2011 年全国财政支出决算表》，中华人民共和国财政部网站：http：//yss. mof. gov. cn/2011qgczjs/201207/t20120710 - 665233. html。

二、文献综述和研究思路

（一）文献综述

研究表明，政府卫生支出确实对居民健康改善具有积极的影响。例如，无论是在发达国家还是发展中国家，公共卫生支出增加都显著降低了婴儿死亡率①②。孙菊认为，卫生财政支出对健康产出具有显著的积极作用，尤其对经济欠发达的内陆省份人口的健康改善作用更大，而对沿海地区作用较小。③ 但也有研究发现，卫生支出对健康改善的影响不显著。Wolfe④、Tanzi⑤ 等的研究显示，卫生支出尤其是公共卫生支出对健康改善的影响几乎不存在。利用 20 个经合组织（OECD）国家 1960 ~ 1992 年面板数据，Berger 和 Meser 的分析结果显示，较高的公共卫生支出比例与较高的死亡率相关⑥。张宁等的研究发现，卫生财政支出占 GDP 的比例与健康生产效率的关系虽然不十分显著，但公共健康支出比例越高的地区往往其健康生产效率越低⑦。公共卫生对健康改善的影响研究较多，结论基本都是影响显著。但公共卫生对健康改善的影响一般是长期性的，其重要性还没有得到足够认识。Derose 等提出，公共卫生服务既可以改善医疗服务的可及性，又可以改善生活环境，呼吁加强此方面的实证研究⑧。饮用水质量和安全、污水处理对居民健康的重要性，已被各界充分认识，此类研究也已较为成熟。黄艳红等的研究表明，调查地区饮用地下水的健康风险主要来自化学致癌物，需对农村地区饮用地下水中致癌物污染优先治理⑨。

世界上很多国家都采取改善农村或偏远地区居民医疗服务的可及性，以消除城乡居民

---

① S. Gupta, M. Verhoeven and E. R. Tiongson, "Public Spending on Health Care and the Poor", *Health Economics*, Vol. 12, No. 8, 2003, pp. 685 – 696.

② S. E. Mayer and A. Sarin, "Some Mechanisms Linking Economic Inequality and Infant Mortality", Social Science & Medicine, Vol. 60, No. 3, 2005, pp. 439 – 455.

③ 孙菊：《中国卫生财政支出的健康绩效及其地区差异——基于省级面板数据的实证分析》，《武汉大学学报》2011 年第 6 期。

④ B. Wolfe, "Health Status and Medical Expanditures: Is There a Link?", *Social Science & Medicine*, Vol. 22, No. 10, 1986, pp. 993 – 999.

⑤ V. Tanzi and L. Schuknecht, Reconsidering the Fiscal Role of Government: The International Perspective", *The American Economic Review*, Vol. 87, No. 2, 1997, pp. 164 – 168.

⑥ M. C. Berger and J. Mwsser, "Public Financing of Health Expenditures, Insurance, and Health Outcomes", *Applied Economics*, Vol. 34, No. 17, 2002, pp. 2105 – 2113.

⑦ 张宁、胡鞍钢、郑京海：《应用 DEA 方法评测中国各地区健康生产效率》，《经济研究》2006 年第 7 期。

⑧ K. P. Derose, C. R. Gresenz and J. S. Ringel, "Understanding Disparities in Health Care Access – and Reducing Them – Through a Focus on Public Health", *Health Affairs*, Vol. 30, No. 2011, pp. 1844 – 1851.

⑨ 黄艳红、常薇、何振宇：《某市农村地区饮用地下水健康危险度特征分析》，《现代预防医学》2012 年第 1 期。

间健康差异。但这并不限于建立医疗机构，医生诊疗水平、偏远地区所需特殊设备和诊疗方式都需有效改善，才能真正提高医疗服务可及性。美国在 19 世纪 60 年代改善了穷人医疗服务可及性，显著增加了看病次数①，但是在没有与专科医生很好衔接的情况下，穷人是不容易获得专科医疗服务的②③。有研究发现，可及性改善可以提高医疗服务使用，但没有改善健康水平④。此外，医疗服务可及性与一国的医疗卫生体系密切相关。

国内学者对医疗服务可及性与健康之间的关系也作了探讨。杜维婧、陶茂萱认为，卫生服务利用是影响农民健康的主要因素⑤。储雪玲、卫龙宝认为，医疗机构距离对健康改善的影响不显著⑥。辛怡认为，需方可及性变量中收入和医疗保险对健康影响显著，供方只有医疗服务价格显著，需方影响程度大于供方⑦。赵忠的系列研究证明，教育对城镇和农村居民健康改善的影响显著或正相关，医疗服务对健康影响不大⑧。

国外的研究发现，没有医疗保险对健康有显著的负面影响⑨，但是，由美国兰德公司主持的一个经典医疗保险实验结果显示，不同的医疗保障水平对健康的影响却并不显著⑩。很多研究都认为，医疗保险改善的是服务可及性。Herman 的研究结果显示，有无医疗保险和是否有拖欠医疗费的行为，都可以预测有病不医的可能性⑪。不过，在美国即使有医疗保险，收入也是预测有病不医的显著变量⑫。

国内学术界的研究结果也不一致。封进、余央央认为，拥有医疗保险会显著改善农村居民健康状况⑬。黄枫等发现，享受医疗保险的老人三年间隔的死亡率降低了 25.3%⑭。

---

① R. Anderson, "Health Status Indices and Access to Medical Care", *American Journal of Public Health*, Vol. 68, No. 5, 1978, pp. 458 – 463.

② N. L. Cook and L. S. Hicks et al., "Access to Specialty Care and Medical Services in Community Health Centers", *Health Affairs*, Vol. 26, No. 5, 2007, pp. 1459 – 1468.

③ G. Bevan and J. Charlton, "Making Access to Health Care More Equal: The Role of General Medical Services", *British Medical Journal*, Vol. 295, No. 6601, 1987, pp. 764 – 767.

④ P. K. Diehr and W. C. Richardson et al., "Increased Access to Medical Care: The Impact on Health", *Medical Care*, Vol. 17, No. 10, 1979, pp. 989 – 999.

⑤ 杜维婧、陶茂萱：《农村居民健康影响因素研究》，《中国健康教育》2012 年第 3 期。

⑥ 储雪玲、卫龙宝：《农村居民健康的影响因素研究》，《农业技术经济》2010 年第 5 期。

⑦ 辛怡：《卫生服务可及性对农村居民健康的影响》，《中国物价》2012 年第 5 期。

⑧ 赵忠、侯振刚：《我国城镇居民的健康需求与 Grossman 模型——来自截面数据的证据》，《经济研究》2005 年第 10 期；赵忠：《我国农村人口的健康状况及影响因素》，《管理世界》2006 年第 3 期。

⑨ D. M. Cutler and R. J. Zeckjauser, The Anatomy of Health Insurance, in A. J. Culyer and J. P. Newhouse, eds., *Handbook of Health Economics*, Amesterdam: Elsevier Science B. V., 2000, pp. 629 – 631.

⑩ J. P. Newhouse and the Insurance Experiment Group, Free for ALL? *Lessons from the RAND Health Insurance Experiment*, Cambridge, MA: Harvard University Press, 1993.

⑪ P. M. Herman and J. J. Rissietal., "Health Insurance Status, Medical Debt and Their Impact on Access to Care in Arizona", *American Journal of Public Health*, Vol. 101, No. 8, 2011, pp. 1437 – 1443.

⑫ R. A. Hayward and M. F. Shapiro et al., "Indequities in Health Services among Insured Americans", Do working – age Adults Have Less Access to Medical Care Than the Elderly?", *New England Journal of Medicine*, Vol. 318, No. 23, 1988, pp. 1507 – 1512.

⑬ 封进、余央央：《中国农村的收入差距与健康》，《经济研究》2007 年第 1 期。

⑭ 黄枫等：《中国医疗保险对城镇老年人死亡率的影响》，《南开经济研究》2009 年第 6 期。

程令国、张晔认为，新农合显著提高了参合者的健康水平，改善了参合者“有病不医”的状况，提高了其医疗服务利用率①。李湘君等认为，新农合实施显著提高了高收入农民的健康水平，而对中低收入参合农民的影响不显著，加剧了农村居民健康的不平等②。另一些研究则对医疗保险对健康的贡献提出质疑。Lei 和 Lin 使用“自评健康”和“过去四周内生病或受伤次数”，考察了新农合的健康绩效，但并未发现新农合能显著改善参合者的健康状况③。吴联灿、申曙光认为，新农合对农民健康改善具有积极影响，但效率不高，影响有限④。孟德锋等认为，新农合没有改变农民的健康状况，并存在道德风险的倾向⑤。胡宏伟、刘国恩发现，城镇居民基本医疗保险没有显著促进城镇居民健康，但显著促进了老年人和低收入健康者的卫生服务利用⑥。

综上可知，第一，政府卫生支出对健康的影响并不确定，特别是政府对弱势人群的特殊项目投入，其效果常常是以过程为测量目标（例如看病次数），而非健康水平。第二，改善农村人口医疗服务可及性是否就一定改善健康也非定论，很多医疗服务可及性拘于形式，缺乏质量的提升。第三，医疗保险对健康改善的影响也有很多争议，虽然医疗保险可以改善可及性，但也降低了不健康生活行为的成本。在有些方面，不良生活行为造成的健康伤害要高于医疗服务干预的效果。健康虽然是医疗卫生体系建设的最终目标，但影响健康的因素却远超出医疗卫生领域。因此，健康既包含了从母体带来的基因等先天因素，也反映了生活行为、饮食习惯、环境卫生等各个方面的后天影响；既包括各种生理功能，也包括各类精神状态；既有长期影响的积累，也有短期干扰的作用。到目前为止，国内还没有从以上几个方面，大规模、系统地分析农村居民健康与政府卫生支出的三个主要方面之间的相关性，也没有比较公共卫生、医疗服务可及性和医疗保险筹资水平对健康影响的研究成果。

（二）研究思路

政府卫生支出对居民健康的影响来自三个主要方面：医疗服务可及性、医疗保险的保障水平和公共卫生。医疗服务的可及性体现在医疗设施的布局和诊疗水平；医疗保险的保障水平则取决于医疗保险的范围，以及实际治疗费用的基金支付比例；而公共卫生则包括比较广泛的内容，但对健康影响比较显著的则是与健康密切相关的生活环境问题。关于政府卫生支出影响的已有研究一般都采用宏观模型，分析政府支出与人群健康指标之间的关

① 程令国、张晔：《“新农合”：经济绩效还是健康绩效》，《经济研究》2012 年第 1 期。

② 李湘君、王中华、林振平：《新型农村合作医疗对农民就医行为及健康的影响——不同收入层次的分析》，《世界经济文汇》2012 年第 3 期。

③ Lei Xiaoyan and Lin Wanchuan, “The New Cooperative Medical Scheme in Rural China: Does More Service and Better Health?”, *Health Economics*, Vol. 18, No. 2, 2009. Supplement : China's Health Care System, pp. S25 – S46.

④ 吴联灿、申曙光：《新型农村合作医疗制度对农民健康影响的实证研究》，《保险研究》2010 年第 6 期。

⑤ 孟德锋等：《新型农村合作医疗保险对农民健康状况的影响分析——基于江苏农村居民的实证研究》，《上海金融》2011 年第 4 期。

⑥ 胡宏伟、刘国恩：《城镇居民医疗保险对国民健康的影响效应与机制》，《南方经济》2012 年第 10 期。

系（例如死亡率和人均寿命等）。本研究则采用微观模型，分析了政府卫生支出的三个组成部分对农村居民八个维度健康指标的影响。由于采用居民个体健康作为观测对象，我们需要将政府支出的影响同个人健康的影响因素结合起来分析。为此，我们采用 Grossman 健康需求模型的扩展形式，将政府卫生支出的三个方面作为健康环境变量引入模型。

本研究的贡献是：第一，采用国际通用并被国内学术界检验认可的“健康 SF－8 量表”，从生理到心理八个维度，全面测量 12000 多名农村居民的健康状况。到目前为止，国内运用这一国际通用标准大规模测量农村居民健康的研究尚属首次。第二，通过 Grossman 人力资本理论模型的扩展，将政府卫生支出对居民健康的影响分析与个人健康影响因素相结合，为个人健康的影响因素研究提供了一个政策分析框架。以理论模型为基础，可以避免分析变量选择的随意性，也对变量的影响有明确的理论期望。第三，本研究重点分析政府卫生支出中，环境卫生、医疗服务可及性和社会医疗保险对农村居民健康的影响差异，为政府卫生支出绩效分析和结构调整提供实证支持。

三、理论与实证模型

由于健康受诸多个人因素的影响，Grossman 模型的扩展将个人因素和公共因素联系起来，在分析公共因素时，个人因素则作为控制变量进入模型，实证分析采用顺序概率回归模型（Order Probit）。

（一）Grossman 扩展模型

Leibowitz 列出了 Grossman 的扩展模型①：

$$\Delta Ht = H(th,\ tc,\ tw,\ Xt,\ Mt,\ Ht-1,\ N) \quad (1)$$

式（1）中，健康的变化函数在 Grossman 原始模型中增加了生活环境变量 N，它包括影响生活环境的各种外在因素，诸如环境污染、治安等变量（教育水平 E 也包括其中），N 可以移动健康需求曲线，提高或者降低健康投入的边际效用（MEC）。也就是说，生活环境好的人群在同等投入情况下可以得到更多的健康资本积累。Grossman 理论模型在实证研究中有两个简化版本：纯消费模型和纯投资模型。本文采用 Grossman 纯投资模型，在式（1）的基础上对卫生支出分析的实证简化版本可以表示为：②

$$LnH = B_w LnW + B_p LnP + B_t t + B_n N + u \quad (2)$$

B_n 是一个系数矢量，每个系数的正负值域取决于每个因素对健康的影响。例如，空

① Arleen A. Leibowitz，“The Demand for Health and Health Concerns after 30 years”，*Journal of Health Economics*，Vol. 23，No. 4，2004，pp. 663－671.

② 由于篇幅限制，省略 Grossman 理论模型到实证扩展模型的推导过程，感兴趣者可向作者索要。

气污染对健康就是负面作用，改善污水排放系统对健康则是正面效果。

（二）健康测量

20 世纪 70 年代以来，包括主观健康在内的自测健康研究，成为健康社会科学研究的重要领域。Weinberger①、Kaplan② 和 Hays③ 等认为，自测健康是一个更精确、更客观的健康测量方法，可以广泛概括生理、认知和外界环境的信息，并形成对自身全面健康状况的认识。

SF－36（MOS 36－item Short Form Health Survey，SF－36）是美国波士顿新英格兰医学中心健康研究所的标准版健康调查量表，成为全球应用最广的健康综合测评工具。该量表适合于 14 岁以上人群的个体健康测量工具。国内学者魏朝晖④、刘朝杰等⑤分别对SF－36 进行了研究，指出了 SF－36 的使用价值和应用注意事项。李鲁、王红妹、沈毅开发了 SF－36 量表的中文版，认为 SF－36 健康量表适合在中国应用⑥。张磊、徐德忠等的研究显示，SF－36 量表比中国老年人生活质量量表的信度和效度更好⑦。本研究采用了 SF－8 测量农村居民的健康状况，SF－8 是 SF－36 的简化版，将 36 个问题简化为 8 个问题。王珊、栾荣生等开发了 SF－8 的中文版，性能测试表明，该量表的信度较好，可以在中国使用⑧。

（三）健康影响因素

政府卫生支出在本研究的实证模型中主要包括三个方面：公共卫生环境、医疗服务可及性和社会医疗保险（新农合）水平。公共卫生环境变量主要包括饮水是否用自来水和是否有完整管道冲水方式。医疗服务可及性变量包括村卫生室诊疗一般常见病的水平以及与最近医疗机构的距离。村卫生室诊疗水平来自居民对村卫生室诊疗水平的满意度评价，虽然是居民的主观判断，但直接反映了居民选择村卫生室的决策因素。新农合筹资水平实际上反映了医疗服务的价格因素，当新农合筹资水平增加时个人对医疗服务的支出会减

---

① M. Weinberger et al.，"The Effects of Positive and Negative Life Changes on the Self－Reported Health Status of Elderly Adults"，*Journal of Gerontology*，Vol. 41，No. 1，1986，pp. 114－119.

② G. Kaplan，V. Barell and A. Lusky，"Subjective Status of Health and Survival in Elderly Adults"，*Journal of Gerontology*，Vol. 43，No. 4，1988，pp. S114－S120119.

③ J. C. Hays et al.，Global Self－Ratings of Health and Mortality：Hazard in the North Carolina Piedmont"，*Journal of Clinical Epidemiology*，Vol. 49，No. 9，1996，pp. 969－979.

④ 魏朝晖、莫一心、陈和年：《生命质量测定量表 SF－36 的应用》，《国外医学社会医学》（分册）1997 年第 14 期。

⑤ 刘朝杰等：《36 条目简明量表在人群中的适用性研究》，《华西医科大学学报》2011 年第 1 期。

⑥ 李鲁、王红妹、沈毅：《SF－36 健康调查量表中文版的研制及其性能测试》，《中华预防医学杂志》2002 年第 2 期。

⑦ 张磊、徐德忠等：《SF－36 量表中文版的应用及分级截断点选择的研究》，《中华流行病学杂志》2004 年第 1 期。

⑧ 王珊、栾荣生等：《生命质量 8 条简明量表中文版开发及其性能评价》，《现代预防医学》2007 年第 6 期。

少，相当于实际价格降低。本研究排除9%左右没有加入新农合的居民，主要考虑逆向选择行为。另外，模型中加入了村卫生室诊疗水平与新农合筹资水平的交互项，以观察不同诊疗水平下新农合的影响。

根据 Grossman 模型，个人影响因素包括年龄、性别、婚姻、工资收入。工资收入作为时间的机会成本进入 Grossman 模型中，但是农村居民的工资收入很难界定，并且在问卷调查中一般无法获得真实数据。考虑到个人的健康投入决策是与家庭总收入相关的，同时，也与家庭财富密切相关，因此，本研究用家庭纯居住面积 M 来反映家庭的收入水平，希望能够近似代表个人健康时间的机会成本。在分析教育对健康的影响时，采用了受教育年数。研究中，考虑到地区和省内经济水平差异，对村庄的经济水平做了控制，将村人均纯收入水平在全国范围内按25%分布分为四组。另外，对东、中、西部地区之间差异进行了比较分析[①]。

（四）回归分析模型

由于 SF－8 对健康的测量并不是连续的，而是五级或者六级阶段数值，本研究采用了顺序概率回归模型[②]。经处理，本文的实证模型如下：

$$P_r=(H_s=j)=A+B_yY+B_gG+B_mLnM+B_cC+B_eE+B_tT+B_kK+B_{ck}CK+B_wW+B_sS+B_jJ+B_iI+B_rR+u \quad (3)$$

式中，A 为常数项，Y 为婚姻状态，G 表示性别差异，M 为家庭纯居住面积，E 为受教育年数，t 为年龄，C 为新农合筹资水平的对数，W 为饮用水来源，S 为污水排放方式，K 为村卫生室常见病的诊疗水平，CK 为村卫生室诊疗水平与新农合筹资水平的交互项，J 为与最近医疗机构的距离，I 为村人均纯收入，R 代表地区。

四、数据来源与研究方法

（一）数据来源

本文数据来自2009年上海财经大学千村社会调查，该调查涵盖全国30省748县1451村14510户农民家庭，有效问卷总数为14332份，同时还对村负责人和村卫生室分别进行了调查。本研究的健康状况等个人数据来自入户调查，村人均收入来自村负责人调查，医疗保险（新农合）筹资数据则来自村卫生室调查。我们对原始数据的每一个变量都进行

---

① 采用 Grossman 扩展模型来分析宏观变量对个人健康影响，可以对影响个人健康的变量引入有一个明确的理论基础，否则很多变量都可能会与健康相关，随意引入分析模型会因变量之间的相关性，导致分析思路的混乱。

② A. M. Jones, "Health Econometrics", in A. J. Culyer and J. P. Newhouse, eds., *Handbook of Health Economics*, pp. 276－278.

了分析，对明显不合理的极大值或极小值，有的按照缺失处理，有的在分析中将变量分组分析（例如，村人均收入）。调查样本的地区分布如表1所示。

表1　调查地区样本分布

区域	省（个）	县（个）	村（个）	人口数（万人）	总户数（户）
东部	11	308	864	49057.73	8536
中部	8	232	306	44864.49	3008
西部	11	208	281	33066.38	2788
合计	30	748	1451	126990.60	14332

（二）健康测量和变量处理

健康状况是被调查者在过去四周内的状态。SF－8包括健康状况的八个方面，其中总体健康（GH）是个人的总体健康状况（从非常好到非常差共6级）；生理功能（PF）是个人的身体状况对一般身体活动是否有影响（从根本无影响到无法从事日常活动共5级）；生理职能（RP）是健康状况对个人在家里或在外面从事日常工作的影响（从根本无影响到无法从事日常工作共5级）；躯体疼痛（BP）是个人最近四周内身体是否感觉疼痛（从一点没感觉到非常疼痛共6级）；活力（VT）是个人最近的精力如何（从非常充沛到没有精力共5级）；社会功能（SF）是个人的健康状况在多大程度上影响了与家人及朋友间的一般日常活动（从根本没有影响到无法进行社会活动共5级）；情感职能（RE）是个人由于情绪困扰在多大程度上不能从事日常工作、学习和日常活动（从根本没有影响到无法进行日常活动共5级）；精神健康（MH）是个人在多大程度上受到情绪（焦虑、压抑或恼火）干扰（从根本没有干扰到干扰非常大共5级）。根据SF－8问卷设计的方法，我们将分档实际选择的阶段数值转换为0～100的分数。具体的公式如下：

$$Hs=(X-Min)\times 100/R \tag{4}$$

式（4）中，Hs为健康资本测量分数。X为所得粗分，从最差到最好的排列分。例如，如果测量分为6档，最差的粗分为1分，最好为6分。Min为每个测量的最小分，这里都是1。R为一个测量方面中的最大极差。

本研究采用最大似然估计法处理变量。考虑到一些变量与健康的关系不是线性关系，我们将家庭纯居住面积和人均筹资额转换为对数进行分析。为了便于概率分析，将自来水同其他饮水来源作比较，将完整管道冲水马桶的方式与所有其他排污方式作比较。村卫生室常见病诊疗水平很好和较好为一组，其他水平为对照组。地区分为东、中、西部三个地区，其中东部地区作为比较参考项。所有分析变量的具体分布如表2所示。

表 2　农村居民健康影响因素的分析变量

变量	频数/样本量	均值/比例	标准差
健康变量			
总体健康（GH）	12908 *	65.729 **	26.051
生理功能（PF）	12906 *	78.021 **	26.376
生理职能（RP）	12898 *	79.468 **	27.798
躯体疼痛（BP）	12907 *	77.345 **	27.084
活力（VT）	12902 *	62.804 **	31.341
社会功能（SF）	12894 *	77.502 **	25.889
情感职能（RE）	12889 *	77.304 **	24.935
精神健康（MH）	12888 *	77.008 **	25.481
政府卫生支出			
村卫生室诊疗水平			
很好	1519	12.16	
较好	4726	37.84	
一般	5406	43.28	
较差	732	5.86	
很差	108	0.86	
样本总量	12491	100.00	
与最近医疗机构的距离			
z≤1 公里	6637	51.40	
1 公里 < z≤3 公里	4497	34.83	
z > 3 公里	1779	13.78	
样本总量	12913	100.00	
饮水类型			
深井取水	1955	15.13	
自来水	9806	75.91	
其他饮水方式	1157	8.96	
样本总量	12918	100.00	
污水排除方式			
有完整下水道冲式排污	4840		
其他方式	8102		
样本总量	12942 *		
新农合筹资水平（元）	12103	193.39 **	188.36

续表

变量	频数/样本量	均值/比例	标准差
个人及控制变量			
年龄（岁）	12655	48.418 **	14.25
性别			
女性	4494		
男性	8448		
样本总量	12942 *		
婚姻状况			
未婚、离婚、丧偶	1738	13.57	
已婚	11070	86.43	
样本总量	12808 *	100.00	
受教育年数（年）	12974	8.03 **	4.22
地区			
东部	4619	58.87	
中部	2810	21.71	
西部	2513	19.42	
样本总量	12942 *	100.00	
村人均收入			
收入≤3000 元	3247	25.09	
3000 元 < 收入≤5300 元	3080	23.80	
5300 元 < 收入≤9000 元	3152	24.35	
收入 > 9000 元	3463	26.76	
样本总量	12942 *	100.00	

注：①频数是变量在每一测量等级中出现的次数。频数/样本量列带 * 号的为样本量，其余为频数；均值/比例列带 * * 号的为均值，其余为比例。②样本不是根据各省市的人口比例采集，因此收入、新农合筹资水平等数据同国家报告的数据有差异。③变量之间样本量的差异是由于数据缺失造成的。

五、实证研究结果

实证结果包括两个部分：一是顺序概率模型回归结果，主要显示了各种因素对健康状况的影响；二是根据回归结果计算的政府卫生支出变量对居民健康状况（“非常好”或“很好”）的影响程度。

（一）顺序概率模型回归结果

政府卫生支出的五个变量中，村卫生室诊疗水平、与最近医疗机构的距离以及厕所排污方式和饮用自来水对农村居民的健康影响都非常显著。其中，村卫生室诊疗水平对属于生理方面的健康指标（总体健康、生理功能、生理职能和躯体疼痛）非常显著，对其他精神和社会功能的健康指标则没有显著影响；厕所排污以及与最近医疗机构的距离，对所有八个健康指标均呈现正面作用，且统计显著；饮用自来水对总体健康这样的主观评价没有显著影响，对其他所有健康指标有不同程度的影响。新农合筹资水平以及新农合与村卫生室诊疗水平的交互项，对所有八个健康指标均没有显著影响。个人因素中的所有五个变量（年龄、性别、婚姻、家庭居住面积和受教育年数）对八个健康状态指标统计非常显著（1%的水平），健康状况随年龄增长的下降非常明显，男性比女性健康，已婚比未婚或单身健康状况要好，教育和家庭财富都对健康状况有正面作用。村平均收入水平与居民生理健康状况基本不相关，但是收入高的地区在精神健康和社会功能方面则普遍呈负面影响；与东部地区相比，西部健康普遍较差，但是统计显著的健康指标只有总体健康和躯体疼痛（5%统计水平），情感职能和精神健康稍有影响（10%统计水平）；而中部地区除在精神健康（1%统计水平）和总体健康（10%统计水平）方面有些差异之外，其他健康指标统计上并不显著。

表 3　农村居民健康影响因素的顺序概率回归结果

	总体健康（GH）	生理功能（PF）	生理职能（RP）	躯体疼痛（BP）	活力（VT）	社会功能（SF）	情感职能（RE）	精神健康（MH）
年龄	-0.0177*** (0.000890)	-0.0192*** (0.000945)	-0.0174*** (0.00097)	-0.0192*** (0.00094)	-0.0179*** (0.000905)	-0.0172*** (0.000943)	-0.00822*** (0.000927)	-0.0112*** (0.000926)
男性	0.145*** (0.0221)	0.114*** (0.0237)	0.0970*** (0.0246)	0.170*** (0.0236)	0.187*** (0.0226)	0.0931*** (0.0235)	0.118*** (0.0234)	0.116*** (0.0233)
已婚	0.184*** (0.0311)	0.225*** (0.0335)	0.195*** (0.034)	0.187*** (0.0333)	0.203*** (0.0314)	0.221*** (0.0328)	0.207*** (0.0329)	0.219*** (0.0325)
纯居住面积（对数）	0.180*** (0.0209)	0.208*** (0.0224)	0.213*** (0.0228)	0.170*** (0.022)	0.188*** (0.0213)	0.199*** (0.0221)	0.154*** (0.0220)	0.168*** (0.0220)
学校学习年数	0.0249*** (0.00310)	0.0342*** (0.00323)	0.0386*** (0.00331)	0.0287*** (0.00319)	0.0259*** (0.00310)	0.0327*** (0.00322)	0.0225*** (0.00322)	0.0261*** (0.00322)

续表

		总体健康（GH）	生理功能（PF）	生理职能（RP）	躯体疼痛（BP）	活力（VT）	社会功能（SF）	情感职能（RE）	精神健康（MH）
村人均收入（≤3000元为参照）	3000元<收入≤5300元	0.0174 (0.0291)	-0.0364 (0.0310)	-0.0695** (0.0317)	0.00142 (0.0305)	-0.00348 (0.0298)	-0.0398 (0.0305)	-0.0443 (0.0306)	-0.0400 (0.0305)
	5300元<收入≤9000元	-0.0571* (0.0317)	-0.0330 (0.0339)	-0.0533 (0.0348)	0.00366 (0.0334)	-0.0720** (0.0322)	-0.0810** (0.0337)	-0.0645* (0.0332)	-0.112*** (0.0332)
	收入>9000元	-0.0521 (0.0355)	0.0128 (0.0381)	-0.000585 (0.0391)	0.0266 (0.0376)	-0.0754** (0.0361)	-0.0586 (0.0377)	-0.0734 (0.0376)	-0.0833** (0.0376)
新农合人均筹资水平（对数）		-0.0239 (0.0155)	-0.00609 (0.0168)	0.00626 (0.0171)	0.0196 (0.0165)	-0.0126 (0.0159)	-0.00352 (0.0167)	0.0183 (0.0162)	-0.00522 (0.0162)
新农合筹资、村卫生室诊疗水平		-0.0140 (0.0192)	-0.0229 (0.0207)	-0.0321 (0.0213)	-0.00827 (0.0205)	0.0251 (0.0196)	0.00424 (0.0207)	0.0131 (0.0204)	0.00725 (0.0204)
与最近医疗机构的距离（≤1公里取1）		0.0732*** (0.0206)	0.124*** (0.0222)	0.119*** (0.0227)	0.114*** (0.0218)	0.0766*** (0.0210)	0.123*** (0.0220)	0.106*** (0.0217)	0.116*** (0.0218)
村卫生室诊疗水平		0.311*** (0.0925)	0.211** (0.0998)	0.270*** (0.103)	0.182 (0.0988)	0.116 (0.0948)	0.100 (0.0996)	0.124 (0.0984)	0.129 (0.0982)
自来水饮水		0.0426 (0.0263)	0.0503* (0.0280)	0.0785*** (0.0288)	0.0744*** (0.0276)	0.122*** (0.0270)	0.0791*** (0.0277)	0.0546* (0.0280)	0.0492* (0.0277)
有完整下水道冲式排污		0.0902*** (0.0238)	0.0539** (0.0257)	0.0706*** (0.0266)	0.0944*** (0.0255)	0.105*** (0.0246)	0.0809*** (0.0259)	0.0582** (0.0254)	0.0828*** (0.0255)
地区（东部为参照）	中部	-0.0536* (0.0311)	-0.0454 (0.0332)	0.0106 (0.0339)	0.00450 (0.0322)	0.0118 (0.0319)	-0.0283 (0.0328)	-0.0444 (0.0326)	-0.0936*** (0.0325)
	西部	-0.0764** (0.0312)	-0.0200 (0.0338)	-0.00853 (0.0341)	-0.0772** (0.0328)	-0.0388 (0.0320)	-0.00573 (0.0332)	-0.0624* (0.0335)	-0.0608* (0.0332)
截断点1		-1.648*** (0.135)	-1.487*** (0.147)	-0.987*** (0.147)	-1.477*** (0.142)	-0.860*** (0.137)	-1.411*** (0.145)	-1.161*** (0.142)	-1.304*** (0.141)
截断点2		-0.822*** (0.132)	-0.653*** (0.144)	-0.382*** (0.140)	-0.789*** (0.140)	0.136 (0.136)	-0.617*** (0.143)	-0.345** (0.139)	-0.564*** (0.139)
截断点3		-0.0370 (0.132)	0.0620 (0.144)	0.158 (0.145)	-0.273* (0.140)	0.478*** (0.136)	0.105 (0.143)	0.233* (0.139)	0.170 (0.139)

续表

	总体健康（GH）	生理功能（PF）	生理职能（RP）	躯体疼痛（BP）	活力（VT）	社会功能（SF）	情感职能（RE）	精神健康（MH）
截断点 4	0.545 *** (0.132)	0.784 *** (0.144)	0.822 *** (0.145)	0.211 (0.140)	1.456 *** (0.137)	0.899 *** (0.143)	1.219 *** (0.140)	1.013 *** (0.139)
截断点 5	1.432 *** (0.132)			0.824 *** (0.140)				
样本量	10687	10685	10683	10689	10686	10677	10678	10680

注：*** 表示 $p<0.01$，** 表示 $p<0.05$，* 表示 $p<0.1$。

顺序概率回归方程系数的符号，仅反映了在因变量的几个顺序状态中，最低和最高状态的概率变化方向。即系数如果为负值，该变量的增加会使进入最差健康状态的概率增加，进入最好健康状态的概率减少，反之亦然，但是对中间几个状态的概率变化与系数符号的方向则不能确定。为了较好地理解顺序概率回归结果中政府卫生支出对健康状态的影响，我们计算出了统计显著的变量改变对居民健康状况进入“非常好”和“很好”的概率变化（边际概率），用概率增加的百分比表示，其中统计不显著的变量不做计算。

（二）政府卫生支出对健康状态的影响结果

表 4 是根据顺序概率回归模型，对政府卫生支出影响在均值状态的预测。首先用回归模型分别计算平均每人在每个卫生支出变量处于不同状态时，能够属于非常好和很好健康状态的概率，然后计算出概率的边际差异。在计算每一个变量的影响时，为了观察年龄和性别的差异，计算了四个年龄（20 岁、40 岁、60 岁、80 岁）、已婚（样本中已婚占 82%）和男女性别的边际概率①。为了特别观察教育的影响，计算了均值状态下不同教育水平之间的边际概率。

村卫生室常见病诊疗水平居于“很好”和“好”的村庄居民健康水平，在四个生理健康方面的测量中都显著好于其他居民，但对社会健康指标则基本不相关。比较而言，村卫生室诊疗水平与总体健康相关性最强，显著高于其他健康方面。例如，模型预测，20 岁男性已婚居民在村卫生室诊疗水平“很好”和“好”的一组，比其他居民进入总体健康“非常好”和“很好”的概率要高 16.07%，进入其他健康方面的概率则在 5% 以下。村卫生室诊疗水平对老年人的影响，要显著高于年轻人。模型预测，80 岁已婚男性在村卫生室诊疗水平高的村庄居民，比其他居民在总体健康水平方面进入“非常好”和“很好”一组的概率要高 42.68%，对其余三个生理健康指标的影响也很显著（生理功能为 16.18%，生理职能为 18.40%，躯体疼痛为 15.98%）。从性别来看，模型预测，村卫生

① 因篇幅限制，与表 4 对应的女性数据没有显示，仅在文章中报告了性别差异。如有需要，作者可以提供。

表 4 政府卫生支出影响的边际概率（男性）

			已婚男性							
			20 岁		40 岁		60 岁		80 岁	
			自变量等于 0 时的概率	概率的改善程度（%）	自变量等于 0 时的概率	概率的改善程度（%）	自变量等于 0 时的概率	概率的改善程度（%）	自变量等于 0 时的概率	概率的改善程度（%）
医疗服务可及性	村卫生室诊疗水平	总体健康（GH）	0.6582	16.07	0.5213	23.21	0.3817	32.07	0.2561	42.68
		生理功能（PF）	0.883	4.12	0.7896	7.04	0.6628	11.06	0.5141	16.18
		生理职能（RP）	0.885	5.01	0.8027	8.26	0.6924	12.67	0.561	18.40
		躯体疼痛（BP）	0.8496	4.53	0.7425	7.41	0.6054	11.23	0.4536	15.98
		活力（VT）								
		社会功能（SF）								
		情感职能（RE）								
		精神健康（MH）								
	最近医疗机构的距离	总体健康（GH）	0.7005	3.55	0.5679	5.04	0.4274	6.76	0.2954	8.73
		生理功能（PF）	0.8907	2.41	0.801	4.11	0.6774	6.39	0.5302	9.26
		生理职能（RP）	0.8985	2.17	0.8223	3.56	0.7175	5.41	0.5897	7.73
		躯体疼痛（BP）	0.8567	2.84	0.7524	4.60	0，6173	6.92	0.466	9.76
		活力（VT）	0.794	2.66	0.6784	3.95	0.5421	5.57	0.4007	7.44
		社会功能（SF）	0.8794	2.62	0.7959	4.17	0.6851	6.19	0.5545	8.71
		情感职能（RE）	0.8487	2.77	0.8068	3.45	0.7586	4.19	0.7045	5.05
		精神健康（MH）	0.8408	3.16	0.7807	4.19	0.7092	5.41	0.6283	6.84

续表

			已婚男性							
			20 岁		40 岁		60 岁		80 岁	
			自变量等于0时的概率	概率的改善程度（%）	自变量等于0时的概率	概率的改善程度（%）	自变量等于0时的概率	概率的改善程度（%）	自变量等于0时的概率	概率的改善程度（%）
公共环境卫生	饮水	总体健康（GH）								
		生理功能（PF）	0. 8958	0. 98	0. 8088	1. 64	0. 6874	2. 56	0. 5413	3. 66
		生理职能（RP）	0. 8992	1. 47	0. 8233	2. 38	0. 7188	3. 60	0. 5912	5. 11
		躯体疼痛（BP）	0. 8577	1. 89	0. 7538	3. 02	0. 6189	4. 54	0. 4677	6. 35
		活力（VT）	0. 7789	4. 44	0. 6596	6. 61	0. 5216	9. 28	0. 3808	12. 45
		社会功能（SF）	0. 8805	1. 71	0. 7975	2. 71	0. 6871	4. 00	0. 5568	5. 55
		情感职能（RE）	0. 8522	1. 43	0. 8109	1. 78	0. 7633	2. 15	0. 7097	2. 59
		精神健康（MII）	0. 8467	1. 33	0. 7878	1. 78	0. 7633	2. 15	0. 7097	2. 87
	污水	总体健康（GH）	0. 7026	4. 34	0. 5705	6. 13	0. 4298	8. 31	0. 2976	10. 75
		生理功能（PF）	0. 8992	1. 01	0. 8138	1. 72	0. 6939	2. 68	0. 5487	3. 86
		生理职能（RP）	0. 905	1. 26	0. 832	2. 06	0. 7301	3. 12	0. 6042	4. 47
		躯体疼痛（DP）	0. 8627	2. 27	0. 7607	3. 71	0. 6273	5. 61	0. 4765	7. 70
		活力（VT）	0. 7948	3. 59	0. 6793	5. 39	0. 5432	7. 60	0. 4017	10. 23
		社会功能（SF）	0. 8865	1. 67	0. 806	2. 67	0. 6979	3. 95	0. 5688	5. 54
		情感职能（RE）	0. 8568	1. 48	0. 8163	1. 85	0. 7695	2. 24	0. 7166	2. 69
		精神健康（MH）	0. 8484	2. 19	0. 7899	2. 92	0. 7199	3. 78	0. 6403	4. 75

注：“概率改善程度”是指相对于前一种状况，当卫生支出变量处于“好”的比较状态，健康状况进入“非常好”和“很好”时，概率增加的百分比。

室诊疗水平对女性健康的影响普遍高于男性。例如，对 80 岁老人来说，有“很好”和“好”的诊疗水平村卫生室的居民，女性进入总体健康“非常好”和“很好”一组的概率增加 47.52%，而男性仅为 42.68%。

与最近医疗机构的距离，分为 1 公里以内（包含 1 公里）和超过 1 公里两组。与村卫生室诊疗水平相比，与最近医疗机构的距离同健康的相关度要小，但是对八个健康方面都有影响且影响的力度比较平均，差异小。例如，对 20 岁男性居民，村庄与最近医疗机构在 1 公里之内的居民，在八个方面健康“非常好”和“很好”组的概率增加在 2.17% ~ 3.55%。不过，与最近医疗机构的距离对老年人的健康影响比较显著。例如，居住在距最近医疗机构 1 公里之内村中的 80 岁男性老人，在八个健康方面中影响最大的是躯体疼痛，进入“非常好”和“很好”一组的概率增加 9.76%，其次为生理功能（9.26%）。在性别差异方面，对女性的影响要稍微高一些，由于是模型预测，在八个指标间的差异同男性相同。

饮用自来水对总体健康的影响统计不显著。在其他七个健康方面中，与饮水来源相关性最大的是健康活力。模型预测显示，在饮用自来水的村庄居住的 80 岁女性已婚老人，进入健康活力“非常好”和“很好”的概率，比使用其他饮水来源的居民增加 14.30%，她们在躯体疼痛测量中进入“非常好”和“很好”的概率增加 7.23%，社会功能增加 6.04%，生理职能增加 5.59%，生理功能增加 4.05%，精神健康增加 3.20%，情感职能增加 2.93%。

在这五个卫生支出变量中，新农合筹资水平对八个健康指标均没有影响。新农合筹资水平与村卫生室诊疗水平的交互项也不存在任何相关性。虽然教育不是卫生支出，但属于公共支出，且对健康影响很大。表 5 显示，小学毕业比没有进过学校的居民，在八个健康指标中的六个方面的影响力度都很大，进入“非常好”和“较好”健康水平的概率可以提高 10.35% ~14.23%，但是对精神健康和情感职能的影响较弱，概率分别增加 7.99% 和 5.92%。随着教育年限的增加，健康水平进入“非常好”和“较好”状态的概率也持续增加。例如，从小学毕业到初中毕业再到高中毕业，总体健康水平可以分别提高 6.29% 和 5.94%。

表 5　教育对健康的影响

健康指标	受教育年数（年）			
	0	6	9	12
	概率	概率改善程度（%）	概率改善程度（%）	概率改善程度（%）
总体健康（GH）	0.4131	14.23	6.29	5.94
生理功能（PF）	0.6548	11.00	4.55	4.03
生理职能（RP）	0.6787	11.51	4.60	4.00
躯体疼痛（BP）	0.6024	10.74	4.60	4.21

续表

健康指标	受教育年数（年）			
	0	6	9	12
	概率	概率改善程度（%）	概率改善程度（%）	概率改善程度（%）
活力（VT）	0.5189	11.85	5.19	4.83
社会功能（SF）	0.6616	10.35	4.29	3.85
情感职能（RE）	0.7269	5.92	2.60	2.38
精神健康（MH）	0.6773	7.99	3.45	3.16

注："概率"是指居民健康状况进入"非常好"和"很好"时的概率；"概率的改善程度"是指对于前一种状况，当受教育年限发生变化时，健康状况进入"非常好"和"很好"的概率增加百分比。

六、分析与结论

政府卫生支出可以从两个方面影响健康：一是改善人的生活环境，二是改善医疗服务可及性。医疗服务可及性又取决于个人支付能力和医疗服务提供效果（包括质量和水平等）。由于个人的健康状态受到长期和短期因素的影响，本研究选择的五个卫生支出变量对健康影响的时间效应也不同。农村改水、改厕是政府改善农村公共卫生环境的重要措施，对健康既有长期效应，也有短期效应（例如传染病等）。医疗服务可及性反映居民就医便利程度和服务质量，包括了与最近医疗机构的距离和村卫生室诊疗水平。对于农村居民来讲，村卫生室是常见病的首要就医点，距离越近就医越方便，由于村卫生室的医生一般住在村里，容易建立医患间的信任关系，因此村卫生室医生的诊疗水平对居民健康非常重要，对健康有长期影响，也有短期影响。新农合筹资水平增加会减少居民个人支付负担，可以释放医疗服务需求，增加医疗服务使用量，但对健康的影响还是间接的。总的来说，除了新农合，其他政府支出产生的效果应该对健康有直接影响。

本研究采用的 SF－8 健康量表，从八个方面系统地调查了居民健康在各个方面的实际表现，既避免了个人主观判断的差异，也可以全面地观察卫生支出对居民健康不同方面的影响。从这八个方面看，总体健康、生理功能、生理职能和躯体疼痛主要是生理健康状态，既反映了生活环境的长期累积效果，也反映了医疗服务对健康的短期影响，与政府卫生支出的联系应该比较紧密。活力、社会功能、情感职能和精神健康，则属于心理健康状态。对活力（精力充沛度）的影响，可能更多地来自生活和工作的压力；社会功能的测量试图了解影响个人社会活动的健康因素，既可能有生理上的问题，也可能有精神健康的问题；情感职能和精神健康更多地来自社会的影响，与政府卫生支出的关系不是太紧密。

从统计显著的角度来看，政府卫生支出五个变量中，村卫生室诊疗水平对生理健康方面的影响显著，且力度很大；与最近医疗机构的距离和有完整下水道冲式厕所对八个健康方面的影响均非常显著（1%的统计显著水平），但力度比村卫生室诊疗水平要弱。饮用水对健康的影响稍微弱一些，可能的原因是自来水、深井水或其他水源在饮用时都会烧开饮用，对健康的影响主要来自水的质量，而不是输水方式。另外一个可能的原因是自来水同厕所排污系统有一定的相关性，在排污系统变量存在的情况下，自来水的显著性受到影响。新农合筹资水平是最不显著的一个变量，与八个健康指标均不相关。

村卫生室是我国农村三级医疗卫生服务网的最基层单位，承担传染病疫情报告、计划免疫、妇幼保健、健康教育、常见病多发病的一般诊治和转诊服务以及一般康复等工作，关系到农村基本医疗卫生服务的可及性。调查显示，全国已有95.9%的行政村至少拥有1个村卫生室，其中有19.4%的行政村有2个及以上村卫生室，村卫生室已遍布全国绝大多数行政村。2007年卫生部发布了《中央预算内专项资金（国债）村卫生室建设指导意见》，大大促进了村卫生室人力资源、物力资源的建设。在村卫生室中，有村办、乡卫生院设点、联合办、私人办和其他共五种类型。2008年底，我国共有村卫生室613143个，其中私人办为180157个，占29%。本文在村卫生室已经普及的背景下，进一步考察了村卫生室质量，回归分析显示，村卫生室诊疗水平对居民健康影响非常显著。

我们认为，村卫生室诊疗水平高可以从三个方面影响健康：第一，当诊疗水平处于"好"的状况，预防、保健、健康教育和管理等也很可能做得不错，对居民的健康维护具有很重要影响。第二，居民常见病可以及时得到治疗，避免因治疗拖延而引起大病。第三，农村居民慢性病的发病率逐年升高，而慢性病需要持续治疗，村卫生室的诊疗水平高，就可以使慢性病患者就近得到持续和及时的治疗，从而提高健康水平。

与最近医疗机构的距离是研究基本医疗卫生服务可及性的常用指标。与村卫生室诊疗水平相比，与最近医疗机构的距离对健康的影响较小，可能因为农村交通及交通工具改善使到达最近医疗机构的时间缩短，除了应急救治以外的基本医疗服务不会受到距离的影响。作为农村基本医疗保险，新农合筹资水平对所有八个健康指标均没有影响。我们认为主要原因在于，新农合在资金有限情况下的基本目标是减轻大病重病患者的经济风险，由于患者人数少，对群体健康水平没有产生影响，但是新农合明显减轻了患者个人和家庭的经济风险，避免了因病致贫，促进了社会和谐。

新农合对健康没有显著影响还有两个可能的原因：第一，新农合的筹资水平低，筹资差异对医疗服务使用的影响不大，不足以影响到健康状况。2009年全国平均筹资水平仅为113元，即使在华东地区平均水平也不到200元，而2009年全国人均医疗费用估计在900元左右。因此，即使新农合2009年的筹资水平有很大变化，筹资差异对医疗服务的使用还是有限的。第二，医疗服务使用量的增加并不一定影响健康。新农合实行以后，需求增加，医院财务状况显著改善，设备更新加快，诊疗手段不断增加，新增服务种类和数量是否对疾病治疗和健康改善有明显效果并不确定。这种现象在发达国家早已有研究。Diehr 等指出，美国对穷人的免费医疗项目改善了医疗服务可及性，增加了医疗服务的使用，但对目标人群的健康改善不仅没有正向影响，反而使其变差。他们认为，改善健康是一项比较复杂的任务，仅靠医疗服务是不行的①。

年龄、婚姻、性别、财富和受教育水平五个个人因素，对八个健康方面都有显著的影响。在个人健康影响因素中，教育一直是备受关注的变量。本文也显示了教育对居民健康水平的影响，特别是观察到没有进过学校对健康的负面作用。值得注意的是，年龄和受教育年数两个变量在样本中呈负相关。由于生活年代不同，人们受教育的年数也显著不同。在本研究样本中，25 岁以下占 60.56%，他们平均受教育年数的中位数为 12 年，26～45 岁占 34.34%，46～65 岁占 45%，后两组受教育年数的中位数是 9 年，而 65 岁以上占 14.14%，其受教育年数的中位数为 6 年。所以老年人的健康状态，也同时受到教育水平的影响。

本文发现，村平均收入水平与居民心理健康呈反向关系。也就是说，平均收入水平高的村民，心理健康状况相对比较差。这种反向关系主要表现在最高收入的村庄与最低收入的村庄两个等级之间，并且主要表现在四个健康方面：活力、社会功能、情感职能和精神健康。这四个方面的健康测量主要受情感等心理因素的影响，可能的原因是收入水平高的地区生活压力较大，生活节奏紧张导致人们过于焦虑和压抑，从而引起心理方面的问题。这反映了经济高速增长给社会带来一定的负面影响，具体因果关系还有待进一步研究。

新中国成立以来的政府农村卫生投入策略，符合提高居民健康的根本目标，也符合卫生经济学以成本效益为基础的资源配置原则。本文结果支持政府农村卫生支出重点投向基层医疗服务和公共卫生的发展策略，尤其为提高村卫生室诊疗水平、促进健康提供了强有力的支持。而新农合的目标主要是化解经济风险。另外，还应重视由于地区经济差异和政府重视程度不同导致的农村地区间公共卫生、基本医疗服务和基本医疗保险筹资差异对居民健康的影响。

本文的不足在于，样本采集不代表全国各省市的人口分布，因此不能有效控制地区间的固定效果。不过，本文是根据个人和村庄卫生支出的因素展开的，样本在分析变量方面有足够的变化范围。另外，本文还对村经济水平进行了控制。

① P. K. Diehr and W. C. Richardson et al.,“Increased Access to Medical Care: The Impact on Health”, pp. 989 –999.

Effects on the Government' s Health Expenditure on the Health of Rural Residents in China

Li Hua, Yu Wei

Abstract: Based on a nationwide field survey of "a thousand villages" in 30 Chinese provinces, this study employs the SF – 8 global health status measure and the extended model of Grossman and its sequential probability regression on analyze the effects of public health, the access of basic medical services and the new rural cooperative medical system on the health of residents. The results show that the diagnostic and treatment level of village clinics has a marked effect on residents' physiological health but no effect on their mental health; the distance from the nearest medical institution and the sewage discharge system have a fairly noticeable effect on all health indicators; drinking tap water has a positive effect on health; and the fund – rasing level of the new rural cooperative medical system has little effect on the health of residents, with its effect typically seen in reducing the individual economic risks of patients with serious diseases and promoting social harmony. Age, educational level and other individual factors have a remarkable effect on health. Our research supports the government' s development policy of placing the emphasis of rural health expenditure on grassroots medical services and public health, and verifies that the goal of the new cooperative scheme is to eliminate the economic risks of catastrophic diseases.

Key Words: Government' s Health Expenditure; Health of Rural Residents; Village Clinics; New Rural Cooperative Medical System

中国城镇职工基本养老金的公平性*

——基于不同收入群体的分析

郑春荣

【摘　要】公平性是衡量一国养老保险制度是否成功的主要依据之一。文章通过对中国基本养老金替代率的测算，认为养老保险制度的收入再分配功能较弱，部分养老金领取者可能陷入老年绝对贫困，许多老年人也可能陷入老年相对贫困，低收入者、灵活就业人员、高龄老人和部分弱势群体的老年贫困发生率很高，这在一定程度上挫伤了他们缴纳养老保险费的积极性。笔者建议，政府应考虑对灵活就业人员参保时给予费率减免，以解决该群体负担能力较弱的问题，同时出台一些养老保险优惠政策，保护特定的弱势群体，并发放高龄福利补贴，解决高龄老人的贫困问题。

【关键词】基本养老金；养老保险；老年贫困

养老保险制度有助于调整国民收入的初始分配状态，是世界各国政府缓解收入差距的重要手段。衡量政府是否实现其收入再分配目标的主要指标之一是养老金的公平性。尽管每个国家的公共养老金计划都具有一定的收入再分配功能，但重要程度有所不同。有些国家的养老金体系以公共养老金为主，以职业年金及个人储蓄计划为辅，公共养老金计划的收入再分配功能较强；有些国家的养老金体系以职业年金及个人储蓄为主，公共养老金的比重很低，公共养老金的收入再分配功能就相对较弱。例如，美国公共养老金仅占老年人收入的 50% 左右，而德国和瑞典的这一比例则高达 70% 以上（Pederson，2004）。养老金的公平性直接决定了老年贫困率的高低。在美国，收入低于贫困线的老年单身女性占老年单身女性总数的比例高达 30%，而在加拿大、瑞典和芬兰，这一比例只有 3% 或不到 3%，德国仅为 7%。

一般而言，研究不同收入群体间养老金给付的公平性，主要有两个角度：一是把养老保险体制视作纯粹的“贝弗里奇模式”，不考虑劳动者的历史缴费记录，仅考察劳动者退休以后领取的养老金是否足以维持其生活，以及不同收入群体所领取养老金的合理差距。

* 本文选自《中国人口科学》2013 年第 1 期。

郑春荣，上海财经大学，公共经济与管理学院副教授。

例如，Smeeding 等（2002）认为，最低养老金的标准为贫困线的 75%。McGarry（2000）认为，最低养老金标准应该定在贫困线水平。二是把养老保险体制视作“俾斯麦模式”，通过考察劳动者的终身养老保险缴费与其终身领取的养老金的比例，分析养老保险制度的公平性（Myers et al.，1983；Feldstein et al.，2002）。国内研究文献主要集中在后者，王晓军、康博威（2009）认为，中国现行的社会养老保险制度安排存在明显的收入再分配，包括从城镇企业职工向城镇灵活就业人员的收入再分配和从高收入群体向低收入群体的收入再分配。李珍等（2010）指出，基本养老保险替代率已逐年下滑至目标保障水平以下，且人际间养老金差距将被拉大。梅哲（2008）认为，最低养老金标准应高于贫困线标准，否则会打击就业。

上述两个研究角度各有侧重，贝弗里奇模式强调养老金的社会适当性，而俾斯麦模式更强调养老金的个人权益性。鉴于国内在养老金的社会适当性方面的研究较少，本文选择从这一角度进行研究。

一、研究对象的界定

本文以“新人”作为测算对象，即以国务院《关于完善企业职工基本养老保险制度的决定》颁布实施后参加工作的人员为分析对象。“新人”的基本养老金计算公式为：基本养老金 = 基础养老金 + 个人账户养老金。

其中，基础养老金 $= \frac{\text{当地上年度职工月平均工资} + \text{本人指数化月平均缴费工资}}{2} \times \frac{\text{缴费年限}}{100}$；个人账户养老金 $= \frac{\text{个人账户储存额}}{\text{计发月数}}$。

1. 养老金替代率的定义

养老金替代率一般是指养老金领取者所领取的养老金与其本人退休前收入（或退休前社会平均工资）的比值。据此，先界定不同的养老金替代率（见表1）。

表1　养老金替代率的定义

项目	替代率	定义
基本养老金	基本养老金替代率 A	基本养老金 ÷ 本人退休前一年的社会平均工资
	基本养老金替代率 B	基本养老金 ÷ 本人退休前一年收入
基础养老金	基础养老金替代率 A	基础养老金 ÷ 本人退休前一年的社会平均工资
	基础养老金替代率 B	基础养老金 ÷ 本人退休前一年收入
个人账户养老金	个人账户养老金替代率 A	个人账户养老金 ÷ 本人退休前一年的社会平均工资
	个人账户养老金替代率 B	个人账户养老金 ÷ 本人退休前一年收入

2. 关于高、中、低收入者的界定

根据中国社保法规，职工缴费以本人上年的月平均工资为缴费基数，按最高不超过当地上年职工月平均工资 3 倍、最低不低于当地上年职工月平均工资 60% 核定。据此，可以界定出最高缴费者、最低缴费者等（见表 2）。

表 2　高、中、低收入者的定义

	定义	缴费指数
高收入者	按照最高缴费标准缴费的参保人	上年社会平均工资的 300%
中收入者	按照当地上年社会平均工资缴费的参保人	上年社会平均工资的 100%
低收入者	按照最低缴费标准缴费的参保人	上年社会平均工资的 60%

二、中国基本养老金制度与替代率的测算

（一）关于基础养老金替代率的测算

根据国务院《关于完善企业职工基本养老保险制度的决定》，可以得出基础养老金的计算公式：$P_b = w_0(1+g)^n \times \frac{(1+a)}{2} \times n \times 1\%$。其中，$P_b$ 为退休后第一年领取的基础养老金，w_0 为参保人工作前一年当地社会月平均工资，g 为当地社会平均工资年增长率，n 为缴费年限（参保人在缴纳养老保险费 n 年以后刚好达到退休年龄，开始领取养老金）。假设该参保人工作时，缴费基数均为当地社会平均工资的 a 倍。

由假设可知，该参保人退休前一年当地社会平均工资为：$w_n = w_0(1+g)^n$，那么，该参保人的基础养老金替代率 A 为：$\frac{p_b}{w_n} = \frac{(1+a)}{2} \times n \times 1\%$。由此可见，基础养老金替代率 A 是由职工本人工资的相对水平（a）和缴费年限（n）决定的：①根据中国现行社保法规，职工缴费以本人上年的月平均工资为缴费基数，按最高不超过当地上年职工月平均工资 3 倍、最低不低于当地上年职工月平均工资 60% 核定。据此可以得到：$0.6 \leqslant a \leqslant 3$。②根据中国现行社保法规，参保人缴费年限必须达到 15 年以上才具有领取养老金的资格，即 $n \geqslant 15$；同时参保人一般在 20 岁左右才参加工作，到退休（男性 60 岁、女性 55 岁）时，累计工作年限不超过 40 年，即 $n \leqslant 40$。

根据上述两个条件，可以得到在不同工资和缴费年限下的基础养老金替代率（见表 3）。

表 3　不同工资和缴费年限下的基础养老金替代率　　单位：%

	相对工资水平	缴费年限（年）					
		15	20	25	30	35	40
替代率 A	0.6	12.00	16.00	20.00	24.00	28.00	32.00
	1	15.00	20.00	25.00	30.00	35.00	40.00
	2	22.50	30.00	37.50	45.00	52.50	60.00
	3	30.00	40.00	50.00	60.00	70.00	80.00
替代率 B	0.6	20.00	26.67	33.33	40.00	46.67	53.33
	1	15.00	20.00	25.00	30.00	35.00	40.00
	2	11.25	15.00	18.75	22.50	26.25	30.00
	3	10.00	13.33	16.67	20.00	23.33	26.67

（二）关于养老保险个人账户养老金替代率的测算

根据国务院《关于完善企业职工基本养老保险制度的决定》，可以得出个人养老金的计算公式：个人账户养老金 $=\dfrac{\text{个人账户储存额}}{\text{计发月数}}$。由此得出男女个人账户养老金和替代率（见表 4）。

对表 4 中的一些参数假设如下。

表 4　男性和女性的个人账户养老金及替代率

养老金	男性	女性
养老金	$p_i^{60}=\begin{cases}\dfrac{12\times8\%\times aw_0[(1+i)^n-(1+g)^n]}{139(i-g)}, & i\neq g\\ \dfrac{12\times8\%\times aw_0\times n(1+i)^{n-1}}{139}, & i=g\end{cases}$	$p_i^{55}=\begin{cases}\dfrac{12\times8\%\times aw_0[(1+i)^n-(1+g)^n]}{170(i-g)}, & i\neq g\\ \dfrac{12\times8\%\times aw_0\times n(1+i)^{n-1}}{170}, & i=g\end{cases}$
替代率 A	$p_{iA}^{60}=\begin{cases}\dfrac{12\times8\%\times a[(1+i)^n-(1+g)^n]}{139(i-g)(1+g)^n}, & i\neq g\\ \dfrac{12\times8\%\times a\times n}{139(1+g)}, & i=g\end{cases}$	$p_{iA}^{55}=\begin{cases}\dfrac{12\times8\%\times a[(1+i)^n-(1+g)^n]}{170(i-g)(1+g)^n}, & i\neq g\\ \dfrac{12\times8\%\times a\times n}{170(1+g)}, & i=g\end{cases}$
替代率 B	$p_{iB}^{60}=\begin{cases}\dfrac{12\times8\%\times[(1+i)^n-(1+g)^n]}{139(i-g)(1+g)^n}, & i\neq g\\ \dfrac{12\times8\%\times n}{139(1+g)}, & i=g\end{cases}$	$p_{iB}^{60}=\begin{cases}\dfrac{12\times8\%\times[(1+i)^n-(1+g)^n]}{170(i-g)(1+g)^n}, & i\neq g\\ \dfrac{12\times8\%\times n}{170(1+g)}, & i=g\end{cases}$

注：根据当前的社保法规，男性和女性的法定退休年龄分别是 60 岁和 55 岁，分别对应的计发月数是 139 和 170。i 为养老保险个人账户的年投资收益率；g 为社会平均工资增长率。

1. 社会平均工资增长率 g 的确定

近 20 年来，中国社会平均工资增长速度较快。中国城镇非私营单位在岗职工平均工资从 1991 年的 2340 元增加到 2010 年的 37147 元，年均实际增长率为 10.22%。目前中国在计算养老金时，社会平均工资的统计口径是“城镇非私营单位在岗职工平均工资”，社会平均工资的统计范围较窄，未包括大多数私营企业和个体户的收入，造成中国社会平均工资水平虚高。以 2010 年为例，中国城镇单位在岗职工年平均工资为 37147 元（国家统计局，2011），而同年中国城镇私营单位就业人员年平均工资仅为 20759 元。因此，可以预计，未来随着统计口径的扩大，工资增长速度将有所放缓。从 OECD 组织、美国社会保障总署的预测值和历史数据看，发达国家的社会平均工资增长率很低，由此可以推断出中国的社会平均工资在经历高速增长阶段之后将进入稳定低速阶段（见表 5）。

表 5　OECD、美国社会保障总署对社会平均工资实际增长率和投资收益率的假定

	OECD（2011a）	美国社会保障总署	美国历史数据
社会平均工资实际增长率	2%	1.2%（适用于 2015～2085 年）	0.7%（1970～2009 年）
养老保险基金投资回报率	3.5%	国债 2.9%（适用于 2015～2085 年）	1900～2000 年股票投资 6.7%，长期国债 1.6%，短期国债 0.9%

资料来源：①Board of Trustees. Annual Report of the Board of Trustees of the Old－Age and Survivors Insurance and Federal Disability Insurance Trust Funds. Washington, D. C,: Social Security Administration, 2011: p. 98. ②Dimson, Marsh, and Staunton. Triumph of the Optimists: 101 Years of Global Investment Returns. New Jersey: Princeton University Press, 2002. ③OECD. Pensions at a Glance 2011: Retirement—income Systems in OECD and G20 Countries. OECD Publishing, 2011.

2. 个人账户养老金的投资收益率 r 的确定

根据社保相关法规，个人账户储存额参考银行同期存款利率计算利息。在具体实施中，全国各省大都参照商业银行一年期居民储蓄存款定期利率计息。这一计息政策造成了近年来个人账户实际收益率远低于 5%。

由于中国的社会平均工资增长率和养老保险个人账户投资收益率很难预测，因此，参考上述 OECD 组织和美国社保总署的假设，并采取比较乐观的看法，把实际工资增长率和实际养老保险基金投资收益率分别设定为 5% 和 3%，据此计算出不同工资和缴费年限下男性各种收入群体的个人账户养老金替代率（见表 6）。

表 6　不同工资和缴费年限下的个人账户养老金替代率　　单位：%

g=5% i=3%	相对工资水平	缴费年限（年）					
		15	20	25	30	35	40
替代率 A	0.6	5.19	6.62	7.91	9.08	10.15	11.12
	1	8.65	11.03	13.18	15.14	16.92	18.53

续表

g=5% i=3%	相对工资水平	缴费年限（年）					
		15	20	25	30	35	40
替代率 A	2	17.31	22.05	37.50	30.28	38.83	27.80
	3	25.96	33.08	39.54	45.42	50.75	55.59
替代率 B	0.6	8.65	11.03	13.18	15.14	16.92	18.53
	1	8.65	11.03	13.18	15.14	16.92	18.53
	2	8.65	11.03	13.18	15.14	16.92	13.90
	3	8.65	11.03	13.18	15.14	16.92	18.53

从个人账户养老金替代率 A 来看，工作时期的相对工资水平越低、缴费年限越短，则替代率 A 越低，最低的替代率仅为 5.19%。从个人账户养老金替代率 B 来看，缴费年限相同时，不管工作时期相对工资水平的高低，养老金替代率都是相同的。因为养老保险个人账户基金实际上是一种强制储蓄，没有贫富再分配的功能。每个养老保险计划的参保人缴费率是相同的（月工资的 8%），而替代率 B 的定义是养老金与其本人退休前最后一年工资的比值。因此，养老金替代率 B 与参保人的收入水平无关。

（三）关于基本养老金替代率的测算

根据上面的计算结果，把基础养老金加上个人账户养老金，可以得出基本养老金（见表 7）。从表 7 可以看出：①低收入者难以通过养老金收入解决老年贫困问题。表 7 显示，低收入者的养老金替代率 A 最低仅为 17.19%，最高也不过 43.12%。②中高收入者的养老金替代率偏高一些。表 7 中有一些数据超过 100%，意味着这些养老金收入已经超过在岗职工平均工资。考虑到养老金收入不缴纳个人所得税和“五险一金”，这些养老金收入已远超过基本生活需求所要求的收入水平，也导致基本养老保险制度名不副实。从养老金体系来讲，中高收入者在晚年追求更高的养老金收入是无可厚非的，但不应该通过基本养老保险计划来实现，而应通过第二支柱（补充养老保险计划）和第三支柱（个人自愿性储蓄）来实现。

表 7　不同工资和缴费年限条件下的基本养老金替代率　　单位:%

	相对工资水平	缴费年限（年）					
		15	20	25	30	35	40
替代率 A	0.6	17.19	22.62	27.91	33.08	38.15	43.12
	1	23.65	31.03	38.18	45.14	51.92	58.53
	2	39.81	52.05	63.86	75.28	86.33	87.80
	3	55.96	73.08	89.54	105.42	120.75	135.59

续表

	相对工资水平	缴费年限（年）					
		15	20	25	30	35	40
替代率 B	0.6	28.65	37.70	46.51	55.14	63.59	71.86
	1	23.65	31.03	38.18	45.14	51.92	58.53
	2	19.90	26.03	31.93	37.64	43.17	43.90
	3	18.65	24.36	29.85	35.14	40.25	45.20

三、中国基本养老金的相对公平性分析

养老金的相对公平性有两层含义：一是养老金领取者应与在职职工共同分享经济发展的成果，养老金替代率应保持在合理的水平；二是最高基本养老金与最低基本养老金之间的差距不应过于悬殊。

OECD（2011）对 34 个成员国的基本养老金替代率进行了测算，其假设前提主要有：年通货膨胀率为 2.5%、年平均工资实际增长率为 2%、年实际投资收益率为 3.5%、各收入群体的收入水平年涨幅相同。测算结果如表 8 所示。本文根据 OECD 这一测算的前提假设，重新测算中国各收入群体的养老金替代率，与 OECD 组织各国的养老金替代率进行比较，可以得出以下结论：①中国各收入群体的养老金替代率均高于 OECD 组织成员国的平均水平。这主要是因为中国养老保险缴费率远高于西方发达国家[①]，所以养老金的替代率也更高一些。②中国养老保险的收入再分配功能较弱。如果每位老人的养老金都是相同的，说明该国的养老保险收入再分配功能非常强（如英国的基本国家养老金制度）；如果老人之间的养老金水平差距很大，富人年轻时多缴社保税，年老时多领取养老金，则说明该国的养老保险收入再分配功能较弱。与 OECD 组织相比，中国养老金的高低差距较大。对于那些在职时收入为社会平均工资 50% 的劳动者而言，中国的替代率为 OECD 平均水平的 124.31%，而对于那些在职时收入为社会平均工资的 150% 的劳动者而言，中国的替代率为 OECD 平均水平的 134.17%。实际上，分析中国基本养老金的公式，不难了解为什么中国基本养老保险制度的收入再分配功能较弱。

① 例如，美国社会保险的缴费率仅为 12.6%，而中国仅养老保险的缴费率就高达 28%（郑春荣，2011）。

表8　OECD组织各国基本养老金的最高和最低替代率B　　单位:%

g=2%，i=3.5%	最高的替代率	34个成员国的平均替代率	最低替代率	中国	中国养老金替代率OECD平均水平的比例
在职时的收入为社会平均工资的50%	144.9（冰岛）	72.3	42.0（德国）	89.85	124.31
在职时的收入为社会平均工资的100%	96.9（冰岛）	57.5	30.9（墨西哥）	76.52	133.12
在职时的收入为社会平均工资的150%	95.7（希腊）	52.1	22.6（英国）	69.85	134.17

注：①表中有关中国数据的计算方法与本文其他部分完全一致，但由于本表采用的假设条件不同，计算结果也不同。②在计算中，"在职时的收入为社会平均工资的50%"一栏中中国的替代率为"89.85%"，其实这一替代率水平是根据在职时的收入为社会平均工资的60%的参保人进行测算的。原因是在中国收入为社会平均工资的50%的参保人，其缴费基数为社会平均工资的60%，今后领取养老金的计发标准也是社会平均工资的60%。

资料来源：OECD. Pensions at a Glance 2011：Retirement—income Systems in OECD and G20 Countries，OECD Publishing，2011a.

1. 基础养老金的收入再分配功能

把公式 $P_b = w_0\ (1+g)^n \times \frac{(1+a)}{2} \times n \times 1\%$ 进行分解可以看出，如果缴费年限n确定，实际上对于不同工资水平的参保人而言，中国的基础养老金由以下两部分组成：第一部分是完全与参保人缴费挂钩的养老金 $P_{b1} = \frac{w_0\ (1+g)^n}{2} \times a \times n \times 1\%$，缴费相对水平a越高，养老金就越高，这部分养老金没有收入再分配功能；第二部分是进行收入再分配的养老金 $P_{b2} = w_0\ (1+g)^n \times \frac{(1-a)}{2} \times n \times 1\%$。当 $a<1$ 时，第二部分养老金 >0，即得到了补贴；当 $a>1$ 时，第二部分养老金 $P_{b2}<0$，即其缴费被补贴给了其他参保人。第二部分养老金越多，收入再分配的效果就越好。对于一位缴费年限为15年的低收入者（$a=0.6$）而言，$P_{b1} = w_0\ (1+g)^n \times 9\%$、$P_{b2} = w_0\ (1+g)^n \times 3\%$，即他的基本养老金替代率为12%，其中9%来自自己的缴费，仅有3%来自其他高收入参保人对他的转移支付。显然，该低收入者养老金替代率太低的主要原因是收入再分配的力度太小。

2. 个人账户养老金的收入再分配功能

由个人账户养老金 $= \frac{\text{个人账户储存额}}{\text{计发月数}}$ 可知，个人账户养老金实际上是完全私有化的强制储蓄账户，各个参保人的个人账户基金属于个人所有，不会发生资金调剂现象，所以没有收入再分配功能。

四、中国基本养老金的绝对公平性分析

养老金的绝对公平性是指养老金必须解决老年人的基本生活问题，使其不至于陷入贫困。虽然从中国现行的养老保险法规上看不出任何歧视性条款，但是在实践中，部分人群的老年贫困问题较为突出，需要通过进一步完善相应措施予以解决。

（一）中国低收入者的老年贫困问题

低收入者的老年贫困问题可以分为两个层次进行分析。

1. 绝对贫困程度

《贝弗里奇报告》提出社会养老保险的“六大原则”，其中之一就是待遇标准充足原则，即保证在各种正常情况下，即使没有其他经济来源，社保提供的基本生活最低收入也足以满足人们的基本生活需要。中国《社会保险法》第三条规定：社会保险制度坚持广覆盖、保基本、多层次、可持续的方针，社会保险水平应当与经济社会发展水平相适应。我们可以把“保基本”理解为“保障基本生活需求”。那么中国的基本养老金是否可以保障广大养老金领取者的基本生活需求呢？从表 7 可以看到，低收入者如果只缴纳 15 年的养老保险费，最终其基本养老保险金的替代率 A 仅为 17.19%，即使缴纳了 30 年的养老保险费，替代率 A 也不过是 33.08%。这么低的替代率意味着，中国低收入者的养老金收入只能刚好满足最低的必要生活需求。从表 9 可以看出，上海市最低养老金标准仅略高于城镇居民最低生活保障给付标准。如果说低保标准代表着满足居民最低生活需求的给付标准的话，那么，低收入者的养老金水平也仅能解决老年人的绝对贫困问题，无法满足基本的生活需求，更谈不上满足“有尊严的生活需求”。这种制度安排将形成很强的养老保险缴费反向激励：不管年轻时是否缴纳养老保险费，最后的养老待遇都差不多，那么参保人就没有缴费的积极性，同时低收入的参保人可能为了领取低保而挥霍仅有少量储蓄，陷入了“贫困的陷阱”。

表 9　2010～2011 年上海市的相关指标

项目	金额（元）	适用时间
城镇居民最低生活保障标准	505	2011 年 4 月至 2012 年 3 月
城镇职工月平均工资	3896	2010 年 1 月至 2010 年 12 月
城镇职工最低月工资	1289	2011 年 4 月至 2012 年 3 月
根据本模型测算出的最低养老金	669.72	

资料来源：①周其俊：《沪城镇低保调整为 505 元/月》，《文汇报》2011 年 3 月 26 日；②上海市人力资源和社会保障局、上海市统计局：《关于公布上海市 2010 年度职工平均工资及增长率的通知》，2011 年 3 月 24 日。

2. 相对贫困程度分析

大多数国家把“相对贫困线”定在中位收入者收入的50%或60%。例如，OECD（2011b：68）把上述比例定为50%。如果按此标准，中国将有为数不少的养老金领取者的收入水平低于贫困线。在表7中，我们可以看到，即使该低收入者缴纳养老保险费长达30年，其养老金替代率A也不过为33.08%，远低于公认的相对贫困线。

（二）灵活就业人员、部分弱势群体的老年贫困问题

中国《社会保险法》第十条规定：“无雇工的个体工商户、未在用人单位参加基本养老保险的非全日制从业人员以及其他灵活就业人员可以参加基本养老保险，由个人缴纳基本养老保险费。”由此可见，灵活就业人员没有被要求强制缴纳基本养老保险费，将来也不一定具备领取基本养老金的资格。目前中国灵活就业人员参加基本养老保险的比例很低，到2009年底，城镇个体与灵活就业人员有6000万人，仅有3500万人参保（陈佳贵、王延中，2010），将在未来形成庞大的老年贫困群体。

灵活就业人员参保率低的主要原因在于灵活就业人员整体收入水平较低且不稳定。他们大多愿意参加社保，只是无力承担高昂的养老保险费。当前中国灵活就业人员占城市低保对象的比例居高不下。民政部《2010年社会服务发展统计报告》的数据显示，在城市低保对象中，灵活就业人员432.4万人，占总人数的18.7%。显然，以微薄的低保收入来缴纳社会保险费是不可能的。

目前中国养老保险缴费率较高，且对自由职业者的政策倾斜较为有限。从表10中可以看出，对于上海市的自由职业者而言，其养老保险缴费率为30%，与企业职工是完全一样的。所不同的是，企业职工的缴费率在雇主和雇员之间分担，而自由职业者则需要自行承担。从表10中可以计算出，自由职业者每月缴纳养老保险费和医疗保险的支出高达1028.72元（2336×44%），一年的缴费支出高达12344.64元。对中低收入者而言，这项支出是沉重的负担。

表10 2011年上海市社会保险费缴费标准

	缴费基数（元）	养老保险		医疗保险	
		单位	个人	单位	个人
企业	2338~11688	22%	8%	12%	2%
个体工商户	2338~11688	个体业主缴付22%	个人（包括业主）缴付8%	个体业主缴付12%	个人（包括业主）2%
自由职业者	2338~11688	30%		14%	

注：本标准执行期为2011年7月1日至2012年3月31日。

资料来源：上海市人力资源和社会保障局：《2011年上海市社会保险费缴费标准》，上海市政府门户网站（http：//www.shanghai.gov.cn/shanghai/node2314/n0de2319/node23195/node23200，u26ai28600.html）。

另外，在计算养老金时，中国和其他国家一样，大致假定劳动者一般从 20 岁左右进入就业市场，到 60 岁左右退出，工作年限可以达到 40 年。然而，欧美国家在此基础上提出了一些针对特殊人群的优惠政策（即视同缴费政策）：当参保人处于失业、患病、照顾老人和小孩、处于脱产全日制学习等状态时，免予缴纳社会保险税，但在计算养老金领取金额时，这段时间视同缴费（税），因此，这些参保人虽然长期不工作，但养老金的待遇未受影响，也避免了老年贫困。中国也应建立针对这些弱势群体的养老保险优惠政策。

（三）高龄老人的贫困问题

从中国的养老金计发公式看不出中国养老保险制度歧视高龄老人（75 岁以上），但事实上高龄老人相对于刚退休的人（60 ~ 75 岁）而言，贫困问题更为突出。造成高龄老人的贫困的主要原因是：①与高龄老人相比，低龄老人还可能从事一些非全职工作，从而获得额外的收入。②高龄老人的健康状况总体较差，医疗支出较多，负担较重。③高龄老人的一些积蓄（包括企业年金）可能在退休 10 多年后就完全消耗掉了，已无其他收入来源，因为高龄老人无法预计自己的预期寿命，可能在应对高龄生活方面准备不足。此外，中国金融市场发展较为落后，与通货膨胀率挂钩的生命年金产品很少，加上缺乏必要的税收优惠政策，老年人很难通过金融产品来应对老年风险。④高龄老人的养老金往往只与通货膨胀挂钩，没有与社会平均工资挂钩，这导致多年后其养老金与在岗职工平均工资差距很大。

在中国这样一个“高增长、高通货膨胀率”的发展中国家，养老金水平的上调幅度如果长期低于通货膨胀率，将造成高龄老人的绝对贫困；养老金水平的上调幅度如果长期低于社会平均工资增长率，将造成高龄老人的相对贫困。

五、结论与政策建议

综上所述，笔者认为中国基本养老金具有一定的公平性，但仍然远远不够。主要表现在：从相对公平角度来看，高收入者领取的养老金较多，收入再分配的功能没有得到有效发挥；从绝对公平角度来看，低收入者、灵活就业人员、高龄老人以及部分弱势群体的养老金水平过低，容易陷入老年贫困，在一定程度也挫伤了他们缴纳养老保险费的积极性。笔者认为可以通过以下措施来增强中国基本养老金的公平性。①政府可以考虑对灵活就业人员参保时给予费率减免，以解决该群体负担能力较弱的问题。随着灵活就业人员数量的日益增加，这个问题已到了必须解决的时候。目前全国各地出台了一些针对“4050”人员的社会保险缴费补贴政策，这些政策应延伸至全部灵活就业人员，养老保险缴费率降低至 15%（其中进入养老保险统筹账户的费率为 7%，进入养老保险个人账户的费率为 8%）。由于费率减免所造成的社保基金减收部分应由财政预算在当年予以补贴。②政府可以出台一些养老保险优惠政策，保护特定的弱势群体。在这方面可以借鉴英国的经验。英国对于符合下列特定条件的参保人给予视同缴纳社会保险税的待遇（郑春荣，2012）：申请人正在领取失业金、因病无法工作、处在产假、正在照顾生活无法自理的老人、残疾人或小孩、正在学习政府规定的一些培训课程、申请人从事义工工作、申请人曾经被错误地关到监狱等。如果中国也出台类似的政策，将大大延长许多弱势群体的缴费年限，相应提高他们的养老金待遇水平。③发放高龄福利补贴，解决高龄老人的贫困问题。应根据年龄条件发放高龄福利。例如，给予高龄老人每年2000元的额外补助。从财政成本来看，政府是完全有承受能力的。以中国老龄化最严重的上海市为例，截至2010年底，上海市80岁及以上户籍老年人口59.83万人，占60岁及以上人口的18.1%[①]。倘若每人每年2000元，60万高龄老人的总支出为12亿元。2011年上海市地方财政收入高达3.436亿元[②]，完全具备出台高龄老人额外补助制度的财政能力。④强化养老保险制度的收入再分配功能。设立最低养老金制度，养老金标准的下限为最低工资，避免养老金领取者陷入晚年贫困[③]；对养老金课征个人所得税，并将税款收入专款用于补充社保基金。目前中国个人所得税的免征额为3500元，对养老金课税不会影响老年人的正常生活。从法理上讲，养老保险在缴费和增值环节已经免税，在发放环节课税，已经体现了税收的延迟课征的优惠政策，如果继续实施免税政策，反而违反税收的公平原则。

参考文献

［1］陈佳贵、王延中：《2010：让人人享有公平的社会保障（中国社会保障发展报告 No.4）》，社会科学文献出版社 2010 年版。

［2］国家统计局：《2010 年城镇非私营单位在岗职工年平均工资主要情况》，国家统计局网站（http：//WWW. Stats. gov. erdtjfx/jdfx/t20110503_ 402722855. htm），2011 年。

［3］李珍等：《中国农村老年收入保障制度研究》，《武汉大学学报》2010 年第 5 期。

［4］梅哲：《最低养老金标准问题理论浅析》，《湖南师大社会科学学报》2008 年第 3 期。

［5］王晓军、康博威：《我国社会养老保险制度的收入再分配效应分析》，《统计研究》2009 年第 11 期。

［6］郑春荣：《我国企业基本养老保险制度的利益归宿——基于内部报酬率的分析》，《公共财政评论》2011 年第 2 期。

［7］郑春荣：《英国社会保障制度》，上海人民出版社 2012 年版。

［8］Feldstein，Martin & Liebman，Jeffrey，The Distributional Aspects of Social Security and Social Security Reform. University of Chicago Press，2002.

① 上海市民政局等：《2010 年上海市老年人口和老龄事业监测统计信息》，上海市老年学学会网站（http：//www. shanghaigss. org. cn/news – view. asp？ newsid = 7892）。

② 上海市财政局：《关于上海市 2010 年预算执行情况和 2011 年预算草案的报告》，上海市财政局网站（http：//www. czj. sh. gov. cn/zlzy/2011czysjd/bgzy/201101/t20110125_ 119325. html）。

③ 2012 年，北京市的月最低养老金为 1210 元，月最低工资为 1260 元，基本实现了最低养老金标准与最低工资的同步调整。但这一规定尚未在全国范围内推广实施。

[9] McGarry , Kathleen, Guaranteed Income: SSI and the Well - being of the Elderly Poor. NBER Working Paper No. 7574, Cambridge, MA: National Bureau of Economic Research (March), 2000: pp. 1 - 37.

[10] Myers, R. J. & Schobel, B. D. A Money' s—Worth Analysis of Social Security Retirement Benefits, Transactions, Society of Actuaries, 1983: 533 - 555.

[11] Iglesias, Augusto, and Robert Palacios. Managing Public Pension Reserves. Part h Evidence from International Experience. Social Protection Discussion Paper 0003, World Bank, Washington, D. C. , 2000.

[12] OECD. Pensions at a Glance 2011: Retirement—income Systems in OECD and G20 Countries, OECD Publishing, 2011a.

[13] OECD. Society at a Glance 2011: OECD Social Indicators, OECD Publishing, 201lb.

[14] Pedersen, A. W. The Privatization of Retirement Income? Variation and Trends in the Income Packages of Old Age Pensioners. Journal of European Social Policy, 2004, 14 (1): 5 - 23.

[15] Smeeding, Timothy, and R. Kent Weaver. The Senior Income Guarantee: A New Proposal to Reduce Poverty among the Elderly, Working Paper 2001 - 12, Center for Retirement Research at Boston College, 2002.

[16] Wolf, Jennifer I. and Judith D. Kasper. Caregivers of Frail Elders: Updating a National Profile. The Gerontologist, 2006, 46 (3): 344 - 356.

Analysis on the Fairness of China Urban Employees' Basic Pension among Different Income Groups

Zheng Chunrong

Abstract: Fairness is one of the primary measuring standards to assess if a country' s pension insurance system is successful. After calculating China' s basic old - age pension replacement rate, we believe that the pension insurance system of income redistribution function is weak, so that some of the pensioners may fall into absolute poverty in old age, and many elderly pensioners are also likely to fall into old age relative poverty. For those low - income, flexible workers and vulnerable groups, due to high possibility of falling into poverty in old age, their enthusiasm of paying pension may be dampened. We suggest that, in order to promote the affordability among the vulnerable groups, the government shall consider giving employment insurance rate relief to flexible workers and introducing a number of preferential policies for pension insurance to protect the vulnerable groups. Meanwhile, to tackle the poverty among the oldest old, senior citizens welfare subsidies shall be instituted.

Key Words: Basic Pensions; Old - age Insurance; Old - age Poverty

医疗保险促进健康吗？*

——基于中国城镇居民基本医疗保险的实证分析

潘　杰　雷晓燕　刘国恩

【摘　要】覆盖全民的医疗保险是各国的主要卫生政策，其巨额支出能否有效促进人们健康成为全球经济学家们争论的焦点。本文利用 2007 ~2010 年国务院城镇居民基本医疗保险试点评估入户调查数据，将各城市对参保人群的政府补助比例作为工具变量，利用相关模型估计了城镇居民基本医疗保险对城镇居民健康的影响。研究显示，医疗保险有利于促进参保个人的健康，且对社会经济状态较差的人群影响更大。另外，对影响机制的分析，证实了城居保提高人们卫生服务利用但并未增加个人的经济负担。本文的基本判断是：医疗保险制度可以促进参保居民的健康水平的提高，并对弱势群体有相对更大的优势，这为进一步完善中国基本医疗保险制度提供了实证依据。

【关键词】医疗保险；健康；城镇居民基本医疗保险；政府补助

一、引言

医疗保险是健康人群与非健康人群之间或健康时与病患时对病患风险的分摊机制，它的直接功能在于保障人们在患病时对医疗卫生服务利用的财务可及性。由于医疗服务利用是为了获得健康（Grossman，1972），所以医疗保险的最终目的是维护和提高个人健康水平。

---

* 本文选自《经济研究》2013 年第 4 期。

潘杰，四川大学华西公共卫生学院、四川大学中国西部农村卫生发展研究中心，邮政编码：610041，电子信箱：panjie. jay@ gmail. com；雷晓燕（通讯作者），北京大学中国经济研究中心，邮政编码：100871，电子信箱：xylei@ ccer. pku. edu. cn；刘国恩，北京大学光华管理学院，邮政编码：100871，电子信箱：gordon@ gsm. pku. edu. cn。作者感谢中国社会科学院经济研究所朱恒鹏、杜创和匿名审稿人对本文提出的宝贵建议，并感谢北京大学中国卫生经济研究中心提供的数据支持，文责自负。

近年来，医疗保险全民覆盖是包括中国、美国在内的世界各国（大国）医改主要推进的卫生政策，但该政策的实行往往耗资巨大，如中国新医改规划政府（2009～2011 年）每年投入约 1300 亿元（国务院深化医药卫生体制改革领导小组办公室，2009；中国国务院，2009），而美国政府更是预计在未来 10 年每年投入近 940 亿美元（United States Congress，2010）。这样巨额的支出能否提高人们的健康水平成为全球经济学家们争论的焦点。

首先，医疗保险提高了个人就医的财务可及性，增加了卫生服务利用，确实应该提高人们的健康水平；但由于健康的决定因素很多，较之环境、基因、收入等因素，卫生服务利用对健康的影响实际上相对较低（WHO，2011），而且边际递减，最终甚至有可能有害（Phelps，2002；Ashton et al.，2003；Fisher，2003）。因此，医疗保险最终能否有效促进健康还需要展开深入的经验研究（Baicker and Finkelstein，2011）。其次，医疗保险使个人在医疗卫生服务利用时面临较低的边际成本，由此产生的道德风险可能导致资源浪费。如果医疗保险有效促进健康，则更多的支出为有效消费，反之则为过度需求（黄枫、吴纯杰，2010）。医疗保险能否促进健康也就成为解答增加的医疗卫生服务是否为有效需求这一问题的关键。更重要的是，维护和提高人们健康长寿的手段不仅有医疗保险，其他如医疗救助、提供免费疫苗等干预手段（Levy and Melzer，2008），也可以维护和提高健康水平。那么，只有准确估计医疗保险对健康的影响，才能通过成本产出、成本效果或成本效益的方法，将医疗保险与其他干预手段进行比较，从而调整和优化相关公共政策，以利用有限的社会资源取得最大化的社会效益。

基于此，许多学者针对医疗保险影响健康的因果关系展开了研究。相关因果研究大部分集中在对美国医疗保险的研究。其中，相当的文献对美国老年医疗保险（Medicare）进行了研究。[①] 比如，Cutler 和 Vigdor（2005）利用面板数据，采用倍差法（DID）进行识别，比较 51～65 岁中有无 Medicare 的人群面对疾病冲击后健康的变化，发现未参保个人在面临慢性病冲击后，健康的恶化程度超过参保个人，但是两组人群在面临急性疾病冲击下并不存在显著差异。Finkelstein 和 McKnight（2008）利用 Medicare 于 1965 年开始在美国各州实行的特点，也用倍差法发现 Medicare 在实行的头 10 年里并没有显著降低 65 岁以上人群死亡率。Card 等（2009）利用 Medicare 向所有年满 65 岁的美国居民免费提供的政策规定，采用断点回归设计（Regression Discontinuity Design）方法研究 Medicare 对 65 岁急诊入院病人健康的影响，发现 Medicare 显著降低了他们 7 天内的死亡数。另外还有大量文献对美国低收入医疗保险（Medicaid）[②] 进行了研究。比如，Currie 和 Gruber（1996a）发现 1984～1992 年 Medicaid 的扩张降低了儿童死亡率的比例达 5.1%，同年她们的另一篇文章（Currie and Gruber，1996b）也发现 Medicaid 的扩张降低了新生婴儿死亡和新生低体重儿的发生率。Finkelstein 等（2011）的研究则发现，美国俄勒冈州标准医疗保险计划

---

① Medicare 是美国政府免费提供给超过 65 岁的美国公民的医疗保险。

② Medicaid 是美国政府提供给低收入家庭的医疗保险总称，它的形式在各个州有所不同，但通常是政府免费提供。

（Oregon OHP standard，Medicaid 的一种）① 显著提高了 19～64 岁的自评身体和精神健康，但对死亡率没有影响。

始于 1971 年的兰德医疗保险实验（Manning et al.，1987）采用实验研究的方法，通过随机原则赋予不同个人不同的医疗保险项目来研究不同的医保分担比例对个人卫生服务利用及健康的影响。由于所有的实验组都有医疗保险（最低保障程度的只有大病医疗保险），所以该研究主要是针对不同保障程度的医疗保险对健康的影响，而不是对是否参保的研究。

对美国之外的其他国家研究相对较少。Hanratty（1996）研究加拿大全民医疗保险的实施对婴儿健康的影响，发现全民医保显著降低了 4% 的婴儿死亡率和 1.3% 的新生低体重儿发生率。King 等（2009）研究了墨西哥全民医疗保险对全人群健康的影响，发现全民医保对个人自评健康未产生显著影响。

国内相关的因果研究并不多，集中在对农村居民和老年人群的研究。Lei 和 Lin（2009）、Chen 和 Jin（2010）、吴联灿和申曙光（2010）采用倍差法和趋势得分法相结合的方法考察了新型农村合作医疗（以下简称"新农合"）对中国农民健康的影响，而黄枫和吴纯杰（2009）、黄枫和甘犁（2010）研究了医疗保险对城镇老人健康的影响。Lei 和 Lin（2009）、Chen 和 Jin（2010）都未发现新农合显著提高了参保农村居民（儿童）的健康，但吴联灿和申曙光（2010）发现新农合对个人自评健康有小幅正影响（降低了自评健康不佳的比例 2.75%）。Wang 等（2009）采用实验研究的方式，研究了农村互助医疗保险（RMHC），发现 RMHC 显著提高了农村居民健康水平（降低了全年龄段农村居民的自报疼痛和焦虑比例，提高了 55 岁以上个人的行动和自理能力）。黄枫和吴纯杰（2009）、黄枫和甘犁（2010）均发现参保老人死亡风险较未参保老人更低。

从上述文献看，不同的研究采用不同的识别方法从不同角度估计了各种医疗保险对不同人群健康状况的影响，尽管没有得到统一的结论，但是确实找到了扩大医疗保险的覆盖有助于提高人们健康水平的证据。由于各国卫生体制差异很大，特别是由于经济发展的限制，中国社会医疗保险项目提供的卫生服务包并不丰富，在目前中国关注此类问题文章有限的情况下，中国现行的三大医疗保险（城市职工医疗保险、城镇居民基本医疗保险和新农合）到底对各个年龄段人群有没有显著影响？尤其是尚未见到对（截至 2010 年底）覆盖近 2 亿中国城镇人口的城镇居民基本医疗保险（以下简称城居保）进行的相关研究。本文的研究将弥补目前文献的不足。

本文利用最新的具有代表性的微观数据——2007～2010 年"国务院城镇居民基本医疗保险试点评估入户调查数据"（URBMIS），估计城居保对城镇成年人健康的因果影响。由于城居保政府补助比例在各地不同，这会影响到个人参保意愿，从而改变个人的参保状态，而政府补助比例对个人健康而言是外生因素，本文利用了这一"自然实验"——政府补助比例的差异导致城居保参保的不同，识别了城居保对参保个人健康的影响。个人自

① 标准 OHP 是俄勒冈州 Medicaid 的一种形式，由政府免费提供给在当地居住的 19～64 岁低收入美国公民。

评健康对城居保参保状态的最小二乘法（OLS）估计结果显示，个人健康与参保状态存在显著的负相关，这意味着城居保的自愿参保政策可能导致了严重的“逆向选择”（Adverse Selection）问题。固定效应（FE）模型尽管没有排除健康与参保的交互关系，但是修正了由不可观测的“固定效应”带来的偏差，得到了二者无显著关系的估计结果。

接着，通过采用各市级针对不同城居保参保人群的政府补助比例作为工具变量（IV）进行估计，结果显示城居保显著提高了参保个人的健康。进一步对不同社会经济状态（SES）人群进行分析发现，城居保对弱势人群（低收入、低教育水平）健康起到的正向作用更大。另外，我们还通过对影响渠道的估计，找到了一些证据，支持城居保提高了参保者卫生服务利用但并未增加个人就医经济负担，从而说明城居保可能正是通过提高卫生服务利用促进个人健康。对更多健康指标的回归结果看，城居保并没有对慢性病和 EQ5D 得分及其各个维度产生一致的显著正向影响。

本文结构安排如下：第二部分对城居保制度背景和本文使用数据做简要概述；第三部分考察参保状态与个人健康的相关关系；第四部分采用 IV 的方法考察城居保对个人健康影响的因果关系；第五部分对不同人群、影响渠道及更多健康指标展开分析；第六部分是结论和讨论。

二、城居保制度背景概述与数据

（一）城镇居民基本医疗保险制度

城居保与城镇职工基本医疗保险（以下简称“城职保”）、新农合及城乡医疗救助共同组成中国基本医疗保障体系，分别覆盖城镇非就业人口、城镇就业人口、农村人口和城乡困难人群（中共中央、国务院，2009），[①] 它是中国社会医疗保险的重要组成部分。

1. 建立

1998 年中国在全国范围内建立城职保制度，2002 年提出建立新农合医疗制度，2005 年明确开展城乡医疗救助工作（胡晓义，2007），但是大量的城镇非就业人员被排斥在社会医疗保障体系之外。中共中央十六届六中全会通过的《关于构建社会主义和谐社会若干重大问题的决定》做出了将“覆盖城乡居民的社会保障体系基本建立”作为“构建社会主义和谐社会的目标和主要任务”之一（中共中央，2006）。为实现这一目标，2007 年国务院决定在 79 个城市启动城居保试点（中共中央、国务院，2007），2008 年新增 229 个试点城市，并于 2009 年在全国推开。2007 年国务院 20 号文件《国务院关于开展城镇

① 需要指出的是，由于城镇中存在大量的灵活就业人员，而这些人员在一些地区并未完全被城职保纳入参保范围，因此一些地区的城居保的参保人群除包含城镇非就业人群外，还覆盖了灵活就业人员。

居民基本医疗保险试点的指导意见》（以下简称《20 号文件》）对其实施制定了以下三个原则：①自愿参保；②重点保障城镇非从业居民的大病医疗需求；③中央确定基本原则和主要政策，地方制定参保范围、筹资水平等具体办法。与新农合为避免逆向选择要求以户为参保单位的参保政策不同，城居保没有对个人参保进行限制。从 2007 年开展试点以来，城居保覆盖人群数量持续增加，2007～2010 年参保人数分别为 0.43 亿、1.18 亿、1.81 亿和 1.95 亿人，成为中国“全民医保”制度体系的重要制度基础（国务院城镇居民基本医疗保险试点评估专家组，2011）。

2. 参保范围

根据《20 号文件》规定，城居保的参保范围为“不属于城职保制度覆盖范围的中小学阶段的学生（包括职业高中、中专、技校学生）、少年儿童和其他非从业城镇居民”。在 2007 年试点展开时，各地对参保对象的规定并不相同，主要是对城镇居民中未参加城职保的灵活就业人员、劳动年龄未就业人员、不具有城市户籍的农民工及其子女、当地农村户籍居民，以及在校大学生是否纳入参保范围的规定不同。但随着国家明确建立覆盖全民的医保制度目标，各地逐年扩大参保范围，截至 2010 年底，除少部分地区未将当地农民和不具有城市户籍的农民工纳入参保范围外，各地几乎都已将上述人群全部纳入。

3. 筹资和补助

城居保的筹资来源主要是个人缴费和政府补助。其中，政府补助来自中央、省级和地方三级政府。城居保具体的筹资水平和地方政府补助水平由地方根据当地居民家庭和财政负担能力而定，但中央政府规定了最低补助额度：2007 年规定各地政府补助最少不低于人均 40 元（国务院，2007），到 2010 年达到 120 元（中共中央、国务院，2009）。在地方实行过程中，一般还按人群（未成年人、老年人和从业居民）规定了不同政府补助和筹资标准。总的筹资水平呈东、中、西部逐渐递减（朱俊生，2009）。从 79 个试点城市上报数据看，2007～2010 年成年人平均筹资水平分别为 219 元、231 元、242 元和 274 元，其中各级财政补助分别为 74 元、94 元、97 元和 120 元，占筹资水平的 34%、41%、40% 和 44%；学生儿童平均筹资水平分别为 101 元、111 元、124 元和 160 元，其中各级财政补助分别为 56 元、80 元、86 元和 117 元，占筹资水平的 55%、72%、69% 和 73%（国务院城镇居民基本医疗保险试点评估专家组，2011）。

4. 保障范围

根据《20 号文件》，城居保重点保障城镇非从业居民的大病医疗需求，基金重点用于参保居民的住院和门诊大病医疗支出。因此，大部分地区在 2007 年实行初期只针对住院和大病门诊进行保障，但根据人保部门的政策部署，越来越多的地区开始将普通门诊纳入保障范围（黎成等，2010）。

（二）URBMIS 数据

本文采用的是个人层面的 2007～2010 年追踪调查数据，它来源于城镇居民基本医疗保险入户调查（Urban Resident Basic Medical Insurance Survey，URBMIS）。从 2007 年起，受国务院城居保试点评估专家组委托，北京大学中国卫生经济研究中心课题组在内蒙古自治区包头市、吉林省吉林市、浙江省绍兴市、福建省厦门市、山东省淄博市、湖南省常德市、四川省成都市、青海省西宁市和新疆维吾尔自治区乌鲁木齐市 9 个城市开展了国务院城居保试点评估入户调查（林莞娟等，2011）。该调查的主要目的是对城居保制度运行状况、居民健康和医疗保障情况进行评估。通过多阶段、概率与规模成比例抽象（Probability Proportionate to Size Sampling，PPS）方法确定了大约 11800 户家庭，涉及约 32000 个调查对象。调查从 2007 年开始，每年进行一次，现已获得 2007 ~ 2010 年共 4 年的数据。调查收集了被访者个人基本情况、健康及行为状况、医疗保险状态和医疗服务利用，以及家庭经济情况等方面翔实的信息。

三、数据描述和基本回归结果

（一）数据描述

URBMIS 的原始数据共有 127333 个样本，我们选择了符合城居保参保资格的样本进行研究。对于是否符合资格的界定，本文基于 9 城市 2007 ~ 2010 年城居保的相关文件和咨询地方城居保管理机构进行筛选，其中由于大部分城市每年都在扩大参保范围，因此是否符合资格是根据当年的参保资格信息进行选择。由于儿童的健康状况与成年人不同，我们选取年龄在 18 岁以上的成年人样本，并且去除了在读学生（大学生）和残疾人。本研究使用的有效样本包含了 8822 户，16405 个个人，四年样本共计 31145 个。

自评健康是本文主要用到的健康指标，① 分别采用连续变量和虚拟变量的形式。①变量“健康状态”是连续变量，取值 1 ~ 5，分别表示受访者在回答“总的来说，您如何评价自己过去一个月内的健康状况”时选择“很差”“差”“一般”“好”和“很好”；我们根据这个健康变量生成了“健康好”的虚拟变量②，将“好”和“很好”视为一组，取值为 1，其他（包括“很差”“差”和“一般”）视为另一组，取值为 0。③

---

① 自评健康是相关文献（Finkelsteinetal，2011；Lurieetal，1986；Wangetal，2009；吴联灿和申曙光，2010）中最常使用的健康代理变量。使用自评健康对结果的阐释必须小心，因为自评健康是客观健康与主观心理健康的综合体，是对个体身体状况基本的描述。

② Ferrer - i - Carbonell 和 Frijters（2004）等指出，当因变量为心理测评类的等级指标时，使用如 Orderedprobit 等非线性模型得到的估计与传统线性回归的估计结果相差不大，并且线性回归结果在边际效应表达及分析政策含义阐释时更加直观，本文使用线性模型就“健康”进行回归估计。考虑到“健康”各个取值等距的假设可能的潜在问题，本文同时构建了“健康好”的虚拟变量进行分析。

③ 为了检验结果的稳健性，除了正文中报告的健康虚拟变量的划分标准外，我们还采用了其他多种划分标准，包括只是将“很好”作为一组，其他（包括“很差”“差”“一般”和“好”）作为另一组，发现相关的估计结果与报告的结果相似。

表1给出了相关变量的描述统计分析结果。城镇全体成年居民（调查全样本）① 与具有城居保参保资格的成年人群比较，无论是自评健康、慢性疾病、EQSD等健康指标，② 还是收入、教育、从业状态，具有城居保参保资格的人群表现都要差。值得强调的是，尽管健康状态不好，但是该人群在卫生服务利用上却较少，这表明城居保人群确实是城镇人口中健康状态和经济社会状态（SES）较差的，也是面对疾病风险最缺乏抵御能力的人群。

表1　数据描述

变量	全样本	具有城居保参保资格人群	参加城居保人群	具有城居保参保资格但未参保人群
健康状态	3.63	3.52	3.60	3.47
健康好（是=1）	0.56	0.51	0.55	0.48
城居保（参加=1）	0.19	0.60	0.00	1.00
女性（是=1）	0.52	0.61	0.56	0.64
年龄	49.50	48.91	44.45	51.94
本地人（是=1）	0.95	0.98	0.99	0.98
农业户口（是=1）	0.07	0.06	0.03	0.08
家庭人均收入（元/月）	1116.77	739.17	740.25	738.44
教育程度：小学及以下	0.22	0.31	0.23	0.35
初中	0.30	0.34	0.33	0.34
高中	0.29	0.27	0.31	0.24
大专本科及以上	0.19	0.09	0.12	0.06
婚姻状况：未婚	0.08	0.10	0.15	0.07
已婚	0.83	0.77	0.74	0.79
离婚或丧偶	0.09	0.12	0.10	0.14
民族：汉	0.94	0.91	0.92	0.90
民族缺失	0.01	0.01	0.01	0.01
从业状况：正式员工	0.27	0.07	0.07	0.06
临时工或钟点工	0.12	0.18	0.21	0.15

① 为与"具有城居保参保资格的人群"对比，这里"城镇全体居民"只包括成年居民，且去除了在读学生（大学生）和残疾人。

② 由于篇幅限制，这里并未报告对更多健康指标和卫生服务利用变量的数据描述，读者可向作者索取。

续表

变量	全样本	具有城居保参保资格人群	参加城居保人群	具有城居保参保资格但未参保人群
个体及自由职业者	0.10	0.15	0.17	0.14
离退休	0.29	0.12	0.08	0.15
无业	0.21	0.46	0.44	0.48
从业状况缺失	0.01	0.02	0.02	0.02
低保户	0.07	0.16	0.12	0.19
抽烟	0.23	0.21	0.25	0.18
喝酒	0.29	0.22	0.25	0.20
经常喝酒	0.06	0.05	0.06	0.04
样本数	99071	31145	12578	18567

在具有参保资格的人群中，未参保人群在自评健康、慢性疾病、EQ5D 等健康指标上都较参保人群好，对卫生服务的利用更少。未参保人群的平均年龄较参保人群年轻近 7 岁，教育程度和职业状态明显要高，[①] 但两个人群在收入上差异不大。健康行为方面，参保人群要好于未参保人群。

从健康状态的简单比较上，似乎参加城居保给个人健康带来了负影响，但是由于两个人群在年龄、社会经济状态和健康行为的表现差异都很大，这些因素可能是导致未参保人群健康状况优于参保人群的原因，所以两个人群在排除其他可观测因素干扰后的关系如何，还有待进一步考察。

（二）OLS 模型和 FE 模型的主要结果

本文采用了回归的方法来估计医疗保险对健康的因果影响，基本的模型为：

$$y_{ict} = URBMI_{ict}\beta_0 + x'_{ict}\beta_1 + \varepsilon_{ict} \tag{1}$$

式中，i 指代个人，c 指代个人所在城市，t 指代时间。Y_{ict} 衡量了 t 年 c 城市中个人 i 的自评健康，$URBMI_{ict}$ 指代个人 i 是否参加城镇居民基本医疗保险，X_{ict} 为一系列的个人特征变量。参照相关文献，在本文的研究中包括了个人年龄、性别、教育程度、婚姻状态、是否为本地人、户口类别、民族、工作状态、家庭收入、是否抽烟、是否喝酒，以及城市和年份的虚拟变量。ε_{ict} 为个人层面的误差项。$URBMI_{ict}$ 的系数 β_0 是我们首要关心的参数，它给出了处理组（参保个人）和控制组（未参保个人）在健康上的平均差异。

表 2 分别给出了全部样本对“健康状态”变量和“健康好”虚拟变量的 OLS 回归和固定效应（FE）模型的估计结果。参照相关文献，模型中控制了一系列反映人口、社会经济状态的个人异质特征变量，包括年龄、性别、教育、婚姻、工作、收入，以及城市、

① 在比较职业状态时，按照中国国情，我们进行了正式员工优于临时工或钟点工的假设。

年份虚拟变量等。

表 2　OLS 和 FE 模型回归结果

	OLS		FE	
	健康状态	健康好	健康状态	健康好
城居保	-0.041*** (0.012)	-0.021*** (0.006)	-0.008 (0.019)	-0.000 (0.011)
样本数	31145	31145	31145	31145
R^2	0.175	0.143	0.027	0.021

注：括号内报告的是在个体层面聚类（cluster）调整的标准差；***、**、*分别对应1%、5%和10%的置信水平。回归中还控制了年龄、性别、教育程度、婚姻状态、本地户籍、户口、民族、收入分层、工作状态、低保户、抽烟、喝酒，以及一系列的城市和年份虚拟变量。下表同。

OLS 模型假设个人参保状态外生，即参保不会受到健康的反向影响，也不存在共同影响二者的不可观测因素。估计结果显示，城居保的估计系数都在1%水平上显著为负，城居保与个人"健康状态"0.041 单位的降低，以及报告"健康好"的概率2.1 个百分点的下降相关。

FE 模型则利用了 URBMIS 数据的长期固定追踪特点，排除可能共同影响个人健康和参保状态且随时间不变的不可观测因素的影响后进行估计。结果显示，排除不可观测"固定效应"后，城居保的估计系数变得非常小且在10%水平上失去显著性。

OLS 模型假设城居保外生，FE 模型假设排除不可观测的"固定效应"后城居保外生，然而有必要指出，过去的研究都倾向于否定以上两个假设。医保可能通过直接或间接的方式影响健康，自身健康的好坏也会反过来影响个人参保，并且一些不可观测的（如基因、时间偏好等）个人特征因素也可能会同时影响二者。因此，OLS 模型可能只是针对相关关系的估计，显著为负的结果表明居民参保可能存在显著的"逆向选择"，而不显著、接近0 的 FE 模型估计结果则表明不可观测的"固定效应"确实导致了 OLS 模型的低估，但仍无法厘清健康与参保之间的交互关系。因此，以上结果可能都不是对城居保影响健康因果关系的一致性估计，这是下面 IV 模型希望解决的主要问题。

四、工具变量模型估计结果

前面分析了个人健康与城居保参保之间的相关关系，但我们更感兴趣的是参加城居保是否对个人健康产生因果影响。本部分将利用政府补助比例在各地的差异导致城居保参保的不同这一"自然实验"来识别城居保对参保个人健康的影响。

（一）工具变量

本文采用分年份城市针对不同的城居保参保人群的政府补助占当年当地的城居保总筹资比例作为个人是否参加城居保的工具变量，具体定义为：

$$Pro_{jct} = \frac{Subsidy_{jct}}{Subsidy_{jct} + Premium_{jct}} \times 100\% \quad (2)$$

式中，Pro 代表政府补助比例，Subsidy 代表政府对城居保的总补助，Premium 代表个人缴纳的保费，j 代表个人所属的年龄组别，c 代表城市，t 代表时间。例如，$Subsidy_{jct}$代表第 t 年城市 c 政府对 j 组人群参加城居保的总补助。年龄的分组主要是按照政府补贴依据的标准来划分，其中主要分为 18 ~55/60 岁和 55/60 岁以上两个年龄组人群。

正如第二部分所讲，各地区各年对个人参加城居保的政府补助存在差异。2007 ~2010 年政府补助比例最低的城市为 14.06%，最高的为 75%，平均值为 33.87%，变异系数为 40.59%。部分地区在不同年龄组别间的补助也有差异，比如淄博市 2007 年对于男满 60 周岁、女满 55 周岁人群的补贴比例为 45.5%，而对低年龄人群的补贴较低，为 27.3%。

（二）补助的约简影响

在进行工具变量回归之前本文首先考察了政府补助对个人的约简影响（Reduced—Form Subsidy Effects）。本文采用以下方程来进行估计：

$$y_{ict} = PROPORTION_{jct}\pi_0 + X'_{ict}\pi_1 + v_{ict} \quad (3)$$

式中，PROPORTION 为 t 年 C 城市年龄组人群参加城居保的政府补助比例。变量 PROPORTION 的系数π_0 就是政府补助对个人健康的约简影响。表 3 中的第（3）和第（4）列分别报告了约简形式的回归结果，显示政府补助比例与个人健康存在非常强的正相关关系，1% 政府补助比例的提高对应了自评健康 0.159 个单位的增加和报告“健康好”概率 7 个百分点的提高。当然，约简形式的回归结果并没有识别约简影响中的多大部分是政府补助通过城居保影响到个人健康，但确实给我们提供了城居保可能正向促进个人健康的间接证据。

表 3　约简形式回归结果

	不具有参保资格人群		具有参保资格人群	
	(1)	(2)	(3)	(4)
	健康状态	健康好	健康状态	健康好
政府补助比例	0.045 (0.119)	0.104 (0.066)	0.159*** (0.052)	0.070 (0.027)
样本数	4730	4730	31145	31145
R^2	0.151	0.115	0.173	0.141

（三）工具变量的有效性

如同所有采用工具变量的识别策略进行因果影响识别的文献，研究结果的可信性取决于工具变量是否满足两个条件：第一个条件是工具变量是否与内生变量存在显著的偏相关(Partially Correlated)。在本文中，即政府补助比例是否与个人参保行为之间存在高度相关。本文认为，政府补助比例与个人参保状态应该呈正相关关系，因为政府补助比例越高，个人缴纳的保费比例就越低，那么个人就更有激励参加城居保。进一步地，本文通过以下方程来进行一阶段估计：

$$URBMI_{ict} = PROPORTION_{jct}\delta_0 + X'_{ict}\delta_1 + \mu_{ict} \tag{4}$$

式中，δ_0 为本文关心的一阶段影响。表 4 报告了对 δ_0 的估计。回归中的控制变量与之前的 OLS、FE 和约简式回归保持相同。由于我们采用了 Staiger 和 Stock（1997）的方法进行弱工具变量检验，表 4 还报告了工具变量的 F 统计量。从估计结果看，与我们的预期保持一致，在控制其他外生变量的情况下，政府补助比例在 1% 水平上与个人参加城居保的概率呈显著正相关关系。同时，工具变量的 F 统计量超过了 10% 水平误差容忍的临界值 16.98（Stock and Yogo，2002），意味着本文使用的工具变量通过了弱工具变量检验。

表 4　第一阶段回归结果

	城居保
政府补助比例	0.107*** (0.026)
样本数	31145
R^2	0.254
F 检验	16.98

工具变量有效的第二个条件是其外生性，即在本文中，政府补助比例只是通过参保行为影响个人健康。相关文献认为个人对其所在城市参保政策影响很小，因此都采用了相似的地区参保政策作为个人参保状态的工具变量（Bhattacharya et al.，2003；Goldman et al.，2001）。本文用到的政府补助比例看起来也很难受到个人的影响，但是这里有必要进行两方面的强调：第一，由于政府对城居保参保的补助规定来自中央政府，由地方政府具体制定细则，所以本文认为具有参保资格的个人很难对参保政府补助比例产生直接影响。第二，是否存在不可观测的城市因素可能共同影响当地的城居保财政补助政策和个人健康。关于这一点，本文在模型中加入了地区和时间虚拟变量以控制地区和时间对个人健康影响的差异，但还是可能存在不可观测的因素共同影响二者，比如一些地方政府非常重视民生建设，一方面进行了非常多的公共卫生干预，另一方面同时提高了政府对参加医疗保险的补助比例。在这种情况下，个人健康的提高可能来自公共卫生的干预，而非参加医保所致。因此，为了进一步验证政府补助比例作为 IV 的有效，本文采用了 Bhattaeharya 等

(2003) 提出的一种间接验证方法来对本文的工具变量的外生性进行检验。本文针对不具有参保资格（且未参加城职保、新农合和公费医疗）的人群按照式（3）进行了约简形式（Reduced - form）回归。由于不具有参保资格的人群不能参保，除非可能存在共同影响到当地城居保财政补助政策和个人健康的不可观测的地区因素，政府补助比例就不应该对其健康状态产生影响。表 3 中的第（1）和第（2）列报告了约简形式的回归结果，与我们的预期相同，地方财政补助比例在 10% 水平上未对不具有参保资格的人群健康产生显著影响。这间接地支持了我们对政府补助比例外生的假设。

总的来讲，我们发现政府补助比例与个人参保显著相关，并且找到了政府补助比例外生的间接证据。下面本文将以其作为个人参保状态的工具变量来识别城居保对健康的影响。

（四）两阶段最小二乘模型（2SLS）的估计结果

接着，本文以式（4）为第一阶段，采用最小二乘模型估计式（1）。表 5 报告采用政府补助比例作为个人参保状态工具变量对城居保健康效应进行回归估计的结果。本表的两列分别使用“健康状态”和“健康好”作为健康的衡量指标。可以看到，在修正了参保状态可能的内生性问题后，参与城居保在 5% 水平上显著提高了个人“健康状态”1.479 个单位，以及个人报告“健康好”的可能性提高 64.6 个百分点。结果表明，城居保确实对个人健康起到了正向影响。

表 5　2SLS 估计结果

	健康状态	健康好
城居保	1.479 (0.610)	0.646 (0.303)
样本数	31145	31145
R^2	-0.291	-0.180

工具变量模型与 OLS 和 FE 模型估计结果差异很大，造成差异的可能原因有：第一，由于城居保自愿参保的政策，居民参保行为可能存在严重的“逆向选择”，尽管可能城居保对个人健康起到了正向影响，但是由于“逆向选择”的作用更大，所以 OLS 估计中二者相关关系显著为负。FE 模型尽管没有排除健康与参保的交互关系，但是修正了由不可观测的“固定效应”带来的偏差，得到了二者无显著关系的估计结果。工具变量模型利用外生的政府补助比例，进一步排除了参保的内生性问题，识别了城居保对个人健康的因果影响。这里，内生性问题的处理是造成不同模型估计结果差异的主要的可能原因。第二，本文的工具变量估计结果只是一个 LATE（Local Average Treatment Effects）估计，它只是针对参保行为受到城居保政府补助比例影响的人群，即对顺从者（Complier）的城居保健康效应的因果影响估计。由于人群的异质性，对不受补贴政策影响的人群，城居保对

健康的平均影响可能较小，我们在后面部分还会就这个问题进行深入分析。除了以上原因外，测量误差可能也是造成 OLS 低估的原因。

五、进一步研究

（一）城居保对不同人群的影响[①]

既然城居保对城镇成年人的健康产生影响，那么这种影响在不同人群中有较大差别吗？一个很直观的推测是，城居保的健康效应可能对社会经济状态差的人群影响较对经济状态好的人群更大。我们构建了城居保与不同收入分层、不同教育水平和代表农民工人群的变量的交叉项来验证上述假设。

估计结果如我们推测，城居保对参保个人的健康促进作用随着收入的提高而越来越小，如人均家庭收入最高的20%人群受到的城居保健康效应较最低的20%人群小 1.008 个单位的“健康状态”，而报告“健康好”的可能性的影响也要低 46.2 个百分点。对不同教育水平人群影响的结果与分收入的结果类似，城居保的健康效应对教育程度较低的人群影响更大。

我们也估计了城居保对处于不同生命周期阶段的个人健康的影响。按照世界卫生组织（WHO，1963）的标准将成年人分为三个年龄段：青年（18～45 岁）、中年（45～59 岁）及老年（60 岁以上）。从结果看，尽管交叉项对“健康状态”的影响仅对老年人在 10%水平上显著，但是对报告“健康好”的系数却都在 1%水平上显著，说明城居保的健康效应随年龄的增长效应也在减小。这可能在于参保带来的卫生服务利用的增加在边际上对老年人的效果要低于年轻人，而导致了健康效应随年龄的减弱。

总的来看，对不同人群影响的估计结果符合推测，即城居保的健康效应对那些经济状态差的人群影响更大。

（二）可能的影响渠道

在关于医保影响健康的研究中，一般认为医保提高了就医的财务可及性从而增加了医疗卫生服务，进而对参保个人的健康起到正向促进作用（Bhattacharya et al.，2003；Card et al.，2009；Doyle，2005；Finkelstein et al.，2011）。在文献中，一般将由于医保增加的卫生服务利用分为就医的强度（Intensity）和质量（Quality）。

表 6 报告了对应的 2SLS 模型回归结果。卫生服务利用方面，城居保并没有对（过去一年）主动进行健康体检、（过去两周）门诊就医、门诊就医医院等级、门诊费用、（过

① 由于篇幅限制，第一和第三部分的表格没有报告，有兴趣的读者可向作者索取。

去一年）是否住院产生显著影响，① 但是分别在5%和10%水平上显著提高了住院的医疗机构等级和增加了（最近一次）住院总医疗费用。② 由于在对就医的医疗机构等级和就医费用的回归中加入了疾病的ICD10分类变量，本文认为不同疾病的异质性得到了很好控制，住院医疗机构等级的提高表明参保人群享受到了更高质量的医疗服务。当然，医疗总费用提高的原因有两方面：一方面是参保人群可能享受了更多或更高质量的服务，另一方面可能是因为参保人群面临着更高的医疗价格。另外，由于城居保在2010年及以前，大部分城市并未将普通门诊纳入城居保统筹，因此健康检查和门诊卫生服务利用的不显著的结果符合政策设定。

表6　城居保影响健康的可能渠道

被解释变量	城居保	是否控制ICD10	样本数
过去一年主动健康体检（是=1）	0.326 (0.229)		30299
两周内看医生（是=1）	0.195 (0.164)		31093
两周内最近一次门诊医疗机构等级	0.014 (0.265)	是	29720
两周内最近一次门诊到三级医院就医	0.078 (0.084)	是	29720
两周内最近一次门诊总开销	721.536 (924.412)	是	29461
两周内最近一次门诊个人开销	541.433 (474.187)	是	29010
过去一年住院（是=1）	0.078 (0.136)		31133
最近一次住院的医疗机构等级	0.165 (0.074)	是	30770
最近一次住院前往三级医疗机构	0.131 (0.066)	是	30770

① 表6报告的（过去一年）是否主动进行健康体检、（过去两周）是否门诊就医、（过去一年）是否住院的回归结果。我们还对健康体检次数、门诊就医次数和住院次数进行了考察，得到的结果与表6一致，限于篇幅没有在文中报告。

② 除基本模型控制的变量外，在针对就医医疗机构等级和就医费用的回归中，本文还加入了疾病的ICD10分类变量以控制不同病种的影响。考虑分年的通货膨胀，门诊费用和住院费用都通过CPI调整到2010年的水平。

续表

被解释变量	城居保	是否控制 ICD10	样本数
最近一次住院总开销	3671.027 (1983.748)	是	30808
两周内最近一次住院个人开销	1926.269 (1235.045)	是	30624
今年患病造成家庭经济负担严重	−0.393 (0.252)		31145

进一步地，我们通过考察城居保是否增加了参保个人一年内主动健康体检来考察其是否对个人健康行为产生影响从而促进健康。由于样本城市城居保参保政策并没有提供免费健康体检，所以如果参加医疗保险使得人们更重视健康，可能就会提高个人主动体检次数。但从估计结果看，尽管城居保估计系数显著为正，但在统计上不显著，所以这个结果不能表明城居保确实改变了个人健康行为。

对家庭医疗负担的结果看，尽管参保增加了个人住院的医疗费用和就医医疗机构等级，但是个人自付的医疗费用并没有显著提高，表明城居保在增加医疗卫生服务利用的同时并没有增加其自身的经济负担。但对“今年患病造成家庭经济负担严重”的影响看，尽管城居保变量的回归估计系数为负，但在统计上也不显著，表明城居保并没有显著降低参保个人所在家庭整体就医的经济负担。

总的来讲，在城居保影响健康可能渠道的分析中，我们找到了一些支持城居保提高了参保者卫生服务利用但并未增加其经济负担的证据，这与现有的文献得到的结果保持一致（Finkelstein et al.，2011）。

（三）对健康的更多影响

下面我们采用包括欧洲五维度健康量表（EQ5D）① 和慢性病患病情况等更多维度的健康指标来考察城居保对参保个人健康的影响。慢性病指被访者是否存在某种慢性疾病，为虚拟变量，1 为存在，0 为否。这里我们选用《中国卫生统计年鉴》中发病率最高的五种慢性病进行考察。由于本文的样本是全人群，大部分被访者在回答 EQ5D 问题时都报告不存在任何问题，因此本文还采用了文献中的做法（Wang et al.，2009），构建了 EQ5D 每个维度的虚拟变量，1 代表有些问题或存在严重问题，0 代表没有问题。

从对更多的健康指标的回归结果看，② 城居保没有对 EQ5D 得分及其任一维度的虚拟

① EQ5D 是测量健康结果的标准量表，可广泛使用在健康情况和治疗结果的测量中。它由欧洲生命质量项目研究组（European Quality of Life Project Group）共同开发。EQ5D 问卷由三个层次和五个领域组成，分别是行动、自我照顾、平常活动、疼痛/不舒服、焦虑/沮丧。在以上五个方面，受访者都被要求选择回答没有问题、有些问题或存在严重问题。它一般采用一定的参数结合以上五个维度得到一个单独的指数值，以对健康状态进行简明的描述性概括。

② 表格由于篇幅限制没有报告，读者可向作者索取。

变量产生显著影响，量表中所有变量的估计系数在10%水平上都不显著。对慢性病的影响看，结果很不一致。城居保显著增加了被访者报告“高血压”和“高血糖或糖尿病”的概率，但同时却降低了被访者报告“心血管疾病”和“中风或脑血管疾病”的可能性。这里需要着重解释的是，一方面，EQ5D五个维度对正常人群存在问题的就很少（其中，任一维度存在问题的在全样本中仅占23%），且EQ5D中的任一维度的问题本身在长期也很难治愈，城居保的健康效应可能并没有强到足以治愈它们；另一方面，未参保时缺少卫生服务使用可能使其对自身疾患情况缺乏了解，而参保后可能对慢性病患病情况得以确诊。[①] 当然如同EQ5D中的问题，慢性病在长期也是很难治愈的。得到的结果中，有显著降低了被访者报告“心血管疾病”和“中风或脑血管疾病”的可能性，我们推测可能是这些疾病相对高血压、高血糖来说，更为急性和严重，需要日常进行控制的更少，可能城居保带来更多的是医疗卫生服务对这些慢性病确实起到了一定的缓解作用。

六、结论

政府补助比例的差异为识别中国城镇居民基本医疗保险对个人健康的因果影响提供了一个非常好的“自然实验”。通过使用政府补贴比例2SLS回归估计，本文找到了城居保正向影响个人自评健康的证据，并且发现城居保对社会经济状态差的人群影响更大。进一步通过可能的影响渠道分析，我们找到了一些支持城居保提高了参保者卫生服务利用（提高了个人住院的费用和住院的医疗机构等级），但并未增加个人就医经济负担的证据。不过，对更多的健康指标的回归发现，城居保对慢性病和EQ5D得分及其各个维度并没有产生一致的显著正向影响。

尽管本文的结果显示，城居保对慢性病和EQ5D得分没有产生一致的显著正影响，但正如上部分提到的，它们本身就算在长期也很难治愈。自评健康作为客观健康与主观心理健康的综合体，是个人对自身整个身体及精神状态的综合评价，因此本文认为更有意义。

由于采用工具变量方法进行因果影响识别，在个人异质性假设下，本文识别的仅是城居保对“顺从者”——参保行为受到政府补助比例影响人群的平均健康效应，即LATE。一般来说，受到政府补助比例影响的往往是那些社会经济状态较差的“弱势群体”，由于参保降低了就医的财务约束，他们在参保后可能获益更大，因此城居保对全人群健康的因果影响可能要小于本研究估计的结果。但无论是出于伦理，还是出于现实考虑，在任何一个国家，尤其在始终坚持社会主义公平原则的中国，保证每一位公民的健康应该是决策者的首要目标（王绍光，2005）。具有城居保参保资格的人群本来就已经是全人群中社会经济状态相对较差的人群，而这些“顺从者”更是差中之差，他们极易受到疾病风险的冲

① 问卷的题目是“您是否患有经过医生诊断的慢性病?”。

击，因此也应该得到决策者额外的重视（左学金、胡苏云，2001）。①

另外，从经济学的角度阐释，一个很直接的方式是采用成本收益分析将城居保与其他不同的医疗保险或一些公共卫生项目如注射疫苗等进行比较。这里，成本可能相对容易计算，但是如何将自评健康转化为可比较的效果、效用或货币价值就很难，这超出了本文研究的范畴。这里简单地将城居保与其他研究中的医疗保险健康效果进行比较：在国外文献中，Finkelstein 等（2011）对 OHP 进行研究，发现其显著提高了被访者报告“健康好”13.3%的概率；在国内文献中，新农合未对个人健康产生影响（Lei and Lin，2009）或产生了很小的影响（吴联灿、申曙光，2010），与它们相比，城居保的正向影响明显更大。当然，跨国的文化及人群都可能是造成结果差异的原因。

从社会福利而言，城居保制度的建立为城镇非就业居民在避免病患的财务上提供了更多选择，选择增加的本身对于个人就是帕累托改进。并且由于自愿参保的政策，在行为理性的假设下，个人选择参保表明个人预期参保后增加的效用，较参保费用用作其他消费而获得的效用更高。如果预期效用是通过维护和提高个人健康水平得到的，那么本文结果支持这个判断，即城居保在一定程度上取得了 1.95 亿参保百姓期望得到的结果。

本研究得到的城居保显著提高了个人健康的结果支持城居保可以起到“不断提高全民健康水平”的作用，为当前不断加大政府补助推进城乡医疗保险覆盖的公共政策提供了一定决策支持，但该项公共政策的推进还有待进一步的“成本—收益”分析，这样才能与其他公共卫生政策进行比较，从而使得有限的社会资源取得最大化的社会效益。

参考文献

[1] 国务院：《国务院关于开展城镇居民基本医疗保险试点的指导意见》，2007 年。

[2] 国务院：《医药卫生体制改革近期重点实施方案（2009~2011 年）》，2009 年。

[3] 国务院城镇居民基本医疗保险试点评估专家组：《城镇居民基本医疗保险评估报告 2010》，2011 年。

[4] 国务院深化医药卫生体制改革领导小组办公室：《深化医药卫生体制改革问答》，2009 年。

[5] 胡晓义：《把好事办好办实——关于城镇居民基本医疗保险制度的思考》，《中国社会保障》2007 年第 11 期。

[6] 黄枫、吴纯杰：《中国医疗保险对城镇老年人死亡率的影响》，《南开经济研究》2009 年第 6 期。

[7] 黄枫、吴纯杰：《城镇不同社会医疗保险待遇人群死亡率交叉现象研究》，《人口研究》2010 年第 1 期。

[8] 黎成、余漩、鱼敏：《东西部四城市城镇居民基本医疗保险方案对比分析》，《中国卫生经济》2010 年第 7 期。

[9] 林菀娟、刘国恩、熊先军、陈钢：《中国城镇居民基本医疗保险初期评价》，《经济学报》2011

① 由于工具变量方法的限制，本文并不能识别出永远不接受者（Never Taker）的收益。这些永远不接受者如果是由于无力支付补贴后的参保费用而未参保，那么她（他）们的状况将比顺从者还要差，是最易受到疾病冲击的人群。

年第5期。

[10] 王绍光：《政策导向、汲取能力与卫生公平》，《中国社会科学》2005年第6期。

[11] 吴联灿、申曙光：《新型农村合作医疗制度对农民健康影响的实证研究》，《保险研究》2010年第6期。

[12] 中共中央：《关于构建社会主义和谐社会若干重大问题的决定》，2006年。

[13] 中共中央、国务院：《关于深化医药卫生体制改革的意见》，2009年。

[14] 中共中央、国务院：《国务院关于开展城镇居民基本医疗保险试点的指导意见》，2007年。

[15] 朱俊生：《城镇居民基本医疗保险的比较制度分析——基于东、中、西部3省9市试点方案的比较》，《人口与发展》2009年第15期。

[16] 左学金、胡苏云：《城镇医疗保险制度改革：政府与市场的作用》，《中国社会科学》2001年第5期。

[17] Ashton, C. M., J. Souehek, N. J. Petersen, T. J. Menke, T. C. Collins, K. W. Kizer, S. M. Wright and N. PWray, 2003, "Hospital Use and Survival among Veterans Afairs Beneficiaries", New England Journal of Medicine, Vol. 349, pp. 1637 - 1646.

[18] Baicker, K. and A. Finkelstein, 2011, "The Effects of Medicaid Coverage - Learning from the Oregon Experiment". New England Journal of Medicine, Vol. 365, pp. 683 - 685.

[19] Bhattacharya, J., D. Goldman and N. Sood, 2003, "The Link between Public and Private Insurance and HIV—related Mortality", Journal of Health Economics, Vol. 22, pp. 1105 - 1122.

[20] Card, D., C. Dobkin and N. Maestas, 2009, "Does Medicare Save Lives?", Quarterly Journal of Economics, Vol. 124; 597 - 636. Chen, Y and G. Z. Jin, 2010, "Does Health Insurance Coverage Lead to Better Health and Educational Outcomes? Evidence from Rural China", National Bureau of Economic Research (NBER) Working Paper No. 16417, Cambridge, MA.

[21] Currie, J and J. Gruber, 1996a, "Health Insurance Eligibility, Utilization of Medical Care, and Child Health", Quarterly Journal of Economics, Vol. 111, pp. 431 - 466.

[22] Currie, J and J. Gmber, 1996b, "Saving Babies: The Efficacy and Cost of Recent Changes in the Medicaid Eligibility of Pregnant Women", Journal of Political Economy, Vol. 104, pp. 1263 - 1296.

[23] Cutler, D. M. and E R. Vigdor, 2005, "The Impact of Health Insurance on Health: Evidence from People Experiencing Health Shocks", National Bureau of Eeononlie Research (NBER) Working Paper-No. 16417, Camblidge, MA.

[24] Doyle, J. J., 2005, "Health Insurance, Treatment and Outcomes: Using Auto Accidents as Health Shocks", Review of Economics and Statistics, Vol. 87, pp. 256 - 270.

[25] Ferrer - i - Carbonell, A, and P. Frijters, 2004, "How Important Is Methodology for the Estimates of the Determinants of Happiness?", Economic Journal, Vol. 114, pp. 641 - 659.

[26] Finkelstein, A. and R. McKnight, 2008, "What Did Medicare Do? The Initial Impact of Medicare on Mortality and Out of Pocket Medical Spending", Journal of Public Economics, Vol. 92, 1644 - 1668.

[27] Finkelstein. A, . S. Tanbmanl, B. Wright, M. Bernstein, J. Gruber, H. Allen and K. Baicker, 2011, "The Oregon Health Insurance Experiment: Evidence from the First Year", National Bureau of Economic Research (NBER) Working Paper No. 10365, Cambridge, MA.

[28] Fisher, ES, 2003, "MedicalCare - Is More Always Better?", New England Journal of Medicine,

Vol. 349, 1665 - 1667.

[29] Goldman, D. P., J. Bhattacharya, D. F. McCafrey, N. Duan, A. A. Leibowitz, G. F. Joyee and S. C. Morton, 2001, "Efect of Insurance on Mortality in an HIV - Positive Population in Care", Journal of the American Statistical Association, Vol. 96, pp. 883 - 894.

[30] Grossman, M., 1972, "On the Concept of Health Capital and the Demand for Health", Journal of Political Economy, Vol. 80, pp. 223 - 255.

[31] Hanratty, M. J., 1996, "Canadian National Health Insurance and Infant Health", American Economic Review, Vol. 86, pp. 276 - 284.

[32] King, G., E. Gakidou, K. Imai, J. Lakin, R. T. Moore, C. Nall, N. Ravishankar, M. Vargas, M. M. Tellez - Rojo, J. E. H. Avila, M. H. Avila and H. H. Llamas, 2009, "Public Policy for the Poor? A Randomized Assessment of the Mexican Universal Health Insurance Programme", The Lancet, Vol. 373, pp. 1447 - 1454.

[33] Lei, X. and W. Lin, 2009, "The New Cooperative Medical Scheme in Rural China: Does More Coverage Mean More Service and Better Health?", Health Economics, Vol. 18, pp. S25 - S46.

[34] Levy, H. and D. Melzer, 2008, "The impacts of health insurance on health", Annual Review of Public Health, Vol. 29, pp. 399 - 409.

[35] Manning, W. G., J. P. Newhouse, N. Duan, EbKeeler, A. Leibowitz and M. S. Marquis, 1987, "Health Insurance and the Demand for Medical Care: Evidence from a Randomized Experiment", American Economic Review, Vol. 77, pp. 251 - 277.

[36] Phelps, C. E., 2002, Health Economics, Addison Wesley.

[37] Staiger, D. and J. H. Stock, 1997, "Instrumental Variables Regression with Weak Instruments", Econometrica, Vol. 65, pp. 557 - 586.

[38] Stock, J. H. and M. Yogo, 2002, "Testing for Weak Instruments in Linear IV Regression", National Bureau of Economic Research, Inc..

[39] United States Congress, 2010, Patient Protection and Affordable Care Act.

[40] Wang, H, W. Yip, L. Zhang and W. C. Hsiao, 2009, "The Impact of Rural Mutual Health Care on Health Status: Evaluation of a Social Experiment in Rural China", Health Economics, Vol. 18, S65 - S82.

[41] WHO, 1963, "Report of a Seminar on the Health Protection of the Elderly and Aged and the Prevention of Premature Ageing", WHO Regional Office in Europe: Copenhagen.

[42] WHO, 2011, The Determinants of Health.

[43] Serra, D. and L. Wantchekon, 2012, New Advances in Experimental Research on Corruption, Emerald Group Publishing Limited.

[44] Sutter, M., 2009, "Individual Behavior and Group Membership: Comment", American Economic Review, pp. 2247 - 2257.

[45] Tangney, J. P. and R. Dearing, Shame and Guilt, New York: Guilford, 2002.

Does Health Insurance Lead to Better Health?

Pan Jie, Lei Xiaoyan, Liu Guoen

Abstract: Whether health insurance matters to health has been at the center of debates when expanding health insurance coverage in developed and developing countries. In 2007 – 2010, the Urban Resident Basic Medical Insurance (URBMI) program was piloted in China. Different government subsidies across cities and groups provide an opportunity to employ the IV estimation approach to identify the causal effects of health insurance on health. Results from the URBMI survey data show that URBMI beneficiaries experience statistically better health than the uninsured. Furthermore, the insurance health benefit appears to be stronger for groups with disadvantaged education and income than for their counterparts. In addition, the insured receive more and better inpatient care, without paying more for the services.

Key Words: Medical Insurance; Health; Urban Basic Medical Insurance; Governmental Subsidy

人口年龄结构、养老保险制度转轨对居民储蓄率的影响*

杨继军　张二震

【摘　要】居民储蓄持续升温与人口年龄结构、人均预期寿命延长和养老保险制度改革有很大关系。利用 1994～2010 年中国省际数据进行动态面板回归发现：家庭支出结构的“远期化”和内生性劳动供给等原因，使少儿人口抚育负担对居民储蓄的影响为正；作为“非生产性”的老年人口比重的上升，则倾向于抑制储蓄；养老保险覆盖面、养老保险缴费水平对居民储蓄的影响显著为正，表明养老保险制度改革并没有缓解居民对于未来养老的担忧，进而并未起到给储蓄降温的目的。因此，弱化计划生育政策、提高人口出生率并不能降低当下的居民储蓄，而延迟退休年龄、挖掘适龄劳动人口消费潜力、通过养老保险制度改革降低不确定性，对降低高储蓄率则更为有效。

【关键词】人口抚育负担；养老保险制度；居民储蓄率；系统 GMM

一、导言

近年来，我国居民储蓄一直处于高位运行，即便是在征收利息税、鼓励个人信贷消费的刺激下，储蓄存款依旧连年攀升，居民对储蓄可谓“情有独钟”。统计显示，2011 年中

*　本文选自《中国社会科学》2013 年第 8 期。

本文为国家社科基金“人口年龄结构、高储蓄率与外贸失衡的传导机制与相关政策研究”（11CJY030）的阶段性成果。感谢匿名审稿人的建设性意见。杨继军，经济学博士，南京大学经济学院博士后（南京 210093）；张二震，南京大学经济学院教授（南京 210093）。

国农村居民储蓄率高达25.2%，城市居民储蓄率为30.5%[①]。储蓄高悬、消费乏力对投资和出口形成倒逼，“高储蓄、高投资、高出口”成为中国经济发展中的一道独特风景。对中国居民储蓄成因的已有研究主要集中在以下几方面：①预防性储蓄理论认为，随着传统农业社会向现代工业社会的结构转型，居民面临的风险急剧增加，从而不得不增加储蓄以备未来不时之需。②目标性储蓄理论指出，考虑到结婚、生育以及退休等重大事件，个体消费可能会对当期收入过度敏感，并导致多重均衡。③竞争性储蓄理论强调，在性别比例失衡的背景下，男性为了赢得婚配市场上的优势，倾向于增加储蓄以购置房产。此外，基于个体心理的分析表明，人们的储蓄行为与以往的生活经历有关，在高中阶段接受过理财教育的学生，在成年后倾向于增加储蓄以积累更多的财富，有过大饥荒经历的个体，可能会激发非理性的预防性储蓄动机，以增加安全感。

有关人口结构对储蓄影响的文献最早可追溯到生命周期假说，该理论将个体储蓄的多寡与特定的生命阶段对接起来，认为个体一生中的劳动收入酷似“驼形”（Hump Shaped），在其职业生涯的早期和退休期处于驼谷，中年时则绵延至驼峰，消费平滑意味着需要将各期的收入截长补短，人口结构与储蓄之间存在一条“黄金增长路径”。遗憾的是，早期的生命周期理论将生育率视为外生变量，忽略了储蓄对家庭结构的反向影响，无法摆脱变量间联立关系的困扰。袁志刚、宋铮利用数值模拟发现，人口老年化是促成中国高储蓄率的一个重要因素。钟水映、李魁的研究表明，中国家庭的资源配置存在明显的倾斜现象：一是在父母与子女之间面临资源竞争时，前者多让位于后者，即“优先序”，二是随着子女受教育年限的延长，子女消费的重心出现后移，即“远期化”。李文星等利用线性模型进行的估算发现，长期中少儿人口抚育系数的下降能够部分解释中国的高储蓄率[②]。作为对人口结构急剧转型的一种应对，养老保险制度在筹资模式、缴费方法和给付待遇方面不断转轨，这种变化缓解了居民的预防性储蓄吗？目前有以下几种代表性观点：

第一种观点认为，养老金实际上是资产组合篮子中的一类，与其他金融资产之间存在“替代关系”，所以养老保险制度会抑制储蓄。Attanasio 和 Brugiavini 利用意大利的数据研究发现，养老金改革与私人储蓄之间的替代弹性为 -0.4 ~ -0.3，并且 35 ~ 45 岁年龄段的人群替代弹性最大[③]。何立新等利用城镇住户调查数据（CHIPS）的研究也有类似发现[④]。李雪增、朱崇实的研究表明，近年来居民储蓄率受惯性因素的影响最大，短期内我国的养老保险制度改革对于平抑储蓄难以奏效，长期中养老保险制度的完善将弱化不确定性对家庭的冲击，稳定居民预期，增加家庭消费[⑤]。Juan 和 Carlos 认为，社会保障体制的

① 数据由中华人民共和国国家统计局编《中国统计年鉴 2012》（中国统计出版社 2012 年版）计算得到，具体的计算方法见后文中“居民储蓄率”的测度。

② 李文星等：《中国人口年龄结构和居民消费：1989—2004》，《经济研究》2008 年第 7 期。

③ O. P. Attanasio and A. Brugiavini, “Social Security and Household Saving,” *The Quarterly Journal of Economics*, Vol. 118, No. 3, 2003, pp. 1075 - 1119.

④ 何立新等：《养老保险改革对家庭储蓄率的影响：中国的经验证据》，《经济研究》2008 年第 10 期。

⑤ 李雪增、朱崇实：《养老保险能否有效降低家庭储蓄：基于中国省级动态面板数据的实证研究》，《厦门大学学报》2011 年第 3 期。

改革，完善了资本市场的运作效率，减少了预防性储蓄①。

第二种观点认为，养老保险制度引起个体消费认知以及边际消费倾向的变化，提高了当期储蓄。Cagan 认为，养老保险制度具有“认知效应”（Recognition Effect），它使个体认识到储蓄对于老年生活的重要性，从而改变工作期间的消费函数，以增加储蓄②。Thaler 的行为生命周期理论指出，个体在进行消费规划时，会衡量抵制现期消费诱惑的心理成本，同样的财富会由于个体心理成本的差异而出现不同的边际消费倾向③。Samwick 认为，在现收现付制向基金制转轨的过程中，如果转轨成本是通过税收而不是债务方式实现的，则稳态下储蓄率可能会提高④。白重恩等的研究发现，社保水平的提高如果通过增加职工的缴费负担来实现，则会导致职工当前可支配收入的下降，在信贷市场不完善且人们有目标性储蓄动机的时候，这样的政策很可能会抑制当前消费⑤。

第三种观点认为，社会保障制度对储蓄的影响是“中性”或者不确定的。Yakita 认为，由于个体预期寿命的不确定性和养老金市场的不完善，使得社会保障对储蓄不会产生实质性影响⑥。顾海兵、张实桐认为，社会保障的主要功能在于把高收入者的一部分收入转移至低收入者，如果不考虑这两类群体的边际消费倾向差异，那么它对总消费和总储蓄的影响是“中性”的⑦。Feldstein 认为，社会保障会从“资产替代效应”（Asset Substitution Effect）和“诱致退休效应”（Induced Retirement Effect）两种相反的方向影响储蓄⑧。

本文的创新体现在以下几方面：①我们从急剧变化的人口年龄结构入手，并以虚拟变量的形式，将养老保险制度转轨纳入模型的分析中，试图构建出一般化的理论框架，计量检验中通过对解释变量的逐轮筛选，尝试给出中国居民储蓄的人口学解释。②现有的经验分析主要是基于微观调查数据，该做法有助于捕捉个体差异对于储蓄的影响，但是抽样调查很难面对特定个体生成较长时序的数据，考察的样本期一般较短，宏观数据则可以在一定程度上弥补这方面的缺陷。不可否认，使用宏观数据可能会过滤掉教育程度、婚姻状况、社会资本等“个体固定效应”，不过正如统计学中“中心极限定理”所指出的，大量随机个体之和近似服从正态分布。此外，基于宏观数据的计量模型可能会存在内生性问题，对此，我们引入了被解释变量的滞后项，利用动态面板数据方法引入工具变量，尽可

① J. A. Rojas and C. Urrutia, “Social Security Reform with Uninsurable Income Risk and Endogenous Borrowing Constraints,” *Review of Economic Dynamics*, Vol. 11, No. 1, 2008, pp. 83 – 103.

② P. Cagan, *The Effect of Pension Plans on Aggregate Saving: Evidence from a Sample Survey*, New York: Nation Bureau of Economic Research, 1965.

③ R. H. Thaler, *Quasi Rational Economics*, New York: Russell Sage Foundation, 1994.

④ A. Samwick, “Is Pension Reform Conducive to Higher Saving?” The Review of Economics and Statistics, Vol. 82, No. 82, 2000, pp. 264 – 272.

⑤ 参见白重恩等：《中国养老保险缴费对消费和储蓄的影响》，《中国社会科学》2012 年第 8 期。

⑥ A. Yakita, “Uncertain Lifetime, Fertility and Social Security,” *Journal of Population Economics*, Vol. 14, No. 4, 2001, pp. 635 – 640.

⑦ 顾海兵、张实桐：《试论社会保障水平与消费水平的不相关》，《经济学家》2010 年第 1 期。

⑧ M. Feldstein, “Social Security, Induced Retirement, and Aggregate Capital Accumulation,” *Journal of Political Economy*, Vol. 82, No. 5, 1974, pp. 905 – 926.

能消除这方面的干扰。③我们的研究结论表明，养老保险制度与居民储蓄之间并不存在必然的因果关系，片面地追求扩大养老保险覆盖面，并不能缓解居民的储蓄压力，养老保险制度设计的重点应该是减少不确定性，为居民提供一个明朗的预期，要尽可能避免养老保险制度转轨中的“碎片化”“举棋不定”“左右摇摆”以及“缺乏连续性”等现象。本文余下内容安排如下：第二部分梳理中国人口年龄结构、养老保险制度改革的基本事实，确立研究的现实背景；第三部分给出基本模型；第四、第五部分对模型做经验分析；第六部分提出相关的政策含义。

二、背景与典型化事实

（一）中国人口年龄结构的变化

人口转型是指在“高出生率、高死亡率、低自然增长率”的原始人口再生产类型中，由于死亡率的先行下降，而过渡到“高出生率、低死亡率、高自然增长率”的传统人口再生产类型；而后因出生率的随之下降，人口增长减速，从而进入“低出生率、低死亡率、低自然增长率”的现代人口再生产类型。我国的人口转型具有特殊性，它不仅是家庭生育观转变的产物，还是计划生育政策急速“刹车”提前催生的结果。20 世纪 70 年代以来，我国人口出生率迅猛下降，由 1978 年的 18.3‰下滑至 2011 年的 11.9‰，其间人口死亡率保持在 7.11‰的水平，自然增长率由 1978 年的 10‰以上下挫至 2011 年的 5‰，基本进入“低出生率、低死亡率、低自然增长率”的现代型人口增长阶段。我国用不到 30 年的时间，完成了发达国家上百年的人口转变历程①。

随人口转型接踵而至的是人口结构的深刻变化，由于人口出生率的走低早于人口死亡率的下降，所以劳动适龄人口比重会在一个较短的时期内处于较高水平，“橄榄形”人口结构占据主导。统计资料显示，1982 ~ 2010 年少儿抚育负担以年均 3.22% 的幅度降低，老年抚育负担以 1.46% 的幅度增加，总抚育负担以年均 1.76% 的幅度降低②。由于少儿人口抚育比的下降和老年人口抚育比的上升之间的间隔很短，总抚育比仅仅在短期内会停留在较低的水平上，人口老龄化的来临将难以避免。特别是新中国成立初期的“婴儿潮”所涉及的人口即将到达退休年龄，人口年龄结构也将完成由“橄榄形”向“倒金字塔形”的转变，届时“人口红利”将退变为“人口负债”。联合国人口司的预测显示：2030 年我国两类抚养负担发生历史性“交叉”，老年抚育负担超过少儿抚育负担，开始全面影响

① 数据由各年度的中华人民共和国国家统计局编《中国统计年鉴》（中国统计出版社）计算得到。

② 数据由各年度的中华人民共和国国家统计局编《中国统计年鉴》计算得到。具体计算方法是：少儿人口抚育比为单位工作人口抚养的少儿人口数量，老年人口抚育比为单位工作人口抚养的老年人口数量。

经济社会生活，届时 65 岁以上人口将达到 2.36 亿，占总人口比重的 15.12%[①]。

（二）人口结构急变下的养老保险制度转轨

按照筹资模式的差异，Feldstein 和 Liebman 将养老保险制度划分为现收现付制（Pay - as - you - go）、完全积累制（Full - funded）以及部分积累制（Partial - funded）三种形式[②]。现收现付制的特点在于，当期工作的人为已退休人员的养老提供融资支持，以支定收，不留存资金积累。完全积累制是国家为个人建立账户，并进行强制性储蓄，个人账户中会留存数目较大的资金积累。部分积累制是介于现收现付和完全积累之间的一种混合模式，其常见的表现形式是“统账结合”，即养老保险缴费中的“社会统筹”账户用于支付当期养老金，另一部分进入“个人账户”用于基金积累。一般来说，养老保险制度的设计需要重点审视三个问题：一是公平性，即个人一生中得到的养老金精算现值与其一生中缴纳的养老保险费是否相等；二是互助共济性，即养老保险金是否存在代际间、代际内的收入再分配效应[③]；三是如果存在养老保险金的积累，如何确保其不受通货膨胀的蚕食。

中国传统的养老保险制度是在计划经济的“母体”中生成的，国家通过企业对职工承担养老保障的责任，在筹资方式上是一种现收现付模式。改革开放后，国有企业与国家间利润分成的调整以及非国有企业的介入，打破了计划经济下养老保障的既定模式，开始出现个人、企业、国家共同出资的格局。但是，由于企业间生产率水平的差异，养老金待遇参差不齐，碎片化的养老金管理问题凸显，难以实现“互助互济”的功能。于是，1991 年国务院颁布了《关于企业职工养老保险制度改革的决定》，确定了基本养老保险由社会统筹和部分积累相结合的思路[④]；1997 年国务院出台的《关于建立统一的企业职工养老保险制度的决定》[⑤]，进一步明确了各地区“统账结合”的缴费比例，统一按职工工资的 11% 建立个人账户，个人缴费率由职工工资的 4% 提高到 8%，企业缴费率为职工工资的 20%，大约为职工提供 58.5% 的目标替代率[⑥]。针对个人账户在实际运行中的“空转”，国务院在 2005 年又提出做小做实个人账户，规定个人账户的规模统一由缴费工资的

---

① 数据由联合国人口司编《中国人口预测 1950～2050》计算得到。

② M. Feldstein and J. B. Liebman, Social Security, NBER Working Paper, No. 8451, 2001.

③ A. B. Atkinson, "Income Maintenance and Social Insurance", in A. J. Auerbach and M. Feldstein, eds., Handbook of Public Economics, Vol. 2, Amsterdam: North Holland, 1987, pp. 779 - 908; R. Kanbur, "Conceptualizing Social Security and Income Redistribution," Working Paper, http://econpapers.repec.org/paper/esswpaper/id_ 3a3500.htm, 2011.

④ 中华人民共和国国务院：《国务院关于企业职工养老保险制度改革的决定》（国发〔1991〕33 号），1991 年 6 月 26 日。

⑤ 中华人民共和国国务院：《国务院关于建立统一的企业职工养老保险制度的决定》（国发〔1997〕26 号），1997 年 7 月 16 日。

⑥ 一些学者指出，由于企业逃费基、低收入参保人员不断增加、个人账户资金贬值等原因，养老金保险支付水平不断下滑，养老金保险替代率从起初设计的 58% 下挫至 40%。在基本养老保险待遇下降的情况下，企业补充养老保险（又称“企业年金”或者“小补充保险”）得到发展，国家将其定位为多层次养老保险体系中的第二层次。（参阅杨燕绥、张芳芳：《不同的老龄化，不同的发展模式》，《国际经济评论》2012 年第 1 期。）

11%调整为8%①。

从中国养老保险制度改革的整个历程不难看出，养老保险制度由现收现付制向部分积累制的转轨，透视出政策制定者意在凭借“社会统筹”消化历史沉积的养老负担，化解“老人”“中人”和“新人”之间的利益冲突；同时借助“个人账户”，激发个体缴费积极性，以应对未来人口老年化的支付压力，最终建立多支柱的养老保障体系。但是，个人账户与社会统筹在管理和使用上一旦“脱钩”，就会出现巨额养老资金缺口。虽然2005年国务院规定，凡国家拥有股份的股份有限公司在首次公开发行（IPO）或增发股票时，需按照融资额的10%出售国有股，并将其收入上缴全国社保基金，但这一做法最终因股市的不良反应而夭折。取而代之的是，政府不得不调度个人账户资金，以弥补当期统筹账户之缺口，个人账户的“空转”成为常态。“辽宁模式”迟迟难以推广②，“黑吉模式”的出现③，都足以证明“统账结合”模式在现实中的困境。2006年以来，一些专家建议推行“记账式个人账户”（NDC），保持个人账户的作用，但并不做实，不进行资金积累，从而避免养老保险制度转轨所带来的“隐性负债”压力。④

三、基本模型

本模型在Brooks基础上，引入社会保障对个体消费行为的影响⑤。我们考察的代表性个体情况如下：该代表性个体t期处于中年阶段（m），其收入y_t^m需要维持子女在t期的消费C_t^e、自身在t期以及t+1期的消费C_t^m和C_{t+1}^o，由于强制性养老保险制度的推行，个体在t期需要缴纳养老费D_t^m，在退休后（即t+1期）可以领取养老金P_{t+1}^o，代表性个体进入老年阶段后，依靠其年轻时的储蓄和养老金维持生活，子女出生率为n_t，效用是跨期可累加的。效用函数如式（1）所示：

---

① 中华人民共和国国务院：《国务院关于完善企业职工基本养老保险制度的决定》（国发〔2005〕38号），2005年12月3日。

② 辽宁省作为国家社会保障改革试点单位，首次在国内做到了“统账”分开，个人账户做实，又称“补缺口”模式。

③ 黑龙江和吉林二省职工养老保险中，个人账户基金留在地方，直接弥补当期统筹账户发放缺口，个人账户形式上仍为空账，又称“补账户”模式。

④ 记账式账户的提出，破除了“个人账户”只能是完全积累制单一类型的误解，其优点在于回避了资本市场上资产价值短期内的波动，可以在一定程度上缓解中国当前养老金支付缺口所带来的财政压力。但究竟是将其作为基本养老保险制度的组成部分，还是补充性的制度，是坚持强制性，还是自愿性，仍然处于争议中。（参见李剑阁：《记账式个人账户更符合国情》，http：//www.cnpension.net/index_lm/2008－05－30/167571.html，2008年5月30日；郑秉文：《剔除相关因素养老金几无余额》，http：//www.rmlt.com.cn/News/201301/20130109095514989l.html，2013年1月9日。）

⑤ R. Brooks，“Population Aging and Capital Flows in a Parallel Universe”，IMF Staff Papers，No.50，2003，pp.200－221.

$$U_t^m = \tau(1+n_t)^{1-\varepsilon}\frac{(C_t^e)^{1-\theta}}{1-\theta} + \frac{(C_t^m)^{1-\theta}}{1-\theta} + \beta\frac{(C_{t+1}^0)^{1-\theta}}{1-\theta} \tag{1}$$

个体预算约束如式（2）所示：

$$(1+n_t)C_t^e + C_t^m + \frac{C_{t+1}^0}{1+r_{t+1}} = y_t^m - D_t^m + \frac{P_{t+1}^0}{1+r} \tag{2}$$

$\tau(1+n_t)^{1-\varepsilon}$是一个“利他主义”表达式，即子女消费对于父母的效用，ε用于测定子女消费边际效用的递减程度（$\varepsilon<0$），r表示利率，θ是不变风险规避系数，β是效用贴现率。个体一生中的净财富 $\psi_t^m = y_t^m - D_t^m + \frac{P_{t+1}^0}{1+r}$。

联立式（1）和式（2），得到代表性个体的最优消费规划为：

$$C_t^e = \tau^{\frac{1}{\theta}}(1+n_t)^{-\frac{\varepsilon}{\theta}}(\Omega)^{-1}\psi_t^m \tag{3}$$

$$C_t^m = (\Omega)^{-1}\psi_t^m \tag{4}$$

$$C_{t+1}^0 = \beta^{\frac{1}{\theta}}(1+r_{t+1})^{\frac{1}{\theta}}(\Omega)^{-1}\psi_t^m \tag{5}$$

其中，$\Omega = [\tau^{\frac{1}{\theta}}(1+n_t)^{\frac{\theta-\varepsilon}{\theta}} + 1 + \beta^{\frac{1}{\theta}}(1+r_{t+1})^{\frac{1-\theta}{\theta}}]$

式（1）~（5）给出了微观个体的最优消费规划，但是一国居民总储蓄率不仅受到单个居民储蓄率的影响，还与各年龄段的人口数量，或者说人口结构有关。对此，我们做如下假定：t-1期的总人口为L，少儿人口、中年人口（或称“工作人口”）以及老年人口的比重分别为λ_1、λ_2、λ_3，人口增长率为n_{t-1}，到了t期、t-1期的少儿人口和工作人口成长为工作人口和老年人口。此外，为了反映现实中人均寿命不断延长的事实，我们假设t-1期的老人到了t期仍有η_t比例继续存活，t+1期的情况依次类推，人口结构的动态变化如表1所示。

表1　经济体的人口年龄结构

	少儿人口	工作人口	老年人口
t-1期	$\lambda_1 L$	$\lambda_2 L$	$\lambda_3 L$
t期	$(1+n_t)\lambda_1 L$	$\lambda_1 L$	$\lambda_2 L+\lambda_3\eta_t L$
t+1期	$(1+n_t)(1+n_{t+1})\lambda_1 L$	$(1+n_t)\lambda_1 L$	$\lambda_1 L+(\lambda_2 L+\lambda_3\eta_t L)\eta_{t+1}$

命题1：人均寿命的延长、老年人口抚育负担的上升，对储蓄存在显著的抑制作用；但人口出生率、少儿人口抚育负担对储蓄的影响则不确定，它取决于ε和θ，当孩子的边际效用递减较快，个体跨期消费替代弹性（$1/\theta$）较高时，家庭储蓄率上升。

命题1可由如下推导得到：按照人口经济学的定义，少儿人口抚育比为单位工作人口抚养的少儿人口数量，老年人口抚育比为单位工作人口抚养的老年人口数量。结合表1可知，t期少儿人口抚育比为$d_t^y = \frac{1+n_t}{\lambda_1}$，老年人口抚育比为$d_t^0 = \frac{\lambda_2+\lambda_3\eta_t}{\lambda_1}$，则t期居民的总

储蓄率 s_t^p 为：

$$s_t^p = \frac{\lambda_1 L[\psi_t^m - (\Omega)^{-1}\psi_t^m] - (1+n_t)\lambda_1 L[\tau^{\frac{1}{\theta}}(1+n_t)^{-\frac{\varepsilon}{\theta}}(\Omega)^{-1}\psi_t^m]}{\lambda_1 L\psi_t^m} - \frac{(\lambda_2 L + \lambda_3\eta_t L)\beta^{\frac{1}{\theta}}(1+r_t)^{\frac{1}{\theta}}(\Omega)^{-1}\psi_t^0}{\lambda_1 L\psi_t^m} \tag{6}$$

ψ_t^0 表示 t 期老年人的终身净财富，简化得到：

$$s_t^p = 1 - (\Omega)^{-1} - \tau^{\frac{1}{\theta}}(1+n_t)^{\frac{\theta-\varepsilon}{\theta}}(\Omega)^{-1} - \frac{(\lambda_2 + \lambda_3\eta_t)\beta^{\frac{1}{\theta}}(1+r_t)^{\frac{1}{\theta}}(\Omega)^{-1}\psi_t^0}{\lambda_2\psi_t^m} \tag{7}$$

由式（7）可得如下不等式：

$$\frac{\partial s_t^p}{\partial d_t^y} = \lambda_1 \frac{\partial s_t^p}{\partial n_t} = -\frac{\theta-\varepsilon}{\theta}[\tau^{\frac{1}{\theta}}(1+n_t)^{-\frac{\varepsilon}{\theta}}(\Omega)^{-1} - \tau^{\frac{2}{\theta}}(1+n_t)^{\frac{\theta-2\varepsilon}{\theta}}(\Omega)^{-2}] \tag{8}$$

$$\frac{\partial s_t^p}{\partial \eta_t} = -\frac{\lambda_3\beta^{\frac{1}{\theta}}(1+r_t)^{\frac{1}{\theta}}(\Omega)^{-1}\psi_t^0}{\lambda_1\psi_t^m} < 0$$

$$\frac{\partial s_t^p}{\partial d_t^0} = -\frac{\beta^{\frac{1}{\theta}}(1+r_t)^{\frac{1}{\theta}}(\Omega)^{-1}\psi_t^0}{\psi_t^m} < 0 \tag{9}$$

命题 1 的逻辑如下：64 岁以上老年人口属于非工作人群，其储蓄 $s = y - c = -c$，所以老年人口为负储蓄，老年人口比重的增加倾向于下拉总的居民储蓄率。当下，虽然我国的老年人口比重在增加，但是劳动适龄人口比重也在增加，而且数量庞大，可以说是“生之者众，食之者寡”，即人口学中所谓的“人口红利”。受新中国成立初期“婴儿潮”的影响，我国工作人口的年龄结构也比较特殊，50～60 岁的人口占据了较高比重。他们要为即将到来的退休生活进行储蓄，加之这部分人群工作年限较长，收入较高，储蓄规模较大①。因此，模型 1 的结论与当下人口老年化愈演愈烈、储蓄率持续攀升的事实并不矛盾。

命题 2：如果不存在流动性约束，完全积累制下的养老金计划不会改变个体的最优消费规划；但是，若一项养老保险制度改革引起了养老金财富在代际间的重新分配，则会通过“财富效应”，改变人们的终身预算约束和最优消费规划。

命题 2 的推导如下：在完全积累制下，个人养老金收支关系为 $P_{t+1}^0 = (1+r_{t+1}) D_t^m$，所以 $\psi_t^m = y_t^m$，即养老金计划不改变个体的终身预算。若个体在金融市场上可以按照现行利率自由融资，则作为强制性储蓄的养老保险金与私人储蓄之间不存在实质性区别，也就不会改变个体的最优消费路径，巴罗—李嘉图等价成立②。但是在现收现付制下，养老保险制度可能是“非中性”的，由当代工作人口为退休人口的养老提供融资，即 $P_t^0 = D_t^m$，

① 范叙春、朱保华认为，在考虑“时间效应”与不考虑“时间效应”下，老年人口抚育比对储蓄率的影响是完全相反的。（范叙春、朱保华：《预期寿命增长、年龄结构改变与我国国民储蓄率》，《人口研究》2012 年第 4 期。）

② T. L. Hungerford, “The Social Security Surplus and Public Saving”, Public Finance Review, Vol. 37, No. 1, 2009, pp. 94 – 114.

会出现个体一生中领取的养老金精算现值与本人一生中缴纳的养老保险费精算现值不相等的情形，即出现养老金的代际转移。若 $P_{t+1}^{0} < (1+r_{t+1})D_{t}^{m}$，表明养老金财富由当代人转移至上一代人，当代人的养老金净财富为负。由于 $\frac{\partial s_{t}^{p}}{\partial(\psi_{t}^{0}/\psi_{t}^{m})} = -\frac{(\lambda_2+\lambda_3\eta_t)\beta^{\frac{1}{\theta}}(1+r_t)^{\frac{1}{\theta}}(\Omega)^{-1}}{\lambda_1} < 0$，所以，若养老保险制度改革（reform）降低了 $\psi_{t}^{0}/\psi_{t}^{m}$，则 $\frac{\partial s_{t}^{p}}{\partial(\text{reform})} > 0$。考虑到代际之间经济增长率的差异，我们假设 $y_{t+1}^{m} = (1+g_t)y_{t}^{m}$，有 $\frac{\partial s_{t}^{p}}{\partial g_t} = \frac{(\lambda_2+\lambda_3\eta_t)\beta^{\frac{1}{\theta}}(1+r_t)^{\frac{1}{\theta}}(\Omega)^{-1}\psi_{t}^{0}}{\lambda_1 y_{t-1}^{m}(\psi_{t}^{m})^{2}} > 0$。

四、计量模型、变量和数据

（一）模型的设定

命题1和命题2给出了人口年龄结构、养老保险制度以及经济增长率对于储蓄率的影响。此外，中国经济特殊的二元结构以及收入或支出的不确定性，也可能构成高储蓄的原因，在计量模型中也应该引入相应的解释变量。综合上述因素，本文将解释变量分解为五类：第一类是人口结构，采用少儿人口抚育比（d^{y}），老年人口抚育比（d^{0}），人均预期寿命（η）代理；第二类是养老保险制度转轨，采用养老保险覆盖率（Secucov）、养老保险金规模（Secufund）、1997年养老保险制度改革（reform1997）、2005年养老保险制度改革（reform2005）代理；第三类是不确定性，采用收入波动（uny）和支出波动（une）代理；第四类是经济增长，采用人均收入增长率（g）代理；第五类是二元结构，采用城乡居民收入差距（gap）和城镇化进程（urb）代理。据此，本文的计量方程设置为式(10)，其中下标i表示地区、下标t表示年份，s为居民储蓄率，α 为滞后内生变量的待估参数（$|\alpha|<1$），γ_i 和 f_t 分别代表非观测的地区和时间特定效应，ε_{it} 表示随机扰动项，$E(X_{it}\varepsilon_{it})\neq 0$，$E(\gamma_i)=E(\varepsilon_{it})=E(\gamma_i\varepsilon_{it})=0$。此外，Kelly 和 Schmidt 的研究发现，人口结构和收入增长的交互作用可能会抑制储蓄，所以模型中引入了二者的交互项 $g.d^{y}$ 和 $g.d^{0}$：

$$
\begin{aligned}
S_{it} = \alpha_0 &+ \underbrace{\beta_1 g_{it}}_{\text{经济增长}} + \underbrace{\beta_2 gap_{it} + \beta_3 urb_{it}}_{\text{城乡结构}} + \underbrace{\beta_4 d_{it}^{y} + \beta_5 d_{it}^{0} + \beta_6 \eta_{it}}_{\text{人口结构}} + \\
&\underbrace{\beta_7 cov_{it} + \beta_8 fund_{it} + \beta_9 reform1997_{it} + \beta_{10} reform2005_{it}}_{\text{养老保险制度}} + \\
&\underbrace{\beta_{11} g.d_{it}^{y} + \beta_{12} g.d_{it}^{0} + \beta_{13} cov_{it} fund_{it}}_{\text{变量的交互项}} + \underbrace{\beta_{14} uny_{it} + \beta_{15} une_{it}}_{\text{不确定性}} + \gamma_i + f_t + \varepsilon_{it}
\end{aligned}
\qquad (10)
$$

（二）变量测度和数据处理

1. 居民储蓄率

按照国民收入核算理论，国民收入从延伸性分配的视角可以划分为居民、企业和政府三大块，本文的居民储蓄率定义为居民储蓄占居民可支配收入的比重。在中国国家统计局公布的省际层面数据中，没有“居民可支配收入”一栏，但是列出了各地区农村居民和城镇居民的年收入和消费情况，本文将城镇居民储蓄率定义为城镇人均储蓄占其人均可支配收入的比重，人均储蓄由人均可支配收入与人均消费相减得到；农村居民储蓄率类似于对城镇居民储蓄率的定义，所不同的是，农村居民人均可支配收入用其人均纯收入代理。因此，居民储蓄率定义为：$\text{居民储蓄率}=\frac{\sum_i \text{人口数}_i \times (\text{人均可支配收入}_i - \text{人均消费}_i)}{\sum_i \text{人口数}_i \times \text{人均可支配收入}_i}$，i = 城镇，农村。

2. 人口年龄结构

考虑到数据的可获得性，人口年龄结构采用 Leff 的做法①，选择少儿人口抚育比和老年人口抚育比代理，少儿人口抚育比为 15 岁以下人口数除以 15～64 岁人口数，老年人口抚育比为 65 岁以上人口数除以 15～64 岁人口数。在中国省际层面的统计数据中，早期人口结构的统计口径是按照城市、镇和农村划分的，本文根据各地区城市和镇各自的人口抚育比及其相应的人口数，将城市和镇的人口抚育负担合并为相应的城镇人口抚育负担。

3. 人均寿命

我国现有职工的法定退休年龄男性为 60 岁，一般女性为 50 岁，女性干部为 55 岁。人均寿命的增加，意味着个体一生中非工作期的延长和老年抚育负担的加重，根据命题 1，人均寿命应该与储蓄率是一种负相关关系。在现有的口径中，我们无法采集到居民的人均寿命数据，国家统计局仅公布了 1990 年和 2000 年各地区的人均预期寿命分布情况。显然，“人均预期寿命”与“人均寿命”存在本质区别。由于“人均预期寿命”主要针对的是未来，如果个体在工作阶段已经预期到未来将存活更长年限，那么他将倾向于进行更多的储蓄，所以理论上“人均预期寿命”与居民储蓄率之间应该是一种正相关关系。本文采用胡英的做法，根据死亡率的历史数据，间接地进行推算②。

4. 养老保险制度

养老保险制度在现实中折射为养老保险覆盖面和养老保险缴费额。前者一般采用参加养老保险人数占总人口的比重代理，后者以基本养老保险基金收入占 GDP 的比重代理。

---

① N. H. Leff, “Dependency Rates and Savings Rates,” *The American Economic Review*, Vol. 59, No. 5, 1969, pp. 886－896.

② 具体的推算方法是，利用 1990 年和 2000 年各地区的人口死亡率和老年人口比重进行计量回归，得到相应的回归方程：人均寿命 = 80.52283 － 9.905654 ×（人口死亡率/65 岁以上人口比重）。从各个系数的 t 统计量和 F 值判断，系数的估计值均是显著的。各地区城镇居民和农村居民的人均预期寿命数据，按照城镇居民人均预期寿命比农村居民人均寿命高出五年推算。（胡英：《中国分城镇乡村人口平均预期寿命探析》，《人口与发展》2010 年第 2 期。）

此外，为了在回归方程中，体现 1997 年和 2005 年两次养老保险制度改革对储蓄的影响，我们引入了 1997 年和 2005 年两个时间虚拟变量，即：$reform1997 = \begin{cases} 0, & t < 1997 \\ 1, & t \geqslant 1997 \end{cases}$，reform2005 与此类似。

5. 不确定性

不确定性是指居民对未来的支出或收入情况不能准确地预知其结果。易行健等认为，如果预期未来消费增长率的平方提高了，那么消费者对未来消费支出增长的预期也随之提高，因此，可以考虑采用“相对谨慎性系数”来代理不确定性或者预防性储蓄动机强度①。基于适应性预期理论，Kraay 提出，用实际收入与其确定性趋势的差额来测度收入的不确定性。考虑到各省市面板数据的可获取性，本文采用汪浩瀚、唐绍祥的做法②，用支出的均值代理其确定性趋势，并通过二次方来加大对偏离均值收入的惩罚，即：$une = \left(\Delta Lne_{it} - \frac{\sum_{t=1}^{m} \Delta Lne_{it}}{n}\right)^2$，收入不确定性的度量与此类似。

6. 其他解释变量

收入增长率由各年份的人均收入计算得到，为了剔除物价水平可能带来的偏差，本文利用消费者价格指数进行了矫正。城乡收入差距为城镇居民人均可支配收入除以农村居民人均纯收入。城镇化进程由城镇人口占总人口的比重代理，城镇人口的数量由总人口减去乡村人口得到。本文的样本为 1994 ~2010 年 30 个省份的面板数据（未包括重庆），人口结构的相关数据主要来源于《中国人口统计年鉴》以及《中国人口和就业统计年鉴》，乡村居民人口数来源于《中国农村统计年鉴》，其余数据均来源于《中国统计年鉴》。为消除异方差，实证中除经济增长率（部分年份为负值）和时间虚拟变量外，其余变量均进行了对数化处理。

五、计量模型的回归结果与解释

（一）计量模型中的内生性问题

由于本文采用的是宏观面板数据，在进行经验分析时，我们必须考虑其异方差和自相关问题。本文对静态面板回归分别进行 Modified Wald 检验和 Wooldridge 检验，结果分别

① 易行健等：《预防性储蓄动机强度的时序变化与地区差异——基于中国农村居民的实证研究》，《经济研究》2008 年第 2 期。

② 汪浩瀚、唐绍祥：《中国农村居民预防性储蓄动机估计及影响因素分析》，《农业技术经济》2010 年第 1 期。

为 chi2（30） = 347.74 （Prob > chi2 = 0.000） 和 F （1，29） = 49.36 （Prob > F = 0.000），表明静态面板回归模型确实存在异方差和自相关问题。此外，还需考虑以下问题：①方程本身的联立性。储蓄受到居民收入增长、养老保险制度的影响，但反过来，储蓄亦可能导致经济的高速增长、居民收入水平的提高、养老保险制度覆盖面的扩大。“人口红利”和高储蓄都可能是经济高速增长的原因，这些将破坏解释变量的外生性假定。②测量误差。利用少儿人口抚育比和老年人口抚育比来代理人口年龄结构的做法，学术界有一定的争议。如 Kelly 和 Schmidt 认为，少儿人口抚育负担和老年人口抚育负担之间是高度相关的，将它们同时引入一个计量模型中，可能会造成严重的多重共线性①。③遗漏变量。在储蓄回归方程中可能会遗漏制度、文化和家庭结构等变量，这些影响将被归入误差项中。如果遗漏变量和其他解释变量之间存在相关性，则会导致估计系数的偏误，所以我们在解释变量中还引入了储蓄率的滞后项。

对于动态面板数据而言，由于自变量的滞后因变量与各截面上的个体效应和误差项相关，面板 OLS 估计和随机效应估计都是有偏且非一致的。Anderson 和 Hsiao 提出，利用一阶差分来消除个体效应的影响，即 $\Delta Y_{it} = \phi\Delta Y_{i,t-1} + \Delta X_{it}\beta + \Delta\varepsilon_{it}$，但是转换后模型中滞后的自变量与误差项之间会存在负相关，从而造成系数估计值较真实值下偏②。Arellano 和 Bond 利用 Monte Carlo 模拟发现，差分 GMM 估计相对于固定效应估计以及使用差分工具变量的估计，自回归系数具有最小的偏误和方差③。然而，在时间跨度 T 比较小时，变量的过去值对于其未来值只能传递较少的信息，以水平的滞后值作为工具变量，就会产生弱工具变量问题。为此，Blundell 和 Bond 建议，在差分方程的基础上增加水平方程，利用更多的矩条件，即系统 GMM 估计。系统 GMM 方法综合利用水平变化和差分变化的信息，其结果比 OLS 和固定效应模型更为可信。

（二）GMM 估计结果

遵循计量分析中常用的“从一般到特殊”的思路，本文从较为一般性的研究框架出发逐步筛除变量，以得到简化模型。在表 2 的基本模型（1）中，我们首先将人口年龄结构、城乡结构、养老保险制度、经济增长率、不确定性等相关变量全部纳入计量分析中，发现城镇化、收入不确定性以及部分变量交互项的估计系数，在统计上不显著。于是在模型中，我们逐步剔除了这些变量重新进行回归，最终得到了简化的模型（4）④。表 2 报告

---

① A. C. Kelley and R. M. Schmidt, “Saving, Dependency and Development,” *Journal of Population Economics*, Vol. 9, No. 4, 1996, pp. 365 – 386.

② T. W. Anderson and C. Hsiao, “Estimation of Dynamic Model with Error Components”, *Journal of the American Statistical Association*, Vol. 76, No. 375, 1981, pp. 598 – 606.

③ M. Arellano and S. Bond, “Some Tests of Specification for Panel Data: Monte Carlo Evidence and an Application to Employment Equations”, *Review of Economic Studies*, Vol. 58, No. 2, 1991, pp. 277 – 297.

④ 我们还使用了普通最小二乘法进行回归。结果发现，少儿人口抚育比和人均预期寿命的系数符号为正，但未通过显著性检验；养老保险总支出系数为负，与其他模型估计结果相反，表明在解释变量非外生的情况下，使用经典回归会出现有偏或非一致，从而验证了我们选择动态面板数据方法的正确性。

了使用工具变量法进行的二阶段 GMM 估计结果。Sargan 过度识别检验的 p 值为 1，表明工具变量集是联合有效的。样本的残差序列相关性检验表明，差分后的残差只存在一阶序列相关，而无二阶序列相关性，因此估计的结果可以断定，原模型的误差项无序列相关。以上检验均表明模型的识别是恰当的。

表 2　基本模型的估计结果

解释变量	被解释变量：居民储蓄率							
	基本回归方程				稳健性检验			
	(1)	(2)	(3)	(4)	(5)	(6)	(7)	(8)
常数项	-17.60 ** (2.41)	-16.15 *** (-3.11)	-23.23 *** (-2.99)	-19.54 *** (-3.45)	-2.12 (-0.45)	-57.36 *** (-3.03)	2.13 *** (7.84)	-16.55 *** (-3.50)
居民储蓄率（滞后一期）	-0.102 *** (-4.98)	-0.146 *** (-10.17)	-0.132 *** (-9.49)	-0.133 *** (-9.54)		-0.139 *** (-7.38)	-0.134 *** (-8.90)	-0.114 *** (-6.64)
居民收入增长率	-0.062 (-1.08)	0.008 *** (5.71)	0.007 *** (6.70)	0.007 *** (6.84)	0.005 * (1.78)	0.005 (1.55)	0.009 *** (5.97)	0.008 *** (6.91)
城乡居民收入差距	-0.474 ** (-2.06)	-0.224 * (-1.90)	-0.407 ** (-2.41)	-0.330 ** (-2.55)	-0.22 * (-1.76)	-0.418 ** (-2.05)	-0.294 ** (-2.36)	-0.309 *** (-2.62)
少儿抚育比	0.052 (0.20)	0.544 *** (4.85)	0.559 *** (5.38)	0.524 *** (5.76)	0.64 *** (3.15)	0.779 *** (4.30)	0.458 *** (8.41)	0.556 *** (5.37)
老年抚育比	-0.256 * (-1.68)	-0.242 ** (-2.29)	-0.311 *** (-2.70)	-0.284 *** (-2.69)	0.199 (1.22)	-1.244 ** (-2.39)	-0.161 ** (-2.27)	-0.243 ** (-2.54)
人均预期寿命	5.034 *** (3.09)	4.238 *** (3.75)	5.849 *** (3.18)	4.978 *** (3.72)	0.688 (0.59)	14.16 *** (3.00)	0.754 *** (-5.50)	4.154 *** (3.74)
养老保险覆盖率	0.172 (1.40)	0.268 *** (5.22)	0.259 *** (6.93)	0.265 *** (7.35)	0.166 ** (2.54)	0.298 *** (4.52)	0.304 *** (7.07)	0.218 *** (4.89)
养老保险缴费	0.080 (1.44)	0.085 *** (4.78)	0.072 *** (4.87)	0.072 *** (4.97)	0.097 ** (2.07)	0.034 ** (3.00)	0.068 *** (5.92)	0.084 *** (3.23)
1997 年时间虚拟变量	0.330 *** (13.58)	0.351 *** (17.91)	0.335 *** (20.51)	0.339 *** (23.50)	0.346 *** (7.86)	0.306 *** (6.00)	0.366 *** (26.70)	0.312 *** (12.93)
2005 年时间虚拟变量	0.167 *** (2.82)	0.189 *** (3.11)	0.109 *** (6.78)	0.111 *** (6.97)	0.147 *** (3.20)	0.086 *** (2.80)	0.103 *** (5.46)	0.088 *** (4.76)
支出不确定性	5.598 *** (3.15)	7.396 *** (5.96)	5.558 *** (4.26)	6.61 *** (8.62)	4.223 *** (3.80)	7.068 *** (7.81)	6.554 *** (6.80)	6.967 *** (9.63)
收入不确定性	3.090 (1.16)	-0.967 (-0.63)	1.866 (0.89)					

续表

解释变量	被解释变量：居民储蓄率							
	基本回归方程				稳健性检验			
	(1)	(2)	(3)	(4)	(5)	(6)	(7)	(8)
城镇化	-0.118 (-0.75)	-0.156 (-0.96)						
居民收入增长率×少儿抚育比	0.024 ** (2.54)							
居民收入增长率×老年抚育比	-0.007 (-0.56)							
养老保险覆盖率×养老保险缴费	-0.004 (-0.08)							
Wald chi2 Prob > chi2	2878.37 (0.000)	2400.93 (0.000)	2936.01 (0.000)	2966.39 (0.000)	397.34 (0.000)	2761.32 (0.000)	2558.60 (0.000)	2552.29 (0.000)
Sargan 检验	22.756 (1.000)	27.417 (1.000)	27.839 (1.000)	28.372 (1.000)		20.509 (1.000)	28.573 (1.000)	27.191 (1.000)
AR_1	-3.845 (0.000)	-4.143 (0.000)	-4.182 (0.000)	-4.185 (0.000)		-3.369 (0.001)	-4.191 (0.000)	-4.117 (0.000)
AR_2	1.400 (0.161)	1.203 (0.229)	1.272 (0.203)	1.255 (0.209)		-3.889 (0.697)	0.746 (0.456)	1.285 (0.198)
观测值个数	510	510	510	510	510	384	510	510

注：①本表所有估计均使用 Stata10，估计方法为动态面板二步估计法。

② ***、**、* 分别表示在 1%、5% 和 10% 水平下的统计显著性，括号中数据为 t 统计量。

③Sargan 检验给出的是过度识别的检验值，AR_1、AR_2 分别表示一阶和二阶残差序列的 Arellano - Bond 自相关检验。

④方程（5）为拔靴法（Bootstraping）检验，方程（6）为分位数回归检验，方程（7）和方程（8）为替换指标回归检验。

为了验证计量模型的稳健性，我们采取如下方法：第一，拔靴法（Bootstraping）。从已有样本中随机抽取个体，构成一个新的样本，然后重新计算这个新样本的统计分布。对于小样本数据而言，拔靴法通过对样本重复抽放，以近似拟合真实总体，从而使回归结论更能反映总体的特征。我们选择重复抽样 1000 次，结果见模型（5）。我们发现，采用这种方法由于不能消除模型的内生性问题，部分待估参数的符号和显著性发生了变化，说明了静态模型的失效。第二，分位数回归。在模型（6）中选择分位数回归，剔除一些异常样本，以消除极端值对估算的干扰[①]。第三，替换指标法。模型（7）中我们将“人均预期寿命”的测度更换为各省市人口死亡率的相反数，模型（8）中将“养老保险缴费”用“人均养老金”来代理。结果显示，人口年龄结构、预期寿命、养老保险覆盖率、支出不确定性等变量的系数符号以及显著性没有发生变化，表明各个变量之间具有很强的独立性，剔除一个变量或者改变其中一个变量的测度，不会对其他变量的估计结果产生重大影响，因此模型对不同解释变量和不同样本都是稳健的。

此外，中国的城镇与农村被认为是两个独立运行的封闭系统，在人口年龄结构、人均预期寿命、养老保障、消费认知等诸多方面均不尽相同，城镇居民和农村居民在消费方面可能存在各自的“固定效应”，这一点在总体样本回归模型中是无法识别的。所以本文还采用了分样本形式，对城镇居民和农村居民的消费函数分别进行计量回归，以比较两类居民的消费行为是否存在系统性差别，延宕其消费的主导因素是否相同，以便采取有针对性的思路，化解中国当前的高储蓄率。结果发现，城镇家庭由于以工资收入为主，而农村家庭以家庭经营性收入为主，前者是稳定的可预期的，而后者由于农作物对气候和市场的敏感性，表现出高度的不确定性，预防性储蓄动机强烈。特别是在一些子女较多的农村家庭，父母通常是节衣缩食，为子女以后的读书、婚嫁做准备，从而出现“预防性储蓄”和“目标性储蓄”双重叠加的现象[②]。

（三）估算结果的经济含义

（1）少儿抚育比与居民储蓄之间呈正相关，且在1%显著性水平下通过了检验。一般认为，少儿人口属于非工作人口，少儿抚育负担增加时，收入可能不变，但总支出会增加，储蓄相应地减少。本文的研究结论与此不同，其原因可能如下：①由于贝克尔式的权衡[③]，当家庭中的子女数量增加时，支出并不会同幅度增加，特别是很大时，家庭支出可能增加得很少。②随着教育成本的递增，家庭在子女身上的支出重心，逐渐由传统的衣食住行转向教育，家庭支出趋于“远期化”。③计量模型中的技术性原因。例如，理论上人口抚育负担是就非工作人口占工作人口的比重而言的，单纯从人口年龄进行测度不完全准确；劳动供给可能是内生的，当家庭中子女数量增加时，父母可能减少闲暇；少儿抚育比未能区分作为家长的个体和非家长的个体，而这可能成为生命周期假设检验的关键[④]。

（2）老年抚育比系数为负，说明老年人口比重的加大抑制了居民储蓄率，这与命题1

① 我们首先计算各地区人口抚育负担和养老保险覆盖率的均值，以及它们的10%和90%分位数值，然后把样本中低于10%分位数值和高于90%分位数值予以剔除，最终得到24个省份样本（剔除了北京、上海、海南、贵州、云南、西藏）。另外，由于1994～2009年的人口年龄结构数据是根据抽样调查得到的，而2010年的数据则来源于第六次人口普查，统计方法、测度口径上存在差异，所以模型（6）剔除了2010年各省市数据。

② 囿于篇幅，本文没有报告分城乡居民分样本回归结果，感兴趣的读者可向作者索取。

③ G. S. Becker and R. J. Barro, “A Reformation of the Economic Theory of Fertility”, The Quarterly Journal of Economics, Vol. 103, No. 1, 1988, pp. 1-25.

④ 保罗·舒尔茨：《人口结构与储蓄：亚洲的经验证据及其对中国的意义》，《经济学》（季刊）2005年第4卷第4期。

的结论是吻合的。其原因可能在于，老年人口比重上升后，医疗支出增加，社会创新能力弱化，经济增长受阻。在以往的实证研究中，也有发现老年人口比重变化对储蓄没有显著影响，甚至是正相关的，并将此原因归结为代际间强烈的“遗产馈赠动机”。但问题是，个体一生中的消费规划往往是在中年工作时做出的，当其进入老年时，已经不大可能再会改变自己的消费路径了。换言之，即使存在“遗产馈赠动机”，那么该笔财富在个体工作时就已经预留。还有一代表性观点是“内生劳动力供给”①，认为在中国家庭式养老模式下，当养老负担较重时，年青一代可能减少闲暇，更努力地工作②。表2的基本回归方程（1）引入了老年抚育比与经济增长的交互项，由于该交互项与经济增长之间高度的相关性，结果造成模型难以避免的多重共线性，变量的估计参数通不过检验。

（3）作为一种前瞻性因素（Forward－looking），人均预期寿命对储蓄的影响显著为正，且在不同模型下保持了较高的稳定性，这一结论与Sheshinski、刘生龙等的研究结果类似③。由于我国的退休年龄是刚性的，人均预期寿命的延长，意味着个体在退休后将会经历更长时间的非工作期，从而需要更多的储蓄。人均预期寿命延长对于储蓄的助长，其机制不仅在于人口抚育负担的上扬，更重要的在于老年人口的老龄化，即“高龄化”，由此而产生的“惯性推移”和“高龄洪峰”效应越发明显。“自理能力部分丧失”带来的护理费用和疾病频发引起的医疗支出都在很大程度上诱导当代人进行更多的储蓄，以备未来之需。

（4）养老保险覆盖面、养老保险缴费率、养老保险制度改革，均显著提高了居民储蓄率。这与我们直觉上认为社会保障可以弱化居民预防性储蓄倾向，从而减少储蓄的看法不太一致。综合已有的研究和中国养老保险制度的实际运行，我们认为其原因如下：①由于我国养老保险制度由“现收现付制”向“部分积累制”转轨、养老金投资收益不确定、金融市场不完备等特点，使得居民对于养老金账户资产评价较低，养老金资产难以替代居民其他资产，二者之间的“替代关系”不成立。②养老保险制度调整频繁，政策设计在各种目标的平衡中举棋不定，养老金发放的标准、退休年龄的确定等都处在极大的争议中，整个养老社会保险体系无法给公众释放一个明朗的预期，个人无法确切了解养老金的实际价值有多大，从而不得不依靠自身的储蓄来为今后的老年生活提供保障。③养老保险制度长期的“双轨制”运行，以及养老保险制度改革的“非中性”，造成养老保险制度改革中部分人受益、部分人可能受损，若受益者的边际消费倾向相对较低，则反而会助长总的居民储蓄率。

（5）居民收入增长率的估计参数在1%的显著性水平下通过了检验，且系数符号为

---

① A. C. Kelley, “Population Growth, the Dependency Rate, and the Pace of Economic Development,” Population Studies, Vol. 27, No. 3, 1973, pp. 405－414.

② 彭浩然认为，在我国现行的基本养老保险制度下，职工延迟退休会存在较高的边际隐性税，从而增加了职工提前退休行为出现的概率。（彭浩然：《基本养老保险制度对个人退休行为的激励程度研究》，《统计研究》2012年第9期。）

③ E. Sheshinski. “Longevity and Aggregate Savings,” Centre for the Study of Rationality, Hebrew University, Jerusalem, Discussion Paper, No. 519, 2009；刘生龙等：《预期寿命与中国家庭储蓄》，《经济研究》2012年第8期。

正，与理论预期相吻合，表明经济的高速增长所带来的财富相对增加（即 ψ_t^m/ψ_t^0 上升），是驱动当下中国居民储蓄持续攀升的原因之一。收入不确定性的系数通不过显著性检验，支出的不确定性显著提高了居民储蓄，且在不同模型下保持了稳健性，说明造成当前预防性储蓄的主要原因是来自支出方面。预防性储蓄理论表明，在不确定性情况下，预期未来消费的边际效用要大于确定性情况下消费的边际效用，并诱导消费者把更多的财富转移至未来。当前，随着传统农业社会向现代工业社会的结构转型，计划经济向市场经济的体制转轨，居民面对的风险因素增多，"教育""养老""防病""防失业""防通胀"等预防性动机推高了中国居民的储蓄率。加之，中国居民家庭金融资产持有形式单一，对预期到的收入表现出过度平滑性，推迟消费现象明显。

六、政策含义

本文的研究表明，人口结构与养老保险制度转轨对居民储蓄的影响是复杂的、动态的，具有复合函数的性质。我们不能把养老保险财富与个人储蓄视为简单的线性式替代，而必须从养老保险制度改革的深层次背景入手，充分考虑城镇居民和农村居民消费行为的结构性差异，系统地识别少儿抚育负担和老年抚育负担对于家庭预算约束的不同含义。人口结构促成的高储蓄有其自身的规律，人口结构的"年轻化"或者"老年化"是各年龄段人口规模在时间上错置的结果，从一个完整的周期看，人口年龄结构是平衡的。这意味着，由人口年龄结构引起的居民储蓄，在某种程度上具有自发调整的机制。我们必须基于人口学规律，在宽广的经济社会视野中，科学、合理地评估人口结构与养老保险制度改革对中国居民储蓄的影响，并提供切实可行的政策性治理思路。

劳动适龄人口是社会消费的"主力军"，在中国当前"橄榄形"的人口结构下，挖掘劳动适龄人口消费潜力，培育其新的消费热点，对于撬动内需具有重要意义。在我国已经进入消费结构升级换代，消费方式逐步由生产型向发展型和享受型转变的背景下，我们应充分利用这一契机，适时引导劳动适龄人口将消费重心转向收入需求弹性较高的汽车、教育、医疗、旅游、电信、家庭娱乐等现代产品和服务，通过消费结构的升级来扩大内需。

采取"小步渐进"的方式，逐步将个体法定退休年龄延迟至 65 岁。中国目前的高储蓄既有宏观层面上适龄劳动人口比重过高的原因，也不乏个体工作年限过短的因素。我国现有男性职工 60 岁、女干部 55 岁、一般女性职工 50 岁的法定退休年龄，已经不能反映我国人口方面的诸多变化。随着居民受教育年限的增加，其进入劳动力市场的时间越来越晚，在退休年龄没有延期的情况下，居民的工作年限缩短了。人口学家预计，在 2030 年左右，我国人口红利的窗口将关闭，延长退休年龄有助于缓解愈演愈烈的人口老年化以及社保资金的缺口问题。

对于教育、住房、医疗、养老等家庭支出比重高，需求刚性强或者具有准公共品属性的特殊商品或服务，政府要在尊重市场规律的前提下进行适度的干预，避免过度市场化，消除恶意投机，从而稳定居民对于未来大类商品支出的预期，降低未来支出的不确定性，削弱预防性储蓄动机。同时，政府应完善金融体系和资本市场，增加金融产品，拓宽投资渠道，增加居民的财产性收入，通过收入来源的多元化降低收入的不确定性。

跳出片面追求扩大养老保险覆盖面的传统思维，将养老保险改革的重心放在代际间养老金财富的再分配上，通过转轨中“隐性负债”的合理分配，降低居民储蓄倾向。为了减少养老保险改革中的不确定性，在制度安排上需要统筹规划、顶层设计，避免条块分割和一味地“打补丁”，使养老保险改革能为居民提供一个更为明朗的预期，从而提振居民消费信心，释放消费潜力，实现经济的平稳、有序运行。

The Effects of the Age Structure of Population and the Old - age Insurance System Transition on Residents' Saving Rates

Yang Jijun, Zhang Erzhen

Abstract: The progressive rise of resident's savings is closely associated with the age structure of population, the extension of average life expectancy and the old - age insurance system reform. This study applies dynamic panel regression models to Chinese provincial data over the 1994 - 2010 period, and finds that due to the "long - term tendency" of household expenditure structure and endogenous labor supply, the effect of child dependency burden on residents' savings is positive; the growing proportion of the "non - productive" elderly population tends to restrain people from savings; and the coverage and payment level of old - age insurance have a significantly positive effect on residents' saving, indicating that the old - age insurance reform has not alleviated residents' concerns about their old - age life and thus has not reduced the savings. Therefore, weakening the birth control policy or improving the birth rate cannot reduce residents' savings. Rather, measures such as delaying the retirement age, tapping the consumptive potential of working - age population and lowering the uncertainty through old - age insurance reform may be more effective in reducing residents' high savings rates.

Key Words: Dependency Ratio; Old - age Insurance; Residents' Saving Rates; Systematic GMM

我国养老保障水平差异研究
——基于替代率与相对水平的比较分析*

王亚柯　王　宾　韩冰洁　高　云

【摘　要】本文在统一框架内，利用替代率和相对水平指标对我国各种养老保障制度的保障水平进行了比较和分析。结果显示，无论是替代率还是相对水平，机关事业单位养老保险提供的保障水平都是最高的，其次是企业职工养老保险和企业年金，最低的是新型农村养老保险。而且，收入水平不同，各种养老保障制度间的差距也有所不同。收入水平越低，各种养老制度间的差距越小；收入水平越高，不同制度间的差距则趋于扩大。在制度设计上，作为第二支柱的企业年金可以弥补企业职工养老保险改革所导致的差距。与OECD国家相比较，我国企业职工养老保险提供的是一个较为合理的保障水平，机关事业单位养老保险过高，新型农村养老保险则过低。因此，其他养老制度应逐渐与企业职工养老保险并轨，并采取有效措施大力发展企业年金和职业年金，以发挥其第二支柱的补充作用。同时，我国养老保障水平的持续实现，需要一定的制度保证，即建立和完善养老金正常调整机制与养老保险基金管理机制。

【关键词】养老保障制度；替代率；相对水平；水平差异

一、引言

中共十八大报告提出："要坚持全覆盖、保基本、多层次、可持续方针，全面建成覆盖城乡居民的社会保障体系。"养老保险制度是我国社会保障体系的重要内容之一。21 世

---

* 本文选自《管理世界》2013 年第 8 期。

本研究获国家社科基金项目（08CJY006）、国家自科基金项目（71173038）和对外经济贸易大学优秀青年学者培育计划的资助。

作者单位：王亚柯、韩冰洁、高云，对外经济贸易大学保险学院；王宾，国务院发展研究中心。

纪以来，我国在深化改革城镇企业职工养老保险的基础上，相继建立了企业年金、新型农村社会养老保险和城镇居民养老保险，至此，我国养老保障体系得以全面构建。但在现有体系内，各种养老保险制度是按不同人群进行设置的。由于经济发展水平、改革进程不同等因素，我国各种养老制度的保障水平之间存在较大差距，而这些差距引发了社会各界的高度关注。

如何度量不同养老制度间的水平差异是个非常重要的问题，需要选择合适的指标进行度量。国际上，由于养老金替代率可反映一国参保职工退休后的保障水平，以测度养老金制度的保障程度，通常被作为进行制度比较与国别比较的一个非常重要的指标（Whiteford，1995）。这是因为，在制度设计上，绝大多数养老保障制度都会参照职工工作时的工资水平确定养老金的给付水平，也就是说，这种制度本身就体现了一种“替代”关系。同时，养老金替代率能将不同国家或不同养老制度纳入同一框架内，为养老保障水平的制度比较和国际比较提供一致的标准。

从国际上的研究文献来看，计算养老金替代率的方法大致分为两类：一类是“经验式”的养老金替代率，即直接比较现有退休者的养老金收入与在职职工工资水平。相关的研究较多（Atkinson，Rainwater and Smeeding，1995；Burniaux et al.，1998；Disney and Johnson，2001）。另一类可称之为“制度式”的养老金替代率，考察了既定特征的职工在现有养老金制度下的预期收益。它是未来养老金收益与个人收入的比率，也被称为目标替代率。这种方法需要设定养老制度的各种参数来计算养老金收益，例如工资增长率和工作年限等。与“经验式”方法不同的是，这种方法评估了职工在现有制度下的养老保障收益。国际上采用这种方法的研究也非常丰富，大多用于多国或一国内多种养老制度间的比较分析，早期文献有 Aldrich（1982）、Eurostat（1993）和 Johnson（1998）等。近年来，随着养老金制度的私有化和多元化改革，各国养老保障水平都有所改变，一些文献对这些制度及其变化进行了研究（Whitehouse，2003；OECD，2005；Biggs and Spring - stead，2008；OECD，2011）。还有一些文献将替代率指标用于度量其他福利制度的保障水平，如失业保险、家庭救助计划等（Bradshaw，Ditch，Holmes and Whiteford，1993；Whiteford and Bradshaw，1994）。

在国内学术界，随着我国养老保障体系的深化改革，许多学者也对各种养老制度的替代率水平进行了研究。但由于数据限制，“经验式”的研究较少，主要利用官方公布的相关数据对我国养老保险制度在机关事业单位和企业职工之间、不同地区之间的差异进行分析（王晓军、乔杨，2007；王晓军、赵彤，2006）。更多文献是采用“制度式”的方法。王晓军（2002）和林东海、丁煜（2007）利用替代率指标度量了城镇企业职工养老保险在1997年和2005年制度规则的保障水平及其差异。王晓军和乔杨（2007）则利用替代率分析了企业职工和机关事业单位的养老金水平差异，发现机关事业单位的养老金远高于企业职工。还有一些研究测算了新型农村养老保险在不同缴费档次下的养老金替代率水平（邓大松、薛惠元，2010；贾宁、袁建华，2010）。另外一些文献估算了我国企业年金的养老金替代率水平及其影响因素（郑婉仪、陈秉正，2003；刘昌平，2005）。

综合来看，这些文献都利用替代率指标对我国某一项或两项养老保险制度的保障水平进行了研究，具有很重要的借鉴意义，但这些文献没有对我国各种养老制度保障水平的差异进行比较分析。而且，在替代率指标的计算中，现有文献也没有考察社会保障缴费和个人所得税对职工工资收入以及替代率的影响。鉴于此，本文利用替代率和相对水平两个指标，在统一框架下对我国各种养老保险制度的保障水平差异进行比较分析。本文要研究的问题是：在制度设计上，我国城镇企业职工养老保险、机关事业养老保险、企业年金和新型农村社会养老保险的保障水平有多大差异？不同收入水平下各种养老制度的保障水平差距有多大？社会保障缴费和个人所得税对养老保障水平有什么影响？与国际大多数国家相比，我国各种制度的养老保障水平如何？

本文结构安排如下：第二部分介绍了本文的研究设计；第三部分是各种制度的养老金替代率和相对水平的估算模型；第四部分介绍估算结果和敏感性分析，以及我国与一些主要发达国家的比较结果；第五部分是本文的主要结论和政策建议。

二、研究设计

本文研究我国各种养老制度的保障水平差异，包括城镇企业职工养老保险、企业年金、机关事业单位养老保险、新型农村养老保险和城镇居民养老保险。这些养老制度模式不同，依据的政策规定也不同。城镇企业职工养老保险依据的文件是 2005 年国务院发布的《关于完善企业职工基本养老保险制度的决定》。企业年金适用的是 2004 年人力资源和社会保障部颁布的《企业年金试行办法》。目前，机关事业单位养老保险适用的是 2006 年人事部和财政部颁发的《关于机关事业单位离退休人员计发离退休费等问题的实施办法》（以下简称《办法》）。虽然 2008 年 3 月国务院下发《事业单位工作人员养老保险制度改革试点方案》，规定事业单位与企业职工养老保险并轨，缴费比例和计发办法与企业相同。但目前来看，这一方案仍处于试点阶段，改革效果也不明显。因此，本文仍视事业单位沿用原有制度，新制度的保障水平可参照城镇企业职工养老保险。新农保适用的是 2009 年 9 月国务院颁布的《关于开展新型农村社会养老保险试点的指导意见》。2011 年我国开始探索建立城镇居民养老保险，但目前并无全国性的制度安排，各地区的制度设计与新农保较为接近[①]。因此，本文不再对此制度单独分析，可参照新农保。不同养老制度的缴费和支付细则存在很多差异，具体如表 1 所示。本文第三部分养老制度的估算模型是以这些规则为基础进行构建的。

在我国，由于国家统计局 2006 年以后不再公布按机关事业和企业分类的养老金数据，王晓军和乔杨（2007）也仅估算了 2004 年之前的机关事业单位和企业的养老金替代率差

① 一些地区如重庆、浙江和北京等在制度设计中，将城镇居民养老保险和新农保合二为一，统一实施。

表1　各种养老保障制度的缴费和支付细则

		企业职工	企业年金	机关事业	新农保
缴费	社会统筹	企业缴纳工资的20%（月）	无	无	无
	个人账户	个人缴纳工资的8%（月）	企业和个人共同缴费	无	个人缴费分100~500元/年等5个档次，地方
退休年龄男/女		60/50	60/50	60/55	60/60
支付	社会统筹	以参保人退休时上一年当地平均工资与本人指数化月工资的平均值为基数，按缴费年限每满一年发给1%	无	按退休前一年工资的一定比例计发（财政支付）	中央财政支付每月55元
	个人账户	个人账户储蓄额除以国家规定的计发系数	一次性或年金形式给付	无	个人账户储蓄额除以国家规定的计发系数

异。另外，新型农村社会养老保险也刚建立不久，因此，难以利用新的数据计算“经验式”的替代率进行比较分析。而且，这一方法也无法准确评估现有养老金制度的保障水平，因为现有的养老金收入大多依赖于原来的制度规则。自1990年以来，我国养老保险制度一直推行“渐进式”的改革，“老人”老办法，“新人”新办法，退休者现有的养老金收入是制度转轨过程中的收入，并不能明确代表现有的制度规则。因此，本文采用“制度式”的方法来分析现有养老制度的保障水平。

国内采用“制度式”方法研究养老保障制度的文献较多，计算替代率的方法大都是个人的养老金收入与退休前一年工资收入的比例，本文也采用这一做法。这一替代率指标显示了当一个人从就业转为退休时，养老制度能在多大程度上维持其生活水平。如果工资收入是总收入，这一指标可称之为总替代率（Gross Replacement Rate，GRR）。White - house（2003）认为，仅仅考察总工资收入是不恰当的，它忽略了社会保障缴费和个人所得税的影响，这一方法会低估养老金的相对收益。国际上，退休人员通常是不需要缴纳社会保障缴费的，个人所得税通常具有累进性，较低的养老金收入所缴纳的个税会低于较高收入者。在我国，这些因素显得更为复杂。退休人员的养老金收入不需缴纳社会保障缴费和个人所得税，在职人员则需要缴纳这两种税费，且个税也具有累进性。具体而言，城镇企业职工需缴纳社会保障缴费，包括工资8%的养老保险、工资2%的医疗保险和工资1%的失业保险，并在扣除这些费用后再缴纳个人所得税。企业年金不享受个税优惠，个人缴费要在个税后扣除，企业缴费在进入个人账户时也需要扣除个税①。机关事业人员则不需要缴纳社会保险费，仅缴纳个人所得税。这些因素使得社会保障缴费和个税对我国养老金替代率的影响更大。王晓军和乔杨（2007）利用总替代率指标估算了机关事业单位和企业间的养老金差异，但仅采用这一指标会低估两种养老制度间的差距。本文对此进行

① 2009年12月，国家税务总局颁布了《关于企业年金个人所得税征收管理有关问题的通知》，规定企业年金的个人缴费需在税后列支，企业缴费在计入个人账户时，需缴纳个人所得税款。

改进，进一步考察扣除各种税费后的净收入，即以净替代率指标（Net Replacement Rate，NRR）来衡量不同养老制度的保障水平。净替代率在一定程度上反映了更真实的替代率，显而易见，净替代率总会大于总替代率。公式可表示为：

总替代率(GRR) = 个人养老金/个人退休前一年总工资

净替代率(NRR) = 个人养老金/个人退休前一年净工资

仅仅考察养老金替代率无法准确反映一国养老制度的保障水平，通常，在一些国家的公共养老金中，高收入者具有较低的养老金替代率，低收入者具有较高的养老金替代率，而低收入者的养老金收入相对于社会平均工资却可能很低。国内相关文献也都忽略了这一因素，仅采用替代率指标进行估算和比较。本文采用 OECD（2005）中的另一指标，即养老金相对水平，对各种养老制度的保障水平进行更为准确的度量。养老金相对水平是指个人养老金与退休当年社会平均工资的比例，显示了个人养老金收入相对于社会平均工资水平的高低，可以有效衡量养老金收入的充足性。考虑到社保缴费和个税，养老金相对水平也分为总相对水平（GRL，Gross Relative Level）和净相对水平（NRL，Net Relative Level）。前者分母是指总社会平均工资，后者分母是扣除税费之后的净社会平均工资。同样，净相对水平大于总相对水平。公式可表示为：

总相对水平(GRL) = 个人养老金/退休当年总社会平均工资

净相对水平(NRL) = 个人养老金/退休当年净社会平均工资

此外，本文还估算不同收入对养老金替代率和相对水平的影响，以度量在不同收入水平下各种养老保险制度间的差异。企业职工养老保险制度规定，社会平均工资的60%为缴费基数的下限，社会平均工资的300%为上限。本文根据这些指标划分不同水平的收入者，社会平均工资的60%是低收入者，社会平均工资水平为中等收入者，将社会平均工资的1.5倍、2倍和3倍作为较高收入者。

三、估算模型

本文采用总替代率、净替代率、总相对水平和净相对水平指标，将四种制度纳入统一模型下进行估算。这一模型通常假设现有制度是可持续的，在退休前的未来时期是不变的，即估算的是这一制度下“新人”的保障水平。同时，这一模型还需要一些基本的参数设定。我们设定20岁职工于2011年进入劳动力市场，持续工作直至法定退休年龄。假定通货膨胀率为2.5%，实际工资增长率为5%，个人账户实际投资收益率为3.5%，它是养老金在扣除管理费用之后的纯收益率[①]。而且，假定职工在工作期间的个人工资与社

① 本文假定企业职工养老保险、企业年金以及新农保中个人账户的投资收益率相同，这是基于市场化投资管理设定的投资收益率。但目前而言，我国企业职工养老保险和新农保中的个人账户基金并未实现市场化的管理运营。大部分地区企业职工养老保险的个账仍是空账运营，采用记账利率，少部分做实账户委托给全国社保基金理事会投资管理；新农保的个人账户资金是参照一年期存款利率计息，收益率较低。

会平均工资同步增长，这就意味着个人在整体收入分布中的位置是不变的。

假设职工年龄为 a 岁，并于 r 岁退休，缴费年限（工作年限）为 N，a 岁时个人工资和社会平均工资分别为 w_a 和 $\bar{W}_a$，工资增长率都为 g。个人账户的投资收益率为 i，个人账户养老金的计发系数为 M，若 60 岁退休，M 取值 139/12；若 50 岁退休，则 M 取值 195/12。企业职工的社会保险缴费率为 cs。个人缴纳的收入所得税为 T①。由于计算税费需要确定具体的收入，我们采用 2011 年城镇单位就业人员年平均工资 41799 元作为企业职工养老保险、企业年金和机关事业单位养老保险中的 Wa（国家统计局，2012）。

（一）企业职工

根据 2005 年《决定》规定，企业职工退休时的年养老金收入可表示为：

$$EPB = 1/2\left(\bar{W}_{a-1} + (\bar{W}_{a-1} \times \frac{1}{N} \times \sum_{n=a}^{r-1} \frac{\omega_n}{\bar{W}_{n-1}}\right) \times N\% \times (1+g)^{r-a} + \frac{1}{M} \times \sum_{n=a}^{r-1} \omega_a \times (1+g)^{n-a} \times 8\% \times (1+i)^{(r-1-n)}$$

企业职工养老金的替代率和相对水平可用公式表示为：

$$GRR_{EPB} = \left[1/2\left(\bar{W}_{a-1} + \bar{W}_{a-1} \times \frac{1}{N} \times \sum_{n=a}^{r-1} \frac{\omega_n}{\bar{W}_{n-1}}\right) \times N\% \times (1+g)^{r-a} + \frac{1}{M} \times \sum_{n=a}^{r-1} \omega_a \times (1+g)^{(n-a)} \times 8\% \times (1+i)^{(r-1-n)}\right] / \left[\omega_a \times (1+g)^{r-1-a}\right]$$

$$NRR_{EPB} = \left[1/2(\bar{W}_{a-1} + \bar{W}_{a-1} \times \frac{1}{N} \times \sum_{n=a}^{r-1} \frac{\omega_n}{\bar{W}_{n-1}}) \times N\% \times (1+g)^{r-a} + \frac{1}{M} \times \sum_{n=a}^{r-1} \omega_a \times (1+g)^{(n-a)} \times 8\% \times (1+i)^{(r-1-n)}\right] \Big/ \{[\omega_a \times (1-c_s) - T \times (1+g)^{r-1-a}\}$$

$$GRL_{EPB} = \left[1/2\left(\bar{W}_{a-1} + \bar{W}_{a-1} \times \frac{1}{N} \times \sum_{n=a}^{r-1} \frac{\omega_n}{\bar{W}_{n-1}}\right) \times N\% \times (1+g)^{r-a} + \frac{1}{M} \times \sum_{n=a}^{r-1} \times \omega_a \times (1+g)^{(n-a)} \times 8\% \times (1+i)^{(r-1-n)}\right] \Big/ \left[\bar{W}_a \times (1+g)^{r-a}\right]$$

$$NRL_{EPB} = \left[1/2\left(\bar{W}_{a-1} + \bar{W}_{a-1} \times \frac{1}{N} \times \sum_{n=a}^{r-1} \frac{\omega_n}{\bar{W}_{n-1}}\right) \times N\% \times (1+g)^{r-a} + \frac{1}{M} \times \sum_{n=a}^{r-1} \omega_a \times (1+g)^{(n-a)} \times 8\% \times (1+i)^{(r-1-n)}\right] \Big/ \{[\bar{W}_a \times (1-c_s) - T] \times (1+g)^{r-a}\}$$

① 本文计算使用的是 2011 年新发布的七级个税税率表，免征额为 3500 元。

（二）企业年金

假定 c_p 为职工参加企业年金的个人缴费率，企业缴费与个人缴费配比为 1∶1，T_c 为企业缴费部分进入个人账户时应缴纳的收入所得税①。为了便于比较，我们考察个人和企业各自缴纳 5% 和 8% 两种情况，5% 是企业缴费享受税优的上限②，8% 是企业缴费的上限③，同时假定企业年金的计发系数也为 M。则企业年金的年养老金收入可表示为：

$$EAB = \frac{1}{M} \times \sum_{n=a}^{r-1} [(\omega_a \times 2_{C_p}) - T_c] \times (1+g)^{(n-a)} \times (1+i)^{(r-1-n)}$$

企业年金的替代率和相对水平可用公式表示为：

$$GRR_{EAB} = \left\{\frac{1}{M} \times \sum_{n=a}^{r-1} [(\omega_a \times 2_{C_p}) - T_c] \times (1+g)^{(n-a)} \times (1+i)^{(r-1-n)}\right\} \Big/ [\omega_a \times (1+g)^{r-1-a}]$$

$$NRR_{EAB} = \left\{\frac{1}{M} \times \sum_{n=a}^{r-1} [(\omega_a \times 2_{C_p}) - T_c] \times (1+g)^{(n-a)} \times (1+i)^{(r-1-n)}\right\} \Big/ \{[\omega_a \times (1 - C_s - C_p) - T] \times (1+g)^{r-1-a}\}$$

$$GRL_{EAB} = \left\{\frac{1}{M} \times \sum_{n=a}^{r-1} [(\omega_a \times 2_{C_p}) - T_c] \times (1+g)^{(n-a)} \times (1+i)^{(r-1-n)}\right\} \Big/ [\bar{W}_a \times (1+g)^{r-a}]$$

$$NRL_{EAB} = \left\{\frac{1}{M} \times \sum_{n=a}^{r-1} [(\omega_a \times 2_{C_p}) - T_c] \times (1+g)^{(n-a)} \times (1+i)^{(r-1-n)}\right\} \Big/ \{[\bar{W}_a \times (1 - C_s - C_p) - T] \times (1+g)^{r-a}\}$$

（三）机关事业单位

根据 2006 年《办法》规定，若机关事业单位人员养老金的计发比例为 θ，则退休时年养老金可表示为：

$$CPB = \theta \times \omega_a \times (1+g)^{r-1-a}$$

其中，θ 值为：

$$\theta = \begin{cases} 90\% & \text{if} \quad N \in [35, \infty) \\ 85\% & \text{if} \quad N \in [30, 35) \\ 80\% & \text{if} \quad N \in [20, 30) \end{cases}$$

---

① 2011 年 1 月，国家税务总局下发《关于企业年金个人所得税有关问题补充规定的公告》，企业年金的企业缴费部分在计入个人账户时，当个人月工资与企业月缴费之和未超过个人所得税费用扣除标准的，不征收个人所得税；若超过个人所得税费用扣除标准的，其超过部分需缴纳个人所得税。

② 2009 年 6 月，财政部和国家税务总局联合颁发《关于补充养老保险费补充医疗保险费有关企业所得税政策问题的通知》，规定企业缴费在不超过职工工资总额 5% 内的部分，可在税前列支。

③ 2004 年《企业年金试行办法》规定，企业缴费每年不超过上年度职工工资总额的 1/12，企业和职工个人缴费合计一般不超过上年度职工工资总额的 1/6。

机关事业单位人员养老金的替代率和相对水平可用公式表示为：

$$GRR_{CPB}=\frac{\theta\times\omega_a\times(1+g)^{r-1-a}}{\omega_a\times(1+g)^{r-1-a}}=\theta$$

$$NRR_{CPB}=\frac{\theta\times\omega_a\times(1+g)^{r-1-a}}{\omega_a-T\times(1+g)^{r-1a}}=\frac{\theta\times\omega_a}{\omega_a-T}$$

$$GRL_{CPB}=\frac{\theta\times\omega_a\times(1+g)^{r-1-a}}{\bar{W}_a\times(1+g)^{r-a}}=\frac{\theta\times\omega_a}{\bar{W}_a\times(1+g)}$$

$$NRL_{CPB}=\frac{\theta\times\omega_a\times(1+g)^{r-1-a}}{(\bar{W}_a-T)\times(1+g)^{r-a}}=\frac{\theta\times\omega_a}{(\bar{W}_a-T)\times(1+g)}$$

（四）新农保

按照新农保的政策规定，个人每年缴费分100元、200元、300元、400元和500元5个档次，为了显示农村不同收入水平由于缴费不同而导致的养老金差异，我们将这5个档次分别对应0.6倍、1倍、1.5倍、2倍和3倍于农村人均纯收入的缴费。同时，地方政府会针对不同缴费档次的农民给予补贴，这里假设5个档次的补贴分别为30元、35元、40元、45元和50元，这一补贴与农民缴费都进入个人账户。因此，针对不同的收入水平，农民的个人账户缴费分别为130元、235元、340元、445元和550元。另外，农民的个人缴费和领取的基金养老金都会随着通货膨胀和经济增长等因素进行调整，本文假设它与城镇职工工资增长率相同。同时，我们采用农民人均纯收入以替代工资收入，并将2011年农村居民家庭年人均纯收入6977元作为新农保中的$\bar{W}_a$（国家统计局，2012）。设定C_p为个人缴费额，C_l为地方政府缴费补贴。则退休当年的养老金年收入可表示为：

$$RPB=(12\times55)\times(1+g)^{r-a}+\frac{1}{M}\times\sum_{n=a}^{r-1}(C_p+C_l)\times(1+g)^{n-a}\times(1+i)^{r-1-n}$$

新农保的养老金替代率和相对水平可以表示为：

$$GRR_{RPB}=[(12\times55)\times(1+g)^{r-a}+\frac{1}{M}\times\sum_{n=a}^{r-1}(C_p+C_l)\times(1+g)^{n-a}\times(1+i)^{r-1-n}]/[\omega_a(1+g)^{r-1-a}]$$

$$NRR_{RPB}=[(12\times55)\times(1+g)^{r-a}+\frac{1}{M}\times\sum_{n=a}^{r-1}(C_p+C_l)\times(1+g)^{n-a}\times(1+i)^{r-1-n}]/[(\omega_a-c_p)\times(1+g)^{r-1-a}]$$

$$GRL_{RPB}=[(12\times55)\times(1+g)^{r-a}+\frac{1}{M}\times\sum_{n=a}^{r-1}(C_p+C_l)\times(1+g)^{n-a}\times(1+i)^{r-1-n}]/[\bar{W}_a\times(1+g)^{r-a}]$$

$$NRL_{RPB}=[(12\times55)\times(1+g)^{r-a}+\frac{1}{M}\times\sum_{n=a}^{r-1}(C_p+C_l)\times(1+g)^{n-a}\times$$

$$(1+i)^{r-1-n}]/[(\bar{W}_a-c_p)(1+g)^{r-a}]$$

四、我国养老保障水平差异分析

（一）估算结果

本文根据模型计算了不同收入者在四种养老保障制度下的替代率和相对水平，结果如表2所示。总的来看，无论是替代率还是相对水平，无论是低收入还是高收入，机关事业单位养老保险提供的保障水平都是最高的，其次是企业职工养老保险，企业年金较低，最低是新农保。而且，收入水平不同，各种养老保障制度间的差距也有所不同。随着收入水平的提高，四种养老保障制度间的差距逐渐增大。这主要是因为，机关事业养老保险采取的是DB模式，企业年金是DC模式，收入水平对其保障水平的影响不大，而企业职工养老保险和新农保都是DB与DC相结合的部分积累制，具有一定的再分配功能，低收入者会从中获益更多。

表2　各种养老保障制度的替代率和相对水平　　单位:%

收入水平	指标	机关事业	企业职工		新农保	企业年金（8%）		企业年金（5%）	
		男/女	男	女	男/女	男	女	男	女
0.6	GRR	90.0	75.5	52.8	24.8	42.3	24.2	26.4	15.1
	NRR	90.0	84.8	59.4	25.4	52.2	29.8	31.5	18.0
	GRL	51.4	43.1	30.2	14.2	24.2	13.8	15.1	8.6
	NRL	51.4	48.5	33.9	14.6	29.8	17.0	18.0	10.3
1	GRR	90.0	62.2	42.8	18.8	42.3	24.2	26.4	15.1
	NRR	90.0	69.8	48.1	19.4	52.2	29.8	31.5	18.0
	GRL	85.7	59.2	40.8	17.9	40.3	23.0	25.2	14.4
	NRL	85.7	66.5	45.8	18.5	49.7	28.4	30.0	17.1
1.5	GRR	90.0	55.5	37.8	15.2	41.7	23.8	26.0	14.9
	NRR	91.2	62.8	42.8	15.7	51.9	29.4	31.3	17.8
	GRL	128.6	79.3	54.0	21.7	59.5	34.0	37.2	21.3
	NRL	128.6	89.1	60.7	22.4	73.5	42.0	44.3	25.3
2	GRR	90.0	52.2	35.3	13.4	41.7	23.8	26.0	14.9
	NRR	93.2	60.2	40.8	13.8	53.0	29.8	31.9	18.2
	GRL	171.4	99.3	67.3	25.5	79.4	45.3	49.6	28.3
	NRL	171.4	111.6	75.6	26.3	98.0	56.0	59.1	33.7

续表

收入水平	指标	机关事业	企业职工		新农保	企业年金（8%）		企业年金（5%）	
		男/女	男	女	男/女	男	女	男	女
3	GRR	90.0	48.8	32.8	10.3	41.7	23.8	26.0	14.9
	NRR	97.8	58.7	39.5	10.5	55.4	31.1	33.3	19.0
	GRL	257.1	139.5	93.8	29.3	119.1	68.0	74.4	42.5
	NRL	257.1	156.7	105.4	30.2	147.0	84.0	88.6	50.6

对中等收入者而言，从总替代率来看，机关事业的水平最高，达90%，其次是男性和女性企业职工分别为62.2%和42.8%，企业年金8%缴费的男性和女性分别为42.3%和24.2%，5%缴费则分别为26.4%和15.1%；新农保最低，仅为18.8%[①]。从净替代率来看，四种养老制度间的差距略有缩小。机关事业保持不变，男性和女性企业职工上升为69.8%和48.1%，企业年金8%缴费为52.2%（男）和29.8%（女），5%缴费为31.5%（男）和18%（女），新农保为19.4%。从总相对水平来看，机关事业单位达到85.7%，男性和女性企业职工分别为59.2%和40.8%，企业年金8%缴费的男女达到40.3%和23%，5%缴费的男女为25.2%和14.4%，新农保则为17.9%。从净相对水平来看，四种养老制度的差距变得最小。机关事业、企业职工、企业年金8%缴费、企业年金5%缴费和新农保分别为85.7%、66.5%和45.8%、49.7%和28.4%、30.0%和17.1%、18.5%。

对低收入者而言，四种养老制度保障水平的差距变得较小。从总替代率来看，机关事业仍是最高，为90%，其次是企业职工，男女替代率分别上升为75.5%和52.8%，企业年金替代率保持不变，新农保上升为24.8%。从净替代率来看，由于企业职工养老保险和新农保的水平有所上升，四种养老制度保障水平的差距进一步缩小。机关事业、企业职工和新农保的净替代率分别为90%、84.8%和59.4%、25.4%。从总相对水平来看，机关事业、企业职工、8%缴费企业年金、5%缴费企业年金与新农保的差距都明显缩小，总相对水平分别为51.4%、43.1%和30.2%、24.2%和13.8%、15.1%和8.6%、14.2%。从净相对水平看，机关事业与男性企业职工的保障水平变得较为接近，分别为51.4%和48.5%，新农保进一步上升为14.6%。

对较高收入者而言，四种养老制度间的保障水平变得更大。从总替代率来看，机关事业仍保持为90%。企业年金较高收入者的总替代率略有下降，这是由于企业缴费进入个人账户的部分需要缴纳个人所得税。企业职工养老保险和新农保中，较高收入者的替代率都有显著下降。企业职工养老金总替代率下降为50%左右，新农保总替代率依次下降为15.2%、13.4%和10.3%。从净替代率来看，由于较高收入需缴纳更多个税，所有制度

① 其他相关文献估算各种养老制度的总替代率大小都有所差异，这主要是因为模型设置的参数不同，如工作年限、工资增长率和投资收益率等。但由于本文把各种养老制度都纳入同一模型进行估算，因此，具体参数的设置对本文研究各种制度间的差异影响不大。

的净替代率都有所增大，而且，收入水平越高，社会保障缴费和个税的作用越显著，净替代率上升的幅度也越大。从相对水平来看，四种制度中高收入者的养老金相对水平都有所上升，但差距也变得更大。在较高收入组，机关事业的相对水平全部超过了100%，在最高收入组上，机关事业单位的养老金相对水平比男性企业职工多一倍以上。男性和女性企业职工的养老金总相对水平依次达到79.3%和54%、99.3%和67.3%、139.5%和93.8%。企业年金的相对水平大幅上升，新农保的养老金相对水平也略有上升，达到20%～30%。也就是说，尽管较高收入者的替代率有所下降，但相对于社会平均工资，他们获得的保障水平是较高的。

从性别差异来看，替代率和相对水平显示的各种制度差异主要是归因于男女法定退休年龄不同。相比较而言，企业职工养老保险和企业年金的男女法定退休年龄相差最大，长达10年，减少了基础养老金和个人账户的积累，从而导致了较大的性别差异。无论是替代率指标，还是相对水平，男性和女性企业职工间的差距都非常大。机关事业养老制度的男女退休年龄差距较小，为5年，故养老金水平差异也较小。表2中的机关事业养老金不存在性别差异，这是因为我们设定的工作年限为40年，而机关事业对工作35年以上计发比例相同。由于新农保中男女皆为60岁退休，故养老金待遇不存在性别差异。

在我国养老保障体系中，与传统的机关事业养老保险相比，改革后企业职工养老保险的保障水平有所降低，企业年金是作为第二支柱，发挥补充作用。从表2结果来看，如果男性企业职工养老保险附加上5%缴费的企业年金后，在各种收入水平上，男性企业职工所获得的保障水平都接近或高于机关事业。若加上8%缴费的企业年金，则男性企业职工的保障水平都高于机关事业。对于女性企业职工而言，加上8%或5%缴费的企业年金，她们所获得的保障程度也都有所增大，但由于较早的退休年龄，其保障水平仍低于机关事业。由此来看，在制度设计上，企业年金可以弥补企业职工养老保险改革所导致的“养老金差距”。但目前而言，我国企业年金的覆盖面很低，2011年底企业年金参保人数占就业人口的比例仅为2%，这就使得企业年金难以发挥第二支柱的补充作用（王亚柯、吕惠娟，2012）。

（二）敏感性分析

计算模型中的个人工资增长率、个人账户投资收益率和工作年限三个指标的设定是非常关键的，这些变量的变动会对养老制度的保障水平产生重要的影响。我们以总替代率为指标，并以中等收入水平为例对这些变量进行敏感性分析①。

1. 工资增长率

模型中假设个人实际工资增长率为5%，则名义工资增长率为7.5%。长期内，工资增长率是趋于变化的。我们分析了实际工资增长率在（0，7.5）内变动对总替代率的影

① 我们对不同收入水平的养老金替代率和相对水平的敏感性都进行了分析，其结果显示，不同收入水平的替代率和相对水平对关键因素的敏感性具有类似的趋势，由于篇幅问题，这里不再详述。

响，如图1所示。随着工资增长率的提高，机关事业的养老金总替代率保持不变，显示为一条水平线，其他养老制度的总替代率则趋于下降，表现为向右下方倾斜的曲线。相比较而言，企业职工养老保险和新农保的下降更为平缓，企业年金则更为陡峭。也就是说，随着工资增长率的提高，机关事业单位、企业职工与新农保间的替代率水平差距趋于增大。

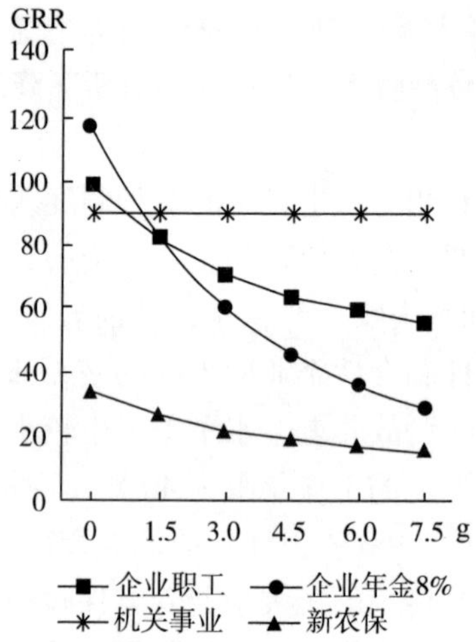

图1　工资增长率的影响

2. 投资收益率

模型中假设投资收益率为3.5%，则名义收益率为6%。考虑到投资收益的不确定性，我们假定实际收益率在（0.5，10）内波动。图2显示了不同养老保障制度总替代率对于

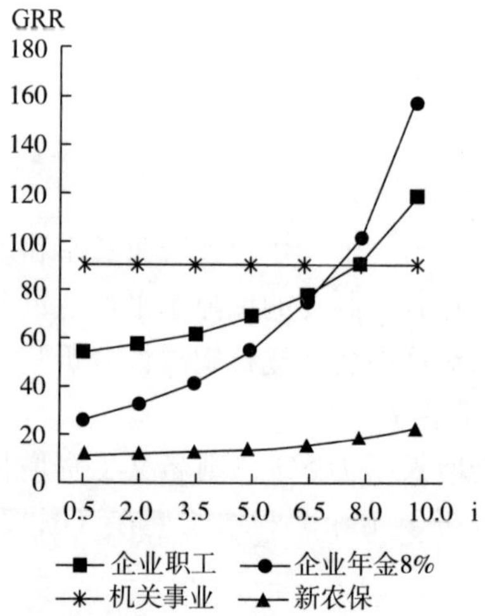

图2　投资收益率影响

投资收益率的敏感性。在图中，随着投资收益率的上升，机关事业养老金总替代率保持不变，表现为一条水平线。企业职工、企业年金和新农保的养老金总替代率都随之增加而上升，表现为向右上方倾斜的曲线。其中，企业年金对投资收益率的敏感性更高，曲线更为陡峭，而企业职工和新农保上升则较为平缓。这就意味着，随着投资收益率的提高，各种养老保险制度间的保障水平趋于接近。

3. 工作年限

工作年限对各种养老保险制度的替代率影响都较大，我们对不同工作年限（缴费年限）的男性养老金替代率进行了分析，如图 3 所示。可以看出，随着工作年限的增加，各养老制度的总替代率都随之上升。机关事业单位的养老金替代率上升具有阶段性，在 35 年工作年限时达到顶点，之后显示为平行线。企业职工养老保险和企业年金的替代率上升更加陡峭，新农保上升则较为缓慢。

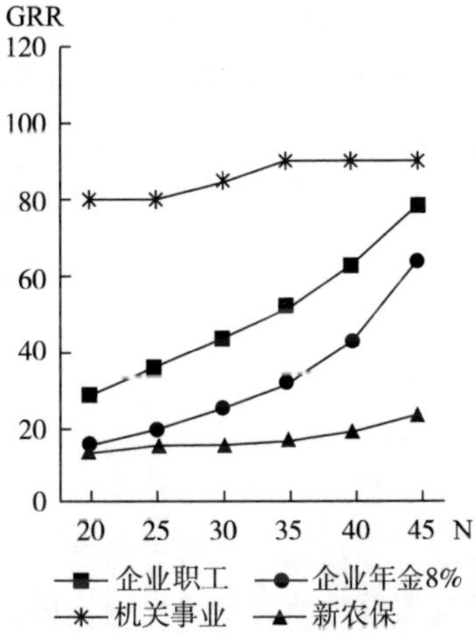

图 3 工作年限的影响

（三）国际比较

在衡量我国养老制度保障水平时，参照世界其他国家是一个较合理的办法。由于模型基本参数的假定会对测算一国养老制度的保障水平有非常大的影响，因此，合理地进行国际比较需要相对统一的模型参数假定。本文估算我国养老模型的基本参数假定与 34 个 OECD 国家的基本参数相差不大①，因此，进行国际比较是较为适用的。图 4 从三个层次分析了 34 个 OECD 成员国中等收入者的养老金总替代率。第一层次是公共养老金，即政

① 34 个 OECD 国家养老模型假定的基本参数为：个人开始工作的年龄为 20 岁，工作年限根据各国法定退休年龄进行计算。通货膨胀率为 2.5%，年实际工资增长率为 2%，年投资收益率为 3.5%。这些参数的假设与我国相差不大。

府提供的强制性养老金，34 个国家公共养老金的总替代率均值为 42.1%。第二层次是强制性养老金，包括公共养老金和私营养老金，34 个国家强制性养老金总替代率的平均水平为 57.2%。第三层次是全部的养老金，包括强制性和自愿性私营养老金，34 个国家全部养老金的总替代率均值达到了 64.4%。

图 4 选择美国、英国、加拿大、德国、比利时、新西兰、挪威、捷克和爱尔兰 9 个国家自愿性私营养老金的原则是具有较高的覆盖面，这 9 个国家的自愿私营养老金覆盖了劳动力人口的 40% ~65%。

在这些国家中，不同的养老金计划之间存在一定的替代关系。在仅有公共养老金的 12 个国家中，养老金总替代率均值为 64%。在 14 个既有公共和强制私营养老金的国家中，总替代率均值达到了 62%。在具有公共、强制私营和自愿私营养老金的 34 个国家中，总替代率的均值又达到了 64%。也就是说，大多数国家认为较为合理的保障水平是 60% 左右的养老金替代率。与此相比，我国机关事业单位的养老金总替代率为 90%，保障水平过高；企业职工的总替代率为 62.2%，较为适度；新农保的养老金替代率仅为 18.5%，保障水平过低。需要注意的是，这些替代率是在制度设计上的目标替代率，要实现持续的替代率和保障水平，需要一定的制度保证。需要健全和完善合理有效的养老金待遇调整机制，并建立养老基金投资运营制度，实现基金保值增值。

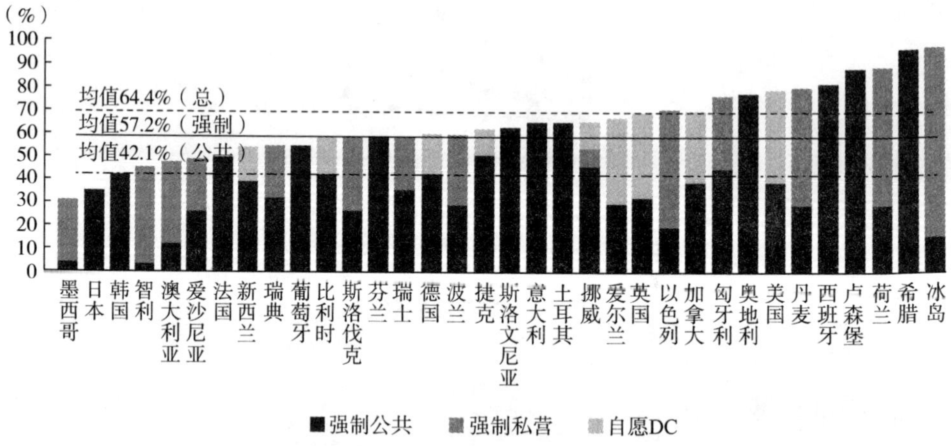

图 4　OECD 国家养老金的总替代率（中等收入者）

五、主要结论和政策建议

本文在统一框架内，利用替代率和相对水平指标对我国各种养老保障制度的保障水平进行了比较和分析。结果显示，无论是替代率还是相对水平，无论是低收入者还是高收入者，机关事业单位养老保险提供的保障水平都是最高的，其次是企业职工养老保险和企业年金，最低的是新型农村养老保险。而且，收入水平不同，各种养老保障制度间的差距也有所差异，总的来看，收入水平越低，各种养老制度间的差距越小，但随着收入水平的提高，制度间的差距趋于扩大。在最低缴费收入水平上，机关事业单位养老保险与企业职工养老保险的保障水平较为接近；但在最高缴费收入水平上，机关事业单位养老保险提供的养老金水平是企业职工的 2 倍多。但若考虑到作为第二支柱的企业年金，在制度设计上，企业年金可以弥补企业职工养老保险改革所导致的差距。与 OECD 国家相比较，我国企业职工养老保险提供的是一个较为合理的保障水平，机关事业单位养老保险过高，新型农村养老保险则过低。因此，在我国养老保障体系中，机关事业单位养老保险需要逐步改革，实现与企业职工养老保险并轨，同时，逐步提高新农保的保障水平到一个财政可接受的范围。

更为重要的是，我国养老保障水平的持续实现，需要一定的制度保证。对社会统筹支付的基础养老金而言，需要健全和完善合理有效的养老金待遇调整机制。十八大报告明确提出要实现基础养老金全国统筹，在这一背景下，更有利于中央政府建立合理的待遇调整机制。对于个人账户养老而言，需要建立和完善养老保险基金投资管理机制。中共十八大报告提出："建立社会保险基金投资运营制度，确保基金安全和保值增值。"在未来一段时期内，完善上述两大机制是非常迫切且重要的任务。此外，采取有些措施如税收优惠等政策来鼓励企业年金和职业年金的发展，扩大第二支柱的覆盖面也是提高我国养老保障水平的重要措施和内容。

参考文献

[1] Aldrich, J., 1982, "The Earnings Replacement Rate of Old - age Benefits in 12 Countries, 1969 - 1980", Social Security Bulletin, 45 (11), November, pp. 3 - 11.

[2] Atkinson, A. B., Rainwater, L. and Smeeding, T. M., 1995, "Income Distribution in OECD Countries", Social Policy Studies, No. 18, OECD, Paris.

[3] Biggs, A. and Springstead G., 2008, "Alternate Measures of Replacement Rates for Social Security Benefits and Retirement Income", Social Securtiy Bulletin, 68 (2), pp. 1 - 19.

[4] Bradshaw, J., J. Ditch, H. Holmes and P. Whiteford, 1993, "Support for Children: A Comparison of Arrangements in Fifteen Countries", Report to the Department of Social Security, University of York, March.

[5] Burniaux, J. - M., Dang, T. - T., Fore, D., Förster, M., Mirad' Ercole, M. and Oxley, H., 1998, "Income Distribution and Poverty in Selected Countries", Working Paper No. 189, Economics Department, OECD, Paris.

[6] Disney, R. F. and Johnson, P. G., (eds), 2001, Pension Systems and Retirement Incomes across OECD Countries, Edward Elgar, Aldershot.

[7] Eurostat, 1993, Old Age Replacement Ratios: Relation between Pensions and Income from Employment at the Moment of Retirement, Statistical Office of the European Communities, Luxembourg.

[8] Johnson, P. G., 1998, Older Getting Wiser, Institute of Chartered Accountants in Australia, Syd-

ney.

[9] Whiteford P. , 1995, "The Use of Replacement Rates in International Comparisons of Benefit Systems", International Social Security Review, Vol. 48, No. 2, pp. 3 – 30.

[10] Whiteford, P. and J. Bradshaw, 1994, "Benefits and Incentives for Lone Parents: A Comparative Analysis", International Social Security Review, Vol. 47, No. 3 – 4, pp. 69 – 89.

[11] Whitehouse, E. R. , 2003, "The Value of Pension Entitlements: A Model of Nine OECD Countries", OECD Social, Employment and Migration Working Papers.

[12] OECD, 2005, Pensions at a Glance 2005: Public Policies Across OECD Countries, OECD, Paris.

[13] OECD, 2011, Pensions at a Glance 2011: Retirement – Income System in OECD and G20 Countries, OECD, Paris.

[14] 邓大松、薛惠元：《新型农村社会养老保险替代率精算模型及其实证分析》，《经济管理》2010 年第 5 期。

[15] 贾宁、袁建华：《基于精算模型的"新农保"个人账户替代率研究》，《中国人口科学》2010 年第 3 期。

[16] 国家统计局：《中国统计年鉴 2012》，中国统计出版社 2012 年版。

[17] 林东海、丁煜：《养老金新政：新旧养老保险政策的替代率测算》，《人口与经济》2007 年第 1 期。

[18] 刘昌平：《中国企业年金工资替代率敏感性研究》，《世界经济》2005 年第 10 期。

[19] 王晓军：《对我国城镇职工基本养老保险制度收入替代率的定量模拟分析》，《统计研究》2002 年第 3 期。

[20] 王晓军、乔杨：《我国企业与机关事业单位职工养老待遇差距分析》，《统计研究》2007 年第 5 期。

[21] 王晓军、赵彤：《中国社会养老保险的省区差距分析》，《人口研究》2006 年第 2 期。

[22] 王亚柯、吕惠娟：《资产规模、覆盖率与替代率：国际视野的我国企业年金现状》，《改革》2012 年第 8 期。

[23] 郑婉仪、陈秉正：《企业年金对我国退休职工养老保险收入替代率影响的实证分析》，《管理世界》2003 年第 11 期。

养老金替代水平下降的制度因素分析及对策*

李 珍 王海东

【摘 要】基本养老保险制度运行十多年来，其养老金的社会平均工资替代率不断下滑，且已低于60%的目标水平。究其原因，在于缴费基数缩水、缴费年限门槛过低、退休年龄过低（尤其是女性）、个人账户收益率太低等。这不仅导致个人养老金保障不足，也不利于制度自身的收支平衡与可持续发展。因此，需要从制度架构与参数设置两个方面出发，将个人账户分离出来进行市场化投资运营，同时改革有关制度参数，特别是缴费基数、缴费年限、退休年龄（尤其是女性）和个人账户收益率等，尤其不能以过分降低门槛来换取广覆盖的目标。

【关键词】养老金替代率；基本养老保险；结构改革；参量改革

一、研究的背景

1997 年我国在改革原有的企业退休金制度的基础上，建立了具有社会保险性质的基本养老保险制度，经过不断地完善，以 2005 年《国务院关于完善企业职工基本养老保险制度的决定》（下称国务院 38 号文）的颁布实施为标志，基本养老保险的制度结构及各项参量基本定形。基本养老保险制度运行十几年来，该制度为保障退休人员基本生活、促进社会和谐稳定发挥了重要作用。

但从退休人员的角度看，过去的十几年中，退休人员的养老金替代率一直呈下降的趋

---

* 本文选自《中国软科学》2013 年第 4 期。

国家社会科学基金“基本养老保险个人账户基金市场化管理研究”（项目编号：08BJY158）；国家 985 工程优势学科创新平台项目。

李珍（1956—），女，湖北武汉人，中国人民大学公共管理学院社会保障研究所所长、教授、博士生导师，研究方向为社会保障、收入分配、基金管理；王海东，就职于中国人事科学研究院工资福利研究室。

势。随着制度的成熟，越来越多的“中人”和“新人”进入退休的行列，退休金的总体水平会进一步下降，而对于相当多数的个体而言，退休收入会严重不足。2011 年，退休“中人”已占退休人数的 75.36%。而已有的文献对制度的结构及参量如何影响个体的退休收入以及制度财务的影响则关注不够。本文仅从退休者的角度，考察制度安排层面相关因素对养老金收入的影响。

基本养老保险运行了近 15 年，该制度下的养老金与社会平均工资的替代率从 1997 年的 76% 下降为 2011 年的 44%，已经大大低于制度设计的目标。政策的目标是养老金达到社会平均工资的 60%，连续 9 年的待遇调整政策（增加养老金）没有也不可能从根本上遏制这一趋势。过去的十几年中，基本养老保险制度的结构和参量的设计对“老人”和“中人”养老金收入下降的影响较小，养老金收入对社会平均工资替代率下降的重要原因之一是工资增长较快而养老金增长较慢。而随着更多的人从 2011 年开始按 2005 年的 38 号文计发养老金（自 1997 年起，累计缴费已满 15 年），越来越多的“中人”和“新人”进入退休行列，基本养老保险的制度结构和各参量对退休金水平的影响作用加深，下文定量分析的结果表明，在现有的制度设计下，相当一部分人退休后收入会严重不足，这一问题会引起整体的养老金水平进一步下降。

2011 年 6 月 6 日出版的《财经》杂志上《谁动了养老金》一文，报道了辽宁省丹东市 2011 年 1 月 1 日起按 38 号文计发基本养老保险金后，当年新退休的一部分人员的退休收入“仅达到当地 2010 年的最低生活保障水平。”（下称丹东的例子）。如果我们认定退休金水平低于最低生活保障水平是一个问题的话，随着时间的推移，退休收入的严重不足将是一个普遍的问题，丹东的现象只是秋之一叶。从时间上看 2011 年是这一问题的元年。

虽然缺乏统计数据，但是我们可以观察到的事实是：不只是非正式部门的就业人员，甚至是部分在正式部门的就业人员，无论是他们的企业还是他们自己，都乐于选择制度的最低门槛、最低的缴费年限（15 年）、最低的缴费基数（社会平均工资的 60%）、最低的退休年龄，在目前的个人账户计息率的条件下，按 38 号文的计发办法，这部分人口的退休收入必然是严重不足的。

我们的选择有两个：一是任凭这部分人口陷入老年贫困；二是通过基本养老保险制度额外补贴他们。前一种选择与制度的“合理的保障水平”目标不符，后一种选择将加速和加深基本养老保险制度财务不可持续性的问题。两者都是我们不想看到的，所以这两个选项都不行。

我们还有一种选择就是调整现有制度的结构和参量。部分人口保障不足的问题源于基本养老保险制度的安排，是制度结构和参量安排的必然结果，从根本上解决这一问题要从调整制度的结构和参量入手。

二、制度安排对养老金水平影响的定性分析

中国城镇职工基本养老保险是在改革中国劳动保护制度下的退休金制度基础上建立的。原来的企业退休金达到本人最后工资的 80% 左右，这一保障水平被认为太高；现行的基本养老保险的原则是“保基本”，其政策目标是将旧制度的高水平退休金降低至社会平均工资的 60% 左右。应该说，各界对于将过高的替代率降下来有着较高的共识。如李铁映（1995）指出，国务院 1978 年规定的退休金水平是工资的 60% ~75%，后来由于种种原因，实际的退休金不断攀升，已达到全部工资收入的 80% 左右，而基本养老金替代率即养老金相当于工资水平的比例在 60% 左右的水平比较合适。刘世锦等（1997）也提出，过去我国平均退休金替代率普遍在 80% 以上，确实较高，甚至高过发达国家的普遍水平。

新旧制度对比，新制度在两个维度上降低了养老金保障水平：一是分子由 80 下降为 60，二是分母由旧制度的本人最后工资改变为社会平均工资。一般来说，在计划经济条件下，本人最后工资（指缴费工资部分）带有年功性质，是个人在职期间的最高水平，而社会平均工资则大大低于最后工资。这样，新制度下的养老金保障水平会大幅下降。

尽管基本养老保险在两个维度上降低了养老金的保障水平，但本文认为，基本养老保险“保基本”的原则是正确的，退休金确定为社会平均工资的 60% 对“老人”和“中人”也是大体合理的，因为这一水平大体能为退休人口提供基本生活保障。国研中心（2000）的研究报告也指出，基本保险加个人账户的养老金平均替代率应大致在 60% 左右。现在的问题是，基本养老保险制度结构和参量的安排，使得相当部分人口的养老金不仅不能达到政策的目标，而且还会严重不足。

（一）基本养老保险制度的结构及参量安排

在制度结构上，基本养老保险制度是社会统筹和个人账户相结合的制度，是一个混合制度。从养老金发放的角度看，养老金由两部分构成，即社会统筹部分发放的基础养老金和个人账户发放的个人账户养老金。从筹资的角度看，社会统筹部分的资金来源是企业，实行现收现付的财务制度。目前政策规定的企业缴费为职工工资的 20%；职工个人缴纳本人工资的 8%，进入个人账户并实行基金积累制度。按照制度的设计，一个平均收入水平的退休者可以从社会统筹部分获得社会平均工资 35% 左右的基础退休金，并可以从个人账户制度中获得社会平均工资 24% 左右的退休金，两者相加为社会平均工资的 59%。

在制度的参量方面，基本养老保险规定，缴费工资的下限和上限分别为当地上年社会平均工资的 60% ~300%。关于缴费工资下限为社会平均工资 60% 的规定是基于“广覆盖”的原则，政府希望更多的低收入人口能参保。

到目前为止，没有设计与基本养老保险制度相配套的个人账户基金投资运营制度，所以，个人账户基金只能按一年期银行存款利息计息。除此之外，影响退休收入的两个重要的参量是缴费年限和退休年龄。制度规定取得基础养老金资格的最低缴费年限为 15 年。退休年龄仍为 20 世纪 50 年代规定的男性 60 岁，女干部 55 岁，女职工 50 岁。

（二）养老金计算的制度安排

按新制度计发的养老金由基础养老金和个人账户养老金组成。

基础养老金是当地上年度在岗职工月平均工资和本人指数化月平均缴费工资之和的平均值，以此为基数，缴费满 15 年后，每超出一年多发 1%，上不封顶，即所谓“多缴多得”。在这个公式里，影响基础退休金的有三个因素：一是上年当地的在岗职工平均工资，二是个人的终身缴费工资（基数）的记录，三是缴费的年限。第一个因素对所有退休者是一样的，而后两个因素则会使一个人的收入有别于另一个人，终身缴费基数越小、缴费年限越短则养老金收入绝对数越低，相对社会平均工资也越低。终生缴费工资的引入，在一个工资水平高速增长的社会中，对养老金收入的影响很明显。因为工资的高速增长，早年的缴费工资基数显得如此微不足道，以此为基础发放的养老金自然显得非常少。

个人账户养老金的发放则是个人账户积累额（本利和），根据退休时不同的预期寿命除以不同的月数，女性职工、女性干部和男性分别除以 195、170 和 139 个月。在这里，影响养老金的是个人终身缴费基数的大小、缴费年限的长短、个人账户资产的收益率以及退休年龄。缴费基数和缴费年限决定了个人账户的本金多寡，收益率则决定了利息的多寡。缴费基数越小、缴费年限越短、利率越低，自然个人账户的本利和越小；反之越大。在本利和一定时，越早退休，公式中的分母（月除数）越大，每月的养老金则越少。

三、制度安排与退休金水平的定量分析

（一）达到制度目标替代率的要求

政策设计的目标是养老金社会平均工资替代率为 59%，其中基础养老金为 35%，个人账户养老金为 24%。本文计算的结果是：

想达到这一政策目标，对于基础养老金部分，只有按社会平均工资 100% 的缴费基数持续缴费 35 年才能领取社会平均工资的 35% 左右的退休金；而个人账户部分，只有满足下列条件时才可能获得 24% 的社会平均工资替代率：第一，按 100% 工资基数缴费 40 年；第二，个人账户收益率等于工资增长率；第三，退休年龄为 60 岁，退休时个人账户除以制度设定的最小除数，即 139 个月。

（二）养老金保障水平下降的制度因素分析

下面的分析会发现，制度规定的各参量与制度的目标保障水平是不匹配的，保障水平的下降是必然的。

60%的缴费基数（当地职工月平均工资的60%）下限的政策影响养老金水平的下降。缴费基数直接关系到基础养老金和个人账户养老金的水平。事实是，相当一部分人在职业生涯中达不到按100%的社会平均工资缴费的要求。多数人在职业生涯的早期（年轻人）收入低于社会平均工资：一部分人终生是低收入者，收入在社会平均工资以下；一部分企业和个人选择少报工资收入达到减负的效果，种种的原因都会导致缴费工资基数的缩水，而制度规定缴费工资下限以社会平均工资的60%为缴费基数缩小提供了可能，我们可以观察到的是选择最低缴费基数是一个非常普遍的现象。在政策实施过程中，为了扩大覆盖面，有些地区将实际的缴费基数进一步缩小到60%以下。某大城市规定缴费基数下限为社会平均工资的40%，这样使得制度整体的实际缴费基数为社会平均工资的80%。

15年最低缴费年限政策影响了保障水平下降。上文的分析表明，要达到59%的社会平均工资的替代水平，基础养老金部分要求持续缴费35年，而个人账户在现行的利息率制度下则需要40年的持续缴费，而事实上，绝大多数人不会持续缴费35~40年，更有一部分人会选择制度规定的最低门槛即15年的缴费年限。在改革前的企业退休金制度中，领取退休金的资格是工龄为30年，在21世纪初，在该制度下职工退休时（“老人”“中人”）的平均工龄也只是32.5年。现行制度规定缴费15年则取得领取养老金的资格，这就意味着绝大多数在非正式部门就业的人口会选择只缴费15年，而不是持续缴费35~40年，因为他们停止缴费节省的费用的现值大大高于持续缴费所带来的未来养老金的现值，人们做这种选择是理性且可以理解的。我们观察到，即使在正式部门，在可能的情况下，企业和职工个人都有选择只缴费15年的愿望。这种选择对于企业而言可能节省工资20%的费用；对于个人而言，停止个人缴费而获得的本人工资的8%的现值效用要远远大于未来养老金的现值效用。所以我们有理由相信，随着制度的成熟，越来越多选择低缴费基数和15年缴费年限的人口进入退休行列时，基础退休金水平会进一步下降。何平等（2005）曾指出，制度规定达到15年缴费年限可按月领取基础养老金的期限偏短，建议延长至30年，且应禁止退休前一次性补足15年后即可领取养老金的做法。丹东例子中的一个突出问题就是补足15年即可领取养老金。目前一些媒体将退休前或高龄老人一次性补缴数万元保费即开始领养老金作为正面的故事加以渲染，对制度的精算平衡和可持续发展无疑是非常有害的。

退休年龄是个人账户退休金水平的一个重要影响因素。其他条件不变时，退休年龄越高则缴费年限越长，社会统筹部分计发的基础养老金则越高。对于个人账户的影响则更是双重的，退休年龄越高则个人账户积累额越多，退休后领退休金时月除数越少，每月养老金则越多；相反，退休年龄越低，缴费年限越短，个人账户积累额越低，而月除数越大，则平均到每月的养老金则越低。中国的女性就业人口大体与男性相当，女性的月除数大大高于男性的139个月，这样女性的个人账户养老金会大幅低于男性，其中以50岁退休的女性职工为最低。女性的低收入会降低整体退休人口的平均养老金水平。根据我们计算，社会统筹部分的养老金水平达到预期的目标需要35年工龄（且连续缴费），按现行的退休年龄，女性职工50岁退休、女性干部55岁退休，都不能满足要求。设女性职工20岁开始工作且不间断缴费，50岁退休时也只有30年工龄；女性干部22岁开始工作，且不间断缴费，55岁退休也只是33年工龄。前文提到，个人账户满足目标替代率要求40年连续缴费，在现行退休政策下，更是远远达不到。

在基金积累制的条件下，基金的收益率对退休金水平起重要的作用。按制度的设计，个人账户为积累制度，只有当账户资金的收益率达到工资增长率时，才能满足政策预期的保障水平。但由于没有相应的投资运营体制的安排，制度规定个人账户资金只能存入银行，同时政策规定个人账户资金按一年期银行利息率计息给个人。人们已观察到，个人账户资金计息率在一些年份低于通货膨胀率，呼吁养老基金保值增值。其实，积累制度下，养老资金能否起到养老的作用，重要的指标是资金的利息率能否盯住工资增长率。1997～2009年的历史数据是，一年期银行利率平均为2.9%，而参保在职职工的平均工资增长率为16%[①]。个人账户资金积累的速度远远滞后于工资增长水平，所以，个人账户养老金对社会平均工资的比率会显得微不足道。

（三）相关条件下养老金替代率的定量分析

制度的目标之一是广覆盖，是为了让更多的人得到保护，这本是善意，但是60%的最低缴费基数和15年缴费资格的规定，其结果是选择满足这些最低要求的人得不到真正的保护。在一些地区，养老金水平可能会低于社会救助水平。

我们能观察到的一般情况是，低收入者、农民工、灵活就业人员会选择最低的缴费基数，并且在满足15年缴费后不再缴费或是通过补缴费达到15年的缴费资格，其结果必然是保障不足。尤其是女职工，由于她们在50岁就开始领取养老金，个人账户月除数较大，所以个人账户的保障作用非常小。下文就38号文的计发办法进行替代率测算。

1. 替代率计发公式

（1）统筹部分。

根据38号文关于养老金计发办法：基本养老金由基础养老金和个人账户养老金组成，退休时的基础养老金月标准以当地上年度在岗职工月平均工资和本人指数化月平均缴费工资的平均值为基数，缴费每满1年发给1%。因此：

$$\text{基础养老金月标准} = \frac{\text{当地上年度在岗职工月平均工资} + \text{本人指数化月平均缴费工资}}{2} \times \frac{n}{100}$$

其中，根据定义，本人指数化月平均缴费工资的计算公式为：

$s = (X1 + X2 \times C1/C2 + X3 \times C1/C3 + \cdots + Xn \times C1/Cn)/m = C1 \times (A1/B1 + A2/B2 + \cdots +$

An/Bn)/m

s 为职工的指数化月平均缴费工资；

Cn 为职工退休前 n 年当地年平均缴费工资；

Xn 为职工退休前 n 年个人年平均缴费工资；

m 为企业和职工缴纳基本养老保险金累计月数；

An 为职工退休前 n 年个人年平均缴费额；

Bn 为职工退休前 n 年。

根据本文的研究目的以及模型设计的需要，在模型设计及计算分析方面作如下相关符号的解释和说明：

预测未来参保者的退休金替代率情况，设参保者共连续参保 n 年，分别为第 1 年，第 2 年，…，第 n 年，在第 n+1 年开始退休并领取养老金。

同样，设参保当年个人月工资水平为 v1、当地月社会平均工资水平为 w1，以后逐年分别按 p、g 的速度增长（p=e*g，e>0）。且令 f 表示 v1/w1，即参保当年个人工资水平与当地社会平均工资的比率。

根据上述设定条件，职工的指数化月平均缴费工资 s 可以重新定义为：

$$S = 12 \times w_n \times a \times \left(\frac{v_1}{w_1} + \frac{v_2}{w_2} + \cdots + \frac{v_n}{w_n}\right) \Big/ (12 \times n)$$

$$= w_n \times a \times \left[\frac{v_1}{w_1} \times \left(1 - \frac{1 + e \times g^n}{1 + g}\right)\right] \Big/ \left(1 - \frac{1 + e \times g}{1 + g}\right) \Big/ n(e \neq 1) \quad (1)$$

$$= w_n \times a \times \frac{v_1}{w_1} \quad (e = 1) \quad (2)$$

因此，根据 38 号文的规定，基础养老金在退休后第 t 年的月标准为：

$$\frac{w_n \times (1+g)^t + s}{2} \times \frac{n}{100}$$

因而，基础部分（即统筹部分，为与统账结合的制度名称一致，下文皆用统筹部分表示）的养老金在退休后第 t 年的社会平均工资替代率为：

$$R_1 = \left(n \times (1+g)^t + a \times \left\{f \times \left[1 - \left(\frac{1 + e \times g}{1 + g}\right)^n\right) \times \left(\frac{1+g}{g - e \times g}\right)\right]\right\} \Big/$$

$$[200 \times (1+g)^t](e \neq 1) \quad (3)$$

$$= [n \times (1+g)^t + n \times a \times f] / [200 \times (1+g)^t](e = 1) \quad (4)$$

这里，若只考虑一种大致平均状态，即个人工资增长率等于社会平均工资增长率，也即 e=1（下文的研究也将只考虑这一种情况），也即只考虑式（4）的情况。

（2）个人账户部分。

个人账户实行基金累积制，退休时的累积额取决于累积的缴费额以及投资收益率（用 r 表示），为方便对个人账户的研究，这里假设个人工资年增长率 p 等于当地社会平均工资年增长率 g（即 e=1），c 为个人账户缴费率，a 仍为缴费工资率，m 为按照 38 号文规定个人账户计发月数（或 m/12 年）。则连续参保 n 年后，理论上个人账户基金累积的终值 F 为：

$$F = 12 \times a \times c \times v1 \times [(1+r)^n n + (1+g)(1+r)^{n-1} + \cdots + (1+g)^{n-1}(1+r)]$$

因而，个人账户退休后第 t 年的社会平均工资替代率可以表示为：

$$R_2 = 12 \times a \times c \times f \times (1+r) \times [(1+r)^n - (1+g)^n]/((r-g) \times (1+g)^{n+t-1} \times m(r \neq g)) \quad (5)$$

$$= 12 \times a \times c \times f \times n/[m \times (1+g)^t](r=g) \quad (6)$$

因此，可以看出，随着时间 t 的增长，无论是统筹部分还是个人账户，38 号文都内含了替代率的下降趋势。

2. 假设条件

下文将依照上述公式，结合制度参数以及 1997 ~ 2009 年的相关经验数据进行养老金替代率水平的计算，相关假设条件如下：

第一，个人从退休前的 n 年开始连续缴费至退休（如缴费 15 年即为从退休前的 15 年开始缴费或退休前一次性补缴 15 年的费用）；

第二，按照 38 号文规定缴费。即企业按照工资总额的 20% 进行缴费，个人按照个人工资的 8% 进行缴费。前者进入社会统筹，后者进入个人账户。

第三，个人账户收益率为 2.9%。1997 ~ 2009 年，一年期银行存款利息简单平均为 2.9%，我们以此作为经验数据，即 r = 2.9%。

第四，个人账户的月除数分别为制度规定的 195（50 岁退休）、170（55 岁退休）和 139（60 岁退休）。即三者的 m 分别为 195、170 和 139。

第五，工资增长率为 8%，即 g = 8%。（这是较为温和的假设数据，与经济发展预期相适应。1997 ~ 2009 年，参保在岗职工的平均工资增长率为 16.1%）。

3. 测算结果

（1）缴费 15 年。

15 年是制度规定中领取基础养老金的最低缴费年限，即最低门槛。表 1 是选择 60% 缴费基数且在退休前 15 年连续缴费时（如男性 45 岁缴费至 59 岁，一次性补缴 15 年的情况与此类似），他或她进入退休第 1 年时的退休金水平（主要是一些女职工和部分男性，他们的退休年龄分别为 50 岁和 60 岁）。

表 1　缴费 15 年人员的养老金社平工资替代率（60% 缴费基数）　　单位：%

退休年龄	基础养老金	个人账户	合计
60 岁	11.11	4.308	15.42
50 岁	11.11	3.072	14.184

注：女干部的退休年龄为 55 岁，工作较为稳定，选择最低门槛 15 年缴费的情况不多，因此这里未考虑这一情况。

2010 年中国城镇职工收入接近 3 万，月收入为 2500 元，上表中的男性的月均养老金水平为 375 元。2009 年城镇人均消费支出为 12265 元，月均消费支出为 1000 余元，当年的恩格尔系数为 37%，即每月用于食品的支出为 378 元。退休金不到人均消费支出的四成，仅勉强用于支付食品开支。

相同条件下，若能按照 100% 的工资基数缴费（这里用的社会平均工资水平），则替代率可有所提高。但因个人账户低水平计息，总替代率终不高。如表 2 所示：

表 2 缴费 15 年人员的养老金社平工资替代率（100%缴费基数） 单位:%

退休年龄	基础养老金	个人账户	合计
60 岁	13.89	7.18	21.07
50 岁	13.89	5.12	19.01

上表是参保人退休第一年的养老水平，随着退休时间的延长，养老金的社会平均工资替代率还会进一步下降，因为养老金的调整慢于工资增长率。

这种情况包括：20 世纪 90 年代国有企业深化改革时期下岗或失业的职工，他们可能因为已有 15 年以上的"视同缴费年限"而取得了领取退休金的资格，从而不再缴费，一旦达到退休年龄便开始领养老金；制度鼓励没有参保的年长人口通过补缴保费获取退休金领取资格（如丹东老兵），可以预见这部分人一定选择最低的缴费基数和缴费年限参保；更多的人是在非正式部门的参保人，多半会选择最低的参保门槛。总之，选择最低参保条件的人不是一个小数目，随着制度的成熟，他们中会有越来越多的人进入退休状态，他们的养老金水平绝对低下不是个案，而是一个制度问题。

（2）较长缴费年限。

这里测算缴费 30 年、35 年和 40 年的替代率，与缴费 15 年的情况作一比较。

表 3 不同缴费年限的养老金社平工资替代率（100%缴费基数） 单位:%

退休年龄（岁）	缴费年限（年）	基础养老金	个人账户	合计
60	40	37.04	11.89	48.93
	35	32.41	11.34	43.75
	30	27.78	10.65	38.43
55	35	32.41	9.27	41.68
	30	27.78	8.70	36.48
50	30	27.78	7.59	35.37

由上表可知：第一，相同退休年龄条件下，每多缴费 1 年，养老金的总社会平均工资替代率可大致提高 1 个百分点；第二，相同的缴费年限，女性养老金替代率较低，尤其是女职工。因为退休年龄越低，个人账户的月除数越大，从而个人账户替代率越低。因此，女性尤其是女职工的缴费年限、退休年龄等问题尤其值得重视。

四、通过调结构改参量提高退休金水平和制度的效率

经过多年的努力，我们发现制度日益走向“广覆盖”的目标，但却离“保基本”越来越远，并且财务的“可持续”压力也越来越大。按照制度的设计，“广覆盖”和“保基本”以及“可持续”之间是有冲突的，我们需要正视和面对，重新做出选择。

（一）调整制度的结构，提高个人账户制度的效率

现行制度是社会统筹与个人账户相结合的制度。本文认为，在未来几十年内，个人账户都会是个无效率的制度，建议个人账户从基本养老保险中分离出来，即“统账分离”。个人账户可以与企业年金制度合并，也可做其他的自愿选择。

“统账分离”不是为了提高基本养老保险的退休收入水平，也不能保证所有的账户持有人能获得更高的投资收益率以便达到更好的养老金水平，但自愿的原则可以使个人工资的8%利用得更加灵活和有效。同时，政府只对社会统筹部分负责，可以使政府的责任边界更清晰。

设计个人账户的本意一是想通过个人账户激励劳动者参保，提高制度覆盖率；二是通过个人账户资金的积累来应付人口老龄化问题。从世界各国的改革经验看，强制性个人账户的作用被夸大了，在中国也是这样。

从公平的角度看，个人账户不解决再分配的问题，我们暂且不论；从效率的角度看，积累式的个人账户有效性的标准是资金的收益率能够盯住工资增长率，而要做到这一点是困难的。如果它能盯住工资增长率或高于工资率，职工个人所缴纳的保费未来养老金的现值会等于或大于保费的现值，且能提供有效的保障水平，这时制度就是有效的；相反，如果账户的收益率低于工资增长率则制度是无效的，收益率与工资增长率之间的差距越大则制度越无效率，通俗地说就是个人账户上的积累相对于社会平均工资变得越来越小，越来越不能提供有效的保障。

在荷兰和澳大利亚，职工企业年金也是积累制的，由于个人账户的收益率高于工资增长率，所以他们的制度是有效的。这两个国家经济是稳态，经济增长率较慢，所以工资增长率不高，在1%～3%，所以个人账户资金的收益率高于工资增长率不是件太困难的事。

从基本养老保险制度建立后的1998～2008年的数据看，我国参保群体的工资年均增长率为16%，这就意味着个人账户的收益率要至少达到16%制度才是有效的。这样的要求，在考虑安全性原则的前提下，几乎是不可及的。在城镇化完成之前，中国的经济将一直保持较快的增长，从而工资增长也较快，在这样的情况下，很难使强制性养老账户成为一个有效的制度。

除此之外，在基本养老保险中设计个人账户制度，理论上的问题是模糊了政府责任的

边界，我们暂且不讨论。在实践中，这样的制度安排引起了一系列的问题，先是个人账户要不要做实，如果做实谁来负担转制成本。由于这一问题没有明确的答案，个人账户还远没有做实，出现了所谓“空账运行”的问题。接下来，已经做实的资金要不要市场化运营，如果强调资金的名义安全性，则只能按目前的政策规定存银行买国债，这样，个人账户的利率一定不能战胜工资增长率。如果市场化运营，个人账户是个人所有制，谁能对它的投资风险负责是一个问题；在未来 20 年内，中国经济和工资的高增长是比较确定的，在这种情况下，个人账户资金的市场化运营也是非常难以保证制度的效率的。

（二）改革参量，提高退休金保障水平

不管个人账户是否剥离，制度的参量改革都是必需的，否则相当一部分人口养老金收入不足，从整体来说，养老金的平均水平也将维持在较低的水平，而且制度的长期收支平衡将难以维持。建议提高缴费基数下限。从表 1 中我们看到，如果缴费基数为社会平均工资的 60%，即使缴费满 15 年，退休当年从基础养老金中获得的养老金也只是社会平均工资的 11%，只有缴费工资达到社会平均工资时，每一年的缴费才可以获得社会平均工资 1% 的养老金。至于缴费工资下限提高到什么水平，可以做进一步的研究。

建议提高最低缴费年限至 25 ~ 30 年。如果缴费基数为社会平均工资的 100%，缴费年限提高到 30 年，则仅基础养老金就可达社会平均工资的 30%。提高最低缴费年限不仅有利于个人退休收入的提高，对制度的赡养率的改善和制度的财务平衡也是至关重要的。在我们能观察到的国家中，除了美国获取养老金的缴费年限为 10 年外，其他国家相关的规定都很严格，例如法国的公务员为 37.5 年，私人部门的雇员为 40 年。法国正打算进一步提高公务员的缴费年限至 40 年。

建议提高退休年龄。提高退休年龄是一个敏感的话题，但我们现在必须正视这个问题。中国人口预期寿命从 40 多岁延长到 70 多岁，但近 60 年来退休年龄政策一直没有相应地改革。冯怀珠（2006）在我国过去人口平均寿命演变规律的基础上，预测了未来人口预期寿命的发展走势，通过预测，预计 2010 年我国男性平均寿命为 71.78 岁，女性为 75.54 岁，而到 2020 年，这一数字将分别达到 72.34 岁和 76.10 岁。提高退休年龄其实也是一个重要的利益分配政策。理论上，有人认为提高退休年龄则意味着年轻人就业机会的减少，持这种观点的人往往会站在增加年青一代就业机会的角度反对提高退休年龄。在实践中，在年长的就业人群中，又分成两个群体：一个群体是可以通过工作更多分享经济高速发展成果的人群，这部分人会主张提高退休年龄，这部分人往往在正式部门，在经济效率高、收入增长水平高且就业稳定的部门工作；而另一部分人群则反对提高退休年龄，这部分人往往在非正式部门就业、工作不稳定、收入低下，工资增长缓慢，他们获取退休金的福利大于在职的福利，进入社会保险领取状态就等于进入了保险箱。另外，从企业的角度看，在劳动力供给充分的条件下，企业更倾向于雇用年轻的员工，而将年长的员工推向社会保险制度。可见，退休年龄政策是一个利益分配的政策，退休年龄高或者是低，无所谓对错，只是立场不同而已。

然而，从个人的收入来看，提高退休年龄对于绝大多数在正式部门工作的人来说，可以延长他们的缴费期，从而提高退休收入；从制度整体而言，提高退休年龄有利于制度财务的长期可持续发展，对减轻或者是至少不加重企业和年青一代的税负是有帮助的，从而长期内对就业也是有帮助的。

建议建立个人账户基金市场化运营机制。不管个人账户是否从基本养老保险中分离出来，相关的市场化运营及其管理制度是必要的，尽管养老基金的市场化运营是有风险的，但这是唯一可能使基金分享经济发展成果的办法。杨燕绥（2006）、何平（2001）、褚福灵（2005）等都提出要对个人账户"做实"并进行市场化投资运营。马丁·费尔德斯坦（Martin Feldstein）等（1998，2006）甚至保守估计中国未来的资本边际收益率在12%，高于总额工资增长率，从而极大地彰显累积制的优势。另外，投资收益要与个人账户权益挂钩，改变现在部分省市委托投资后，对个人仍然采取一年期银行利息计息，投资收益与个人账户"两张皮"的现状。

参量的调整可能会降低基本养老保险的覆盖率，但我们必须清楚，老年收入保障仅靠基本养老保险一项制度是不够的，我们需要其他的制度配合。从丹东的例子中我们看到，48万被保人就有19万人是退休人口，即60人缴费，40人领退休金（见《财经》，2011.6.6），一方面是相当数量人口的养老金收入严重不足，另一方面制度已是收不抵支。所以，我们别无选择，不进行参量调整，则无法保证基本养老保险制度的持续健康运行。

参考文献

[1] 李珍，王海东．基本养老保险目标替代率研究［J］．保险研究，2012（2）：97－98.

[2] 李铁映．建立具有中国特色的社会保障制度［J］．求是杂志，1995（19）：2－4.

[3] 刘世锦，罗纲，李绍光．中国养老保险模式选择与养老保险金进入资本市场问题探讨［J］．管理世界，1997（3）：171－172.

[4] 李珍，王海东．基本养老保险目标替代率研究［J］．保险研究，2012（2）：97－99.

[5] 国务院发展研究中心社会保障课题组．分离体制转轨成本，建立可持续发展制度——世纪之交的中国养老保障制度改革研究报告［J］．管理世界，2000（6）：9－10.

[6] 胡晓义．关于逐步提高养老保险统筹层次——十六届三中全会《决定》学习札记之二［J］．中国社会保障，2004（1）：18.

[7] 李珍．关于中国退休年龄的实证分析［J］．中国社会保险，1998（4）：21－22.

[8] 李珍，王海东．基本养老保险个人账户收益率与替代率关系定量分析［J］．公共管理学报，2009（4）：45－48.

[9] 李珍，王海东．我国基本养老保险替代率下降的机理与政策意义［J］．人口与经济，2010（6）：59－61.

[10] 李珍．社会养老保险私有化的反思［J］．中国人民大学学报，2010（2）：87－89.

[11] 冯怀珠．我国人口预期寿命分析与预测［J］．西北人口，2006（3）：47.

[12] 杨燕绥．中国应当不怕人口老龄化［N］．民营经济报，2006－08－07（A10）

［13］何平．社保改革选准攻坚路［J］．瞭望新闻周刊，2001（1）：27.

［14］褚福灵．以科学发展观为指导完善养老保险制度［J］．北京市计划劳动管理干部学院学报，2005（4）：4－6.

［15］Martin Feldstein，Jeffrey Liebman. Realizing the Potentialof China's Social Security Pension System［J］. Published in China Economic Times，2006，February 24：156－157.

［16］Jeffrey Liebman. Editorial：Social Security Meets Race［J］. Science，New Series，2005，309（5743）：1965－1966.

The Analysis of Policy Influence Factors and Policy Recommendations on the Falling Replacement Rate of the Basic Old Age Insurance

Li Zhen，Wang Haidong

Abstract：The basic old age insurance plan has being running for decades，and the replacement rate has being declining during below 60%，which is the target level. The reasons include low contribution base，few contribution years，low retiring age（except for women），and low interest rate of individual accounts. All these problems not only bring about the low pension，but also threaten the balance of the pension accounts and the healthy of the plan. Thus，we must reform the framework and the parameters of the pension policy. That is separating and investing the individual accounts in capital market，and modifying some parameters，such as contribution base，contribution years，retiring age（except for women）and interest rate of the individual accounts. Especially，we should not enlarge the coverage rate by depress thethreshold of basic old age insurance benefit.

Key Words：Replacement Rate；Basic Old Age Insurance；Framework Reform；Parameter Reform

农村养老保险适度水平及对提高社会保障水平分层贡献研究*

穆怀中　沈　毅　樊林昕　施　阳

【摘　要】中国社会保障水平提高的重点之一是农村社会保障水平的提高。“新农保”的实施不仅提高了农村养老保险水平，还提高了全国社会保障水平。受“新农保”试点覆盖范围的限制及低于适度水平给付起步策略影响，农村社会养老保险提升社会保障水平的作用还未充分发挥。文章研究发现，在农村养老保险适度水平条件下，2012~2050 年，适度个人账户年均提升全国养老保险和社会保障水平的幅度分别为 2.7% 和 1.48%；适度个人账户和基础养老金年均提升全国养老保险和社会保障水平的幅度分别为 4.12% 和 2.96%；适度农村社会养老金及家庭养老年均提升全国养老保险和社会保障水平的幅度分别为 4.78% 和 3.81%。农村养老保险适度水平发展对缩小城乡差距和提高社会保障水平具有积极的作用。

【关键词】农村养老保险；适度水平；社会保障水平；分层贡献率

一、引言

中国从 2009 年下半年开始启动新型农村社会养老保险试点，现正在全国各地农村全面铺开。截至 2011 年底，农村居民共有 3.58 亿人参保，有 8922 万老年人开始享受养老金待遇，基本实现了对全体农村居民的制度全覆盖。

---

* 本文选自《人口研究》2013 年第 3 期。

本文为国家社科基金重大项目“完善农村养老保险体系和提高社会保障水平研究”（项目编号：09&ZD023）、“城乡社会保障体系协调发展研究”（项目编号：11&ZD014）和自然科学基金项目“养老保险统筹层次收入再分配系数研究”（项目编号：70973048）的阶段性研究成果。

穆怀中，辽宁大学副校长、人口研究所教授；沈毅，辽宁大学人口研究所博士研究生；樊林昕、施阳，辽宁大学人口研究所硕士研究生（辽宁沈阳：110036）。

新型农村社会养老保险制度（以下简称“新农保”）的实施对已经陷入停滞的“老农保”制度注入了新的活力，使得农村养老保险覆盖范围和保障水平结束了徘徊不前的局面。农村社会养老保险参保人数从“新农保”实施前的5000多万人增加到2009年的8691万人，并进一步增加到2011年的32643.5万人；农村社会养老金领取人数从“新农保”实施前的500多万人增加到2009年的1556万人，并进一步增加到2011年的8525万人；农村社会养老保险基金支出从“新农保”实施前的50多亿元增加到2009年的76亿元，并进一步增加到2011年的588亿元；农村社会养老保险基金支出占GDP的比重系数从“新农保”实施前的不足0.02%提高到2011年的0.124%，扩大了约5.2倍①。

“新农保”的实施不仅提高了农村养老保险水平，还提高了全国养老保险水平和全国社会保障水平。截至2011年底，农村养老保险水平增幅对全国养老保险水平提高的贡献超过了50%，对全国社会保障水平提高的贡献超过了20%（见图2）。目前，“新农保”的给付水平尚处于起步阶段，还不能满足农民的基本生活需要（薛惠元，2012），未来随着农村养老保险体系的完善以及养老金给付的增长，农村养老保险对社会保障水平的提高作用将越来越明显。

农村养老保险给付水平的提高并不是养老金随意的增长，而是要以保障农民生存公平与劳动公平为重点（穆怀中，2007），促进农村养老保险适度水平发展。穆怀中（1997）较早地提出了社会保障适度水平理论，并构建了社会保障适度水平测量模型。穆怀中、沈毅（2012）利用社会保障适度水平模型测算了中国近期城乡社会保障适度水平区间。目前关于农村养老保险适度水平及对提升社会保障水平作用方面的研究较少。张海川、郑军（2011）借鉴穆怀中社会保障适度水平理论，测算了2001～2009年农村养老保险适度水平，但并未对未来适度区间进行预测，也未对社会保障水平的贡献进行分析。孙雅娜等（2011）和边恕、穆怀中（2011）以“新农保”为制度背景，着重从养老生存需求的微观层次分析养老金给付的适度性状况，但未能对宏观层次的农村养老保险及社会保障水平进行分析。本文扩展了社会保障适度水平模型，将其应用在农村养老保险领域，提出农村养老保险适度水平模型，对农村养老保险适度水平进行中远期测算，并将其运用于分析农村养老保险适度水平对提高全国社会保障水平的作用。

二、农村养老保险水平及社会保障水平现状

（一）农村养老保险水平现状

中国农村养老保险一直徘徊在较低的水平，农村养老保险水平（农村养老保险基金

① 根据《人力资源和社会保障事业发展统计公报》（2008～2011年）相关数据计算整理得出。

支出占 GDP 的比重系数）从 2000 年的 0.007% 波动发展到 2011 年的 0.124%，年均增长 0.01%；同期城镇养老保险水平从 2000 年的 2.62% 逐步提高到 2011 年的 3.38%，年均增长 0.07%；截至 2011 年，城镇养老保险水平比农村养老保险水平高出约 26 倍（见表 1）。农村养老保险水平的滞后与农村养老保险覆盖面过低、给付水平不高有关。2011 年，农村养老保险参保率（农村社会养老保险实际参保人数占应参保人数的比重）约为 29%；同期城镇职工养老保险参保率约为 79%，城镇职工养老保险参保率比农村养老保险参保率高出约 1.7 倍①。2011 年农村养老保险人均养老金（农村养老保险基金支出除以养老金领取人数）为 57.48 元/月，同期城镇职工养老保险人均养老金为 1558.32 元/月，城镇职工养老保险人均养老金比农村养老保险人均养老金高出约 26 倍。

表 1　农村养老保险水平与社会保障水平现状　　（单位：%）

年份	全国社会保障水平	城镇社会保障水平	农村社会保障水平	全国养老保险水平	城镇养老保险水平	农村养老保险水平
2000	3.94	3.86	0.09	2.622	2.615	0.007
2001	4.33	4.26	0.06	2.696	2.687	0.009
2002	5.09	5.01	0.07	3.029	3.018	0.011
2003	4.92	4.84	0.08	2.969	2.958	0.011
2004	4.87	4.76	0.11	2.845	2.833	0.012
2005	4.97	4.82	0.15	2.826	2.815	0.011
2006	5.22	5.03	0.2	2.892	2.879	0.014
2007	5.16	4.86	0.31	2.827	2.812	0.015
2008	5.56	5.17	0.39	2.908	2.89	0.018
2009	6.13	5.63	0.5	3.201	3.179	0.022
2010	6.32	5.33	0.98	3.267	3.217	0.051
2011	6.66	5.39	1.26	3.405	3.381	0.124

资料来源：《中国统计年鉴》（历年），中国统计出版社；《中国劳动统计年鉴》（历年），中国统计出版社；《人力资源和社会保障事业发展统计公报》（历年），人力资源和社会保障部网站（http：//www. Mohrss. Gov. cn/SYrlzyhsh-bzb/zwgk/szrs/ndtjsj/）。

（二）全国社会保障水平现状

中国社会保障水平也一直处于低增长状态，从 2000 年的 3.94% 逐步发展到 2011 年的 6.66%，年均增长 0.25%（见表 1）。此外，与城乡养老保险水平发展状况相类似，城乡

① 根据《中国统计年鉴》（2012）公布的城乡养老社会养老保险参保人数、城镇就业人数、农村 16～59 岁人口数据整理计算得出。

社会保障水平发展也不均衡，2011 年城镇社会保障水平为 5.39%，农村社会保障水平为 1.26%，城镇社会保障水平比农村社会保障水平高出约 3.28 倍。中国社会保障水平从 2009 年开始有明显的上扬趋势，社会保障水平增速加快（见图 1），这与 2009 年“新农保”试点及推广政策有关。

（三）农村养老保险水平增长对社会保障水平提高的贡献

通过对全国养老保险水平及全国社会保障水平增长幅度的贡献分解发现，2001～2008 年农村养老保险对全国养老保险和全国社会保障水平提高的贡献非常有限。其中，农村养老保险水平增长对全国养老保险水平提高的贡献率一直徘徊在 -1.5%～3.7%；农村养老保险水平增幅对全国社会保障水平提高的贡献率一直徘徊在 -1.97%～0.76%。2009 年国家实施“新农保”制度之后，农村养老保险水平得到显著提升，农村养老保险水平增长对全国养老保险和全国社会保障水平提高的贡献迅速扩大。其中，2010～2011 年农村养老保险水平增幅对全国养老保险水平提高的贡献达到 42%～54%，农村养老保险水平增幅对全国社会保障水平提高的贡献达到 15%～22%（见图 2）。

虽然“新农保”的实施有力地推动了全国养老保险水平和全国社会保障水平的提高，但是由于农村养老保险的低水平起步以及其他社会保障项目的发展滞后，导致全国社会保障水平仍处于较低水平运行，表现为社会保障水平一直低于社会保障适度水平下限（见图 1）。未来随着农村养老保险覆盖面的扩大与养老金给付的增长，农村养老保险水平将逐步实现适度水平发展，农村养老保险水平对社会保障水平的贡献将不断提高，并推动社会保障水平趋向适度区间发展。为了分析农村养老保险适度水平条件下对社会保障水平的贡献，需要对农村养老保险适度水平进行测算，为此，本文将引入农村养老保险适度水平模型。

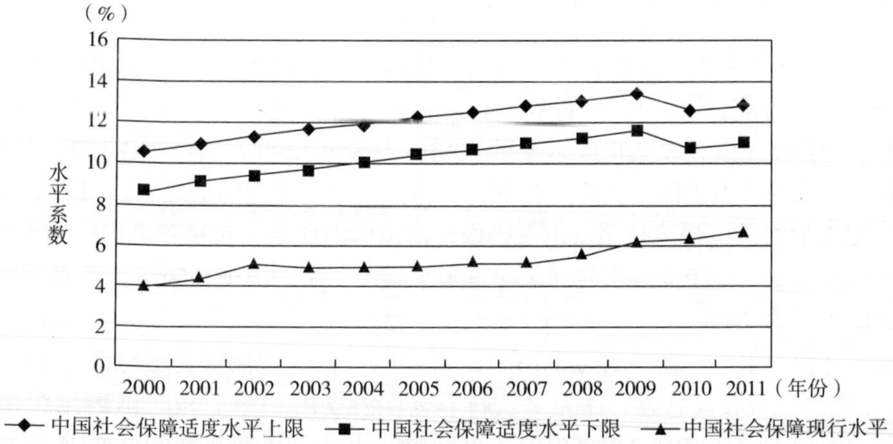

图 1　中国社会保障水平适度性状况

资料来源：穆怀中，沈毅．中国农民有土地两序列养老路径及养老水平研究［J］．中国软科学，2012（12）：78－89.

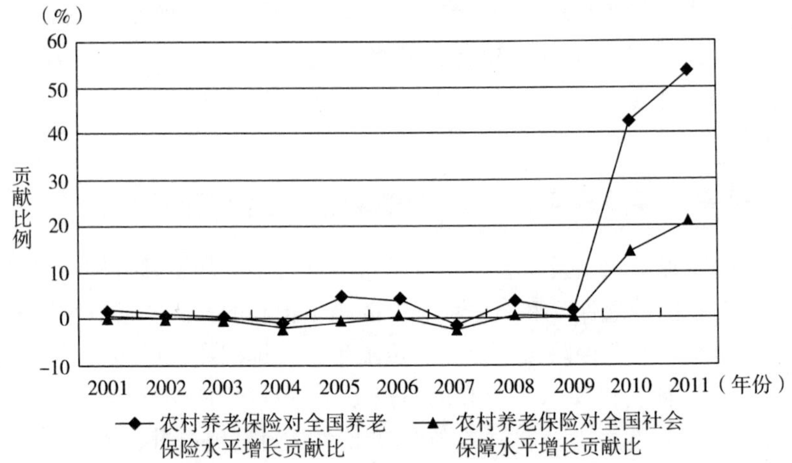

图 2　农村养老保险水平增长对社会保障水平提高的贡献

注：农村养老保险对全国养老保险水平增长贡献比 = 农村养老水平增长的幅度/全国养老水平增长的幅度；农村养老保险对全国社会保障水平增长贡献比 = 农村养老水平增长的幅度/全国社会保障水平增长的幅度。

资料来源：同表 1。

三、农村养老保险适度水平模型与测算

（一）农村养老保险水平的“度”

任何事物都有保持自己量的限度、幅度、范围，这个限度、幅度、范围是和事物的质相统一的限量（肖前，1981）。农村养老保险水平也是“质”与“量”的统一体，存在保持质的量的限度。农村养老保险水平的“质”是指它要与国民经济发展相适应，既要保障农村老年人的基本生活，又要与各责任主体经济承受能力相适应。农村养老保险水平的“量”是指农村养老保险费用支出占国内生产总值的比重。农村养老保险水平的“度”是一个区间的概念，是指保持农村养老保险水平质的、量的限度和幅度，它是确定农村养老保险适度水平的基础。

农村养老保险水平“度”存在的两个要素是“农村养老保险支出总额”和“国内生产总值”。把“工资收入总额”作为“农村养老保险支出总额”和“国内生产总值”的中间变量。然后，将合理的“养老保险支出总额”占“工资收入总额”的比重系数与合理的“工资收入总额”占“国内生产总值”的比重系数相乘，就得出了农村养老保险适度水平系数。

根据人口结构和社会保障理论，工资收入总额中分配给养老保险支出的份额不应超过

老年人口占总人口的比重（穆怀中，1998），这体现了人的公平生存权及创造与获得的统一。依据国际惯例，老年人所获得的养老金不应与在职劳动者相等，一般应在以老年人口比重分配工资收入份额的基础上，再以替代率为标准发放养老金。1997 年我国建立职工养老保险制度时，预期的城镇职工社会养老金目标平均替代率是社会平均工资的 58.5%（《新京报》，2012），这一目标替代率相对于“保基本”的目标而言大体是合理的（李珍、王海东，2010）。农民养老金目标替代率的设定要考虑到农民基本消费需求、农民收入来源特点及与城镇职工养老保险目标替代率的对接。农民养老金目标替代率设为农民劳均收入的 50% 是合理的（郑功成，2008），这一替代率水平不仅能够实现“保基本”的目标，而且在引入农民土地收益约 10% 的替代率时（穆怀中、沈毅，2012），基本能够达到与城镇职工同等的 60% 的目标替代率水平。

工资收入分配系数是指城乡劳动者的工资收入总额占国内生产总值的比重，表示劳动生产要素分配占国民财富中的份额。依据柯布—道格拉斯生产函数原理和实际研究结果，发达经济体中劳动生产要素分配占国民财富的相对份额基本稳定在 75%（Cobb and Douglas，1928）。但是，对于以从事农业生产为主的农民劳动收入中，有一部分收入的获得是源自土地要素的贡献，土地贡献占农民劳均收入的比重约为 10%。基于此种考虑，农业劳动者的工资收入总额占国内生产总值的比重应稳定在 65% 为宜。在农村养老保险适度水平测算中，劳动生产要素分配系数的合意值用于确定农村养老保险适度水平系数的上限，劳动生产要素分配系数的现实值用于确定农村养老保险适度水平系数的下限。

（二）农村养老保险适度水平模型建立

为建立农村养老保险适度水平系数模型，首先建立养老保险水平系数模型。养老保险水平系数是指养老保险支出总额占国内生产总值的比重。养老保险支出总额分为城镇养老保险支出总额和农村养老保险支出总额。在养老保险水平系数中，引入“工资收入总额”作为中间变量，并提炼出“养老负担保障系数”和“工资收入分配系数”。这样，养老保险水平系数模型用下式表示：

$$S=\frac{S_n}{G}=\frac{S_n}{W}\times\frac{W}{G}=Q_n\times H \tag{1}$$

式中，S 代表养老保险水平系数，S_n 代表养老保险支出总额，G 代表国内生产总值，W 代表城乡职工工资收入总额。Q_n 代表养老保障负担系数，它是养老保险费用占工资收入总额的比重，体现在职人员负担老年人口的水平。H 为工资收入分配系数。

养老保险支出总额主要分解出城镇和农村两部分，Snc 代表城镇养老保险支出总额，Snr 代表农村养老保险支出总额，且 Sn = Snc + Snr。在式（1）基础上，提炼出如下的农村养老保险水平系数模型：

$$Sr=\frac{S_{nr}}{G}=\frac{S_{nr}}{W}\times\frac{W}{G}=Q_{nr}\times H \tag{2}$$

式中，Sr 代表农村养老保险水平系数，Snr 代表农村养老保险支出总额，Qnr 代表农村养老保障负担系数，它是农村养老保险费用占城乡工资收入总额的比重，体现在职人员负担农村老年人口的水平，H 为工资收入分配系数。

农村养老保障负担系数（Qnr）是由农村 60 岁及以上老年人口占总人口的比重和农村养老金替代率共同决定的。依据人口结构和经济分配公平理论，农村 60 岁及以上老年人口获得的国民财富份额不应超出老年人口占总人口的比重。同时，60 岁及以上老年人口获得的国民财富份额中按照养老金替代率的比例划归为养老保障费用，其余部分划归为医疗保障等其他生活费用。因此，农村养老保障负担系数（Qnr）用下式表示：

$$Q_{nr} = O^{a}_{nr} \times C_{nr} \tag{3}$$

式中，O^{a}_{nr}代表农村 60 岁及以上老年人口占城乡总人口的比重，C_{nr}代表农村老年人口养老金目标平均替代率（50%）。

综合式（2）和式（3），农村养老保险适度水平系数（Sr）模型可以变换为如下形式：

$$S_r = O^{a}_{nr} \times C_{nr} \times H \tag{4}$$

在式（4）中，对应于某一时刻，O^{a}_{nr}和 C_{nr}是恒定的，S_r 的适度下限和适度上限值取决于 H 值的设定。某一时刻的现实 H 值①对应得出的 S_{rL}值为适度下限；将合意的 H 值（65%）对应得出的 S_{rH}值为适度上限。

（三）农村养老保险适度水平测算

根据农村养老保险适度水平模型式（4）及相关参数预测，测算出了 2000 ~ 2050 年中国农村养老保险适度水平的区间。农村养老保险适度水平的下限从 2000 年的 2% 上升到 2050 年的 2.93%，农村养老保险适度水平的上限从 2000 年的 2.17% 上升到 2050 年的 3.24%（见表 2）。

表 2　农村养老保险适度水平区间　　单位：%

年份	农村老年人口比重	养老金目标替代率	劳动生产要素分配系数		养老保险适度水平区间	
			现实值	合意值	适度下限	适度上限
2000	6.67	50	60	65	2.00	2.17
2001	6.96	50	59	65	2.05	2.26
2002	7.03	50	62	65	2.18	2.28
2003	7.11	50	60	65	2.13	2.31
2004	7.21	50	57	65	2.05	2.34
2005	7.40	50	56	65	2.07	2.40
2006	7.34	50	54	65	1.98	2.38

① 现实的 H 值 = 城乡居民平均每人年收入/人均 GDP。

续表

年份	农村老年人口比重	养老金目标替代率	劳动生产要素分配系数		养老保险适度水平区间	
			现实值	合意值	适度下限	适度上限
2007	7.38	50	51	65	1.88	2.40
2008	7.43	50	50	65	1.86	2.41
2009	7.49	50	51	65	1.91	2.43
2010	7.45	50	49	65	1.81	2.42
2011	7.59	50	48	65	1.83	2.47
2012	7.78	50	48	65	1.88	2.53
2015	8.27	50	57	65	2.34	2.69
2020	8.58	50	59	65	2.51	2.79
2025	9.41	50	58	65	2.72	3.06
2030	10.63	50	59	65	3.13	3.45
2035	11.08	50	57	65	3.18	3.60
2040	10.54	50	58	65	3.05	3.43
2045	9.88	50	58	65	2.89	3.21
2050	9.98	50	59	65	2.93	3.24

注：①GDP 预测采用分段法：2010~2020 年 7%，2021~2030 年 5%。2031~2050 年 3%；农村人均纯收入预测：2010~2020 年 8%，2021~2030 年 6%，2030~2050 年 4%；城镇职工工资预测：2010~2020 年 6%，2021~2030 年 4%，2030~2050 年 2%。②人口数据根据"六普"资料采用 PEOPLE 软件预测。

资料来源：《中国统计年鉴》（历年），中国统计出版社；《中国劳动统计年鉴》（历年），中国统计出版社；《人力资源和社会保障事业发展统计公报》（历年），人力资源和社会保障部网站（http://www.Mohrss.Gov.cn/SYrlzyhshbzb/zwgk/szrs/ndtjsj/）。

2011 年农村养老保险实际水平为 0.124%，远低于同年农村养老保险适度水平下限的 1.83%。为了分析农村养老保险在适度水平条件下，对全国养老保险和社会保障水平的提高作用，假设从 2012 年开始农村养老保险制度实现了全覆盖，农村养老保险水平达到适度区间下限标准，以此为基础分析农村养老保险适度水平对提高全国养老保险水平的贡献，以及对提高全国社会保障水平的贡献。

四、农村养老保险适度水平对全国养老保险水平的贡献

（一）个人账户适度水平的贡献

个人账户作为"新农保"和"老农保"共有的制度结构，当其处在适度水平区间

发展时，对全国养老保险水平提升的作用还是十分明显的。农村养老保险适度水平是以养老保险支出占 GDP 比重系数作为表达形式的，根据公式数量关系也可以转化计算出农民适度养老金的数量。当农村养老保险处于适度水平及合意结构①时，基础养老金与个人账户养老金将各占 50% 的份额，以此可计算出农民适度个人账户养老金与适度基础养老金。

根据表 3 和图 3 所示，2012 ~ 2050 年适度个人账户养老金提升全国养老保险水平的幅度在 0.59% ~ 5.38%，年均幅度为 2.7%。在不包含"新农保"条件下，全国养老保险水平一直低于适度水平下限运行。在个人账户适度水平的作用下，全国养老保险水平的提高十分明显，达到了适度水平区间的下限。值得指出的是，在加入"新农保"适度个人账户养老金之后，全国养老保险水平一直是贴着适度水平区间下限发展，还有进一步提升的空间。接下来将进一步考虑"新农保"适度基础养老金对全国养老保险水平提高的影响。

表 3　个人账户适度水平对提高全国养老保险水平的贡献　　单位：%

年份	全国养老保险水平（不含新农保）	全国养老保险水平（含新农保适度个人账户）	适度个人账户提升养老保险水平的幅度	全国养老保险适度水平上限	全国养老保险适度水平下限
2010	3.27	3.27	—	5.06	3.52
2015	4.01	4.60	0.59	6.12	4.93
2020	4.69	5.40	0.71	6.93	5.74
2025	5.36	6.61	1.25	8.31	6.78
2030	5.67	8.14	2.47	10.03	8.30
2035	6.12	9.43	3.31	11.44	9.18
2040	6.68	10.23	3.55	12.13	9.78
2045	6.70	10.99	4.29	12.75	10.32
2050	6.71	12.09	5.38	13.87	11.25

注：①2000 ~ 2010 年养老保险水平数据是根据统计年鉴数据进行核算而得的；②不含新农保的全国养老保险水平是采用直线趋势法，根据历史数据进行趋势外推预测而得；③含新农保适度个人账户的全国养老保险水平是指包含机关事业单位离休退休费、城镇基本养老保险支出和新农保适度个人账户养老金的养老保险水平；④适度个人账户养老金选择农村养老保险适度水平下限标准计算而得。

资料来源：同表 2。

① 按照国家对城镇基本养老保险目标替代率的指导思路，养老金目标替代率为 60% 左右，在统账结合模式下，基础养老金目标替代率为 30%，个人账户养老金替代率为 30%，这是一种合意的目标制度结构。农村养老保险目标替代率及制度结构划分借鉴了城镇基本养老保险的思路。

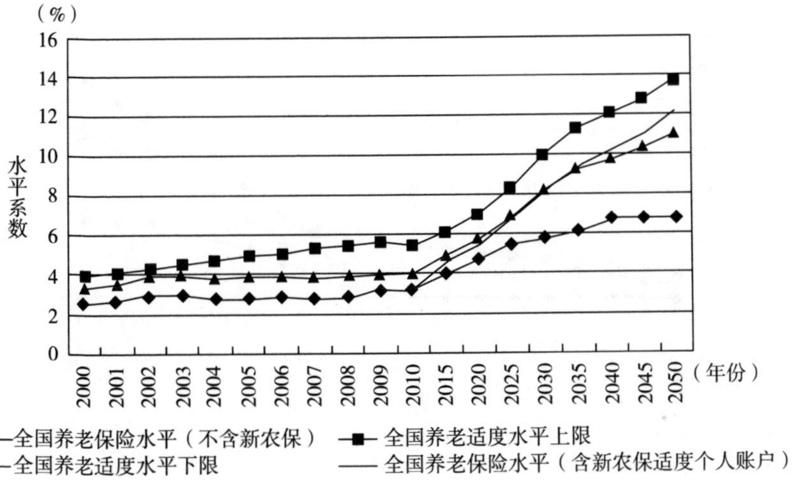

图3 个人账户适度水平对提高全国养老保险水平的作用

资料来源：同表2。

(二)个人账户和基础养老金适度水平的贡献

根据表4和图4所示，2012～2050年适度个人账户和适度基础养老金之和共同提升全国养老保险水平的幅度在1.76%～6.85%，年均幅度为4.12%。在不包含“新农保”的条件下，全国养老保险水平一直低于适度水平下限运行。在个人账户和基础养老金适度水平作用下，全国养老保险水平的提高十分明显，达到了适度水平区间上限。

表4 个人账户和基础养老金适度水平对提高全国养老保险水平的贡献 单位:%

年份	全国养老保险水平(不含新农保)	全国养老保险水平(含新农保适度个账和基础养老金)	适度个人账户和基础养老金提升养老保险水平的幅度	全国养老保险适度水平上限	全国养老保险适度水平下限
2010	3.27	3.27	—	5.06	3.52
2015	4.01	5.77	1.76	6.12	4.93
2020	4.69	6.65	1.97	6.93	5.74
2025	5.36	7.97	2.61	8.31	6.78
2030	5.67	9.71	4.04	10.03	8.30
2035	6.12	11.02	4.90	11.44	9.18
2040	6.68	11.76	5.08	12.13	9.78
2045	6.70	12.43	5.73	12.75	10.32
2050	6.71	13.56	6.85	13.87	11.25

资料来源：同表2。

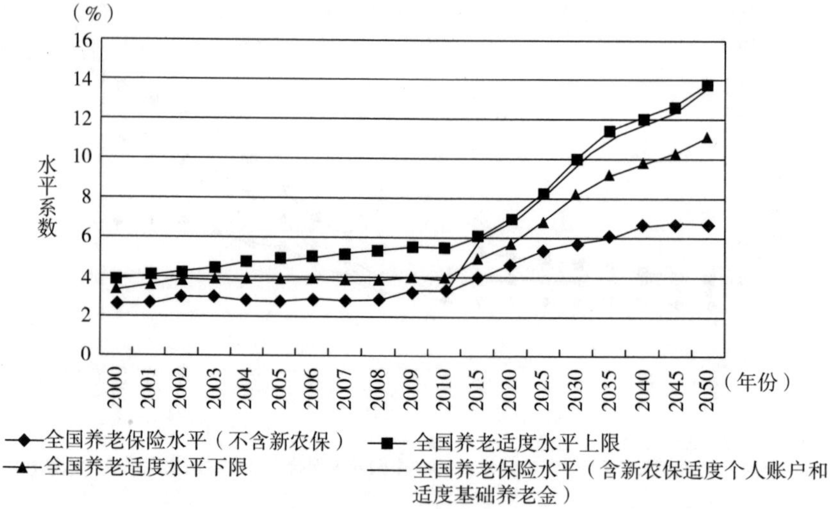

图4　个人账户和基础养老金适度水平对提高全国养老保险水平的作用

资料来源：同表2。

(三)农村养老保险适度水平及家庭养老的贡献

在农村的养老保障中，农民除了社会养老保险项目之外，还享受到家庭子女供养和土地收益养老保障。如果将农民家庭养老保障水平也算进农村养老保险水平，那么农村养老保险水平对全国养老保险水平提高的贡献更大。根据表5和图5所示，2012~2050年适度个人账户和基础养老金提升全国养老保险水平的幅度在2.2%~7.51%，年均幅度为4.78%。在不包含"新农保"的条件下，全国养老保险水平一直低于适度水平下限运行。在个人账户和基础养老金适度水平的作用下，全国养老保险水平的提高十分明显，略超过适度水平区间的上限。

表5　农村社会养老适度水平及家庭养老对提高全国养老保险水平的贡献　　单位:%

年份	全国养老保险水平(不含新农保)	农民家庭土地养老水平	农民家庭子女养老水平	全国养老保险水平(适度新农保和家庭养老)	适度农村养老保险和家庭养老提升养老保险水平的幅度	全国养老保险适度水平上限	全国养老保险适度水平下限
2010	3.27	0.15	0.26	3.85	—	5.06	3.52
2015	4.01	0.18	0.44	6.21	2.20	6.12	4.93
2020	4.69	0.18	0.54	7.20	2.52	6.93	5.74
2025	5.36	0.20	0.67	8.65	3.29	8.31	6.78
2030	5.67	0.22	0.80	10.51	4.84	10.03	8.30

续表

年份	全国养老保险水平（不含新农保）	农民家庭土地养老水平	农民家庭子女养老水平	全国养老保险水平（适度新农保和家庭养老）	适度农村养老保险和家庭养老提升养老保险水平的幅度	全国养老保险适度水平上限	全国养老保险适度水平下限
2035	6.12	0.22	0.80	11.82	5.70	11.44	9.18
2040	6.68	0.18	0.73	12.48	5.80	12.13	9.78
2045	6.70	0.15	0.67	13.11	6.41	12.75	10.32
2050	6.71	0.15	0.66	14.22	7.51	13.87	11.25

资料来源：同表2。

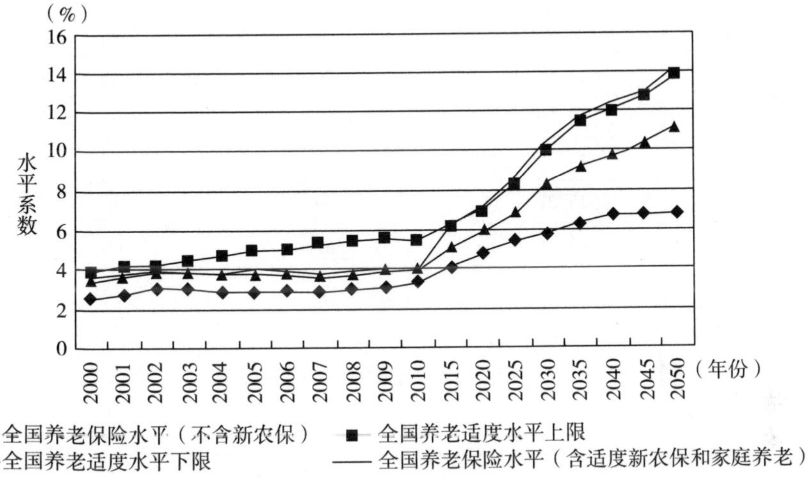

图5　农村社会养老适度水平及家庭养老对提高全国养老保险水平的作用

注：(1) 根据调查及实证研究，2010年农民子女养老费用占农村人均纯收入的比重为30%，假定未来老年人单个子女经济供养能力随恩格尔系数下降而同步提高，并且单个老年人子女数量随农村老年抚养比下降而同步下降，以2010年子女养老水平为基数预测未来子女养老水平。

(2) 土地养老水平根据土地要素在农业种植业收入的贡献进行预测，假设土地对农业收入的贡献率长期保持30%不变。

资料来源：同表2。

五、农村养老保险适度水平对全国社会保障水平的贡献

(一) 个人账户适度水平的贡献

养老保险是社会保障的子项目，农村养老保险适度水平对全国养老保险水平的提高具

有积极的作用，同时对全国社会保障水平提高也具有积极的作用。根据表6和图6所示，2012~2050年个人账户适度水平提升全国社会保障水平的幅度在0.95%~1.93%，年均幅度为1.48%。在不包含“新农保”的条件下，全国社会保障水平一直低于适度水平下限运行。在个人账户适度水平的作用下，全国社会保障水平的提高明显，逐步向适度水平区间的下限趋近。

表6　个人账户适度水平对提高全国社会保障水平的贡献　　单位:%

年份	社会保障水平（不含新农保）	社会保障水平（含新农保适度个账）	适度个人账户提升社会保障水平的幅度	全国社会保障适度水平上限	全国社会保障适度水平下限
2010	6.320	6.32	—	12.55	10.71
2015	7.520	8.46	0.95	14.54	12.70
2020	8.720	9.76	1.04	15.92	14.08
2025	9.920	11.18	1.26	18.25	16.41
2030	11.120	12.68	1.56	20.97	19.13
2035	12.320	14.05	1.73	22.85	21.01
2040	13.520	15.21	1.69	23.38	21.54
2045	14.720	16.41	1.69	24.05	22.22
2050	15.920	17.85	1.93	25.35	23.51

资料来源：同表2。

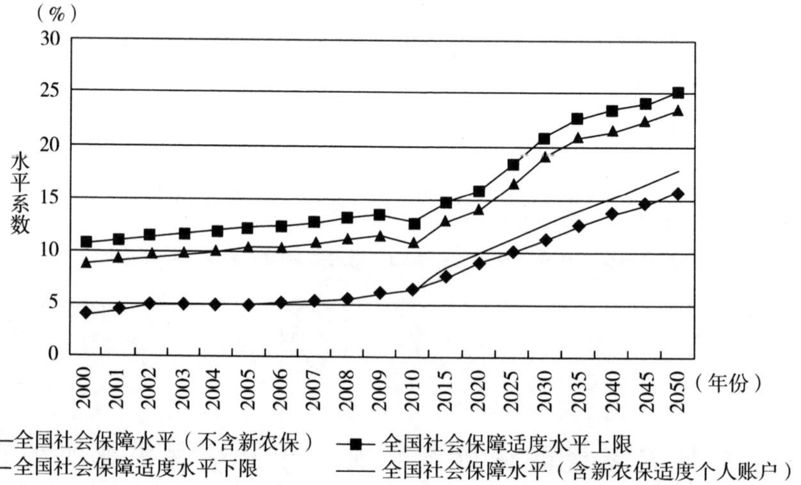

图6　个人账户适度水平对提高全国社会保障水平的作用

资料来源：同表2。

（二）个人账户和基础养老金适度水平的贡献

根据表 7 和图 7 所示，2012～2050 年个人账户和基础养老金适度水平提升全国社会保障水平的幅度在 1.89%～3.85%，年均幅度为 2.96%。在不包含“新农保”的条件下，全国社会保障水平一直低于适度水平下限运行。在个人账户和基础养老金适度水平的作用下，全国社会保障水平的提高较为明显，更进一步向适度水平区间的下限趋近。

表 7　个人账户和基础养老金对提高全国社会保障水平的贡献　　单位：%

年份	社会保障水平（不含新农保）	社会保障水平（含新农保适度个账和基础养老金）	适度个人账户和基础养老金提升社会保障水平的幅度	全国社会保障适度水平上限	全国社会保障适度水平下限
2010	6.320	6.32	—	12.55	10.71
2015	7.520	9.410	1.89	14.54	12.70
2020	8.720	10.790	2.07	15.92	14.08
2025	9.920	12.440	2.52	18.25	16.41
2030	11.120	14.240	3.12	20.97	19.13
2035	12.320	15.770	3.45	22.85	21.01
2040	13.520	16.900	3.38	23.38	21.54
2045	14.720	18.090	3.37	24.05	22.22
2050	15.920	19.770	3.85	25.35	23.51

资料来源：同同表 2。

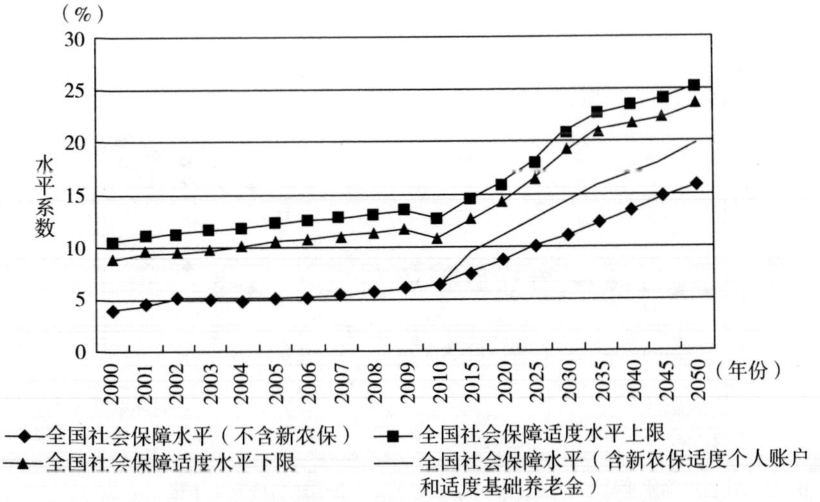

图 7　个人账户和基础养老金对提高全国社会保障水平的作用

资料来源：同表 2。

（三）农村养老保险适度水平及家庭养老的贡献

如果将农民家庭养老保障水平也算进农村养老保险水平，那么农村养老保险水平对全国社会保障水平提高的贡献更大。根据表 8 和图 8 所示，2012～2050 年适度个人账户和基础养老金提升全国社会保障水平的幅度在 2.51%～4.66%，年均幅度为 3.81%。在不包含“新农保”的条件下，全国社会保障水平一直低于适度水平下限运行。在个人账户和基础养老金适度水平的作用下，全国社会保障水平的提高十分明显，更加趋近适度水平区间的下限。同时应注意到，在农村养老保险保持适度水平发展时，全国社会保障水平仍未能进入适度水平区间范围，这意味着全国社会保障水平的提升不能仅仅靠农村养老保险来拉动，要同时兼顾提升医疗保险、社会救助等其他保障项目的水平。

表 8 农村养老保险适度水平及家庭养老对提高全国社会保障水平的贡献

年份	社会保障水平（不含新农保）	社会保障水平（含新农保、家庭养老）	适度农村养老保险和家庭养老提升社会保障水平的幅度	全国社会保障适度水平上限	全国社会保障适度水平下限
2010	6.320	6.32	—	12.55	10.71
2015	7.520	10.026	2.51	14.54	12.70
2020	8.720	11.519	2.80	15.92	14.08
2025	9.920	13.314	3.39	18.25	16.41
2030	11.120	15.265	4.15	20.97	19.13
2035	12.320	16.782	4.46	22.85	21.01
2040	13.520	17.809	4.29	23.38	21.54
2045	14.720	18.916	4.20	24.05	22.22
2050	15.920	20.578	4.66	25.35	23.51

资料来源：同表 2。

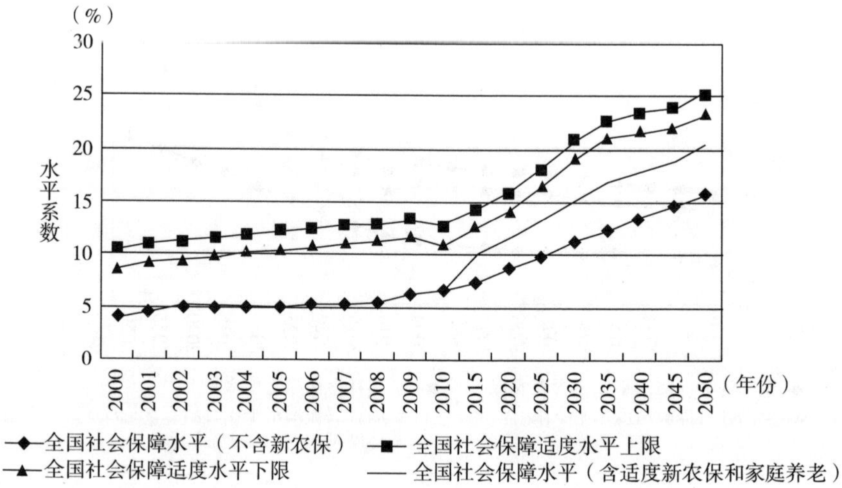

图 8 农村养老保险适度水平及家庭养老对提高全国社会保障水平的作用

资料来源：同表 2。

六、结论

本文的结论是：①现行农村养老保险水平及社会保障水平普遍较低。其中，农村养老保险水平低于城镇养老保险水平，还要低于农村养老保险适度水平下限；全国养老保险水平和全国社会保障水平都要低于各自适度水平下限。②2009 年实施“新农保”之后，农村养老保险水平得到显著提升，农村养老保险水平增长对全国养老保险和全国社会保障水平提高的贡献迅速扩大。其中，2010 ~2011 年农村养老保险对全国养老保险水平增长贡献比达到42% ~54%，农村养老保险对全国社会保障水平增长贡献比达到 15% ~22%。③农村养老保险在适度水平条件下对全国养老保险和全国社会保障水平的提高作用十分明显，2012 ~2050 年适度个人账户年均提升全国养老保险和社会保障水平的幅度分别为 2. 7% 和 1. 48%；适度个人账户和基础养老金年均提升全国养老保险和社会保障水平的幅度分别为 4. 12% 和 2. 96%；适度农村社会养老金及家庭养老年均提升全国养老保险和社会保障水平的幅度分别为 4. 78% 和 3. 81%。农村养老保险适度水平发展对缩小城乡差距和提高社会保障水平具有积极的作用。

参考文献

[1] 薛惠元. 新农保能否满足农民的基本生活需要. 中国人口·资源与环境，2012，10：170 – 176.

[2] 穆怀中. 城乡社会保障体系建设中的“生存公平”问题. 中国社会保障网，2009 – 05 – 07，http：//wcm. cnss. cn/preview/shbzw/xwzx/jdxw/200709/t20070921_ 160143. html.

[3] 穆怀中. 社会保障适度水平研究. 经济研究，1997（2）：56 – 63.

[4] 穆怀中，沈毅. 中国农民有无土地两序列养老路径及养老水平研究. 中国软科学，2012，12：78 – 89.

[5] 张海川，郑军. 2001 ~2009：我国农村养老保障适度水平研究. 保险研究，2011（7）：53 – 58.

[6] 孙雅娜，王成鑫，王玥. 新型农村养老保险制度给付水平的适度性分析. 人口与经济，2011（6）：100 – 105.

[7] 边恕，穆怀中. 农村养老保险适度水平的微观测度与动态调整研究. 社会保障研究，2011（6）：3 – 11.

[8] 肖前等. 辩证唯物主义原理. 北京：人民出版社，1981：173.

[9] 穆怀中. 中国社会保障适度水平研究. 辽宁大学出版社，1998：145.

[10] 韩宇明. 养老金“双轨制”两端渐行渐远. 新京报，2012 – 09 – 14，http：//www. bjnews. com. cn/news/2012/09/14/222801. html.

[11] 李珍，王海东. 基本养老保险目标替代率研究. 保险研究，2010（1）：97 – 103.

[12] 郑功成. 中国社会保障改革与发展战略——理念、目标与行动方案. 北京：人民出版社，2008：159.

[13] Charles W. Cobb，Paul H. Douglas. A Theory of Production. American Economic Review，1928

(18): 139 - 165.

Moderate Rural Endowment Insurance and Its Contribution to Improving Social Security

Mu Huaizhong, Shen Yi, Fan Linxin, Shi Yang

Abstract: One of the keys to improving social security level is to raise rural endowment insurancelevel. The new rural endowment insurance has improved the level of old - age insurance in rural areas and social security for the whole country. Largely affected by the limit of the new rural endowment insurance coverage and the below - moderate - level pension payment, the role of rural endowment insurance in improving the level of social security has not been fully realized. Results from this study suggest that in the context of moderate rural old - age insurance level, personal account would increase national pension and social security level by 2.7% and 1.48% respectively, personal account and basic pension would increase national pension and social security level by 4.12% and 2.96% respectively, and pension insurance and family pension would increase national pension and social security level by 4.78% and 3.81% respectively for each year between 2012 to 2050. The moderate level of rural endowment insurance has positive effects on narrowing the urban - rural gap and improving the level of social security.

Key Words: Rural Endowment Insurance; Moderate Level; Social Security Level; Layered Contribution

多轨制社会养老保障体系的转型路径*

中国社会科学院经济研究所社会保障课题组

【摘　要】本文基于文献研究和实地调查指出，中国社会经济的二元结构和计划经济时代遗留的公务员及事业单位退休制度，造成了多轨制的养老安排，在这样的制度安排下，不同身份的个人在缴费义务和养老金给付水平上的差别日益显著。这不但引发了不同职业群体的福利竞赛，进而损害养老基金的财务可持续性，而且还导致社会疏离与日俱增。解决这一问题的根本出路在于整合多轨制，推进适应市场经济运行和人口老龄化趋势的养老保障制度改革。现有的社会保险当为制度整合的基点：第一，合并城乡居民社会养老保险，将其扩展为覆盖全体国民的非缴费型普惠制公共养老金。第二，改进城镇企业职工基本养老保险管理方式，将统筹基金依然用作与薪酬相关联的正规就业者社会养老保险，将个人账户基金转化为由专业公司管理的覆盖正规和非正规部门就业群体的个人储蓄投资账户。第三，将公务员和事业单位人员纳入规则统一的正规就业者社会养老保险。

【关键词】养老保障；多轨制养老金；整合与改革

一、导言

社会养老保险是现代工业社会的产物。最初的制度设计理念，一是借助国家的强制，促使参保者在青壮年阶段以缴纳保险费的形式，将部分可以用于消费的收入储蓄起来，转移到年迈退出劳动力市场之后使用。就生命周期而言，养老保险“熨平消费”的功能正

---

* 本文选自《经济研究》2013 年第 12 期。

课题组长和文稿撰写人：朱玲，课题组成员：韩朝华、魏众、姚宇、金成武、邓曲恒、王震、李育、董永庆和单爽。本报告的老龄人口统计由金成武承担。在课题组的实地调查中，中财办和中国社会科学院秘书处、人力资源与社会保障部、国家社会保险事业管理中心及上海、无锡、沈阳、大连的相关机构、受访企业和职工、社区办事处和居民都曾给予大力支持，江南大学商学院同行参与了无锡调研，谨在此一并致谢。

在于此。保险费的最低缴纳年限因而也就取决于整个参保群体退休之后的余命。二是采用现收现付的财务安排，将在职群体缴纳的保费用于支付退休群体的养老金，即由参保群体共同分担老年人陷入贫穷的风险。三是对参保群体中的低收入者设定较高的养老金替代率（养老金/退休前收入），反之对高收入群体设定较低的替代率①，借此实行一定程度的收入再分配，以规避低收入参保群体陷入老年贫穷的风险（巴尔、戴蒙德，2010）。

可见，支撑这一制度设计的社会价值观是社会共济（Social Solidarity，直译为“社会团结”）。基于这样的价值观，构成社会养老保障体系的元素除了社会养老保险，还有非缴费型的国民养老金、最低养老金保障和老年津贴及救助等多种制度。至于一个国家采用何种制度元素组合来构建其社会养老保障体系，取决于特定时期政治经济社会环境的制约，以及社会对熨平消费、保险、减贫和收入再分配等多重目标的权衡。

世界各国在社保体系的制度框架形成之后，都会随着社会经济环境的变化逐渐调整内部结构、制度设计和保障水平；环境变化剧烈，调整幅度就可能随之加大，甚至促成改革。例如，美国自1935年颁布《社会保障法》（*Social Security Act*）以来，几乎每十年都出台一次修正案。近30年来的经济全球化进程，促使各个国家和地区为了应对日益加大的竞争压力，先后推行了强度不等的社保改革。欧洲福利国家和转型国家原本就要全民普惠制的社保体系，在国际经济竞争、人口老龄化和财政负担过重的压力下，改革取向主要是削减超出基本需求的社会福利。同时，缩小政府作用，扩大社会参与和责任分担，密切个人义务和受益水平的联系，强化福利受益者资格的审查和监督。2008年以来的金融危机和欧债危机，迫使一些福利刚性极强的欧盟国家也不得不深化其社保改革（OECD，2012）。

与欧洲工业国相比，美国一直把社保水平限制在满足基本生活需求的程度高于这一界限的保障水平，取决于雇主和雇员之间约定的机构福利或职业福利，以及个人或家庭的储蓄和投资。国家对此予以税收优惠，并提供理财教育和信息服务。可以说，美国的社会保险水平设定，以不低于贫困线为原则。当前，社会保险计划使得全美65岁以上年龄组中40%的人口脱离了贫穷。换句话说，若无社会保险，这一年龄组中40%的人口就会陷入贫穷。2009年2月，美国社会保障署专员 Michael Astrue 给参保人员的公开信或多或少地显示出这个原则。他强调：“……社会保险从未试图成为美国人退休收入的唯一来源。如果想要在退休后维持舒适的生活，参保人还需在工作期间另行储蓄、投资、参加企业年金计划或设立个人退休账户。”②

一些拉美国家设立个人退休账户的主要原因还在于，人口老龄化态势下现收现付制的社会养老保险方式已收不抵支。例如，智利社保改革中曾以积累式的个人账户取代现收现

---

① 2012年，韩国就业者在净收入处于平均水平的情况下，养老金替代率为47.5%；净收入为平均水平1/2者，替代率为69.8%；净收入为平均水平两倍者，替代率为28.5%；在日本，上述低、中、高三种收入层次的养老金替代率分别为52.7%、39.7%和31.7%（OECD，2012）

② 笔者曾对两位美国社会保险参保者进行了深度访谈，并获得其中一位2009年2月的社会保险清单。清单首页，就是Michael Astrue这封信，题为“What Social Security Means To You?”。

付式的养老制度安排，使得参保者退休后的养老金领取额取决于缴费的多少和投资收益状况。然而，低收入群体的资金积累能力极为有限，加之金融危机造成基金严重缩水，老年贫困发生率显著增加，故而又引入最低养老金保障制度作为补充（Dorfman et al.，2008）。

自 1981 年始，拉美、非洲、亚洲及太平洋地区的一些国家和特别行政区启动了公务员养老制度改革，其主要目的是减轻长期性的财政负担、促进劳动力流动、提高公共部门效率和增强社保体系的公平性。在历史上，公务员养老保障的出现早于社会养老保险，所需资源一般由财政直接承担。这既是出于稳定公务员队伍的需要，也是政府培养公务员忠诚度的一种措施。随着经济发展水平的提高，这类保障逐渐覆盖军人、教师等公共部门就业者。在一般市场经济国家，公共部门与私营部门相比，通常工资水平较低但保障程度较高、就业稳定性较强。从而通过就业者的自选择方式，保持全社会人力资源的公平分配。不过这一群体由于具有强大的话语权，往往既能赢得就业安全，又可享有较高的工资和福利，以至于造成财政负担日渐沉重、劳动力市场严重扭曲和社会不满明显增加。

在发达工业国家，当今公共部门的养老金支出大约占养老金总支出的 1/4。在许多发展中国家，这一份额还更高些。由于发展中国家的税基低于发达国家，其公共部门的养老金支出及管理成本形成的财政负担也就更沉重。为了在尽可能减少阻力的条件下推进公务员养老制度改革，包括美国在内的十多个国家都是将新入职的公务员纳入全国统一的社会养老保险，并采用个人养老储蓄账户的方式设置补充养老金计划。结果是在短期内减少了隐性债务，但双轨制的养老管理成本和劳动力市场扭曲还将延续数十年（Palacios and Whitehouse，2006）。

在多数发展中国家，社会养老保障的覆盖面依然狭窄。尤其是社会保险，几乎是政府和公共机构、现代工业和服务业等正规部门就业者才享有的奢侈品。中国也有类似情形，而且在最近 30 多年的改革开放进程中，还面临着更为复杂的社会经济状况。首先，中国虽然与其他发展中国家一样具有二元经济结构，但采用计划经济制度造成城乡隔离，并在社会保障和公共服务供给中对乡村人口采取排斥性政策，却堪称特例。其次，在国企改革中，城镇企业职工基本养老保险制度应运而生，可是机关事业单位特别是公务员养老制度，并未随着计划经济向市场经济的转型而发生实质性的改变。其中包含的特惠待遇之所以延续至今，明显的是因为它涉及的群体在社会经济决策中处于优势，而且拒绝放弃特有的福利。在诸多社保专家对中共十八届三中全会公报的解读文字中，有关公务员养老制度改革的路径至今仍含混不清。最后，人均预期寿命的延长和计划生育政策的实施，使得中国提前进入老龄社会，加剧了社会养老保障体系建设的紧迫性和与之相联系的财务困难。

与其他转型国家和发展中国家相比，中国现有的社会保障体系以其覆盖面的迅速扩展显示出巨大的历史进步，然而又因其“多轨制”的养老安排而既有失公平，又损失效率。第一，在城市，公务员和事业单位退休制度与城镇职工社会养老保险并行，使得不同身份的利益相关群体在义务和待遇上的差距拉大。第二，纳入新型农村居民社会养老保险（新农保）和城镇居民社会养老保险制度的人员，多为其他社会养老保障项目“撇奶油”后留下的老弱群体。因个人账户积累水平低，保险项目本身的共济能力十分薄弱。此外，这两种制度包含的非缴费型养老金数额微少，尚不足以预防老年贫穷的发生。第三，在城市非正规部门就业的农村迁移工人（农民工）往往失去制度化的养老保障。

无论是从计划经济转向市场经济的角度，还是从消除城乡二元结构的角度来观察，中国社会养老保障体系的转型都还未完成。整合其中的多轨制，既是促进城乡共同发展的必要步骤，也是深化市场取向的经济改革和增强社会均衡的有效措施。为了继续改进社保制度和政策，需要提供具有针对性的理论基础和充足的事实证据支持。对此，国外研究者提出的技术性建议曾启迪了大量国内研究者的思索。这一是因为发达国家先于中国遭遇工业化中的社会养老难题，故而在制度改革中积累了更加丰富的经验；二是因为这些作者在全球发展问题研究中具备了更为广阔的国际视角。但对于如何消除多轨制养老安排中的制度性不公平，他们的建议则明显缺少可行性（Pozen，2013）。其原因或许在于，他们尚且缺少对中国现实生活的深入体验。

如今，国内研究者多倾向于"顶层设计"，但有相当一部分论著存在以下问题：第一，忽略整个社会养老保障体系尚未完成制度转型的情况，而更多地关注如何从财务角度平衡不同类别参保者的利益。第二，在养老体系研究中，偏好城市制度分析而几近于忽略农村。第三，趋向于"另起炉灶"，而对现有制度大起大落可能造成的社会经济成本未给予足够的重视。第四，制度设计中的宏观政策分析与微观现实研究脱节。因此，即便是推出的政策组合设计与国外学者的思路相差无几，其中的不足之处一经报道，就有可能使整个方案遭遇误解。[①]

中国社会科学院经济研究所课题组基于上述认识，将研究的重点置于探索多轨制社会养老保障体系的转型路径。本报告将主要回答以下问题：第一，在不同的养老保险（保障）制度下，相同资历的退休者的养老金给付差别，在多大程度上是由制度安排不公平造成的？第二，不同养老保险（保障）制度覆盖的就业者和退休人员对其所在的制度评价如何？第三，以何种制度为基准，整合多轨制养老安排从而推进整个社会养老保障体系的转型？第四，在整合过程中如何处理技术性难题？对这些问题，本报告将从第二部分开始依次展开讨论。

文章涉及的数据和信息主要来源于：①国际组织和中外学术机构的研究报告。②有关中国社会养老保险（保障）的法律法规、政府文件和统计资料。③中国老龄科学研究中心的2010年全国（20个省/直辖市）60岁及以上老龄人口抽样调查（城市样本10060户，农村样本9926户）。④课题组通过案例调查获得的第一手资料。2013年7~8月，我们一方面走访中央有关职能部门；另一方面，在无锡、上海、大连和沈阳进行实地调查。在四个调研城市，共走访地方社保中心4个、地方国资委2家；国有金融、研发、制造和百货企业8家；民营制造业和服务业企业8家；不同收入水平的居民社区2个。与此同时，对公共部门和企业管理人员、工人、在职公务员、事业单位职工以及不同身份的退休人员做一对一访谈。此外，分别在两个调研企业组织了行为经济学试验。

① 人民网：《唐钧、杨燕绥谈中国式养老难题——专家新论再过招》及相关微博评论，2013年9月12日。

二、与多轨制相联系的养老收入差距

本节将基于抽样调查和案例调查数据分析，先扼要说明 60 岁及以上城乡老龄人口的生活状况，再展示处于不同养老制度安排下的组别在退休收入上的差异，最后确认多轨制对养老收入的影响。

表 1 2010 年老龄人口的家居形态

家庭类别	城镇		农村		全体	
	户数	比重（%）	户数	比重（%）	户数	比重（%）
非空巢	4540	45.13	5280	53.19	9820	49.13
空巢	5520	54.87	4646	46.81	10166	50.87
单身独居	1437	14.28	1610	16.22	3047	15.25
老年夫妻	4083	40.59	3036	30.59	7119	35.62
全体	10060	100	9926	100	19986	100

注：本文表格如不加说明，数据来源皆为中国老龄科学研究中心提供的《中国城乡老年人口状况追踪调查 2010 年》原始数据。

表 1 粗略地呈现了当前 60 岁及以上的老年人在不同家居形态中的分布。值得注意的是，在家有老人的城乡样本户当中，空巢家庭所占的比重已接近 55% 和 47%。鳏寡独居老人占农村样本总量的 16% 之多，比城市的还高 2 个百分点。此外，75 岁以上的老人大约占整个样本的 37.7%。尤其是农村老年女性，这一比重高达 40.3%（无表格显示）。这些信息，不但有助于了解老龄人口的照料需求及相应支出，而且也为确定养老保险的最低缴费年限提供了参考信息。

表 2 首先展示了城乡老龄人口的消费水平差别。以单身独居老人的月支出水平为例，城乡差距约为 2.7∶1。其次，表中的数据还传达了这样一条信息，空巢家庭与非空巢家庭相比、单身独居老人与仅有老年夫妇的家庭相比，人均消费支出都要高一些。进一步观察农村空巢家庭承担的医疗费用，还会注意到这一项目在月均总支出中所占的比重高达 14.4% ~18.4%，高出城镇空巢家庭 2 ~6 个百分点。因此，无论是设置公共养老金给付水平，还是制定社会救助标准，家庭规模效应和老龄人口消费需求的特点，都需加以考虑。

表 3 仅列举了 2010 年城镇老年人的退休金或养老金水平、总收入以及收入分配状况。农村样本的数据不足以支持相应的统计，因为以住户为单位的生产性收入即使平均到个人，与城镇个人获得的收入实际上也不具可比性。如果在住户层面比较 2010 年的城乡空

巢家庭年收入，那么农村单身独居老人和老年夫妇的年均净收入为7533.8元和11330.6元（无表格显示）；同类家庭的城乡收入比为2.6∶1和3.2∶1（农村为1）。

表2　2010年家有老人的样本户的月支出结构

户籍	城镇			农村		
家居类型	非空巢	单身独居	老年夫妻	非空巢	单身独居	老年夫妻
有效观测值数（户）	4428	1411	4021	5110	1530	2989
生活费用（元）	1962.31	1061.1	1803.04	769.49	355.3	545.7
百分比（%）	72.33	76.14	70.32	63.85	68.72	61.23
非经常性开支（元）	420.03	125.68	389.6	268.62	66.84	149.41
百分比（%）	15.48	9.02	15.19	22.29	12.93	16.76
经常性开支（元）	48.98	39.24	52.64	27.2	20.67	31.72
百分比（%）	1.81	2.82	2.05	2.26	4	3.56
自付医药费（元）	281.57	167.69	318.84	139.88	74.22	164.37
百分比（%）	10.38	12.03	12.43	11.61	14.36	18.44
总支出（元）	2712.89	1393.71	2564.12	1205.18	517.03	891.2
百分比（%）	100	100	100	100	100	100

表3和表4均以城镇老人退休前的就业身份为据分组，其中的数据显示：第一，城镇老龄人口的收入基尼系数达0.4054，社会养老保障体系给付的退休金或养老金，使其收入的不均等程度下降了0.82个百分点，可见现有养老保障体系具有微弱的收入再分配功能。在所有组别当中，企业退休职工的收入不均等程度最低，基尼系数仅为0.2242。企业职工养老保险的再分配功能也强于其他养老制度安排，社保给付使得企业退休职工的收入不均等程度降低了1.59个百分点。

表3　2010年城镇老年人的收入状况

退休前就业状况	观测值数（人）	退休金/社保给付养老金		每月总收入	
		均值（元/月）	基尼系数（%）	均值（元/月）	基尼系数（%）
1. 非正规就业	2325	260.62	61.65	376.54	65.45
2. 机关事业单位	2007	2508.19	29.04	2632.37	30.4
3. 企业职工	5605	1528.15	20.83	1600.51	22.42
4. 机关事业加企业	123	2847.91	26.14	2903.97	26.07
2+3+4	7735	1803.43	27.03	1888.97	28.35
全体	10060	1446.86	39.72	1539.43	40.54

表 4　2010 年大专及以上学历的城镇老年群体的月均养老收入

保障类型	性别/年龄	观测值数	月收入均值（元/人月）
企业职工养老保险	男	316	2389.54
	女	131	2132.53
	75 岁以下	337	2289.05
	75 岁及以上	110	2391.34
机关事业单位退休	男	348	3548.21
	女	139	3078.99
	75 岁以下	302	3280.41
	75 岁及以上	185	3632.82
兼有两类保障	男	19	3443.3
	女	10	3538.77
	75 岁以下	18	3317.82
	75 岁及以上	11	3735.42
两类保障暂无	男	15	697.29
	女	3	0
	75 岁以下	14	747.1
	75 岁及以上	4	0

第二，60 岁之前没有正规就业岗位的人，退休后能够从社会保障体系领取的月收入为 260 多元。虽然还有其他收入来源，但这组低收入者的人均月收入尚不足 380 元，相对于其自掏腰包的人均 153 元医疗支出（无表格显示），显然陷入贫困状态。与此相对照，表 3 中还包括一些报告自己同时具有两种退休身份的人。根据这一组别的收入水平和我们在城市调查中获得的信息判断，这些人很可能是非全额拨款的事业单位退休人员。他们参加了企业职工养老保险，既领取社会养老保险给付的基础养老金，又参照事业单位的退休规定领取津贴和补贴。

第三，在城镇老年样本中，报告自己仍在工作的人仅有 28 位，约占有效样本量（9355 人）的 0.3%（无表格显示）。当今退休老人的再就业收入和资产收入相对于养老金给付还微不足道，其 95% 左右的收入来自社会保障体系提供的退休金或养老金，养老金实乃这一群体最重要的生活来源。

第四，机关事业单位退休人员的月人均总收入和退休金，均高于企业退休职工。这两类人员退休前的工作岗位都属于正规部门，他们的平均养老收入也都高于非正规部门的退休者。对于表 2 至表 4 列出的不同组别之间在收入和支出上的差距，我们均借助非参数统计中的 Wlieoxon（Mann – Whitney）秩和检验加以判断。结果是，每两组之间在千分之一（0.001）水平上存在显著差异。仅就表 3 和表 4 而言，这意味着机关事业单位退休群体的收入高于其他组别、非正规部门退休群体的收入低于其他组别的可能性更大，从而也就在统计上支持了我们的观察。

第五，表4的焦点在于，筛选出人力资本特征类似的群体，通过进一步分组并比较各组收入，确认不同养老制度安排对老年人收入的影响。在我们的实地调查中，多数受访人员仅用机关事业单位的人均退休金和企业养老保险给付的人均养老金之比，来陈述对养老制度不公平的不满。也有媒体举例报道，认为这一差距高达数倍之多。然而如果不考虑两类退休人员的人力资本结构，这种比较结果的说服力还是不足的。我们的统计和检验结果表明，在大专学历以上的老年人当中，机关事业单位和城镇企业的男性退休人员的养老收入之比大约为1.48∶1，两类退休女性的养老收入之比大约为1.44∶1。对其他学历组所做的同类统计和检验，结果也大致如此。这两个比例显示的正是不同的养老制度安排对人力资本水平相当的退休人员造成的收入影响。尽管它反映的收入差距不似媒体报道的那样大，但其中包含的制度不公平也是一目了然，说明社会养老保障体系的进一步改革已势在必行。

三、多元利益群体的养老福利竞赛

本节首先基于对在岗职工和退休者的访谈信息及行为经济学实验结果，展示受访者和被试者对养老体系公平性的主观评价。其次，根据我们近10年来的调研积累，说明不同类型的就业和退休群体对多轨制养老安排的现实反应。

国外行为经济学研究者有关公平分配的实验结果表明，持有分配权的人在信息不完全并缺少监督的条件下，只会做出最利于自己的分配，而且具有以自我为中心的公平感。被动接受分配的人，无论得到的数量多少，一旦知晓自己与别人的所得差距，其愤怒便指向分配者（Murnighan，2008）。这种情形，我们在社保调查中也已观察到，并进一步通过试验了解就业者对国内社会养老保障制度的态度。结果发现，来自国企转制工厂的被试者对改革前退休制度的评价，高于当前的企业职工养老保险，而非国企职工则不然①。

原国企职工对其所做的制度评价有如下解释：第一，以前与公务员和事业单位的人相比收入差距不大。第二，以前养老不需要个人提前缴费，现在缴费压力重。第三，目前物价太高，保险的作用不足。第四，医疗开支大，医保规定的报销比例不高，需要自掏腰包的医药费使得养老金不够花。由此看来，他们评价养老保障制度的参照系是多维的，既有纵向的新旧制度比较，又有对其他职业群体状况的横向观察，还有对缴费责任、给付水平、物价变动以及医疗和养老保险相互补充以平滑生命周期消费的掂量。事实上，不同职业群体对养老制度安排做出的反应也是对制度加以多因素权衡评估的结果。

首先，公务员和全额拨款的事业单位编制内人员无缴费义务，退休金根据其工龄和在

① 这里有关实验发现的陈述基于本课题组成员姚宇未发表的试验报告。

职期间的最高工资按比率由财政发放。这种制度安排的通俗说法为“工资打折”，工龄 35 年以上的人员退休时得到的“打折率”至少达 90%。此外，还可获得相当于岗位津补贴 70% ~80% 的退休补贴①。值得注意的是，这一群体的等级制医疗待遇及其他福利延伸到了他们的退休时代②。尽管其整体待遇高于其他老龄人口并因此激发社会不满，由等级制待遇差异引起的群体内部矛盾和逐利行为也同样日趋严重。我们注意到，多数情况下，差额拨款的事业单位人员参加事业单位养老保险，自收自支事业单位人员参加企业职工养老保险。不过他们的退休金给付水平并未与缴费挂钩而是与档案工资挂钩，因此既领取养老金又领取津贴和补贴。在试行双轨制并轨的城市，制定的试点规则也没有消除双轨制，而是对公务员按照最低缴费基数征收养老保险费，实际给付标准则参照原有退休制度的“打折工资”水平，由财政弥补原制度退休金和养老保险给付水平的差额。这样做的结果是，在企业职工中造成了更大的不满。一些受访员工认为，公务员参保缴费低却待遇高，侵占了其他参保者的权益。

其次，纳入城镇企业职工基本养老保险的从业人员不但要承担缴费义务，而且还面临与个人账户资金运营相关的市场风险。虽然其养老金水平在最近 9 年里连年提高，但这一群体所得养老金的平均替代率大约不足机关事业单位的一半（45% 左右）③。近年来，从企业退休的军队转业干部相互联络，以同期进入机关和事业单位的军队转业者为参照，要求政府补贴养老金差额。这种利益诉求在各地相继得以满足，结果对不同群体之间的福利竞赛直接产生了示范效应。政府逐一回应利益相关群体讨价还价的方式，非但没有缓解福利攀比，反而犹如推倒了多米诺骨牌，激励更多的群体和个人投入索求特殊待遇的竞赛。以至于养老基金的积累规则未变但支出制度却被接踵而来的例外安排打破，保险制度的财务可持续程度及参保人口的代际公平性都明显削弱。

最后，在初建的新农保和城镇居民养老保险制度下，60 岁及以上的老年人即使不曾缴费或未满足最低缴费年限，也可以领取中央和地方财政拨付的基础养老金。虽然这纯属新增社会福利，但这类制度覆盖的女性居民比照城镇企业女职工的退休年龄（50 岁或 55 岁），要求缩短其养老金领取年龄。无非是她们的话语权弱小，发出的声音难以传递到媒体和公众。特别是，农村大多数体力最强和受教育程度较高的中青年群体已进城就业，为了让留守家乡的父母乃至祖父母获得基础养老金领取资格，有的迁移工人按照新农保中的最低缴费额（每年 100 元）回乡参保，达到目的之后不再缴费；有的打算接近 60 岁时再选择较高的缴费档次实行一次性趸交。还有在城镇微小企业工作或从事个体经营的农村迁

① 据本课题组的机构访谈，目前机关事业单位人员的离/退休费计发办法仍按国办发〔1993〕85 号文件执行。参见：国务院关于机关和事业单位工作人员工资制度改革问题的通知，1993 年 11 月 28 日，http://www.people.com.en/item/flfgk/gwyfg/1993/112802199346.html，2013 年 9 月 10 日。

② 民政部离退休干部局：《离退休人员各项待遇政策摘编》，2007 年 12 月 24 日，http://www.mcll.gov.cn/anicle/zwgk/fvfg/zh/200712/20071210008840.shtml，2013 年 9 月 11 日。

③ 新华网：《去年企业养老金替代率不足机关事业单位一半》，2012 年 9 月 14 日，http://news.xinhuanet.corn/fortune/2012-09/14/c-123714382.htm，2013 年 9 月 9 日。

移劳动者，至今仍游离于城乡社会养老保障体系之外，倾向于到 40 岁或 45 岁时再参保，以满足养老金领取资格必备的最低参保年限。

在参加城镇企业职工基本养老保险的农村迁移劳动者当中，那些不可能达到 15 年缴费年限的人（例如企业中的中年重体力劳动者和一线女工），往往因流动性高而缺失就业和缴费记录，其参保以前的工龄也未像军龄那样计入养老金给付。实际上，他们参保缴费的作用更多地体现为缓解老工业城市当前的支付困境①，却无助于减少自己未来的老年贫穷。这无疑削弱了迁移工人的参保意愿，导致他们与企业一起设法规避或减轻缴费义务。劳务派遣公司和微型企业承接规模企业外包合同的方式，在很大程度上为这种合谋的实现提供了便利。

总之，多轨制使得基于部门、行业、职业、年龄和性别差异而形成的相关群体缺少利益一致的联结点。筹资中的城乡和行政区域分割，又进一步加深了多元利益相关群体的分化。一个地区的养老待遇因不同群体的福利竞赛而提高，相邻地区随即效仿跟进。至于养老保险的财务是否可持续，福利竞赛对就业市场和经济增长有何影响，绝大多数利益相关者并不深以为意。他们既对关系到自身的养老制度安排缺少认同，又对整个养老体系的公平性充满质疑。因此，多轨制养老安排的整合不仅关系到社会养老保障体系的可持续性，而且对凝聚和稳定社会同样重要。

四、社会养老保障体系的转型路径

社会养老保障体系的转型必将牵涉多层面的制度设计和规则变化。这其中，有的关系到整个体系的基本面，例如多轨制养老安排的整合；有的则涉及派生的技术问题，例如制度转轨产生的财务负担。本节将基于前三节的理论和事实讨论，重点说明包括多轨制整合在内的养老保障体系转型路径。

城镇企业职工基本养老保险、新型农村居民社会养老保险和城镇居民社会养老保险，本就是与改革开放相辅相成的社会养老保障体系转型的产物。因此，在多轨制整合方案中，这些制度中包含的适应中国社会经济转型与发展的成分，当为整合的基点。这就意味着以现有社会保险制度的改进模式，替代尚未完成转型的养老制度安排，并覆盖预期的目标人群。所谓“目标人群”，指的是特定制度或政策措施瞄准的对象。在以下政策讨论中，首先将全体国民区分为就业者与非就业者，然后将就业者进一步区分为正规和非正规就业者。这样做的目的，一是尽可能沿用已有的制度转型路径，简化多轨制整合的程序，

① 在本课题组调查的几个城市，农村迁移工人（农民工）参保缴费均弥补了城镇企业职工养老保险基金当前的支出缺口。例如，2010 年之前的几年，上海财政必须每年支出 100 多亿元填补养老基金缺口。自 2010 年始，农村迁移工人参保缴费替代了这笔财政支出。

降低整个养老保障体系转型的社会经济成本；二是以劳动经济学的分类标准识别个人特征，避免纠缠于多维度的个人身份划分而干扰政策逻辑。

出于预防老年贫穷、熨平生命周期消费和激励劳动者市场表现的考虑，现有社会保险制度可从以下几个方面加以改进：

第一，合并城乡居民社会养老保险，将财政支持的基础养老金分离出来，转化为覆盖全体国民的普惠制公共养老金。全国统一的公共养老金给付水平，可以参照最低生活保障标准确定，地方政府则根据当地的物价水平，动用地方财政资金加以调整。这种做法，与现行城乡居民社会养老保险中的基础养老金财务安排别无二致。

对于普惠制公共养老金的质疑主要来自两个方面：一是它将垫高整个养老保障体系的成本却未见得能消除不公平，二是城乡制度统一会使财政负担过重。然而普惠制公共养老金的首要功能是预防和消除老年贫穷，而非化解现有养老保障体系的所有问题。2009 年，老年人约占农村低保人口的 34%①。2010 年，城镇老龄人口中收不抵支者在 20% 左右②。此外，低收入就业者特别是其中的女性，即使参加了城镇职工养老保险，由于不得不选择最低缴费基数，加之正规就业时间及保险缴费年限较短，到退休时也难免因养老金数额过少而陷入贫穷（朱玲，2009）。因此，普惠制公共养老金与社会医疗保险和老年照料保险相匹配，对于每一位国民特别是低收入者可谓最终兜底的安全网。

普惠制的公共养老金无疑也有利于劳动力流动。在就业市场中，无论是经济周期还是结构调整引起的供需变化，都可能会使劳动者在失业和就业、正规就业和非正规就业之间变换位置，或是出于其他原因在就业岗位和地域之间迁移。如今，中国城镇劳动力当中（包括农村迁移工人）有一半以上的非正规就业者③。其中多数非熟练劳动者的就业和收入不稳定（农业劳动力也具有收入不稳定特征），故而保险费征收成本相对高昂。这些都会影响他们的缴费连续性，普惠制公共养老金的非缴费特征，恰好解决了这一难题。

还值得注意的是，普惠制的公共养老金本身即有缩小城乡差别和减少不公平的作用。中央财政为城乡两类居民参加社会养老保险提供的补贴数额相同，一些城市如沈阳和大连辖区内的城乡居民基础养老金每人每月仅相差 20 元。那么为了这一微小的差额而保留城乡居民养老保险的分隔，其社会成本明显高于财务成本。从长期看，以贫困线或低保线为基准确定普惠制公共养老金给付水平的做法，不但由于其兼容所有利益相关者的基本生存需求而具有凝聚和稳定社会的功能，而且还因省却家计调查而显著减少运行管理成本。如果仅计算每年的发放金额，其总量大约相当于同期 GDP 的半个百分点（左学金，2013）。可见，这一制度亦具有财务可行性。就近期的多轨制整合而言，有了广泛认同的公共养老金基础，推进其他养老政策改革的政治可行性也将大为增加。

第二，改进现有的城镇企业职工基本养老保险管理方式，分离现收现付制的统筹基金

---

① 民政部：《2009 年 12 月份全国县以上农村低保情况》，2010 年 1 月 28 日，http：//files. inca. gov. en/ews/201001/20100128094132409. htm，2011 年 6 月 3 日。

② 根据中国老龄科学研究中心的 2010 年城市抽样调查数据计算。

③ 薛进军、高文书：《中国城镇非正规就业：规模、特征和收入差距》，《经济社会体制比较》2012 年第 6 期。

和积累制的个人账户基金，将统筹基金依然用作与薪酬相关联的正规就业者社会养老保险，将个人账户基金转化为由专业公司管理的个人储蓄投资账户。

这里之所以强调正规就业者社会养老保险，是因为统筹基金来自用人单位的缴费，相当于国家向企业征收雇员养老保险税。这与直接向雇员个人征税或收费相比，征缴成本较低。鉴于城镇企业职工基本养老保险业已覆盖大多数正规就业者，在整合多轨制养老安排中可顺理成章地作为进一步改革的基础，并转化为全国性的正规就业者社会养老保险制度：其一，城市化仍在继续，正规就业者社会养老保险不必再局限于城镇，还应覆盖农村。其二，机关事业单位人员属于公共部门的正规就业者，与企业职工的差别主要在于用人单位是政府部门或公共机构，因而应当纳入这一社会保险制度。截至 2013 年 6 月底，城镇企业职工基本养老保险的参保人数已达 31076 万人①，机关事业单位退休制度涉及的人数在 5000 万人左右②。无论从保险规模还是从制度合理性来看，都应是机关事业单位退休制度被正规就业者社会养老保险替代，而不是相反。

以往对公务员和全额拨款事业单位人员参加社会养老保险的质疑，主要在于其就业的机构乃至个人用于缴费的资金，实质上都将来自财政资源，故而被描述为"'左口袋的钱被挪往右口袋'，徒增许多转制成本"。可问题在于，目前这一群体特有的退休安排，一是造成整个社会养老体系的制度性不公平；二是成为其他利益相关群体竞相攀比的目标和参与福利竞赛的根由。由此导致的社会疏离虽难用货币衡量，但政府和企业为了平息与此相关的社会不满而支付的直接成本却已日渐明显。仅就我们在案例调查中所见，一个大型国有企业集团为了应对原有企业教师、医生和军队转业干部比照机关事业单位同类人员退休待遇的请愿，每年要拿出一千多万元"维稳"，地方政府面临的类似补偿诉求则更为繁多。由此带来的高昂社会成本，无疑大于摒弃现行机关事业单位退休制度。

迄今的并轨试点只是为机关事业单位人员另立养老保险科目，实行的缴费和给付规则也与城镇企业职工养老保险不同。这种做法导致的养老安排不公平、不透明以及随之而来的社会不满，与试点之前相比反而更甚。因此，将机关事业单位人员纳入正规就业者社会养老保险轨道，不但将缩小公共部门与非公共部门的社保差别从而有利于劳动力流动，而且还有助于提高财政在公共部门用人支出项目上的透明度。当然，这并不意味着在参保者当中推行绝对平均主义，而是依然延续现有的养老保险缴费和给付规则，即用人单位根据员工的薪酬，按比例向统筹基金供款，多缴者多得。

第三，将现有完全积累制的个人养老账户转为部分积累制的记账式缴费确定型账户（巴尔、戴蒙德，2010）。这样做并非回避眼下个人账户中的"空账"问题，而是考虑到中国资本市场尚处在发育阶段且至今仍不乏市场扭曲，缺少投资训练的人很难选择具有合

---

① 新华网：《人社部：上半年共跨省转续职工养老保险 64.4 万人》，2013 年 7 月 25 日，http：//news.xinhuanet.eom/polities/2013 - 07/25/e - 116686855.htm，2013 年 9 月 8 日。

② 熊剑锋：《中国财政规模调查》，《凤凰周刊》2013 年第 10 期，2013 年 7 月 6 日，http：//www.ifengweekly.corn/display.php? newsId = 6954，2013 年 10 月 24 日；中国广播网：《事业单位改革时间表确定，涉 126 万机构 4000 万人》，2011 年 4 月 11 日，http：//news.cntv.cn/special/tan/11/0416/，2013 年 10 月 24 日。

理市场回报的资产组合。即使是在美国这样成熟的市场经济中，当前还有 65% 参加 401K 养老储蓄和投资计划的人，仍然选择雇主提供的默认投资组合。这表明大多数人的投资理财知识极为有限，需要专业的资金管理公司协助做出投资决策，以便将个人账户中的积累资金和投资收益用于未来的养老生活（Vanguard，2009）。

与城镇企业职工基本养老保险中的个人账户制度相比，记账式个人账户制度的特点主要在于：一是把政府的隐性养老负债转化为对每一参保者的明显负债。二是政府必须明确规定个人养老金积累回报率的底线，例如相当于全国参保者平均工资的增长率。三是将个人账户基金交由专业公司从事投资管理。四是既可以吸纳收入较高的非正规就业者设立个人账户，也可以允许处于最低工资水平的雇员不向这一账户注资。但是鉴于人口老龄化的压力，以及个人有拖延处理长期性问题的偏好（Thaler and Benartzi，2004），部分积累制的记账式个人账户还必须立法推行，同时将此类账户基金的运营置于政府的监管和公众的监督之下。五是通过立法规定企业和机构匹配的最低缴费率。一方面，这可以吸引个人注入资金；另一方面，企业还可根据各自的经营状况和人才竞争需求，为那些工作表现优秀的雇员匹配较高的费率。我们在调查中注意到，企业已经采取了类似的手法吸引急需的人才。例如，某国有钢厂以相当于工资 25% 的比率向员工的住房公积金户头注资，某私营深水泵厂的住房公积金缴费率也达到了 15%，而国家规定的最低缴费比率是职工月平均工资的 5%。

综上所述，公共养老金、正规就业者社会养老保险和记账式缴费确定型个人账户，构成了一种梯田式的社会养老保障体系。或者说，以这种多层次的制度结构即可实现社会成员全覆盖的政策目标。作为处在这一架构基层的公共养老金，体现的是全社会范围内的互助共济和凝聚全体社会成员的一种共同利益。在此基础之上的正规就业者社会养老保险，既能实现正规就业者之间的社会共济，又可通过与薪酬相联系的缴费和给付原则赋予企业或机构为雇员多缴多得的激励。位于第三层次的记账式个人账户，既可拓展企业和机构竞争优秀人才的空间和决策灵活性，又能给予个人努力工作的动力，还进一步明晰了参保者为自己养老而储蓄和投资的责任和权利。总之，在这样多层次的养老制度设计中，国家的责任和企业及个人的选择空间界限分明，参保者对自己的义务和权利一目了然。

五、与制度整合相关的技术性难题的处置

在确定了社会养老保障体系的转型路径和制度运行规则的前提下，本节主要基于国际经验，扼要讨论转轨成本和财务可持续性等技术性问题。其一，国有企业改革遗留的隐性养老债务，导致个人账户基金用于当期养老金支付，不但使预期的积累制养老安排难以落实，而且还严重削弱了社会养老保险制度的公信力（孔泾源，2004）。在我们的访谈中，不仅是社保领域的官员和研究者，那些经历了国企改革的受访员工也指出，这是一个积累

经年的老问题，其根本解决方案在于以透明的方式，将国有资产变现所得或国有企业赢利用于清偿债务。这一真知灼见，无疑值得决策者采纳。

其二，机关事业单位退休制度为社会养老保险替代的转轨成本，可由财政逐渐消化。美国的联邦雇员养老制度转轨办法及相关财务变化趋势，对此颇具参考意义。其转轨过渡期延续30多年之久，财政负担的变化曲线是先升后降。美国的社保并轨始于1984年1月1日，即日起联邦政府的新雇员必须参加新设立的联邦雇员退休计划，其中包括：①覆盖全社会的基本养老保险制度；②相当于职业年金的联邦雇员基本养老保险制度；③相当于自愿养老保险的联邦节俭储蓄项目。在1984年的联邦政府财政支出中，联邦雇员退休计划科目占4.24%；预计到2018年，这一比重即下降为零。2012年，“公务员退休和残障基金”（新老退休计划皆包括）的养老金支出，大约相当于联邦政府雇员工资总额的36%。这一比重的下降拐点预计在2020年来临，到2090年，即会降至26%（Isaacs，2013）。

其三，基金安全和增值（投资回报率），也是一个讨论已久的话题（郑秉文，2012）。我们从调研城市的社会保险事业管理中心了解到，截至目前的基金管理规定仅包含安全设计，却未赋予基金保值增值的功能。2012年，某市养老基金结余158亿元，按照规定只能存入银行，基金收益按一年期固定存款利率3.1%结算。但个人账户的记账利率当年为4.125%，如果不考虑通货膨胀导致的基金贬值，仅此利差造成的基金收益差额就达1.6亿元之多。可见，拓宽基金运营渠道已刻不容缓。2007～2009年金融危机期间，一些在养老基金投资方面表现良好的国家提供了可资借鉴的经验。比利时、墨西哥、葡萄牙和丹麦等国将资金主要投资于国内市场、政府和公司债券，以及非上市的资产，捷克、德国、韩国和土耳其等国投资于股票市场的资金比重均未超过20%。这些国家的养老基金在危机中的损失都低于平均水平，丹麦甚至在2008年还有5.1%的投资回报率（Pino and Yermo，2010）。

其四，消除养老金给付水平调整的随意性。自2005年以来，企业退休人员的基本养老金以每年10%左右的幅度连年提高，其中有些年份的养老金增加幅度超过了经济增长率。这一措施的出台，与多轨制条件下城市退休人员之间的养老收入差距加大有关。然而由于它并未触动现行的养老制度安排，故而既未消除制度性的不公平，也未满足已被调高预期的企业退休人员的福利要求，还加剧了不同职业类别退休群体的福利竞赛，更为养老基金留下新的财务漏洞。因此，这种措施在部分地安抚了企业退休者的同时，也引发了新的社会质疑。

一种质疑在于，这种大幅度连年调整待遇的措施缺少明确的法律依据和财务保障，地方社保中心为此动用的资金绝大部分来自在岗参保人员的缴费，只有基金收支缺口归由财政资源填补。类似的附加养老金支出，还有对独生子女父母、劳动模范和高级职称持有者等人员的优惠待遇，以及对军转干退休人员最低养老金缺口的弥补，等等。这些支出项目的受益者未曾对附加福利缴费和积累，以至于在岗缴费者的基金所有权无形中受到损害，“权利和义务不对等”的呼声也因之越发强烈。另一种质疑的焦点，是退休人员待遇的年调整幅度，大于在岗人员每增加一年缴费能够多得的养老金给付额。这既造成年青一代缴费者的被剥夺感，又促使临近退休的在岗者想方设法提前退休，无异于削弱劳动人口就业和缴费的积极性。消除待遇调整随意性的措施，首先是用制度化的规则，在政府决策者和养老基金之间竖立一道"防火墙"。其次，提高养老保险制度的财务透明度，引入多元利益相关群体参与重大决策过程并实施监督。否则可能会出现大众的福利刚性和政府决策者的民粹主义行为难以扭转的情况，而且这种趋势终将会把整个社会养老体系拖入过度负债乃至福利危机的境地。欧洲债务危机爆发后，欧盟各国纷纷削减社会福利、降低养老金给付标准和延长养老金领取年龄（周弘，2013）。这一被动做法，应当为中国政府和民众主动实施养老制度改革提供动力。

虽然，缩小养老收入差距的根本措施是整合多轨制社会养老体系，但由于这会触动参与政策制定并具有强大话语权的公务员和事业单位人员的利益，启动改革必然阻力重重。以中国台湾地区的年金制度改革为例，军公教人员的退休金对工资的替代率过高而基金积累不足，军人养老储蓄的优惠利率与银行一般储蓄利率的差额显著扩大，因而加重了养老制度潜藏的巨额债务。对这些问题的讨论已有十多年，但政党竞争中的民粹主义使得改革步履维艰（林万亿，2013）。有鉴于此，大陆的多轨制社会养老体系改革不但需要广泛的社会动员和社会参与，而且还需高层决策者的政治意愿和坚定决心。

其五，提高养老权益的可携带性。针对养老保险权益转移和接续手续繁复的问题，多数研究报告强调的对策，是推行实行全国范围内的基金统筹。可是在地区差异悬殊的情况下，快速提高统筹层次的可行性不足，倒是循序渐进推动省级统筹的可行性更大。在普及省级统筹的条件下，欧盟对其跨国就业者采取的保险记录连续累加和保险待遇分段计算的方式（Andrietti，2001），不失为一个相对简单的选择。欧盟成员国的劳动者若在不同国家之间迁移就业，缴费记录将分别保留，不随劳动者变换工作而转移，所缴纳的保险费处于"暂时冻结"状态。劳动者在任何一个成员国参加养老保险超过一年，退休时就会收到来自该国的一份养老金。如果劳动者在不同成员国工作和缴费的时间短于一年，其退休前工作的国家将接管这些零散的参保时间并予以结算。那么，倘若在中国各省之间采取类似的办法，就不但能够提高养老保险权益的可携带性，而且还可以将行政区之间的利益矛盾转化为技术问题，相对容易地化解这一伴随劳动力转移的难点。

参考文献

[1] 巴尔（Nicholas Barr）、戴蒙德（Peter Diamond），2010：《中国的养老金改革：问题、选择和政策建议》，载于林重庚（Edwin Lira）、迈克尔·斯宾塞（Michael Spence）编著：《中国经济中长期发展和转型：国际视角的思考与建议》，中信出版社 2011 年版。

[2] 孔泾源：《关于进一步完善城镇基本养老保险制度的建议》，载于《发展改革委员会就业和收入分配司政策研究报告》，2004 年。

[3] 林万亿：《台湾的年金风暴：危机与转机》（未发表的研究报告 70 页），相关讲演大纲载于 2012 年 12 月 12 日，http：//homepage. ntu. edu. tw/ – ntuperc/e0nferenceI – files/20121212 – Lin1. pdf，2013 年 10 月 27 日。

[4] 郑秉文:《我们的养老制度可持续吗?》,《三联生活周刊》2012 年第 26 期(总第 689 期,7 月 2 日出版)。

[5] 周弘:《统一大市场:结构性顽疾中的欧洲治理转型》,《学术前沿》2013 年(总第 30 期)7 月下旬刊。

[6] 朱玲:《城镇职工养老保险制度对农村迁移工人生计的影响》,《比较》2009 年第 4 期。

[7] 朱玲:《中国社会保障体系的公平性与可持续性研究》,《中国人口科学》2010 年第 5 期。

[8] 左学金:《半个百分点 GDP 改变中国:建立覆盖我国全体老年人口的非缴费型养老金》和《在降低强制缴费率的基础上,建立全国统筹的国民基础养老金》,上海社会科学院未发表的政策研究报告,2013。

[9] Andrietti, V. "Portability of Supplementary Pension Rights in the European Union", International Social Security Review, 2001, 54 (1): 59 - 83.

[10] Dorfman, M., H. Richard, and D. Robalino, 2008, "The Financial Crisis and Mandatory Pension Systems in Developing Countries: Short - and Medium · term Responses", http://mpra. ub. uni - muenchen. de/12254/1/MPRA - paper - 12254. pdf, 19 Nov. 2009.

[11] Isaacs, Katelin P. "Federal Employees' Retirement System: Budget and Trust Fund Issues, Analyst in Income Security", 2013, June13, CRS Report for Congress, Prepared for Members and Committees of Congress, Congressional Research Service, 7 - 5700, www. ors. gov, RL30023.

[12] Murnighan, J., 2008, "Fairness in Ultimatum Bargaining," In: Plott, C., Smith, V., (Eds,): Handbook of Experimental Economics Results, Volume 1, 436 - 453, North - Holland.

[13] OECD, 2012, OECD Pensions Outlook 2012, http://www. keepeek. eom/Digital - Asset - Management/0ecd/6nance - and - investmentoecd - pensions - outlook - 2012/switching - and - reform. reversals - gross - pension - replacement - rates_ 9789264169401 - table25. en#page1.

[14] Palacios, R. and E. Whitehouse, 2006, "Civil - service Pension Schemes around the World", http://siteresources. worldbank. ors/SOCIALPROTECTION/Resources/SP - Discussion - papers/Pensions - DP/0602. pdf.

[15] Pino, A., J. Yermo. The Impact of the 2007 - 2009 Crisis on Social Security and Private Pension Funds: A Threat to Their Financial Soundness? [J]. International Social Security Review, 2010, 63 (2): 5 - 30.

[16] Pozen, R. C. Tackling the Chinese Pension System [J]. Paulson Policy Memorandum, Paulson Institute, 2013.

[17] Thaler, R. H., S. Benartzi. Save More Tomorrow: Using Behavioral Economics to Increase Employee Saving [J]. Journal of Political Economy, 2004, 112 (1, part 2): 164 - 187.

[18] Vanguard. How America Saves 2009: A Report on Vanguard 2008 Defined Contribution Plan Data [EB/OL]. August 2009, http://www. epepac. com/how%20america%20saves%2009%20%20vanguard. pdf, 2013 - 10 - 25.

Approaches for the Transition of the Multi – track Pension System

Research Team on Social Protection, the Institute of Economics, CASS

Abstract: Based on literature review and field studies, this paper points out that the dual economic structure, together with the retirement arrangements for civil servants and employees of public undertakings as a legacy of the planned economy have led to a multi – track retirement system. As a result, disparities among individuals with different social status in terms of premium payment obligations and pension benefits have become increasingly prominent. This has not only undermined the financial sustainability of pension funds by eliciting a welfare race among different occupational groups, but also brought about growing social disintegration. The essential solution lies in unifying the multiple "tracks" and promoting further pension system reforms adapted to the market economy and an aging population. Taking the current old – age social insurance scheme as a starting point, the following measures should be taken: first, unify the Urban and Rural Old – age Insurance Schemes and extend its coverage to all citizens as a universal non – contributory public pension program. Second, improve the management of the Basic Old – age Insurance Scheme for Employees of Urban Enterprises by keeping the existing pooling fund as an earnings – related pension program for employees in the formal sector nationwide, while transforming the pension fund of the present individual accounts to savings and investment accounts managed by authorized professional companies for employees from both the formal and informal sectors. Third, incorporate civil servants and employees of public undertakings into the old – age social insurance system for employees in the formal sector alike.

Key Words: Old – age Security; Multi – pension System; Integration and Reform

第二节

英文期刊论文精选

Title: Does Disability Insurance Receipt Discourage Work? Using Examiner Assignment to Estimate Causal Effects of SSDI Receipt

Authors: Nicole Maestas; Kathleen J. Mullen; Alexander Strand

Periodical: American Economic Review

Date: 2013 - 8

Abstract: We present the first causal estimates of the effect of Social Security Disability Insurance benefit receipt on labor supply using all programapplicants. We use administrative data to match applications todisability examiners and exploit variation in examiners' allowancerates as an instrument for benefit receipt. We find that among the estimated 23 percent of applicants on the margin of program entry, employment would have been 28 percentage points higher had they not received benefits. The effect is heterogeneous, ranging from no effect for those with more severe impairments to 50 percentage points for entrants with relatively less severe impairments.

题　　目：残障保险是否阻碍就业？使用审查人员核准率估计社会保障残障保险（SSDI）接受者的因果效应

作　　者：Nicole Maestas; Kathleen J. Mullen; Alexander Strand

期　　刊：《美国经济评论（AER）》

日　　期：2013 年 8 月

内容简介：本文使用所有保险项目申请人的数据，估计了社会保障残障保险（SSDI）福利收入影响劳动供给的因果关系。作者将政府数据与残障保险审核人员接受的申请书相匹配，并利用审查人员批准的津贴率的变化作为福利待遇的工具变量。研究发现，项目边际进入的大约 23% 的申请者中，如果他们没有得到福利待遇，就业率大概高出 28%。结果具有异质性，对于残疾更加严重的那些人没有影响，而对于残疾相对轻微的那些参保者高出 50 个百分点。

Title: Patient - centered Care and Outcomes

Authors: Rathert, C.; Wyrwich, M. D.; Boren, S. A.

Periodical: Medical Care Research and Review

Date: 2013 - 11

Abstract: Patient - centered care (PCC) has been studied for several decades. Yet a clear definition of PCC is lacking, as is an understanding of how specific PCC processes relate to patient outcomes. We conducted a systematic review of the PCC literature to examine the evidence for PCC and outcomes. Three databases were searched for all years through September 2012. We retained 40 articles for the analysis. Results found mixed relationships between PCC and clinical outcomes, that is, some studies found significant relationships between specific elements of PCC and outcomes but others found no relationship. There was stronger evidence for positive influences of PCC on satisfaction and self - management. Future research should examine specific dimensions of PCC and how they relate to technical care quality, particularly some dimensions that have not been studied extensively. Future research also should identify moderating and mediating variables in the PPC - outcomes relationship.

Key Words: Patient - centered Care; Patient experienenace; Patient Satisfaction

题　　目：以患者为中心的护理及其结果

作　　者：Rathert, C.; Wyrwich, M. D.; Boren, S. A.

期　　刊：《医疗保健研究与评论》

日　　期：2013 年 11 月

内容简介：关于以患者为中心的护理（Patient - centered Care，缩写为 PCC）的研究已经持续了几十年。然而，这些研究还缺乏 PCC 的清晰定义，以及如何把 PCC 的具体过程与患者结果相联系的理解。本文对 PCC 文献进行了系统评价，以检查关于 PCC 及结果的证据。在 2012 年 9 月之前的所有年份中搜索了三个数据库。本文保留了 40 篇文章用于分析。结果发现 PCC 和临床结果之间的混合关系，即一些研究发现 PCC 的特定元素和结果之间的显著关系，但其他发现没有关系。有更强的证据表明 PCC 对满意度和自我管理的积极影响。未来的研究应该检查 PCC 的具体维度，以及它们如何与技术服务质量相关，特别是未经广泛研究的一些维度。未来的研究还应该确定 PPC 结果关系中的调节和调节变量。

关键词：以患者为中心的护理；患者体验；患者满意度

Title: Redesigning Primary Care: A Strategic Vision to Improve Value by Organizing around Patients' Needs

Authors: Porter, M. E.; Pabo, E. A.; Lee, T. H.

Periodical: Health Affairs

Date: 2013 – 3

Abstract: Primary care in the United States currently struggles to attract new physicians and to garner investments in infrastructure required to meet patients' needs. We believe that the absence of a robust overall strategy for the entire spectrum of primary care is a fundamental cause of these struggles. To address the absence of an overall strategy and vision for primary care, we offer a framework based on value for patients to sustain and improve primary care practice. First, primary care should be organized around subgroups of patients with similar needs. Second, team – based services should be provided to each patient subgroup over its full care cycle. Third, each patient's outcomes and true costs should be measured by subgroup as a routine part of care. Fourth, payment should be modified to bundle reimbursement for each subgroup and reward value improvement. Finally, primary care patient subgroup teams should be integrated with relevant specialty providers. We believe that redesigning primary care using this framework can improve the ability of primary care to play its essential role in the health care system.

题　　目：重构初级医疗：通过围绕患者需求改进价值的战略愿景

作　　者：Porter, M. E.; Pabo, E. A.; Lee, T. H.

期　　刊：《健康事务》

日　　期：2013 年 3 月

内容简介：美国的初级医疗机构目前正在努力吸引新医生，并在满足患者需求的基础设施方面进行投资。本文认为，对于初级保健的整个范围缺乏健全的整体战略是这些问题的根本原因。为了解决初级保健缺乏总体战略和愿景的问题，本文提出了一个基于价值的框架，以便患者维持和改善初级保健体验。第一，应该围绕具有类似需求的患者亚组进行初级护理。第二，应在每个患者亚组的完整护理周期内提供基于团队的服务。第三，每个患者的结果和真实成本应通过亚组作为常规护理部分来衡量。第四，应当修改支付方式以捆绑每个小组的报销并奖励价值改进。第五，初级医疗患者小组应与相关专业提供者整合。本文认为，使用这一框架重新设计初级医疗可以提高初级医疗在医疗保健系统中发挥其重要作用的能力。

Title：The Gross Domestic Product and Health Care Spending

Authors：Fuchs，V. R.

Periodical：New England Journal of Medicine

Date：2013－7

Abstract：How much will the United States spend on health care during the next 12 years? The answer matters greatly to physicians，federal and state governments，businesses，and the general public. The answer will determine the type and extent of care that physicians can provide to their patients，as well as the amount of physicians' take－home pay. It will also determine how much everyone else can consume or invest in other goods and services. Unfortunately，forecasting health care spending is extremely difficult. Future spending depends in part on developments within the health care sector and in part on developments in the economy as a whole.

The rate of growth of national health care expenditures in the past appears to have been substantially related to the growth of the GDP. There has been some slowing of the growth of health care spending relative to the GDP，but it began not just a few years ago，but in the 1990s，for reasons that remain to be determined. One possibility is that the movement to managed care in the 1990s resulted in long－term slowing of health care spending，an effect temporarily obscured by the increase in spending during the backlash.

题　　目：国内生产总值与医疗保健支出

作　　者：Fuchs，V. R.

期　　刊：《健康事务》

日　　期：2013 年 7 月

内容简介：美国在未来 12 年内将在医疗保健方面花费多少钱？答案对医生、联邦和州政府、企业和公众都很重要。答案将决定医生可以为其患者提供的护理类型和范围，以及医生的带薪工资。它还将决定其他人可以消费或投资其他商品和服务的成本。不幸的是，预测医疗保健支出是非常困难的。未来的支出部分取决于医疗保健部门的发展，部分取决于整个经济的发展。

过去国家医疗保健支出的增长率似乎与国内生产总值的增长有实质性的关系。医疗保健支出相对于国内生产总值的增长出现了一些放缓，但它不仅仅是在几年前，而是在 20 世纪 90 年代开始，原因尚待确定。一种可能性是，20 世纪 90 年代管理式医疗的运动导致医疗保健支出的长期增长放缓，这种影响由于反弹期间的支出增加而暂时被掩盖。

Title: Coordination versus Competition in Health Care Reform

Authors: Baicker, K.; Levy, H.

Periodical: New England Journal of Medicine

Date: 2013 -7

Abstract: Many current proposals to increase the value of care delivered in the U. S. health care system focus on improved coordination — and with good reason. Badly coordinated care, duplicated efforts, bungled handoffs, and failures to follow up result in too much care for some patients, too little care for others, and the wrong care for many. A host of current reform efforts aim to reduce these inefficiencies in both public and private markets. These efforts range from penalizing hospitals with higher - than - expected readmission rates, to rewarding primary care providers when patients receive higher - value care, to providing incentives for the adoption of electronic health records. Accountable care organizations (ACOs) and bundled payments are designed to create monetary incentives for coordinated care. The hope is that coordination will improve value by ensuring that the right care is provided in the right place at the right time.

题　　目：医疗保健改革中的协调与竞争

作　　者：Baicker, K.; Levy, H.

期　　刊：《新英格兰医学杂志》

日　　期：2013 年 7 月

内容简介：目前许多提高美国医疗保健系统服务价值的建议都集中于改善协调，并且都有充分的理由。协调失灵的护理、重复的工作、肆意的切换以及未能跟进，导致对一些病人照顾太多而另一些太少，还有对许多病人的错误护理。许多当前的改革努力旨在减少公共和私人市场的这些低效率。这些努力包括以高于预期的再入院率惩罚医院，在患者接受较高价值的护理时奖励初级保健提供者，鼓励采用电子健康记录。负责任的护理组织（ACOs）和捆绑支付手段旨在为协调护理创造物质激励。希望协调能够通过确保在正确的时间、正确的地点提供适当的护理来提高价值。

Title: Primary Care: Proposed Solutions to the Physician Shortage without Training More Physicians

Authors: Bodenheimer, T. S.; Smith, M. D.

Periodical: Health Affairs

Date: 2013 - 3

Abstract: The adult primary care "physician shortage" is more accurately portrayed as a gap between the adult population' s demand for primary care services and the capacity of primary care, as currently delivered, to meet that demand. Given current trends, producing more adult primary care clinicians will not close the demand - capacity gap. However, primary care capacity can be greatly increased without many more clinicians: by empowering licensed personnel, including registered nurses and pharmacists, to provide more care; by creating standing orders for non-licensed health personnel, such as medical assistants, to function as panel managers and health coaches to address many preventive and chronic care needs; by increasing the potential for more patient self - care; and by harnessing technology to add capacity.

题　　目：初级保健：不通过培训更多医生来解决医生短缺的建议方案

作　　者：Bodenheimer, T. S.; Smith, M. D.

期　　刊：《卫生事务》

日　　期：2013 年 3 月

内容简介：成年人初级保健“医生短缺”的问题，可以更准确地描述为成年人口对初级保健服务的需求与为满足需求目前具备的初级保健能力之间的差距。鉴于目前的趋势，提供更多的成年人初级保健临床医生不会缩小需求能力差距。但是，在没有更多临床医生的前提下，初级保健能力可以大大提高：通过授权包括注册护士和药剂师在内的有执照的人员提供更多的护理在；通过为无执照的卫生人员（如医疗助理）订立常规标准，使其成为小组管理人员或健康教练来满足许多预防和长期护理需要；通过增强更多患者自我护理的潜力；以及通过利用技术来增强能力。

Title：Global Pension Systems and Their Reform：Worldwide Drivers，Trends and Challenges

Authors：Holzmann，R.

Periodical：International Social Security Review

Date：2013－6

Abstract：Across the world，pension systems and their reforms are in a constant state of flux driven by a shifting focus，moving reform needs，and a changing enabling environment that reflect objective events but also changes in views and perception. The ongoing worldwide financial crisis and the adjustment to an uncertain "new normal" will make future pension systems different from past ones. The objectives of this article are：（1）to briefly review recent and ongoing key changes that are triggering reforms；（2）to outline the main reform trends across pension pillars over the last two decades；（3）to present key policy areas on which the pension reform community will need to focus to make a difference.

Key Words：Population Aging；Financial Crisis；Multi Pillar Pension Systems；Social Pension；NDC；MDC

题　　目：全球养老金体系及其改革：世界范围内的推动、趋势及挑战

作　　者：Holzmann，R.

期　　刊：《国际社会保障评论》

日　　期：2013年6月

内容简介：世界范围内，养老金制度及其改革处于不断变化的状态，其推动原因表现为焦点转移、变化的改革需求、反映客观事件变化的能动环境以及意见与观念的变化。正在面对的全球金融危机与针对不确定的"新常态"的调整，将使未来的养老金制度与过去不同。本文的目标是：①简要回顾触发改革的近期和现在的关键变化；②概述过去二十年养老金支柱的主要改革趋势；③提出养老金改革委员会需要关注的能够产生影响的关键政策领域。

关键词：人口老龄化；金融危机；多支柱养老金体系；社会养老金；名义缴费确定型计划；匹配缴费确定型计划

Title: The Demand for Health Insurance among Uninsured Americans: Results of a Survey Experiment and Implications for Policy

Authors: Krueger, A. B.; Kuziemko, I.

Periodical: Journal of Health Economics

Date: 2013 - 9

Abstract: Most existing work on the demand for health insurance focuses on employees' decisions to enroll in employer - provided plans. Yet any attempt to achieve universal coverage must focus on the uninsured, the vast majority of whom are not offered employer - sponsored insurance. In the summer of 2008, we conducted a survey experiment to assess the willingness to pay for a health plan among a large sample of uninsured Americans. The experiment yields price elasticities of around one, substantially greater than those found in most previous studies. We use these results to estimate coverage expansion under the Affordable Care Act, with and without an individual mandate. We estimate that 35 million uninsured individuals would gain coverage and find limited evidence of adverse selection.

Key Words: Health Insurance; Uninsured; Affordable Care Act

题　　目：美国未参保人群的医疗保险需求：一项调查实验的结果及其政策意义

作　　者：Krueger, A. B.; Kuziemko, I.

期　　刊：《健康经济学》杂志

日　　期：2013 年 9 月

内容简介：大多数关于健康保险需求的现有研究，侧重于雇员参加雇主保险计划的决定。然而，实现普遍覆盖的任何努力必须集中在没有保险的人，其中绝大多数人并没有被提供雇主保险。在 2008 年夏天，本文进行了一项调查实验，以评估大量无保险美国人的健康计划支付意愿。实验产生的价格弹性大约为 1，大大高于多数之前的研究发现。本文使用这些结果来估计，“负担得起的医疗法案”下是否需要单独计划来扩大覆盖范围。估计大约 3500 万未投保的个人将能够纳入覆盖范围，而且发现了逆向选择的有限证据。

关键词：健康保险；未参保人群；可负担的医疗服务法案

Title: Consumers' Misunderstanding of Health Insurance

Authors: Loewenstein, G.; Friedman, J. Y.; McGill, B.; Ahmad, S.; Linck, S.; Sinkula, S.; Madrian, B. C.

Periodical: Journal of Health Economics

Date: 2013 -9

Abstract: We report results from two surveys of representative samples of Americans with private health insurance. The first examines how well Americans understand, and believe they understand, traditional health insurance coverage. The second examines whether those insured under a simplified all - copay insurance plan will be more likely to engage in cost - reducing behaviors relative to those insured under a traditional plan with deductibles and coinsurance, and measures consumer preferences between the two plans. The surveys provide strong evidence that consumers do not understand traditional plans and would better understand a simplified plan, but weaker evidence that a simplified plan would have strong appeal to consumers or change their healthcare choices.

Key Words: Insurance; Behavioral Economics; Simplification

题　　目：消费者对医疗保险的误解

作　　者：Loewenstein, G.; Friedman, J. Y.; McGill, B.; Ahmad, S.; Linck, S.; Sinkula, S.; Madrian, B. C.

期　　刊：《健康经济学杂志》

日　　期：2013 年 9 月

内容简介：我们报告了来自针对私人健康保险参保人群中的代表性样本的两次调查结果。第一项调查考察了美国人的了解程度，并且认为相信他们理解传统的医疗保险覆盖。第二项调查考察了简化的全额共同保险计划的参保人，是否更有可能具有成本减少行为，相对于那些具有免赔额和共同保险的传统计划参保人，并且测量了两个计划之间的消费者偏好。调查提供了有力的证据，表明消费者不了解传统计划，并且更好地理解简化计划，但较弱的证据表明，简化计划对消费者的吸引力更强或使改变他们的医疗选择。

关键词：保险；行为经济学；简化论

Title: Measuring the Impact of China's Rural Insurance Scheme on Health: Propensity Scorematching Valuation Using Biomarkers

Authors: Rokicki, S.; Donato, K.

Periodical: The Lancet

Date: 2013 - 6

Abstract:

Background

Following the breakdown of China's Cooperative Medical Scheme in the early 1980s, the Chinese government established the New Cooperative Medical Scheme (NCMS) in 2003 with the goal of improving health for the country's 800 million mostly uninsured rural residents. Using new data on objective health measures, we seek to analyse the programme's effectiveness in improving health for enrolees. Until now, analysis has focused on self - reported measures of health and recent illness and has provided inconclusive results.

Methods

We used ordinary least squares and logistic analysis on matched cross - sectional data (2009) from the China Health and Nutrition Survey to compare objective health measures (biomarkers) of rural residents who were and were not enrolled in NCMS. We also used individual fixed effects and difference - in - difference analysis (exploiting variation in regional rollout times) on longitudinal data (1997 - 2009) to evaluate self - reported health and recent sickness/injury.

Findings

By 2009, more than 90% (5734 of 6168) of rural individuals in the sample reported having some kind of insurance. Of these, 79% (4553 of 5734) had NCMS. Our preliminary results indicate that those with NCMS insurance coverage were less likely to have abnormal blood glucose levels ($p = 0.0004$) and abnormal total cholesterol levels ($p = 0.019$) than their counterparts without the insurance scheme. These results are consistent with previous research that finds decreased use of traditional Chinese folk doctors and increased use of preventive care among enrolees.

Interpretation

The NCMS appears to have improved objective indicators of health including blood glucose and total cholesterol levels among rural adults. Long - term effects on the management of chronic health conditions have yet to be demonstrated.

题　　目：衡量中国农村保险计划对健康的影响：使用生物标记的倾向得分匹配估计

作　　者：Rokicki，S.；Donato，K.

期　　刊：《柳叶刀》

日　　期：2013 年 6 月

内容简介：

背景

继 20 世纪 80 年代中国合作医疗计划解体之后，中国政府于 2003 年建立了新的合作医疗计划，旨在改善全国 8 亿多大部分未投保的农村居民的健康状况。使用关于客观健康措施的新数据，我们力求分析该计划在改善健康方面的有效性。到目前为止，分析侧重于自我报告的健康和近期疾病的测量，并且提供了非结论性的结果。

方法

我们对来自中国健康和营养调查（CHNS）的匹配横截面数据（2009）进行了普通最小二乘和逻辑斯谛回归，以比较未参加新农合的农村居民的客观健康指标（生物标志物）。我们还使用个人固定效应和倍分法分析（利用区域推广时间的变化）对纵向数据（1997～2009 年）进行评估，以评估自我报告的健康和最近的疾病/伤害。

发现

到 2009 年，样本中超过 90% 的农村个体（6718 名中的 5734 人）报告参加了某种保险。其中，79%（5734 人中的 4553 人）患者参加了新农合。我们的初步结果表明，与没有保险计划的参照人群相比，具有新农合保险的那些人不太可能有异常血糖水平（$p=0.0004$）和异常总胆固醇水平（$p=0.019$）。这些结果与以前的研究结果一致，后者发现传统中国民间医生的使用减少，并且参保人更多地使用预防保健。

解释

新农合似乎改善了健康的客观指标，包括农村成年人的血糖和总胆固醇水平。对慢性健康状况管理的长期影响尚未得到证实。

第三章　社会保障学学科 2013 年出版图书精选

第一节

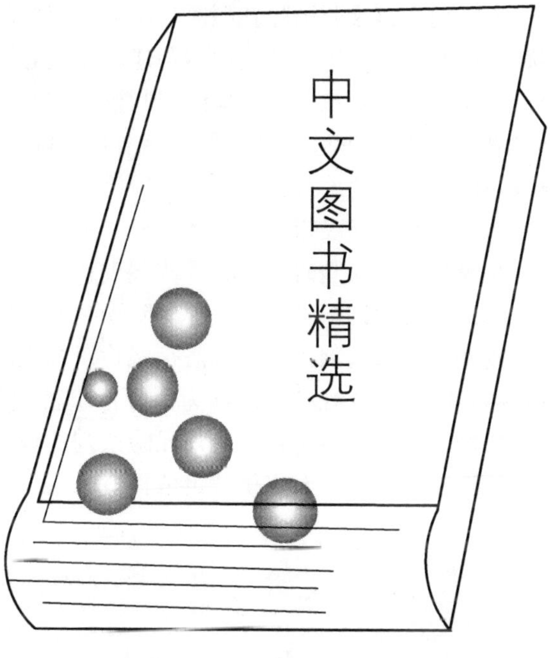

书名：《中国医疗保险谈判机制研究：理论基础与框架设计》
作者：周尚成
出版时间：2013 年 1 月
出版社：科学出版社

内容提要：我国社会医疗保险谈判机制的理论研究和实践工作刚起步，在理论上缺乏足够的支撑。本书立足于中国现实，参照国际新型医疗保险谈判机制发展的一般规律，紧扣我国医疗保险谈判实践工作的需要，进行理论模型构建，通过对社会医疗保险领域相关主体的博弈方式深入分析，进一步明确社会医疗保险谈判机制的实质内涵，形成有关社会医疗保险谈判机制的基本理论框架，并制定出中国社会医疗保险谈判机制实施的实务规则。首先，对医疗保险谈判机制进行理论分析和论证，探讨各相关理论对医疗保险谈判机制的贡献及应用；其次，选取湖北省武汉市、十堰市，江苏省镇江市三地医疗保险机构、医疗机构作为研究对象，对医疗保险谈判研究现状及实践现状进行分析，并初步界定医疗保险谈判构建和发展的方向，同时尝试探索建立医疗保险谈判博弈模型，结合前述理论及样本地区调查，选出相关典型案例深入剖析，诠释医疗保险谈判机制构建及开展情况；最后，为医疗保险谈判机制构建制定实务规则，以期为医疗保险机制创建提供借鉴和参考。本书研究获得的丰富定量数据，从多方面对目前医疗保险谈判的现实情况进行分析，可以为我国有关部门制定医疗保险谈判机制方案提供政策依据。

书名：《中国基本医疗保险制度改革关键问题研究》

作者： 贾洪波

出版时间： 2013 年 1 月

出版社： 北京大学出版社

内容摘要：《中国基本医疗保险制度改革关键问题研究》以基本医疗保险制度改革要同时遵循医药卫生系统和社会保障系统发展规律为着眼点，从基本医疗保险制度改革的逻辑关系入手，在回顾基本医疗保险制度改革成就的基础上，全面探讨了基本医疗保险覆盖面、统筹层次、适度缴费率、个人账户的存在性、异地就医管理、住院费用的需求方控制、费用支付方式这七个方面的关键问题。

书名：《我国城乡居民大病保险发展模式研究》

作者：陈文辉等

出版时间：2013 年 3 月

出版社：中国经济出版社

内容摘要：本书主要讲述了，当前，我国改革进入“攻坚区”和“深水区”，其中一个重点就是如何转变政府职能，处理好政府和市场的关系，在经济社会领域更多地发挥市场配置资源的基础性作用。通过研究城乡居民大病保险发展模式研究这个课题也算是从医改角度进行一个阶段性的梳理和小结。

本书分析了我国城乡居民大病保险制度概况，商业健康保险参与医疗保障体系建设的国际经验与启示，我国商业健康保险承办城乡居民大病保险的探索与实践，《我国城乡居民大病保险发展模式研究》系统阐述了我国城乡居民大病保险的发展模式，最后对发展城乡居民大病保险提出了相关政策建议。

书名：《中国社会保障收入再分配状况调查》
作者： 王延中
出版时间： 2013 年 3 月
出版社： 社会科学文献出版社

内容摘要：《中国社会保障收入再分配状况调查》由王延中主编，社会保障制度本身具有重要的收入再分配功能。国际经验表明，社会保障对缩小收入差距具有显著作用，作用甚至大于税收的作用，因而成为很多国家调节收入差距的重要手段。中国已基本建立以社会保险、社会救助、社会福利为重点的新型社会保障体系，但中国居民收入分配差距却在不断扩大，截至 2011 年基尼系数已经接近 0.5。这引起了社会的高度关注和争论。2011 年和 2012 年，中国社会科学院“中国社会保障发展与收入分配状况”国情调研项目组在全国 10 余个省进行了入户调查。

书名：《中国劳动与社会保障体制完善与发展道路》
作者：蔡　昉　高文书
出版时间：2013 年 5 月
出版社：经济管理出版社

内容摘要：改革开放以来，中国不仅取得了高速的经济增长，而且民生的改善也是举世罕见的。劳动与社会保障体制的完善与发展，是中国经济体制改革和社会政策调整的重要组成部分。在高速的经济增长过程中，中国实施了大规模的农村扶贫项目，着力解决“三农”问题。并在推动城乡就业扩大的同时，加强了劳动力市场规制，初步建立了社会保护机制，为劳动力市场上的脆弱群体提供了基本安全网。基于以上主线，《中国劳动与社会保障体制完善与发展道路》分别从劳动就业、社会保障、收入分配、扶贫开发和人口变化趋势等不同角度，描述了相关制度建设和发展的历程，介绍了相关政策的演变，阐述了存在的主要问题、障碍和面临的挑战，并提出了进一步发展的政策建议。

在劳动就业方面，蔡昉和高文书主编的《中国劳动与社会保障体制完善与发展道路》讨论了包容性与经济社会发展、经济发展阶段与就业政策、劳动力流动与农民工市民化以及劳动力市场制度建设等内容；在社会保障方面，阐述了社会保险事业整体发展，以及养老保险、医疗保险、农村养老保险和生活保障制度等单项社会保障制度的发展；在收入分配方面，重点讨论了工资增长与形成机制、居民收入增长与分配；在扶贫开发方面，重点讨论了农村扶贫成效与发展以及人力资本培养问题；在人口变化趋势方面，重点阐述了人口发展与政策趋势，以及如何应对人口老龄化。

书名：《基本养老保险制度分析与评估——基于养老金水平的视角》

作者：李 珍

出版时间：2013 年 6 月

出版社：人民出版社

内容摘要：本书以养老金水平为视角，通过定性和定量分析，研究了基本养老保险社会统筹和个人账户相结合的制度结构以及制度规定的各参量对养老金水平的影响。研究发现，社会统筹和个人账户相结合的制度结构不合理、获取养老金的资格条件过低是造成养老金水平下降的原因。据此作者提出结构改革与参量改革并举的政策建议：一方面，将社会统筹与个人账户分离，政府对基础养老金负责，将个人账户做成自愿性养老储蓄账户；另一方面，改革参量，提高获取养老金的资格条件，如提高退休年龄、提高缴费年限等。这些措施不仅能够提高个人养老金水平，而且能够保障养老保险制度可持续发展。但是，提高获取养老金的资格条件与“广覆盖”的目标是冲突的，作者认为当制度的多重目标冲突时，应当优先选择“保基本”和“可持续”，“广覆盖”的目标由不同制度共同达成。

书名：《中国社会保障改革与发展报告（2012）》
作者：邓大松
出版时间：2013 年 7 月
出版社：北京大学出版社

内容摘要：社会保障是一项复杂的社会系统工程，也是一项正在不断改革和完善的社会经济制度，需要解决的问题和面临的困难太多，《教育部哲学社会科学系列发展报告：中国社会保障改革与发展报告（2012）》不可能穷尽当前社会保障领域的所有方面。因此，我们试图在有限的篇幅和人力条件下，经过编著者的共同努力，将《中国社会保障改革与发展报告》打造成为中国社会保障理论与政策研究的精品与力作。

书名：《养老保险基金可持续运营管理研究——以上海为例》
作者：李含伟　汪　泓
出版时间：2013 年 7 月
出版社：上海交通大学出版社

内容摘要：本书主要是关于养老保险基金筹资与运营的优化研究，包括养老保险基金筹资范围的优化、养老保险基金筹资比例的优化、养老保险基金筹资缴费时间长度的优化、养老保险基金财政投入规模的优化、养老保险基金隐性债务问题的优化、养老保险基金投资策略的优化以及养老保险基金投资监管机制的优化。

书名：《贫困与保障——贫困视角下的中西部民族地区农村社会保障研究》

作者：谢冰　等

出版时间：2013 年 8 月

出版社：商务印书馆

内容摘要：本著作以贫困为视角，对我国中西部民族地区农村社会保障问题进行了深入、系统的理论分析，在此基础上，就我国中西部民族地区农村社会保障制度建设的原则、模式、路径及其保障水平等问题提出了理论和政策建议。研究内容包括：民族地区农村社会保障制度的变迁与发展、贫困与民族地区农村的社会保障、发展与民族地区农村的社会保障、民族地区农村社会保障制度的构建原则与模式、民族地区农村社会保障的经济可行性分析、民族地区农村社会保障制度建设中的保障水平分析、民族地区农村社会保障制度的运行环境分析等。

书名：《新型农村社会养老保险风险管理研究》
作者：薛惠元
出版时间：2013 年 9 月
出版社：中国社会科学出版社

内容摘要：本书综合运用风险管理学、人口学、财政学、计量经济学、保险精算学、数理统计学、政策仿真学中的相关理论，采用定量和定性分析方法，对中国新农保风险管理问题进行系统、全面的研究，得到了比较可信的结论，可以作为新农保制度的良性运行和可持续发展提供理论基础和现实参考，主要内容包括新农保风险的识别、新农保风险的评估、新农保风险的处理、新农保风险的预警等。

书名：《养老保险统筹层次收入再分配系数研究》
作者：穆怀中　等
出版时间：2013 年 9 月
出版社：中国劳动社会保障出版社

内容摘要：本书由养老保险统筹层次收入再分配理论、模型与方法、全国统筹收入再分配系数实证分析、财政补贴适度水平、异地接转收入再分配效应和全国统筹方案选择及其对策建议等内容构成，其主要内容概括为：一核心、两类型、四模式、六方案、两检验、一对接。在养老保险统筹层次生存公平、劳动公平、养老保险适度水平等理论观点基础上，提炼出养老保险统筹层次收入再分配核心系数模型，依据分层平均递进规律设计全国统筹“四模式”，发现统筹层次、收入差距与收入再分配系数之间的联动收敛规律，并根据“双检验”（帕累托检验和适度水平检验）和“一对接”（与省级统筹合理对接）原则，确定收入再分配系数对接的最佳模型是模式Ⅲ。模式Ⅲ原型即为分层平均统筹类型，模式Ⅲ变形即为分比例统筹类型，两者共同构成全国统筹“两类型”。依据“两类型”“四模式”设计全国统筹“六方案”：全国平均工资模式；（全国平均工资 + 个人指数化工资）/2 模式；（全国平均工资 + 省平均工资 + 个人指数化工资）/3 模式；15% 中央统筹模式；10% 中央统筹模式和个人指数化工资模式。依据收入再分配系数、财政补贴水平、异地接转统筹差额及与省级统筹平稳对接，确立全国统筹分比例统筹模式（方案 5）为最优选择，并据此提出相关政策建议。

社会影响：本书为国家自然科学基金项目（项目编号 70973048）“养老保险统筹层次收入再分配系数研究”的研究成果。

书名:《国际社会保障动态——全民医疗保障体系建设》

作者: 俞卫　主编

出版时间: 2013 年 10 月

出版社: 上海人民出版社

内容摘要:《国际社会保障动态》橙皮书由上海财经大学策划撰写，计划每年出版一本，系统地、定期地介绍国外社会保障的最新实践，配合国内社会保障热点问题的研究，提出一些可供借鉴的经验。本书以全民医疗保障体系建设为主题，全面地介绍了国内外全民医疗保障研究的最新成果和实践动态。全书分为六章：第一章介绍拉美、东欧、南欧和北欧国家的社会保障制度，以及 2007 ~ 2008 年世界金融危机在这些国家产生的影响。第二章介绍当前国际社会保障体系中的几个热点问题：退休年龄调整、欧元区国家财政危机对社保体系的影响、美国商业长期护理保险和欠发达地区社区医疗保险。第三章讨论了世界医疗保障体系建设的起源和全民化发展历程。第四章主要分析各国全民医疗保障体系的基本框架、管理体制和运营机制，包括医疗保障体系对不同人群的保障制度、医疗保障体系的管理模式、医疗保障体系的筹资方式和筹资水平，以及医疗保障体系的支付方式。第五章全面介绍了我国医疗保障体系的发展历程，分析了现状和主要存在的问题，同时与国外医疗保障体系进行了比较，指出值得借鉴的地方。第六章分析了我国地方政府与商业医疗保险合作实施的大病医疗保险比较成功的两个案例——江苏太仓和广东湛江。

书名：《基本养老保险个人账户基金投资运营与监管》
作者：谭中和、张兴
出版时间：2013 年 10 月
出版社：知识产权出版社

内容摘要：目前我国养老保障基金分为三部分：一是职工基本养老保险基金；二是企业年金；三是全国社保基金理事会基金。后两部分基金，国家已经有了投资运营办法，并且取得了不错的收益（自 2007 年以来，全国社会保障基金和企业年金的平均投资收益率分别达 8.47% 和 8.32%）。但基本养老保险基金（包括城镇职工个人账户基金，也包括新型农村社会养老保险、城镇居民养老保险个人账户，以及未来的机关事业人员的养老保险个人账户）尚缺乏投资运营渠道，绝大多数按规定存银行或买少量国债，在扣除通货膨胀后，基金实际贬值缩水。

书名：《中国社会保障发展指数报告2012》
作者：褚福灵
出版时间：2013 年 10 月
出版社：经济科学出版社

内容摘要：本报告根据现有数据和评价需要建立由 49 个核心指标组成的评价指标体系，根据统计数据、计算公式和软件编程测算指标值。根据理论标准与实际数据的正态分布情况确定指标的目标参数值。以指标值为基础，根据无量纲化方法，产生数值在［0，1］的指数值。根据加权方法，由单一的指数值计算出综合指数值，并以此作为社会保障发展指数排名的基础。在指标值和指数值计算中，可能出现个别地区的指标值和指数值异常，但总体上计算出的指标值和指数值是有代表性的。

本报告以社会保障、养老保障、医疗保障、就业保障、贫困保障等内容为研究对象，通过“覆盖面、保障度、持续性、高效性、公平性”等维度对各个部分进行“水平分析、趋势分析和结构分析”，利用“优良度、向好度、正常度、均衡度”等参数进行综合评价，得出了一系列的针对性结论，具有代表性、科学性和一定的创新性。总体判断认为，该指标指数体系反映的中国社会保障发展情况是基本符合实际的。

本报告认为，2011 年中国社会保障在中低水平运行，各地发展不平衡问题仍然突出；社会保障覆盖面不断扩大，保障水平呈下降态势；可持续性在中位运行，有下滑态势；高效性在低位运行，呈下降态势；公平性在高位运行，总体有所改善。

书名：《中国社会保障制度体系完善研究》
作者：丁建定等
出版时间：2013 年 11 月
出版社：人民出版社

内容摘要：全书共八章，可以划分为三个部分：

第一部分（第 1～3 章）重点研究中国社会保障制度整合与体系完善的背景。第 1 章全面系统地论述中国社会保障制度整合与体系完善的现实基础；第 2 章全面论述中国社会保障制度整合与体系完善的环境因素；第 3 章深入分析和论述西方社会保障制度整合与体系完善的经验启示。

第二部分（第 4～7 章）重点研究中国社会保障制度整合与体系完善的基本思路与核心内容、主要领域与政策选择。第 4 章宏观探讨和提出中国社会保障制度整合与体系完善的基本思路；第 5 章重点探讨作为中国社会保障制度核心内容的社会保险的制度整合与体系完善；第 6 章重点探讨作为中国社会保障制度基础内容的社会救助制度的整合与体系完善；第 7 章重点探讨作为中国社会保障制度重要内容与延伸的社会福利制度与基本社会保障服务的整合与体系完善。

第三部分（第 8 章）主要研究中国社会保障制度整合与体系完善的配套机制，包括社会保障制度整合与体系完善的法律机制、社会保障制度整合与体系完善的财政机制、社会保障制度整合与体系完善的管理机制、社会保障制度整合与体系完善的评估机制。

第二节

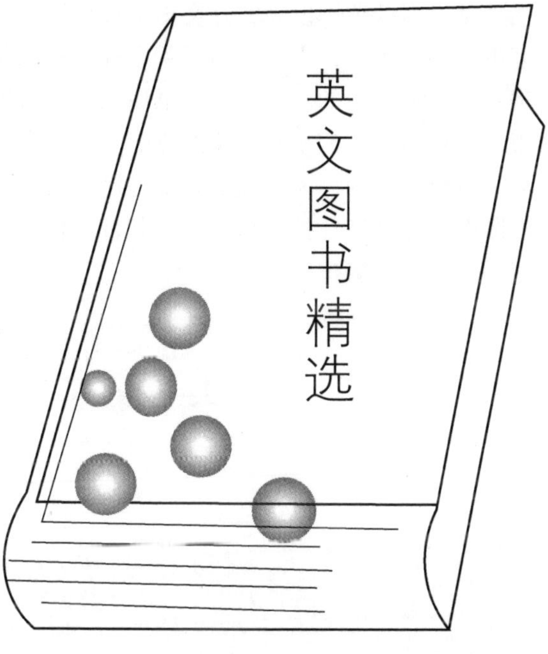

书名： Social Security and Economic Globalization（《社会保障与经济全球化》）
作者： Paul J. J. Welfens
出版社： Springer
出版时间： 2013 年 12 月 19 日

内容摘要： 经济全球化是一个复杂的现象，社会保障支出和全球化之间的联系迄今尚未得到很好的理解。本书总结了新的关键发现，并突出了社会保障制度、劳动标准、税收和经济全球化领域的新理论见解。此外，本书介绍了关于社会保障制度与移民之间以及自由贸易区与社会市场经济发展之间联系的新思想。本书使用布兰森模型分析了年龄供养率的作用，以及它对股票市场价格指数、汇率和利率的影响。经济全球化需要政治管理，经过跨大西洋银行危机和欧元危机的教训，需要更加仔细地制定游戏的金融全球化规则。不稳定的金融市场有很强的影响力，会破坏社会市场经济和社会保障制度。国内收入不平等的加剧给欧洲带来了比美国更多的政策挑战。

书名： The Oxford Handbook of Health Economics（《牛津卫生经济学手册》）

作者： Sherry Glied，Peter C. Smity

出版社： Oxford Clniversity Press

出版时间： 2013 年 5 月 23 日

内容摘要：《牛津健康经济学手册》面向该领域的学者和学生以及包括卫生政策和临床医学在内的相邻学科的学者和学生，为卫生经济学提供了一个可得的、权威的指南。本书强调了卫生经济学推理对政策和实践的直接影响，为读者介绍了该学科的潜在研究方向。

本书的编写者来自国际公认的卫生经济学领导者，反映了该学科世界范围的研究趋势。本书具有权威性但却不强调技术性，非常注重理论与政策制定之间的联系，把从初级卫生保健到卫生保险公司运营等各种制度环境中出现的问题，发展为经济学理论。本书讨论了发达国家和发展中国家与卫生系统相关的政策问题。它涉及广泛的观点，包括具有单一或多方支付的健康保险系统，以及主要依赖用户费用的系统；还关注医疗保健和影响健康的非医疗因素。每一章都简要总结了某一领域的研究现状，以及作者对仍然存在争议的问题的独特看法。本书提出了卫生经济学作为一个充满活力和不断前进的领域的观点，突出了持续的挑战，并指出进一步发展的新方向。

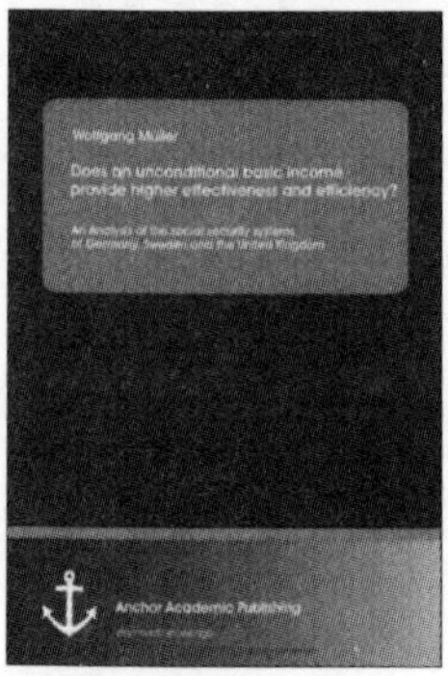

书名： Does an unconditional basic income provide higher effectiveness and efficiency? An Analysis of the social security systems of Germany, Sweden and the United Kingdom（《非条件性的基本收入保障能否提供更高的有效性和效率性？德国、瑞典和英国社会保障系统的分析》）

作者： Wolfgang Müller

出版社： Anchor Academic Publishing

出版时间： 2013 年 1 月 8 日

内容摘要： 欧洲目前的社会保障制度未能处理日益增加的传统和新的风险，如失业或工作与生活的平衡。一个解决这个问题的办法在近年来得到了更广泛的和学术上的支持：普遍的、无条件的基本收入（UBI）的想法。因此，本书探讨了 UBI 是否以及如何支持英国、德国和瑞典的社会保障制度，以实现其目标、履行其职能。由于有效性和效率描述了社会保障制度的功能，研究主要集中在这两个方面。这些方面将用于理论上讨论 UBI 的预期效果以及每个国家关键政策在其有效性和效率方面的主要目标和功能。与每个国家目前的社会保障计划相比，该研究表明，尽管存在更高的期望和生活水平的问题，UBI 能够更有效地处理若干传统和新风险。UBI 提供基本需求并支持有需要的人。

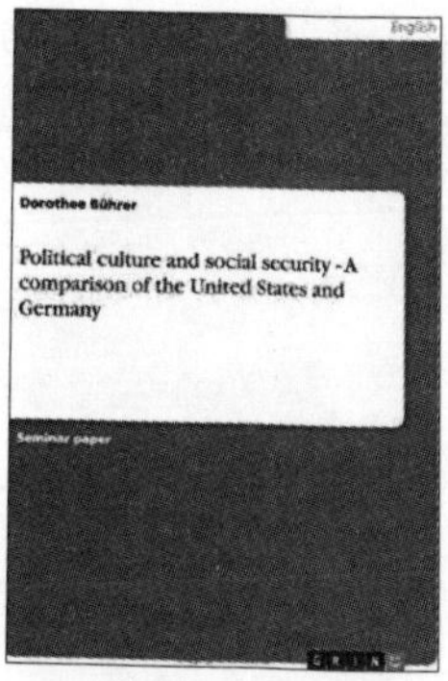

书名： Political culture and social security – A comparison of the United States and Germany（《政治文化与社会保障：美国与德国的比较分析》）

作者： Dorothee Bührer

出版社： GRIN Verlag

出版时间： 2013 年 11 月 5 日

内容摘要： 本书试图解释这样的问题：国家创造社会制度的差异在哪些方面可以与形成各自国家的政治文化的文化价值联系起来？当然，许多其他因素影响美国社会保障的发展，如工业化或经济增长。从媒体中，人们得到的印象是，个人主义是导致美国社会政策不同于其他国家的原因（在德国人看来）。此外，David McKay 强调“没有什么能更准确地代表美国主义，除了强调个人主义而不是集体行动”。但个人主义是美国文化价值观念中影响社会政策的唯一原因吗？本书从多个方面深入地探讨了这一问题。

书名：The Challenge of Public Pension Reform in Advanced and Emerging Economies（《发达经济体与新兴市场经济体公共养老金改革的挑战》）

作者：IMF

出版社：International Monetary Fund

出版时间：2013 年 1 月 25 日

内容摘要：养老金改革在许多先进和新兴市场经济体的政策议程上的排序很高。在先进经济体中，挑战通常来自为了控制未来随着人口老龄化而增加公共养老金支出。新兴市场经济体面临的挑战往往有所不同。如果养老金覆盖范围广泛，问题类似于发达经济体。如果养老金覆盖率低，主要挑战则是以财政上可持续的方式扩大覆盖面。本书探讨了未来几十年公共养老金支出的前景以及 52 个先进和新兴市场经济体的改革选择。

书名： Healthcare Management：Managed Care Organisations and Instruments（《医疗保健管理：管理型医疗组织及其工具》）

作者： Volker Eric Amelung

出版社： Springer – Verlag Berlin Heidelberg

出版时间： 2013 年 12 月 28 日

内容摘要： 在关于医疗体系结构的国际讨论中，管理型医疗是一个越来越重要的话题。20 多年来，管理型医疗方法从根本上影响了医疗系统的患者导向、效率和质量等多个方面。专家认为，通过应用高质量的管理型医疗方法，可以节省高达 20% 的医疗保健费用。通过使用适当的组织形式和管理原则，不仅可以降低成本，而且可以增强医疗服务提供的质量。因此，管理型医疗服务不仅是削减成本的战略。本书的目的是系统地概述在管理式医疗中实施的组织形式和管理手段。

倡导者认为，管理式医疗是现代医疗系统中一个合乎逻辑和必要的发展步骤。质量的提高和成本的降低不应被认为是矛盾的，而是一致的。因此，管理式医疗能够应对来自医疗保健供给方式变革的挑战。

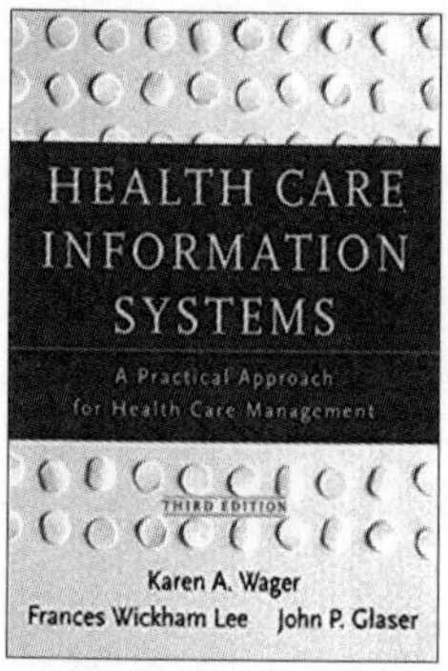

书名：Health Care Information Systems：A Practical Approach for Health Care Management（《医疗保健信息系统：医疗保健管理的实践性方法》）

作者：Karen A. Wager，Frances Wickham Lee，John P. Glaser

出版社：Jossey – Bass

出版时间：2013 年 8 月 5 日

内容摘要：本书是这一领域最广泛使用的教科书，新版已经过彻底修订和更新，以反映医疗保健行业的变化，并重新审视医疗保健信息技术的举措。新增加的两个章节涵盖了联邦通过使用医疗保健信息技术和战略考虑提高患者护理质量的努力。此外，由于反映了对全球健康越来越重视，本书对卫生保健信息技术提出了国际观点。同时，书中已经更新了经历管理相关信息系统挑战的组织的案例研究，并增加了一些新的案例。这些基于现实的案例旨在激发学生之间的讨论，并使他们能够将书中的概念应用到现实生活中。

书名：Waiting Time Policies in the Health Sector：What Works（《健康领域的等候时间政策：什么是有效的》）

作者：OECD

出版社：OECD

出版时间：2013 年 2 月 4 日

内容摘要：在过去十年中，许多经合组织国家采取了新政策来解决选择性手术的过度等待时间，并取得了一些成功。然而，在最近经济衰退和对公共预算的严重压力之下，等待时间可能再次上升，那么重要的是需要了解哪些政策有效。此外，欧盟还推出了新的法规，允许患者在其他成员国寻求治疗，如果治疗有长时间的延误。本书提供了一个框架，以了解为什么在一些经合组织国家而不是其他国家有选择性手术的等待名单。它还描述了如何在经合组织国家衡量等待时间，这些国家差异很大，并提出了最佳做法的建议。最后，本书考察了解决过多等待时间的不同政策方法。一些国家对病人提出保证，他们不会等待太长时间的治疗。只有当这些政策伴随对医疗保健提供者的制裁以确保保证得到满足，或者允许更多医疗保健提供者（包括私营部门）选择时，这些政策才有效。许多国家还推出了扩大外科服务供给的政策，但这些政策一般不能长期成功地减少等待时间。鉴于对选择性手术的需求增加，一些国家已经试验了政策以改善谁有对选择性手术的优先性。这些政策是有希望的，但难以实施。

书名： The American Health Care Paradox：Why Spending More is Getting Us Less（《美国医疗保健的悖论：为什么花费更多却收获甚少》）

作者： Lauren A. Taylor，Elizabeth H. Bradley

出版社： Public Affairs

出版时间： 2013 年 11 月 5 日

内容摘要： 几十年来，专家们对为什么美国花更多的医疗保健，但遭受比其他工业化国家更糟糕的结果感到困惑。现在 Lauren A. Taylor 和 Elizabeth H. Bradley 主持广泛的研究，包括对来自 30 个国家的医疗保健数据的比较研究，指出了这个矛盾的根源：我们忘记了国家投入改善人口健康的影响最为重要的支出——对社会服务的投资。

在美国医疗保健悖论中，Bradley 和 Taylor 阐明“卫生保健”的狭窄定义、卫生和社会服务分配中的陈旧分工，以及我们对政府计划的过敏，共同导致了个人生活中不必要的痛苦，即使卫生保健支出继续上升。她们告诉我们美国医疗“系统”如何以及为什么像它那样发展；审查了改革的限制和可能性；并介绍了来自世界各地的鼓舞人心的新举措。

本书提供了一个独特和澄清性的观点，当可负担得起的医疗法案（ACA）不能解决问题时，本书指出了一个新的前进方向。

书名：Trends and Factors in Japan's Long - Term Care Insurance System：Japan's 10 - year Experience（《日本长期护理保障系统的趋势与影响因素：日本 10 年的经验》）
作者：Pedro Olivares - Tirado，田宫菜菜子
出版社：Springer
出版时间：2013 年 12 月 9 日

内容摘要：老龄人口对社会保障制度带来了一系列复杂的政策问题和困境，加剧了对医疗保健和老年人长期护理方面支出增加的担忧。在这方面，通过研究日本处理其老龄化社会的经验，特别是其确保长期护理保险（LTCI）系统的财务可持续性的战略，有许多宝贵的经验教训。基于详尽的文献综述，以及日本长期护理支出（LTCE）六项原始研究的结果，本书提供了一个全面的观点，分析了日本长期护理保险制度中与长期护理支出增加相关的趋势和因素。书中的相关主题包括：日本社会在过去 30 年中经历的主要社会人口变化、LTCE 的预测因素、衡量养老护理院的效率、2005 年 LTCI 改革对控制支出、家庭和社区的成本效益的影响。本书最后讨论了未来挑战和战略，旨在为日本 LTCI 系统的可持续性做出贡献。

第四章 社会保障学学科
2013 年大事记

第一节 国内社会保障重大事件

1. 中共中央公布《关于全面深化改革若干重大问题的决定》，明确了深化社会保障改革的目标任务

2013 年 11 月，党的十八届三中全会通过了《关于全面深化改革若干重大问题的决定》，提出要坚持社会统筹和个人账户相结合的基本养老保险制度；完善个人账户制度，健全多缴多得激励机制，确保参保人权益；实现基础养老金全国统筹，坚持精算平衡原则；推进机关事业单位养老保险制度改革；整合城乡居民基本养老保险制度、基本医疗保险制度；推进城乡最低生活保障制度统筹发展。该决定明确了深化社会保障改革的多项目标任务，对全面深化社会保障改革做出了新部署。

2. 国务院印发《关于加快发展养老服务业的若干意见》

2013 年 9 月，国务院印发《关于加快发展养老服务业的若干意见》。该意见明确提出了加快发展养老服务业的总体要求、主要任务和政策措施。它对于中国积极应对人口老龄化，满足老年人多样化、多层次的养老服务需求，保证养老服务业持续健康发展具有重要意义，同时也标志着中国养老服务业将进入全面发展时期，老有所养制度体系中服务保障不足的短板有望逐步得到缓解。

3. 财政部首次向十二届全国人大一次会议报送社会保险基金预算

2013 年 3 月 8 日，财政部在十二届全国人大一次会议上报送了社会保险基金预算，首次将社会保险基金纳入中央预算口径管理，接受国家立法监督，从而有助于加强对社会保险基金的监督管理，促进其规范运营，为社会保险基金的可持续发展提供保障。

4. 新修订的《老年人权益保障法》正式实施

2013 年 7 月 1 日，新修订的《老年人权益保障法》正式实施，该法的两部配套性规章《养老机构设立许可办法》和《养老机构管理办法》同步施行。该法以积极应对人口老龄化为基本理念，确立了有中国特色的社会养老服务体系的框架，它的实施对于保障老年人的权益具有重要意义。

5. 国务院决定《社会救助暂行办法（草案）》公开征求意见

2013 年 12 月 25 日的国务院常务会议决定将《社会救助暂行办法（草案）》向社会公开征求意见。会议提出要通过进一步推进政府职能转变和整合部门职责，逐步完善社会救助制度体系，实现社会救助制度的科学化、规范化和法制化的发展。

6. 人力资源和社会保障部等委托研究机构开展养老保险制度顶层设计

2013 年 4 月，人力资源和社会保障部、发改委、财政部、全国总工会和全国社会保障基金理事会组成养老保险顶层设计部级研究工作小组，并委托国务院发展研究中心、中国社会科学院、中国人民大学、浙江大学以及国际劳工局、国际社会保障协会和世界银行共七家研究机构启动养老保险顶层设计。10 月 16 日部级研究工作小组召开内部会议，七家研究机构向人力资源和社会保障部提交了养老保险改革方案。这是中国政府首次公开借助国内外科研机构力量为重大社会保障制度改革提出理论方案。

7. 民政部出台系列儿童福利政策

2013 年，民政部等多部门出台了一系列儿童福利政策，包括《关于进一步做好弃婴相关工作的通知》《关于实施 2013 年孤儿助学工程的通知》和《关于开展适度普惠型儿童福利制度建设试点工作的通知》，以及多部门联合开展的“流浪孩子回校园”专项行动。这一系列事关儿童福利的政策的出台，是维护儿童基本权益、促进中国儿童福利事业不断发展的重要举措。

8. 全国人大常委会通过调整完善生育政策的决议，单独两孩政策启动

2013 年 12 月 28 日，第十二届全国人民代表大会常务委员会第六次会议通过了国务院关于调整完善生育政策的议案，同意启动实施一方是独生子女的夫妇可生育两个孩子的政策。该决议对于调整和完善中国的生育政策、促进中国人口和经济社会的长期均衡发展具有重要意义。

9. 人力资源社会保障部、民政部、财政部、国家税务总局等出台企业（职业）年金新政

2013 年 7 月，人力资源和社会保障部、民政部发布《关于鼓励社会团体、基金会和民办非企业单位建立企业年金有关问题的通知》，该通知将进一步推动社会组织的健康发展，为社会组织工作人员的退休生活提供更好的保障。2013 年 12 月，财政部、人力资源和社会保障部和国家税务总局发布《关于企业年金职业年金个人所得税有关问题的通知》，自 2014 年 1 月 1 日起，实施企业年金、职业年金个人所得税递延纳税优惠政策，该政策是对年金个人所得税政策体系的完善，对于中国多层次的养老保险体系建设具有积极作用。

10. 住建部宣布廉租房和公租房并轨试点启动

2013 年 12 月 6 日，住房建设部联合财政部、发改委发布通知，从 2014 年起各地公共租赁住房和廉租住房实行并轨，统称为公共租赁住房。此项政策有助于优化保障性住房的资源配置，是改善住房保障公共服务质量、完善中国住房保障体系的重要举措。

11. 规范社会保险费的申报和缴纳管理

2013 年 9 月 26 日，人社部印发了《社会保险费申报缴纳管理规定》，对未按时足额缴纳社会保险费的处理和相应的法律责任做出详细规定。

12. 促进信息消费，推进社保一卡通

2013 年 8 月 8 日，国务院印发《关于促进信息消费扩大内需的若干意见》。《意见》提出，加快社会保障公共服务体系建设，推进社会保障一卡通，建设医保费用中央和省级结算平台，推进医保费用跨省即时结算。

13. 金砖国家扩大社会保障覆盖面技术研讨会召开

2013 年 9 月 17 日，为加强金砖各国社会保障经验交流和技术合作，金砖国家扩大社会保障覆盖面技术研讨会在杭州市召开。中国人力资源和社会保障部承办本次研讨会。

14. 中国社会保障 30 人论坛（2013）年会在京举行

2 月 22 日，中国社会保障 30 人论坛（2013）年会在京举行。中国社会科学院党组成员、副院长李扬出席并致辞。民政部党组成员、全国老龄办党组书记、全国老龄办常务副书记陈传书，全国政协社会和法制委员会副主任、中国医疗保险研究会会长、原劳动和社会保障部常务副部长王东进，全国人大常委、中国人民大学教授郑功成分别作主旨发言。全国人大常委、中国社会科学院学部委员、人口与劳动经济研究所所长蔡昉，中国社会科学院学部委员、社会学研究所原所长景天魁，中国社会科学院学部委员、财经战略研究院院长高培勇，中国社会科学院学部委员、欧洲研究所所长周弘，中国社会科学院民族学与人类学研究所所长王延中等在会上先后做报告。论坛由中国社会保障 30 人论坛和中国社会科学院民族学与人类学研究所主办，中国人民大学中国社会保障研究中心、中国社会科学院劳动与社会保障研究中心和社会科学文献出版社承办。

第二节　国外社会保障重大事件

1. 美国医保法案面临困境

美国医保法案是奥巴马政府推动的最重要的社会保障政策，对提升医疗保险覆盖面、优化医疗资源配置具有重大影响，但是该政策在 2013 年的推行过程中遇到诸多困难：除了备受共和党议员、一些州政府、医药集团、保险公司等的指责外，还因医改方案导致保险公司利润下降而使得数百万美国民众失去了原有的医疗保险。美国医保法案遭遇的困境，揭示的是利益集团对社会保障制度变革与发展的影响巨大。

2. 德国政府通过降低费率、提升待遇、延迟退休年龄的组合拳政策对养老保险制度进行调整

德国是现代养老保险制度的发源地，从 1889 年至今已有 120 多年的历史。为积极应对人口老龄化，德国一直在探索优化本国养老保险制度。2013 年，德国通过降费、增收、

延退的组合拳政策来调节养老保险制度，具体包括：从 2013 年 1 月 1 日起将法定养老保险缴费率调减到 19%；法定退休年龄正在从 65 岁延长到 67 岁；2013 年 11 月 27 日达成的组阁协议中规定，至 2017 年德国将利用公债收入为养老保险等改革措施提供 230 亿欧元的资金。德国的做法在优化现收现付制度以适应人口老龄化方面为世界各国提供了重要的经验借鉴。

3. 欧洲国家通过延迟退休年龄削减公共开支

在人口老龄化加剧和金融危机影响的背景下，欧洲国家在 2013 年纷纷出台退休年龄调整政策。希腊从 2013 年 1 月 1 日起将全额领取养老金年龄提高到 67 岁；英国公布的养老金改革方案中决定逐步提高领取国家养老金的最低年龄；意大利政府计划 2026 年将退休年龄提高到 67 岁；荷兰、西班牙等国也不同程度地调整了退休年龄。延迟退休年龄，在增加劳动力供给以扩大养老保险缴费收入的同时也可以减少养老金支出，是减少养老保险制度财政负担的有效手段。

4. 荷兰告别 20 世纪的福利国家，推行紧缩政策

作为典型的福利国家，荷兰在金融危机和欧债危机的影响下，难以继续维持其高福利的制度而必须进行改革。2013 年 9 月 17 日，荷兰国王威廉·亚历山大宣布将告别 20 世纪下半叶的福利国家，将推行财政紧缩政策，削减公共支出和养老金水平，同时呼吁扩大国民储蓄，加强国民对社会保障的贡献与参与。荷兰的福利模式转变说明，社会保障的发展水平需要与国家的经济和社会发展相适应，要保持合理的福利水平。

5. 俄罗斯宣布公民永久享受免费医疗

2013 年 10 月 6 日，俄罗斯政府宣布终结付费医疗制度，政府保证每一位俄罗斯公民从出生开始就可以在俄罗斯联邦所有政府和市政机构免费享受医疗服务，这被认为是俄罗斯社会保障制度发展的一个里程碑。

6. 国际劳工组织《关于家庭工人体面劳动的公约》正式生效

2013 年 9 月 5 日，国际劳工组织《关于家庭工人体面劳动的公约》（第 189 号）正式生效，这个公约将赋予全球约 5300 万家庭工人同等的基本劳动权益。它保障了家庭工人在最低工资水平、报酬支付形式、工作时间和休假等方面的基本待遇和权益。目前，玻利维亚、意大利、毛里求斯、尼加拉瓜、巴拉圭、菲律宾、南非和乌拉圭八个国家已经批准了此项公约。

7. 法国议会通过养老保险制度改革法案

2013 年 12 月 18 日，法国议会通过了政府提交的养老保险改革法案，目的是减少因补贴养老保险制度而导致的政府财政赤字。法案规定，企业雇员和雇主的养老保险缴费率每四年提高 0.3%，全额领取养老金的退休者需要达到 43 年的缴费年限。退休年龄过低是导致法国政府财政负担的重要原因，但是此次改革只调整了缴费率和待遇领取资格，调整力度显得十分有限。

8. 英国《福利改革法 2012》生效

2013 年 4 月 1 日，英国《福利改革法 2012》正式生效。此项改革被认为是英国近几

十年来最大规模的福利改革，内容涉及法律援助、住房补贴、失业者救济金、残疾人救济金等诸多方面。英国政府希望通过此项改革实现更为公平的福利制度，并鼓励勤劳就业者。但是也面临激烈的批评，例如英国慈善机构认为改革将导致无家可归者数量增加，会影响成千上万家庭的福利补贴待遇。

9. 澳大利亚进行养老保险制度改革

澳大利亚养老保险制度的重要组成部分超级年金制度在 2013 年进行了改革：将缴费率从 2013 年的 9% 逐渐提高到 2019 年的 12%，增加对中低收入者超级年金缴费的税收抵免，并且规范年金管理的收费。此项改革预计将大幅提高基金积累规模，提高退休者的养老金待遇，例如领取社会平均收入的 30 年缴费的退休者的养老金预计将增加 12.7 万美元。

10. 韩国政府提出实施为国民“量身定做”社会福利政策

2013 年 3 月 21 日，韩国总统朴槿惠提出要将韩国传统的以发放现金为主的福利模式调整为建设性福利模式，通过实施为国民“量身定做”的社会福利政策促进国民自力更生。韩国政府的新福利政策将针对国民在不同人生阶段遇到的困难提供援助和支持，构建社会安全制度，以免除国民的生活不安，同时也推动韩国经济的发展。

第五章　社会保障学学科 2013 年文献索引

第一节　中文文献索引

[1] 袁国敏．我国最低生活保障制度对劳动力市场的影响［J］．中国人口·资源与环境，2013（S2）：480－483.

[2] 董明媛，赵奕钧．商业医疗保险参保现状的影响因素分析［J］．统计与决策，2013（23）：103－106.

[3] 张丽宾．我国城乡居民养老保险的调查与思考——从 6 省 12 市县区 74 位居民访谈说起［J］．经济研究参考，2013（72）：11－18.

[4] 曲绍旭，朱萍．城乡社会保障统筹制度的解读与反思——基于苏南、苏中、苏北的实证研究［J］．农村经济，2013（12）：73－77.

[5] 姜雪梅．中国住房社会保障制度的框架设计［J］．价格理论与实践，2013（12）：45－47.

[6] 赵慧．中国社会政策创新及扩散：以养老保险政策为例［J］．国家行政学院学报，2013（06）：44－48.

[7] 涂东阳，许莉，殷晨昕．个税递延养老保险的缴费设计研究［J］．保险研究，2013（12）：65－73.

[8] 丁少群，许志涛，薄览．社会医疗保险与商业保险合作的模式选择与机制设计［J］．保险研究，2013（12）：58－64.

[9] 马驰，甄贞．我国养老保险公司风险偏好传导机制研究——基于经济资本计量视角［J］．保险研究，2013（12）：105－115.

[10] 周芸芸．我国工伤保险社会化保障的构建与反思［J］．东南大学学报（哲学社会科学版），2013（S2）：32－34.

[11] 赵耀辉．从三中全会《决定》看退休和养老保险制度改革［J］．经济科学，2013（06）：25－27.

[12] 中国社会科学院经济研究所社会保障课题组，朱玲．多轨制社会养老保障体系

的转型路径［J］．经济研究，2013（12）：4－16.

［13］杜亚涛，伍文中．城乡一体化社会保障制度的构建［J］．经济研究参考，2013（70）：4－6.

［14］董尚雯．社会保障绩效评估体系国际标杆研究及对我国的启示［J］．经济研究参考，2013（70）：67－69.

［15］孙国峰，张旭晨．新生代农民工社会保障问题实证分析——以甘肃省为例［J］．调研世界，2013（12）：31－35.

［16］郑功成．深化中国养老保险制度改革顶层设计［J］．教学与研究，2013（12）：12－22.

［17］杨俊．社会统筹养老保险制度的困境与出路：从分散统筹到全国统筹的转变［J］．教学与研究，2013（12）：23－30.

［18］胡兵，涂先进，胡宝娣．社会保障对农村居民消费影响的门槛效应［J］．当代经济研究，2013（12）：61－67.

［19］耿晋娟．基于改进的 ELESM 法的城市居民最低生活保障标准测算——以山西省为例［J］．兰州学刊，2013（12）：99－107.

［20］海龙，赵建国．新型农村社会养老保险财政补贴机制评析与优化［J］．现代经济探讨，2013（12）：29－33.

［21］李永安．农村从土地保障向社会保障转型要突破认识障碍［J］．现代经济探讨，2013（12）：49－53.

［22］魏晓琴，靳文秀，路竹青．全国社会保障基金股票投资组合绩效评价研究［J］．经济与管理，2013（12）：15－22.

［23］王晓东．从“社会保障对接条例”到“开放性协调治理”——欧盟养老保险区域一体化经验及启示［J］．现代经济探讨，2013（12）：82－86.

［24］刘志昌．2006 年以来中国基本养老保险均等化探析［J］．社会主义研究，2013（06）：105－109.

［25］凌文豪．新型农村社会养老保险参保行为的影响因素研究——基于河南省首批 21 个试点的调研［J］．社会主义研究，2013（06）：110－114.

［26］潘屹．社会福利制度的效益与可持续——欧盟社会投资政策的解读与借鉴［J］．社会科学，2013（12）：72－81.

［27］李巢暎．论中国养老保险制度的持续发展路径——与韩国养老保险制度比较［J］．金融理论与实践，2013（12）：83－86.

［28］林毓铭．体制改革：从养老保险省级统筹到基础养老金全国统筹［J］．经济学家，2013（12）：65－72.

［29］徐清照．山东社会保障体系的发展现状及存在的主要问题［J］．山东社会科学，2013（12）：153－156.

［30］于凌云．养老保险制度下的教育投入增长效应评价指标及实证研究［J］．财政

研究，2013（12）：58－61.

［31］张保霞．论我国农民社会保障制度建设［J］．学术交流，2013（12）：137－140.

［32］黄瑞芹．农户社会养老保险的需求行为与潜在需求差异分析［J］．世界经济文汇，2013（06）：101－109.

［33］付诚，王一．制度变迁理论视野下的社会保障制度改革——东北振兴过程中吉林省社会保障制度变迁的回顾与展望［J］．社会科学战线，2013（12）：191－196.

［34］刘瑞华．社会政策视角下从“民工荒”看农民工的社会保障［J］．行政论坛，2013（06）：81－83.

［35］王晓东．赋权增能视角下农民工社会救助模式转型——呼和浩特市个案研究［J］．人口与发展，2013（06）：52－57＋99.

［36］穆怀中，沈毅，陈曦．农村养老保险综合替代率及其结构分析［J］．人口与发展，2013（06）：2－10.

［37］杨敏，郑杭生．西方社会福利制度的演变与启示［J］．华中师范大学学报（人文社会科学版），2013（06）：25－35.

［38］谷明淑，刘畅．对我国养老保险基金投资的建议［J］．经济研究参考，2013（66）：42.

［39］王国惠，尚连山．城乡医疗保险制度公平化的建议［J］．经济研究参考，2013（66）：42－43.

［40］武萍，沈毅．农村社会养老保险试点中存在的六大问题及应对策略［J］．马克思主义与现实，2013（06）：193－198.

［41］苏海涛．湖北失地农民社会保障问题探析——基于宜昌、随州、十堰三地的调研数据［J］．社会保障研究，2013（05）：15－21.

［42］赖志杰．健康管理：医疗保险发展的助推器［J］．海南大学学报（人文社会科学版），2013（06）：40－46.

［43］覃双凌．新型农村社会养老保险制度“全覆盖”——以云南省为例［J］．社会科学家，2013（11）：72－75.

［44］殷俊，李媛媛．人口老龄化背景下中国养老保险制度改革的宏观经济及福利效应分析［J］．江西财经大学学报，2013（06）：60－71.

［45］李晓鸿．论我国医疗保险法律关系的定性及争议回应［J］．甘肃社会科学，2013（06）：151－155.

［46］贺小林，梁鸿．人口老龄化背景下上海市发展型养老保险的制度完善研究［J］．西北人口，2013（06）：70－74＋79.

［47］和俊民，杨斌．中国城乡养老保险制度差异问题研究——基于城乡统筹的视角［J］．郑州大学学报（哲学社会科学版），2013（06）：85－89.

［48］刘立刚，薛惠元．论社会和谐稳定与社会保障制度建设——以湖北省为例

[J]．社会保障研究，2013（05）：69－75.

[49] 仇春涓，陈滔，吴贤毅．重尾分布下医疗保险保费合理性评估——基于上海市闵行区新农合的实证研究［J］．数理统计与管理，2013（06）：974－983.

[50] 张勇．失业保险分级平衡省级统筹管理体制存在问题研究［J］．经济研究参考，2013（65）：21－24＋36.

[51] 丁少群，许志涛．社会保障水平、收入分配与经济增长的互动关系研究——基于VAR模型的实证分析［J］．中国经济问题，2013（06）：3－12.

[52] 曲绍旭．城乡社会保障统筹制度的实证研究——基于农村社会保险的多元logistic回归分析［J］．中国经济问题，2013（06）：13－19.

[53] 吴嘉怡，余伯阳．医疗保险谈判关系承诺影响因素的实证研究［J］．学海，2013（06）：67－73.

[54] 王晓军．我国基本养老保险的十个"迷思"［J］．保险研究，2013（11）：96－104.

[55] 彭浩然，肖敏慧，徐政．我国城乡养老保险制度衔接研究——基于参保人权益保护的视角［J］．保险研究，2013（11）：105－111.

[56] 薛在兴．我国基本养老保险回报率比较研究［J］．保险研究，2013（11）：112－119.

[57] 陈丰元，米海杰，桂琰，蔡泽昊，靳雪晨．基本养老保险转轨成本的计算偏误与偿付机制［J］．保险研究，2013（11）：120－127.

[58] 万明国．美国社会保障体系灾后补偿的实现路径及启示［J］．社会保障研究，2013（06）：10－16.

[59] 康月玮．北京市城市居民养老保险与服务体系现状与对策［J］．社会保障研究，2013（06）：17－20.

[60] 王国辉，徐子东，伊宝德，王利军．应用创新型劳动与社会保障人才培养模式的探索与实践［J］．社会保障研究，2013（06）：107－111.

[61] 邓大松，仙蜜花．社会保障转移支付对收入分配差距的调节效应——基于东部12个省市的实证研究［J］．社会保障研究，2013（06）：3－9.

[62] 杨宜勇，温鹏莉，王赓宇．基于国际经验的养老保险隐性债务研究［J］．社会保障研究，2013（06）：86－93.

[63] 崔佳，刘理．老龄化背景下城镇职工医疗保险基金收支变化趋势及对策研究——以吉林省为例［J］．社会保障研究，2013（06）：56－62.

[64] 苗瑜，仇春涓．基于第四方医院复核机制的社会医疗保险供方道德风险防控研究［J］．社会保障研究，2013（06）：63－70.

[65] 邹红，喻开志，李奥蕾．养老保险和医疗保险对城镇家庭消费的影响研究［J］．统计研究，2013（11）：60－67.

[66] 邢景朋，江泓，李含伟，单明霞．城镇化背景下失地农民养老保险保障水平研

究［J］．经济与管理，2013（11）：30－34.

［67］任德新，楚永生，陆凯旋．新型农村养老保险制度运行机制分析——来自江苏省的经验及启示［J］．现代经济探讨，2013（11）：63－67.

［68］侯风云，马凯旋．中国养老保险统筹状况对劳动供给影响实证研究［J］．福建论坛（人文社会科学版），2013（11）：5－10.

［69］何植民．农村最低生活保障政策实施效果的主要影响因素分析［J］．湘潭大学学报（哲学社会科学版），2013（6）：81－85.

［70］谢和均，李珍．社会保障预算增长与控制［J］．云南师范大学学报（哲学社会科学版），2013（6）：101－107.

［71］陈水生．整体性救助：社会救助制度的功能整合研究［J］．浙江社会科学，2013（11）：52－60＋51＋156.

［72］崔英楠，曾云．我国社会保障制度公平性之缺失与矫正［J］．辽宁大学学报（哲学社会科学版），2013（6）：108－112.

［73］左卫霞．新农村社会保障法律制度建设的思考探析［J］．兰州学刊，2013（11）：197－201.

［74］王祥军．新型农村社会养老保险法律制度完善研究——以农民土地权益实现为视角［J］．江淮论坛，2013（6）：127－131.

［75］柳清瑞，王虎邦，苗红军．城镇企业基本养老保险缴费率优化路径分析［J］．辽宁大学学报（哲学社会科学版），2013（6）：99－107.

［76］张盈华．基本养老保险基金的风险特征与风险规避［J］．上海大学学报（社会科学版），2013（6）：129－138.

［77］宋相鑫．以保险制度为视角的残疾人养老保险体系研究［J］．兰州学刊，2013（11）：71－74.

［78］李迎生，袁小平．新型城镇化进程中社会保障制度的因应——以农民工为例［J］．社会科学，2013（11）：76－85.

［79］龙玉其．社会保障收入再分配作用的理论思辨［J］．理论月刊，2013（11）：150－153.

［80］马凯旋，侯风云．国外三种养老保险模式的比较及借鉴［J］．经济纵横，2013（11）：116－120.

［81］刘渝琳，周桥．基于市场化运营方式的养老保险基金最优资产配置效率与模拟［J］．财经论丛，2013（6）：46－53.

［82］丁建定，郭林．论中国养老保险制度结构体系整合［J］．武汉大学学报（哲学社会科学版），2013（6）：77－82.

［83］孙菊．全民覆盖视角下的韩国医疗保险制度研究［J］．武汉大学学报（哲学社会科学版），2013（6）：83－89.

［84］沈毅，穆怀中，陈曦．新型农村社会养老保险对城乡劳动力市场就业效应研究

[J]．经济研究参考，2013（62）：28－33.

[85] 吕志勇．商业健康保险与社会医疗保险的协同发展研究——基于系统耦合理论的视角 [J]．山东大学学报（哲学社会科学版），2013（6）：45－54.

[86] 胡若痴，武靖州．从分立到整合：我国社会保障制度改革趋向探讨 [J]．财政研究，2013（11）：7－9.

[87] 包福存．新型农村社会养老保险制度研究述评 [J]．西北师范大学学报（社会科学版），2013（6）：140－144.

[88] 黄建．失独家庭社会救助问题研究 [J]．理论探索，2013（6）：62－66.

[89] 何植民．农村最低生活保障政策评价指标体系的构建——基于群组决策分析模型的运用 [J]．中国行政管理，2013（11）：113－118.

[90] 郭磊．我国机关事业单位养老保险制度：破除路径依赖的"魔咒" [J]．贵州社会科学，2013（11）：165－168.

[91] 李连芬，刘德伟．我国基本养老保险全国统筹的动力源泉与路径选择 [J]．财经科学，2013（11）：34－43.

[92] 李晓嘉．社会保障支出对城镇居民消费支出的影响 [J]．城市问题，2013（10）：97－102.

[93] 周俊生．养老保险须政府兜底 [J]．经济研究参考，2013（60）：26.

[94] 夏艳玲．农村养老保险制度研究：基于制度变迁的视角 [J]．经济研究参考，2013（59）：29－31.

[95] 刘绮莉．日本医疗保险制度的改革论争及评价——以 20 世纪 60 年代为中心 [J]．经济研究参考，2013（59）：32－39.

[96] 翟绍果，徐顺锋，郭锦龙．基本医疗保险经办服务满意度及优化路径研究——基于镇江、东莞、成都、神木、银川的实证分析 [J]．保险研究，2013（10）：87－93.

[97] 丁建定．中国共产党对社会保障制度功能认识的发展及其影响——基于党的若干重要历史文献的研究 [J]．当代世界与社会主义，2013（5）：100－105.

[98] 龚钰淋．美国公立高校教师社会保障制度研究——以公务雇员法律身份为核心 [J]．河北法学，2013（11）：51－54.

[99] 李薇．论城乡最低生活保障制度结构体系的整合 [J]．探索，2013（5）：156－160.

[100] 吴晓林，姜耀辉．国内社会救助：问题归因、政策设计与研究展望 [J]．中州学刊，2013（10）：72－77.

[101] 李红浪．新生代农民工社会保障问题及对策 [J]．江西社会科学，2013（10）：194－197.

[102] 王珂瑾．从缺位到归位：农村社会保障中的政府责任 [J]．兰州学刊，2013（10）：206－208.

[103] 陈际华．统筹城乡社会养老保险现状、难点及前瞻研究——以江苏省为例

[J]．江苏社会科学，2013（5）：134－139.

[104] 方显仓，王昱坤．社会保障、预防性储蓄与上海居民消费［J］．上海经济研究，2013（10）：75－84.

[105] 黄清峰．社会保障支出与农村贫困减少动态关系的实证检验［J］．统计与决策，2013（19）：102－104.

[106] 苏春红，李齐云，王大海．基本医疗保险对医疗消费的影响——基于 CHNS 微观调查数据［J］．经济与管理研究，2013（10）：23－30.

[107] 康意，王国军，赵小静．社会保障水平调节人口出生率可行性实证研究［J］．财经问题研究，2013（10）：111－115.

[108] 金兴华．论政府的社会保障功能定位及完善［J］．学术交流，2013（10）：32－35.

[109] 刘同战，张益刚．完善城乡社会救助制度的若干思考［J］．山东社会科学，2013（10）：10－14.

[110] 高功敬．超越资本主义福利国家：罗尔斯社会福利思想探析［J］．山东社会科学，2013（10）：15－24＋29.

[111] 郝秀琴．河南省农村最低生活保障制度救助强度：时空差异与政策调整［J］．财政研究，2013（10）：74－77.

[112] 刘俊霞．我国基本医疗保险制度可持续发展面临的风险及对策［J］．财政研究，2013（10）：27－30.

[113] 蒋云赟．我国农民工养老保险方案的再研究——基于财政负担视角的代际核算模拟［J］．财经研究，2013（10）：4－18.

[114] 孙守纪，孙洁．完善我国社会保障性住房制度：基于政府视角［J］．中国行政管理，2013（10）：57－60.

[115] 刘东方．学习型军人社会保障模式构建初探——社会保障立法基础理论与实践研究［J］．南京政治学院学报，2013（5）：58－60.

[116] 吴玉锋，王友华，程莉娜．新型农村社会养老保险参保率影响因素实证研究：村域社会资本理论视角［J］．人口与发展，2013（5）：30－37＋9.

[117] 丁煜，朱火云．我国社会保障水平对城乡收入差距的影响［J］．人口与发展，2013（5）：23－29.

[118] 赵伟，邱力生．关于我国社会保障财务信息透明度的思考［J］．湖南大学学报（社会科学版），2013（5）：57－61.

[119] 崔立群，刘红．论农村社区保障之于农民社会保障权的实现［J］．湖南社会科学，2013（5）：132－135.

[120] 刘铮，李厚喜．社会保障政策绩效审计的方式和方法［J］．经济研究参考，2013（54）：31＋33.

[121] 张辉．社会性别视角下的农村老年妇女社会保障问题——基于贵州的调查

[J]．农村经济，2013（9）：79－83.

［122］赵光，李放．农村社会保障发展水平指标体系构建与评价——以江苏省为例［J］．江西财经大学学报，2013（5）：71－78.

［123］王超群，张翼，杨宜勇．城镇职工基本医疗保险退休老人终生缴费制研究［J］．江西财经大学学报，2013（5）：79－85.

［124］穆也．农村社会保障对改善民生的作用研究——基于沈阳市沈北新区尹家乡问卷调查［J］．社会保障研究，2013（5）：3－8.

［125］姚俊．新型农村社会养老保险的制度困境分析：嵌入性的视角［J］．学海，2013（5）：74－78.

［126］吕志勇，王霞．商业健康保险与社会医疗保险系统耦合协调发展研究［J］．保险研究，2013（9）：31－42.

［127］赵绍阳，臧文斌．偏好异质性视角下基本医疗保险筹资机制研究［J］．保险研究，2013（9）：120－127.

［128］杨哲，王茂福．新生代农民工养老保险参与意愿及影响因素——基于安徽省调查数据［J］．社会保障研究，2013（5）：62－68.

［129］罗燕．珠三角非公企业高龄职工养老保险实证分析——广州、东莞、中山、珠海2012年数据调查［J］．社会保障研究，2013（5）：55－61.

［130］吴红梅．整体性治理视野下中国社会养老保险政策"碎片化"的体制逻辑［J］．社会保障研究，2013（5）：46－54.

［131］王晓东．国外城乡养老保险一体化：途径、方式、条件及启示［J］．社会保障研究，2013（5）：98－103.

［132］陈健，黄少安．遗产动机与财富效应的权衡：以房养老可行吗？［J］．经济研究，2013（9）：56－70.

［133］杭琛．韩国养老保险制度及启示［J］．中国金融，2013（18）：61－62.

［134］杨军．中国农民工社会保障制度构建研究［J］．北京社会科学，2013（5）：132－137.

［135］柳颖．城乡养老保险制度衔接与并轨研究——从公共服务均等化的视角［J］．理论视野，2013（9）：45－48.

［136］郭林，杨斌，丁建定．政府职能与社会保障制度体系发展目标嬗变研究［J］．浙江社会科学，2013（9）：78－84＋157－158.

［137］江玉荣．基本养老保险基金投资的立法与完善［J］．现代经济探讨，2013（9）：68－72.

［138］舒奋．欧债国家社会养老保险体系可持续性危机及其对中国的警示［J］．浙江社会科学，2013（9）：85－89＋158.

［139］陈丽宇，柳思，陈棱．宁夏城乡居民社会养老保险制度实施效果评价［J］．宁夏社会科学，2013（5）：52－55.

［140］杨文明，韩燕．我国统筹城乡养老保险制度研究评述［J］．天津大学学报（社会科学版），2013（5）：417－421.

［141］曲绍旭．社会风险视域下城乡社会保障制度统筹研究［J］．中共天津市委党校学报，2013（5）：91－96.

［142］白小平．输入型农村社会保障制度困境与公共品供给的现代转型［J］．中州学刊，2013（9）：61－67.

［143］陈纪昌．社会变迁与社会福利建设：吉登斯社会福利思想探析［J］．北方民族大学学报，2013（5）：102－105.

［144］谢和均，李珍．社会保障预算中的政治：美国医疗保险改革的分析［J］．哈尔滨商业大学学报（社会科学版），2013（5）：35－42.

［145］毕天云，朱珠．社会福利公平与底线福利制度建设［J］．云南民族大学学报（哲学社会科学版），2013（5）：70－76.

［146］叶宁．城镇职工基本养老保险扩大覆盖面的难点探究——基于灵活就业者缴费能力生命表的分析［J］．中南财经政法大学学报，2013（5）：61－65＋108.

［147］张立彦．政府社会救助支出存在的问题与对策［J］．经济纵横，2013（9）：44－49.

［148］托马斯·格林格尔，罗尔夫·施姆克，苏健．德国医疗保险体系的渐进式制度变迁——渐行渐远的“俾斯麦模式”［J］．江海学刊，2013（5）：31－36.

［149］谢和均，李珍．社会保障预算总量演进治埋：渐进主义与公共选择的视角［J］．现代管理科学，2013（9）：14－16.

［150］李静萍．商业养老保险与社会养老保险发展协调度研究［J］．统计与决策，2013（17）：165－168.

［151］李书省．关于构建失地农民社会保障体系的再思考［J］．中共福建省委党校学报，2013（9）：57－61.

［152］杨燕绥，李海明．公共服务外包的治理机制研究——医疗保险外包的中美案例比较［J］．中国行政管理，2013（9）：114－118.

［153］蒋悟真，詹国旗．“结构—功能”视角下社会救助法的救济功能［J］．社会科学研究，2013（5）：99－105.

［154］张巍．论我国基本社会保障服务的发展与完善［J］．贵州社会科学，2013（9）：129－134.

［155］潘楠，张蕊．我国社会保障筹资的困境与对策［J］．税务研究，2013（9）：92.

［156］夏艳玲．城乡社会养老保险一体化研究——以广西为例［J］．经济研究参考，2013（47）：32－35.

［157］孙淑琴．再生资源的贸易、失业及社会福利——基于二元经济模型的分析［J］．经济科学，2013（4）：54－64.

[158] 程令国，张晔，刘志彪．“新农保”改变了中国农村居民的养老模式吗？[J]．经济研究，2013（8）：42－54.

[159] 张雪靓，孔祥斌，王洪雨，程佳．区域耕地社会保障功能替代程度及其差异研究——基于北京市海淀区、大兴区24村214户农户问卷的实证[J]．资源科学，2013（8）：1555－1566.

[160] 叶萍，雷霆．新疆城乡最低生活保障制度运行分析[J]．经济问题，2013（8）：125－129.

[161] 戚晓明，周应恒．新型农村社会养老保险筹资机制研究——基于山西省的试点调查[J]．江苏社会科学，2013（4）：65－69.

[162] 王国惠，尚连山．城乡居民医疗保险差异性分析——从公平理论角度探讨[J]．经济问题，2013（8）：87－91.

[163] 王超群．城镇职工基本医疗保险个人账户制度的起源、效能与变迁[J]．中州学刊，2013（8）：80－86.

[164] 穆随心．我国台湾地区基本养老保险制度改革最新动态及启示[J]．兰州学刊，2013（8）：115－119.

[165] 申曙光，魏珍．老龄化背景下的中国养老保险制度与体系：挑战与抉择[J]．教学与研究，2013（8）：5－12.

[166] 郭林，丁建定．试论中国养老保险制度筹资体系的优化[J]．教学与研究，2013（8）：13－20.

[167] 岳爱，杨矗，常芳，田新，史耀疆，罗仁福，易红梅．新型农村社会养老保险对家庭日常费用支出的影响[J]．管理世界，2013（8）：101－108.

[168] 王亚柯，王宾，韩冰洁，高云．我国养老保障水平差异研究——基于替代率与相对水平的比较分析[J]．管理世界，2013（8）：109－117.

[169] 李迎生．农村社会保障制度改革：现状与出路[J]．中国特色社会主义研究，2013（4）：76－80.

[170] 刘成高，黄敏．城镇化进程中土地流转与农村养老保险联动机制的构建[J]．西南民族大学学报（人文社会科学版），2013（8）：125－127.

[171] 蔡少琴，李郁芳．土地保障对农村社会保障替代性分析[J]．商业研究，2013（8）：202－207.

[172] 杨继军，张二震．人口年龄结构、养老保险制度转轨对居民储蓄率的影响[J]．中国社会科学，2013（8）：47－66＋205.

[173] 叶响裙．论我国社会保障管理体制的改革与完善[J]．中国行政管理，2013（8）：12－16.

[174] 王珺红，张磊．财政分权、公众偏好与社会保障支出——基于省际面板数据的实证研究[J]．财贸研究，2013（4）：100－109.

[175] 叶响裙．我国城市贫困问题与最低生活保障制度[J]．经济研究参考，2013

(43)：70 - 75.

[176] 韩华为，徐月宾．农村最低生活保障制度的瞄准效果研究——来自河南、陕西省的调查 [J]．中国人口科学，2013 (4)：117 - 125 + 128.

[177] 杨新荣．不同养老保险融资模式分析及其政策选择 [J]．求索，2013 (7)：13 - 15.

[178] 闫小欢，霍学喜．农民就业、农村社会保障和土地流转——基于河南省 479 个农户调查的分析 [J]．农业技术经济，2013 (7)：34 - 44.

[179] 沈毅，穆怀中．推进新型农村社会养老保险制度建设的政策含义 [J]．经济研究参考，2013 (42)：30.

[180] 刘新，刘伟．东、中、西部教育投入和社会保障支出联合的收入差距效应 [J]．西北人口，2013 (4)：78 - 82.

[181] 汪华，章金玉．新生代农民工养老保险参与意愿及影响因素研究——基于南通市和石家庄市两地的调查 [J]．西北人口，2013 (4)：95 - 99 + 104.

[182] 张园．城乡一体化社会养老保险发展阶段及实现路径研究 [J]．西北人口，2013 (4)：71 - 77.

[183] 温海红，亢平，吴丹．失地农民参加社会养老保险的影响因素分析——基于西安市调查数据分析 [J]．西北人口，2013 (4)：90 - 94.

[184] 王增文．受助群体从事正规与非正规再就业收入差距研究——基于社会救助群体的再就业视角 [J]．经济体制改革，2013 (4)：10 - 14.

[185] 章萍．养老保险基金指数化投资策略研究——基于资本市场良性发展视角 [J]．经济体制改革，2013 (4)：146 - 149.

[186] 秦莉．中国社会保障制度的风险管理 [J]．社会科学家，2013 (7)：87 - 90.

[187] 广西财政厅课题组．广西统筹城乡基本医疗保险财政政策研究 [J]．经济研究参考，2013 (41)：4 - 8.

[188] 鲍艳秋．我国养老保险双轨制探析 [J]．经济研究参考，2013 (41)：12 - 13.

[189] 刘珊宏，吕振威．供需视角下农村医疗保险满意度及影响因素分析——基于重庆市 828 个农户的调查 [J]．华南农业大学学报（社会科学版），2013 (3)：66 - 73.

[190] 林治芬，范荣欣．中国养老保险改革 20 年回望与思考 [J]．社会保障研究，2013 (4)：3 - 8.

[191] 周志凯，王国军．新型农村社会养老保险制度的风险因素及其应对策略探析 [J]．社会保障研究，2013 (4)：9 - 17.

[192] 殷宝明．新型农村社会养老保险财政补贴机制优化研究 [J]．社会保障研究，2013 (4)：18 - 25.

[193] 章惠琴．完善新型农村社会养老保险制度——基于上海的实践研究 [J]．社

会保障研究，2013（4）：26－33.

［194］周子华．可持续方针下基本医疗保险住院待遇支付政策分析——以江苏省如皋市为例［J］．社会保障研究，2013（4）：50－56.

［195］韩俊强．农民工工伤保险参保行为与城市融合——基于武汉市的调查［J］．社会保障研究，2013（4）：57－66.

［196］高乐坤，杨芷晴．城镇化视角下财政社会保障支出结构变化研究［J］．社会保障研究，2013（4）：67－72.

［197］孙嘉尉，顾海．国外基本医疗保险体系中的商业参与——兼论公共物品供给［J］．社会保障研究，2013（4）：92－98.

［198］王干，鲁全．中国的城镇化与基本养老保险制度改革［J］．甘肃理论学刊，2013（4）：95－99.

［199］秦莉．转型期我国社会保障制度的风险及其防范研究［J］．甘肃理论学刊，2013（4）：100－104.

［200］蒋悟真，马媛．我国社会救助造血机制及其立法完善［J］．社会保障研究，2013（4）：73－78.

［201］谷明淑，刘畅．我国养老保险基金投资组合策略研究［J］．经济学动态，2013（7）：57－64.

［202］朱钰，朱杰．失业保险制度的促就业功能［J］．中国金融，2013（14）：92.

［203］王茂福，谢勇才．失独群体的社会保障问题探析——以北京模式为例［J］．兰州学刊，2013（7）：91－96.

［204］刘辉．影响新型农村社会养老保险筹资因素评价研究——基于主成分和层次分析法［J］．经济问题，2013（7）：86－89.

［205］柯卉兵，李静．论社会保障转移支付制度的理论依据［J］．中州学刊，2013（7）：74－78.

［206］徐晓新，高世楫，张秀兰．从美国社会保障体系演进历程看现代国家建设［J］．经济社会体制比较，2013（4）：169－182.

［207］戴建兵，王建云．从贝弗里奇报告看我国社会保障制度的统一［J］．北京交通大学学报（社会科学版），2013（3）：73－79.

［208］孙雅娜．新型农村社会养老保险的财政资金分担水平研究［J］．辽宁大学学报（哲学社会科学版），2013（4）：62－68.

［209］张怡恬．对中国社会养老保险制度效率的分析与评价［J］．理论学刊，2013（7）：60－63.

［210］侯玲玲，王林清．从民法到社会保障的工资债权保护——以德法两国工资保障为视角［J］．法学杂志，2013（7）：84－90.

［211］杨磊，赵琳华．社会保障对我国城镇居民消费影响的区域差异分析［J］．哈尔滨商业大学学报（社会科学版），2013（4）：44－49.

［212］胡宏伟，曲艳华，高敏．医疗保险对家庭医疗消费水平影响的效应分析——兼论医疗保险与贫困的联合影响［J］．西北大学学报（哲学社会科学版），2013（4）：20－27.

［213］刘昌平，殷宝明．农村养老社会保障体系整合路径及政策选择［J］．西北大学学报（哲学社会科学版），2013（4）：14－19.

［214］盛丹．国有企业改制、竞争程度与社会福利——基于企业成本加成率的考察［J］．经济学（季刊），2013（4）：1465－1490.

［215］彭新万．基于农地与农村人口自由流动视角的户籍、社会保障、农地管理联动改革的政策框架——一个关于重庆、江西部分农村实地调研后的思考［J］．求实，2013（7）：87－91.

［216］赵晓兵，王伟伟．高维附加信息下的商业医疗保险费用评估模型和方法［J］．财经论丛，2013（4）：58－65.

［217］李晓嘉．社会保障支出对农村居民消费的动态效应研究［J］．财经论丛，2013（4）：22－28.

［218］陈康济．个人税延型养老保险实行对中国保险业发展的影响——以上海地区为例［J］．江淮论坛，2013（4）：66－70.

［219］董纪昌，孔倩，周晨丹．基于缴费率调整的养老保险制度可持续运行能力分析［J］．商业研究，2013（7）：15－20.

［220］邢伟．城镇化背景下促进城乡社会保障制度的衔接与整合［J］．宏观经济管理，2013（7）：28－30.

［221］曹春．社会保障筹资改革国际比较及对我国的启示［J］．经济研究参考，2013（38）：37－50.

［222］聂亚平，欧阳曙芬．财政投入提升社会保障绩效探析——以湖南省绩效提升为例［J］．财政研究，2013（7）：75－77.

［223］安华．民族地区农村牧区社会保障体系的设计及其实施［J］．理论探索，2013（4）：87－91.

［224］许建苏．关于健全河北省新型农村社会养老保险的思考［J］．河北学刊，2013（4）：102－104.

［225］许春淑．税收公平视角下的社会保障税制设计原则［J］．税务研究，2013（7）：88－90.

［226］张庆霖，郭嘉仪．提高我国社会保障水平的思考［J］．经济研究参考，2013（36）：30－31.

［227］张鸣鸣．新型农村社会养老保险的服务提供能力及农民意愿研究——基于四省六县的实证研究［J］．农村经济，2013（6）：84－88.

［228］贺书霞．土地保障与农民社会保障建设的关联性［J］．农村经济，2013（6）：89－92.

[229] 陈沁，宋铮．城市化将如何应对老龄化？——从中国城乡人口流动到养老基金平衡的视角［J］．金融研究，2013（6）：1－15.

[230] 孙祁祥，肖志光．社会保障制度改革与中国经济内外再平衡［J］．金融研究，2013（6）：74－88.

[231] 吴明琴，陆毅，陈斌．产业集聚与企业养老保险：基于中国制造业的证据［J］．南开经济研究，2013（3）：83－94.

[232] 杨翠迎，冯广刚．上海市基本养老保险制度三大改革的基金精算评估［J］．上海财经大学学报，2013（3）：66－73＋90.

[233] 阳义南．基本养老保险制度激励提前退休的实证研究［J］．财贸研究，2013（3）：91－98.

[234] 许飞琼．论马克思的社会保障思想及其时代意义［J］．政治学研究，2013（3）：91－102.

[235] 刘梦琴，傅晨，曾亿武．社会养老保险城乡一体化的区域实践：东莞与中山［J］．重庆社会科学，2013（6）：38－44.

[236] 韩克庆．社会结构变迁与中国社会保障制度的发展［J］．教学与研究，2013（6）：61－68.

[237] 邓大松，刘国磊．突破农民工医疗保险缺失困局——基于社会排斥理论的视阈［J］．江汉论坛，2013（6）：132－135.

[238] 赵应文．城镇职工基本养老保险基金"收不抵支"原因分析与对策选择［J］．北京社会科学，2013（3）：73－81.

[239] 王晓军，米海杰．对我国社会养老保险个人账户模式选择的实证分析［J］．经济管理，2013（6）：164－174.

[240] 张录法，陈永国．少儿医疗保险参保行为影响因素分析——以上海市少儿住院互助基金参保者为例［J］．统计与信息论坛，2013（6）：95－101.

[241] 林森，张军涛．人口老龄化对医疗保险的影响及对策——基于国别比较的视角［J］．宏观经济管理，2013（6）：57－59.

[242] 韩玲慧．人口老龄化背景下发达国家社会保障事业面临的财政压力［J］．经济与管理研究，2013（6）：47－53.

[243] 张长伟．从社会救助到社会保护：艾滋病致孤儿童社会福利体系的重构——以河南省S县为例［J］．中国青年研究，2013（6）：89－93＋80.

[244] 封铁英，杨洲．引入土地流转因素的新型农村社会养老保险基金预测［J］．数量经济技术经济研究，2013（6）：3－18.

[245] 李国璋，梁赛．我国社会保障水平对消费率的影响效应分析［J］．消费经济，2013（3）：38－42.

[246] 马柯夫，易守宽．平等是社会保障包容性增长的核心［J］．消费经济，2013（3）：91－95.

[247] 谢治菊. 农村最低生活保障制度与农民对政府信任的关系研究——来自两次延续性的调查 [J]. 中国行政管理，2013 (6)：120-125.

[248] 李贺平. 权利导向下的社会保障制度有效供给研究 [J]. 社会科学战线，2013 (6)：178-183.

[249] 袁辉. 社会救助体系中公益性民间组织制度规范研究——以城市流浪人员救助为考察域 [J]. 求索，2013 (5)：178-180.

[250] 穆怀中，沈毅，樊林昕，施阳. 农村养老保险适度水平及对提高社会保障水平分层贡献研究 [J]. 人口研究，2013 (3)：56-70.

[251] 李亚青. 城镇居民医疗保险的真实保障水平研究——基于广东典型地区的实证分析 [J]. 人口与发展，2013 (3)：55-62.

[252] 何惠珍. 农村社会保障制度建设难题及其破解 [J]. 湖南社会科学，2013 (3)：102-105.

[253] 乔燕君，于潇. 我国开征社会保障税的几点建议 [J]. 经济研究参考，2013 (30)：21.

[254] 许志龙，汪彬. 基于居民满意度的城乡社会养老保险制度实施绩效评估——以浙江宁波为例 [J]. 农村经济，2013 (5)：70-74.

[255] 仇晓洁，李聪，温振华. 中国农村社会保障支出均等化水平实证研究——基于公共财政视角 [J]. 江西财经大学学报，2013 (3)：70-76.

[256] 邹丽丽. 养老保险覆盖面扩大后财政支撑能力研究——以辽宁为例 [J]. 财经理论与实践，2013 (3)：40-42+97.

[257] 关信平. 当前我国社会保障制度公平性分析 [J]. 苏州大学学报（哲学社会科学版），2013 (3)：1-9+191.

[258] 申曙光，马颖颖. 社会保障的发展：社会建设的首要任务与核心内容 [J]. 苏州大学学报（哲学社会科学版），2013 (3)：10-14.

[259] 崔红志. 影响农民参加新型农村社会养老保险的因素 [J]. 中国青年政治学院学报，2013 (3)：137-141.

[260] 李春根，包叠. 新形势下基本养老保险城乡一体化路径初探 [J]. 社会保障研究，2013 (3)：29-35.

[261] 张赛群. 福建省华侨农场养老保险改革评析 [J]. 社会保障研究，2013 (3)：42-48.

[262] 于秀伟. 德国新型个人储蓄性养老保险计划述评 [J]. 社会保障研究，2013 (3)：106-112.

[263] 苗艳梅，杨斌，丁建定. 中国社会保障发展水平指标体系与实证分析 [J]. 社会保障研究，2013 (3)：12-17.

[264] 陈培勇，林琳，林静. 养老保险法律内因性理论辨析 [J]. 社会保障研究，2013 (3)：18-28.

[265] 徐强．基本养老保险制度的公平性评价及影响因素 [J]．保险研究，2013 (5)：104－112.

[266] 王述珍，王晓军．社会养老保险资产负债表的经验与启示 [J]．保险研究，2013 (5)：113－121.

[267] 郭静安，廉如鉴．系统论视阈下的社会保障制度及其构建 [J]．系统科学学报，2013 (2)：71－74.

[268] 纪江明，赵毅．中国区域间农村社会保障对居民消费的影响 [J]．中国人口·资源与环境，2013 (5)：93－97.

[269] 睢利萍．和谐社会构建背景下农民工工伤保险制度：现实困境与发展策略 [J]．理论与改革，2013 (3)：88－92.

[270] 刘大卫．社会保障条件下的财政变量与政策匹配 [J]．改革，2013 (5)：51－58.

[271] 刘璐琳，余红剑．可持续生计视角下的城市少数民族流动贫困人口社会救助研究 [J]．中央民族大学学报（哲学社会科学版），2013 (3)：39－45.

[272] 祝建华．城市居民最低生活保障制度的评估方法——一个初步的分析框架 [J]．学习与实践，2013 (5)：86－94.

[273] 岳宗福．城乡养老保险关系转续与制度衔接的路径思考 [J]．中州学刊，2013 (5)：49－53.

[274] 丁建定，王鑫．中国社会保障制度整合与体系完善的基本思路 [J]．学习与实践，2013 (5)：80－85.

[275] 朱新武，雷霆．完善民族地区农村医疗保险制度的探讨 [J]．新疆大学学报（哲学·人文社会科学版），2013 (3)：60－64.

[276] 曾益，任超然，刘倩．延长退休年龄有助于改善养老保险的偿付能力吗？——基于精算模型的模拟分析 [J]．经济管理，2013 (5)：108－117.

[277] 韩烨，韩俊江．从制度赡养率看我国养老保险基金发展面临的挑战 [J]．经济纵横，2013 (5)：86－90.

[278] 解静，闫琳琳．中国养老保险省际分配差距综合指标研究 [J]．商业研究，2013 (5)：133－139.

[279] 周慧文．国际视角下的我国工伤保险差别费率研究 [J]．理论月刊，2013 (5)：168－171.

[280] 苏海涛．社会管理创新视角下社会保障体系的完善——以湖北省宜昌市网格化管理为例 [J]．湖北社会科学，2013 (5)：51－53.

[281] 粟娟，孔祥利，钟小草．医疗保险制度、行政效率与农民工消费的相关性研究 [J]．统计与决策，2013 (9)：102－104.

[282] 张文，唐萧萧，徐小琴．我国社会保障水平的城乡差异分析 [J]．求实，2013 (5)：45－49.

[283] 纪玉哲，吴知音．社会救助制度的财政保障问题研究 [J]．财经问题研究，

2013 (5): 98 - 102.

[284] 邢伟. 城镇化进程中加快推进社会保障制度衔接与整合 [J]. 中国发展观察, 2013 (5): 10 - 12.

[285] 邵艳梅, 柳云. 河北省社会救助现状及对策建议 [J]. 河北学刊, 2013 (3): 202 - 204.

[286] 景跃军, 孙昱淇, 李元. 我国农村发展型最低生活保障制度指标体系的构建 [J]. 人口学刊, 2013 (3): 81 - 88.

[287] 贾丽萍. 新型农村养老保险和城市居民养老保险运行情况及制度整合研究——以吉林省为个案的分析 [J]. 社会科学战线, 2013 (5): 173 - 179.

[288] 陆成林. 养老保险制度改革的挑战与取向 [J]. 经济研究参考, 2013 (24): 33.

[289] 杨萍. 化解养老保险支付危机的根本之道 [J]. 经济研究参考, 2013 (24): 33 - 34.

[290] 蒋悟真, 汪湖泉. 社会救助法的程序价值及其法律机制完善——兼论社会救助法《征求意见稿》程序规定之不足 [J]. 首都师范大学学报 (社会科学版), 2013 (2): 49 - 54.

[291] 覃双凌. 制度全覆盖后广西新型农村社会养老保险经办服务能力探析 [J]. 经济研究参考, 2013 (23): 30 - 33.

[292] 马静. 中国农村社会救助制度改革的顶层设计 [J]. 学术月刊, 2013 (4): 30 - 37.

[293] 王延中, 龙玉其. 社会保障与收入分配: 问题、经验与完善机制 [J]. 学术研究, 2013 (4): 31 - 37.

[294] 曹峰, 王达, 朱祝霞. 公共服务性组织的结构模块与优化——基于上海社会保障经办机构案例 [J]. 国家行政学院学报, 2013 (2): 47 - 52.

[295] 郑荣鸣, 华俊. 我国商业医疗保险与社会医疗保险发展协调度研究 [J]. 保险研究, 2013 (4): 101 - 109.

[296] 郭瑜. 农民工养老保险的选择——基于替代率的研究 [J]. 保险研究, 2013 (4): 110 - 117.

[297] 王晓军, 任文东. 我国养老保险的财务可持续性研究 [J]. 保险研究, 2013 (4): 118 - 127.

[298] 潘杰, 雷晓燕, 刘国恩. 医疗保险促进健康吗? ——基于中国城镇居民基本医疗保险的实证分析 [J]. 经济研究, 2013 (4): 130 - 142 + 156.

[299] 吴兆娟, 魏朝富, 丁声源. 丘陵山区地块尺度耕地社会保障功能价值研究 [J]. 资源科学, 2013 (4): 773 - 781.

[300] 张学文. 开放科学视角下的产学研协同创新——制度逻辑、契约治理与社会福利 [J]. 科学学研究, 2013 (4): 617 - 622.

[301] 王箐，魏建．竞争、医疗保险与宏观医疗效率——基于 DEA 模型的两阶段分析 [J]．经济问题，2013 (4)：17 - 21.

[302] 刘一飞，文军．英国社会福利政策的演变及其启示——以国家与社会的关系为分析视角 [J]．学习与实践，2013 (4)：100 - 105.

[303] 江治强．中国社会福利转型的驱动因素与路径选择 [J]．学习与实践，2013 (4)：106 - 111.

[304] 朱秋霞．德国社会保障住宅分配制度演变及对中国的启示 [J]．现代经济探讨，2013 (4)：85 - 88.

[305] 王争亚，白海琦．城乡基本医疗保险制度一体化构想——以河北省为例[J]．经济与管理，2013 (4)：89 - 93.

[306] 卢海阳，钱文荣．就业状况、社会保障与农民工城市间再流动意愿 [J]．南方人口，2013 (2)：72 - 80.

[307] 徐强．供需均衡视角下我国农民社会养老保险合意模式构建 [J]．经济管理，2013 (4)：164 - 174.

[308] 安华．社会保障促进民族地区经济社会发展的机理研究——兼论民族地区社会保障的模式选择 [J]．西南民族大学学报（人文社会科学版），2013 (4)：129 - 133.

[309] 邓大松，刘国磊．新型农村社会养老保险参保行为影响因素分析 [J]．统计与决策，2013 (7)：90 - 93.

[310] 沈毅，穆怀中．新型农村社会养老保险对农村居民消费的乘数效应研究[J]．经济学家，2013 (4)：32 - 36.

[311] 陈殿美，刘吉双．日本农民参加社会养老保险机制及其对我国的启示 [J]．学术交流，2013 (4)：130 - 132.

[312] 郭喜，白维军．开放性协调：欧盟养老保险一体化及启示 [J]．中国行政管理，2013 (4)：98 - 101.

[313] 罗健，方亦兵．我国基本医疗保险基金的抗风险能力与影响因素 [J]．求索，2013 (3)：264 - 266.

[314] 邓炜辉．从文本到实践：中国社会保障的宪法学透视 [J]．甘肃政法学院学报，2013 (2)：106 - 116.

[315] 王石生．关于新型农村养老保险问题的研讨综述 [J]．经济研究参考，2013 (18)：35 - 44.

[316] 汤兆云．人口老龄化对农村养老保险制度的影响及其政策建议——基于福建省的数据 [J]．西北人口，2013 (2)：32 - 37 + 48.

[317] 李琼，姚文龙．公共财政支持西部新型农村养老保险制度可续性研究 [J]．甘肃社会科学，2013 (2)：135 - 138.

[318] 何植民．农村最低生活保障政策有效执行的影响因素及对策分析 [J]．江西财经大学学报，2013 (2)：46 - 53.

[319] 周志凯，金明明．基本养老保险省级统筹的收入再分配效应研究——以浙江省为例［J］．华中科技大学学报（社会科学版），2013（2）：113－117＋124.

[320] 靳晓静，王雅婷．个税递延型养老保险的可行性研究——以北京市为例[J]．社会保障研究，2013（2）：23－28.

[321] 雷晓康，左婷．改革退休年龄的时机和方案设计——基于陕西省基本养老保险省级统筹运行效果分析［J］．社会保障研究，2013（2）：29－38.

[322] 顾静，吴忠．社会保障、居民消费与地区差异性——基于 2006～2010 年各省面板数据的实证研究［J］．社会保障研究，2013（2）：62－70.

[323] 张强．城乡居民社会保障性支出对消费水平影响比较研究——基于 15 个省市面板数据的实证分析［J］．社会保障研究，2013（2）：71－82.

[324] 刘伟兵．基于 DEA 分析的养老保险基金投资绩效评价［J］．社会保障研究，2013（2）：90－96.

[325] 李薇，丁建定．主体整合：构建中国多元化社会救助制度［J］．社会保障研究，2013（2）：97－103.

[326] 高丽茹．法团主义视野下政府与非政府组织的互动关系研究——以社会福利服务领域中的个案研究为例［J］．社会保障研究，2013（2）：104－112.

[327] 王俊华，马伟玲．论我国基本医疗保险制度建设中的俱乐部壁垒：现状、成因和前景［J］．苏州大学学报（哲学社会科学版），2013（2）：41－47.

[328] 钱锡红，申曙光．退休职工养老保险满意度影响因素研究［J］．保险研究，2013（3）：110－119.

[329] 许荣，张迪，吉学．新农合对农户商业医疗保险需求影响的研究［J］．保险研究，2013（3）：120－127.

[330] 郑功成．中国社会福利的现状与发展取向［J］．中国人民大学学报，2013（2）：2－10.

[331] 杨穗，高琴，李实．中国社会福利和收入再分配：1988—2007 年［J］．经济理论与经济管理，2013（3）：29－38.

[332] 金炳彻．从机构福利到社区福利——对国外社会福利服务去机构化实践的考察［J］．中国人民大学学报，2013（2）：27－33.

[333] 黄丙志，李涛．我国社会保障缴费、支出与劳动力比较优势研究［J］．大连理工大学学报（社会科学版），2013（1）：73－77.

[334] 洪波．中国基本医疗保险医疗成本的控制机制［J］．理论与改革，2013（2）：68－71.

[335] 殷俊，李媛媛．基于资本资产定价模型的全国社会保障基金投资组合研究［J］．理论与改革，2013（2）：83－88.

[336] 安华．民族地区社会保障差异化制度设计——基于现实需求与制度文化差异的视角［J］．现代经济探讨，2013（3）：44－48.

[337] 黄瑞芹. 民族贫困地区农村最低生活保障目标瞄准效率研究——基于两个贫困民族自治县的农户调查 [J]. 江汉论坛, 2013 (3): 61-65.

[338] 方匡南, 章紫艺. 社会保障对城乡家庭消费的影响研究 [J]. 统计研究, 2013 (3): 51-58.

[339] 薛惠元. 新型农村社会养老保险减贫效应评估——基于对广西和湖北的抽样调研 [J]. 现代经济探讨, 2013 (3): 11-15.

[340] 陈映芳. 社会保障视野下国民身份制度及社会公平 [J]. 重庆社会科学, 2013 (3): 11-18.

[341] 李新军, 杨立红. 南京国民政府时期社会保障资金安全管理初探——以 1931 年水灾赈灾资金管理为例 [J]. 西南交通大学学报 (社会科学版), 2013 (2): 97-103.

[342] 张宏志, 刘中旭. 中国社会保障事业发展的瓶颈问题研究 [J]. 学术界, 2013 (S1): 152-154.

[343] 曲绍旭. 社会风险视域下西方城市化过程中的社会保障理论述评 [J]. 国外社会科学, 2013 (2): 39-44.

[344] 张晓燕, 赵奕钧. 农民工医疗保险关系转续过程中的成本控制分析 [J]. 湖北社会科学, 2013 (3): 44-46.

[345] 帅李娜. 从"全民覆盖"指标看中国医疗保险制度的公平性 [J]. 湖北社会科学, 2013 (3): 63-66.

[346] 王述珍. 社会养老保险预算管理与模型构建研究述评与启示 [J]. 现代管理科学, 2013 (3): 48-51.

[347] 高和荣. 论整合型社会保障制度的建设 [J]. 上海行政学院学报, 2013 (2): 74-80.

[348] 张乃亭. 完善农村最低生活保障制度的理论基础研究 [J]. 山东大学学报 (哲学社会科学版), 2013 (2): 155-160.

[349] 曹春. 公共风险与政府社会保障责任 [J]. 财政研究, 2013 (3): 13-17.

[350] 王晓东. 西部地区社会养老保险制度城乡统筹: 可能与可为 [J]. 理论探索, 2013 (2): 77-81.

[351] 赖志杰. "瞄偏"与"纠偏": 社会救助对象的确定——以最低生活保障制度为例 [J]. 理论探索, 2013 (2): 73-76.

[352] 邵长龙, 秦立建. 完善我国农民工基本医疗保险制度的研究 [J]. 价格理论与实践, 2013 (2): 45-46.

[353] 陈刚. 通货膨胀的社会福利成本——以居民幸福感为度量衡的实证研究[J]. 金融研究, 2013 (2): 60-73.

[354] 覃双凌. "宜兴模式"对广西新型农村养老保险制度全覆盖的启示 [J]. 经济研究参考, 2013 (11): 47-48+52.

［355］姜岩，张学军．养老保险制度改革与政府预算管理研究［J］．保险研究，2013（2）：120－127.

［356］吴旭东，周凤珍．缩小养老金缺口：改革养老保险双轨体制［J］．河北经贸大学学报，2013（2）：45－49.

［357］王俊华，任栋，马伟玲．新型农村合作医疗迈入全民基本社会医疗保险体系的可行性研究［J］．江苏社会科学，2013（1）：85－88.

［358］娄宇．公民社会保障权利“可诉化”的突破——德国社会法形成请求权制度述评与启示［J］．行政法学研究，2013（1）：122－130.

［359］李艳军．农村最低生活保障目标瞄准研究——基于代理财富审查（PMT）的方法［J］．经济问题，2013（2）：80－84.

［360］李真男．社会分层、收入差异和机关事业单位养老保险的可能取向［J］．改革，2013（2）：54－64.

［361］林嘉，陈文涛．论社会救助法的价值功能及其制度构建［J］．江西社会科学，2013（2）：135－141.

［362］刘菲，陈共．人口老龄化背景下的基本养老保险筹资模式［J］．经济管理，2013（2）：96－104.

［363］赵晓芳．社会保障碎片化：危害、成因与弥合路径［J］．中共福建省委党校学报，2013（2）：69－75.

［364］靳雄步，景跃军．我国农民工社会保障存在的问题及对策［J］．学术论坛，2013（2）：29－32.

［365］尹蔚民．统筹推进城乡社会保障体系建设［J］．求是，2013（3）：23－25.

［366］郭剑平．我国农村最低生活保障制度的实施现状与路径选择［J］．河南社会科学，2013（2）：77－79.

［367］李佳，吕学静．弱势群体医疗保险参与公平性及影响因素分析［J］．华东经济管理，2013（2）：28－32.

［368］李业青．医疗保险制度整合是否有利于弱势群体——基于双重差分模型的实证分析［J］．财经科学，2013（2）：81－90.

［369］罗微．资产社会政策视角下的医疗保险个人账户改革设想［J］．华东经济管理，2013（2）：24－27.

［370］孙翎．中国社会医疗保险制度整合的研究综述［J］．华东经济管理，2013（2）：33－37.

［371］顾昕．全民医疗保险与公立医院中的政府投入：德国经验的启示［J］．东岳论丛，2013（2）：53－59.

［372］潘记永．浅析加拿大社会福利制度［J］．东岳论丛，2013（2）：60－64.

［373］曹雷．供需均衡视角下的失地农民社会养老保险制度研究［J］．湖南社会科学，2013（1）：108－111.

[374] 邱玉慧，吕天阳，李建新．基本养老保险政策执行情况审计指标体系研究［J］．审计研究，2013（1）：20－27.

[375] 冯欣荣，张蕴．英国养老金政府审计及对我国社会保障审计的启示［J］．审计研究，2013（1）：28－31.

[376] 苏黛瑞，周凤华．社会救助的根源：对福利体制、目标与方法之差异的初步思考［J］．华中师范大学学报（人文社会科学版），2013（1）：6－15.

[377] 郭林，丁建定．试论完善中国社会保障制度体系的基本原则——以“四维体系”为视角［J］．华中师范大学学报（人文社会科学版），2013（1）：16－22.

[378] 冯卓．新农合与商业医疗保险市场均衡分析——基于信息经济学的视角［J］．农业技术经济，2013（1）：95－101.

[379] 李伟．农民工社会保障问题研究综述［J］．经济研究参考，2013（6）：37－45.

[380] 欧阳青东，陈雨花．养老保险制度变迁、人口结构、市场竞争对人身保险消费的影响——基于2000～2010年分省数据的经验研究［J］．湖南师范大学社会科学学报，2013（1）：123－130.

[381] 张春林．关于建立新疆城乡居民医疗保险一体化的思考［J］．新疆社会科学，2013（1）：48－50.

[382] 张军，柯健．统筹城乡居民最低生活保障制度的障碍与对策——基于重庆市城乡差异的视角［J］．农村经济，2013（1）：47－51.

[383] 任庆伟，张本厚，秦相平．农民工养老保险中的行政责任诉求与路径选择［J］．甘肃社会科学，2013（1）：21－23＋42.

[384] 张迎斌，刘志新，柏满迎，罗淇耀．我国社会基本养老保险的均衡体系与最优替代率研究——基于跨期叠代模型的实证分析［J］．金融研究，2013（1）：79－91.

[385] 褚福灵．职工基本养老保险关系转移现状的思考［J］．社会保障研究，2013（1）：3－5.

[386] 王海东，李珍．基本养老保险制度下女性养老金水平研究——兼析养老金性别差异［J］．社会保障研究，2013（1）：6－13.

[387] 谢圣远，李亚莲．从风险视角重新检视我国养老保险制度改革［J］．社会保障研究，2013（1）：21－27.

[388] 黄瑞芹．贫困地区新型农村社会养老保险可持续发展研究——基于两个贫困民族自治县的调查［J］．社会保障研究，2013（1）：28－34.

[389] 胡仕勇．新型农村社会养老保险实施对家庭养老影响研究［J］．社会保障研究，2013（1）：35－40.

[390] 王晓东．社会养老保险城乡统筹研究的争议与展望［J］．社会保障研究，2013（1）：41－45.

[391] 彼得·戴蒙德．论社会保障［J］．社会保障研究，2013（1）：80－97.

[392] 谢勇才，黄万丁，王茂福．失独群体的社会救助制度探析——基于可持续生计视角［J］．社会保障研究，2013（1）：72－79.

[393] 陈培勇，林琳．养老保险法律外因性理论思辨［J］．社会保障研究，2013（1）：14－20.

[394] 王戈，祝志芬．从农村计划生育奖励扶助制度到计划生育养老保险制度：必要性与可行性福建省福州市J村的思考［J］．中南民族大学学报（人文社会科学版），2013（1）：101－105.

[395] 梁君林．基于社会支持理论的社会保障再认识［J］．苏州大学学报（哲学社会科学版），2013（1）：42－48.

[396] 魏淑娟，邱德钧．非商品化和商品化的紧张——从失业保险再看瑞典的福利改革［J］．西北民族大学学报（哲学社会科学版），2013（1）：144－150.

[397] 刘珊．我国社会福利政策发展与改革方向研究［J］．云南大学学报（社会科学版），2013（1）：101－105＋112.

[398] 果佳，唐任伍．均等化、逆向分配与“福利地区”社会保障的省际差异［J］．改革，2013（1）：141－148.

[399] 刘爱萍．包容性增长与我国社会福利政策转型研究［J］．理论探讨，2013（1）：98－101.

[400] 夏永祥，陈群．苏南、苏中、苏北医疗保险模式之比较［J］．南通大学学报（社会科学版），2013（1）：26－34.

[401] 何晖．新型农村社会养老保险风险识别及其分类［J］．湘潭大学学报（哲学社会科学版），2013（1）：17－21.

[402] 杨慧娟，宗乾进．我国社会保障学科研究热点及方法——基于CSSCI数据库的可视化分析［J］．现代情报，2013（1）：103－106＋109.

[403] 成志刚，曹平．新型农村社会养老保险参保影响因素实证研究——基于对湖南省试点县数据的分析［J］．湘潭大学学报（哲学社会科学版），2013（1）：11－16.

[404] 江玉荣．养老保险基金投资监管模式的国际发展及对我国的启示［J］．学术界，2013（1）：205－214＋287.

[405] 张军．从慈悲正义到公民权利：西方福利文化下社会保障制度的历史演进［J］．学习与实践，2013（1）：97－107.

[406] 范志轩，陈翔．近年来我国农村社会保障研究述评［J］．中国海洋大学学报（社会科学版），2013（1）：68－72.

[407] 张熠，刘金东，卞世博．国民储蓄、政府债务与社会保障基金投资［J］．世界经济，2013（1）：64－80.

[408] 王琬．台湾医疗保险组织体制：演进路径及其动因分析［J］．武汉大学学报（哲学社会科学版），2013（1）：57－61＋128.

[409] 孟颖颖．社会保障学：挑战、定位与发展——基于学科建设的视角［J］．武

汉大学学报（哲学社会科学版），2013（1）：52－56＋128.

［410］徐选国，阮海燕．试论我国适度普惠社会福利与社会工作的互构性发展[J]．天府新论，2013（1）：109－115.

［411］万婕．统筹城乡视角下新型农村社会养老保险制度研究［J］．山东大学学报（哲学社会科学版），2013（1）：155－160.

［412］封铁英，仇敏．新型农村社会养老保险经办机构服务能力及其影响因素的实证研究［J］．西安交通大学学报（社会科学版），2013（1）：85－94.

［413］宋宝安．社会保障制度的不确定性影响社会预期［J］．社会科学战线，2013（1）：1－7.

［414］赵海平．城乡一体化社会养老保险制度模式及成效评估——以宁波市城乡居民社会养老保险制度为例［J］．经济研究参考，2013（1）：41－47.

［415］臧文斌，赵绍阳，刘国恩．城镇基本医疗保险中逆向选择的检验［J］．经济学（季刊），2013（1）：47－70.

第二节　英文文献索引

［1］Abraham, J. M., Karaca－Mandic, P., Boudreaux, M. Sizing up the individual market for health insurance: A comparison of survey and administrative data sources. Medical Care Research and Review, 2013, 70（4）：418－433.

［2］Adler－Milstein, J., Bates, D. W., Jha, A. K. Operational Health Information Exchanges Show Substantial Growth, But Long－Term Funding Remains A Concern. Health Affairs, 2013, 32（8）：1486－1492.

［3］Allanson, P., Petrie, D. Longitudinal methods to investigate the role of health determinants in the dynamics of income－related health inequality. Journal of Health Economics, 2013, 32（5）：922－937.

［4］Andreassen, L., Di Tommaso, M. L., Strøm, S. Do medical doctors respond to economic incentives?. Journal of Health Economics, 2013, 32（2）：392－409.

［5］Attema, A. E., Brouwer, W. B., l' Haridon, O. Prospect theory in the health domain: a quantitative assessment. Journal of Health Economics, 2013, 32（6）：1057－1065.

［6］Atun, R., Aydın, S., Chakraborty, S., Sümer, S., Aran, M., Gürol, I., …Dilmen, U. Universal health coverage in Turkey: enhancement of equity. The Lancet, 2013, 382（9886）：65－99.

［7］Austin, D. R., Luan, A., Wang, L. L., Bhattacharya, J. Small Increases to Employer Premiums Could Shift Millions of People to The Exchanges and Add Billions to Federal

Outlays. Health Affairs, 2013, 32 (9): 1531 – 1537.

[8] Bacher, G. E. , Chernew, M. E. , Kessler, D. P. , Weiner, S. M. Regulatory neutrality is essential to establishing a level playing field for accountable care organizations. Health Affairs, 2013, 32 (8): 1426 – 1432.

[9] Baicker, K. , Shepard, M. , Skinner, J. Public financing of the Medicare program will make its uniform structure increasingly costly to sustain. Health Affairs, 2013, 32 (5): 882 – 890.

[10] Baeten, S. , Van Ourti, T. , Van Doorslaer, E. Rising Inequalities in Income and Health in China: Who is left behind? . Journal of Health Economics, 2013, 32 (6): 1214 – 1229.

[11] Baicker, K. , Levy, H. Coordination versus competition in health care reform. New England Journal of Medicine, 2013, 369 (9): 789 – 791.

[12] Berger, L. , Bleichrodt, H. , Eeckhoudt, L. Treatment decisions under ambiguity. Journal of Health Economics, 2013, 32 (3): 559 – 569.

[13] Bilger, M. , Carrieri, V. Health in the cities: When the neighborhood matters more than income. Journal of Health Economics, 2013, 32 (1): 1 – 11.

[14] Bodenheimer, T. S. , Smith, M. D. Primary care: proposed solutions to the physician shortage without training more physicians. Health Affairs, 2013, 32 (11): 1881 – 1886.

[15] Bradley, C. J. , Neumark, D. , Barkowski, S. Does employer – provided health insurance constrain labor supply adjustments to health shocks? New evidence on women diagnosed with breast cancer. Journal of Health Economics, 2013, 32 (5): 833 – 849.

[16] Buchmueller, T. , Carey, C. , Levy, H. G. Will employers drop health insurance coverage because of the Affordable Care Act? . Health Affairs, 2013, 32 (9): 1522 – 1530.

[17] Buchmueller, T. C. , Fiebig, D. G. , Jones, G. , Savage, E. Preference heterogeneity and selection in private health insurance: The case of Australia. Journal of Health Economics, 2013, 32 (5): 757 – 767.

[18] Chen, J. , Vargas – Bustamante, A. , Ortega, A. N. Health care expenditures among Asian American subgroups. Medical Care Research and Review, 2013, 70 (3): 310 – 329.

[19] Cheng, T. M. Explaining Shanghai' s health care reforms, successes, and challenges. Health Affairs, 2013, 32 (12): 2199 – 2204.

[20] Chernew, M. E. Additional reductions in Medicare spending growth will likely require shifting costs to beneficiaries. Health Affairs, 2013, 32 (5): 859 – 863.

[21] Cichon, M. (2013) . The Social Protection Floors Recommendation, 2012 (No. 202): Can a six - page document change the course of social history? . International Social Security Review, 2012 (No. 202), 66 (3 – 4): 21 – 43.

[22] Cuckler, G. A. , Sisko, A. M. , Keehan, S. P. , Smith, S. D. , Madison, A. J. ,

Poisal, J. A. ...Stone, D. A. National health expenditure projections, 2012 - 22: slow growth until coverage expands and economy improves. Health Affairs, 2013, 32 (10): 1820 -1831.

[23] Cookson, R., Laudicella, M., Donni, P. L. Does hospital competition harm equity? Evidence from the English National Health Service. Journal of Health Economics, 2013, 32 (2): 410 -422.

[24] Deacon, B. The social protection floor and global social governance: Towards policy synergy and cooperation between international organizations. International Social Security Review, 2013, 66 (3 -4): 45 -67.

[25] de Meijer, C., O' Donnell, O., Koopmanschap, M., Van Doorslaer, E. Health expenditure growth: looking beyond the average through decomposition of the full distribution. Journal of Health Economics, 2013, 32 (1): 88 -105.

[26] DesRoches, C. M., Charles, D., Furukawa, M. F., Joshi, M. S., Kralovec, P., Mostashari, F., Jha, A. K. Adoption of electronic health records grows rapidly, but fewer than half of US hospitals had at least a basic system in 2012. Health Affairs, 2013: 10 -1377.

[27] Dolan, P., Kavetsos, G., Tsuchiya, A. Sick but satisfied: the impact of life and health satisfaction on choice between health scenarios. Journal of health economics, 2013, 32 (4): 708 -714.

[28] Di Cesare, M., Khang, Y. H., Asaria, P., Blakely, T., Cowan, M. J., Farzadfar, F., ... Oum, S. Inequalities in non - communicable diseases and effective responses. The Lancet, 2013, 381 (9866): 585 -597.

[29] Escobar, G. J., Gardner, M. N., Greene, J. D., Draper, D., Kipnis, P. Risk - adjusting hospital mortality using a comprehensive electronic record in an integrated health care delivery system. Medical care, 2013, 51 (5): 446 -453.

[30] Fenichel, E. P. Economic considerations for social distancing and behavioral based policies during an epidemic. Journal of Health Economics, 2013, 32 (2): 440 -451.

[31] Fink, G., Robyn, P. J., Sié, A., Sauerborn, R. Does health insurance improve health?: Evidence from a randomized community - based insurance rollout in rural Burkina Faso. Journal of Health Economics, 2013, 32 (6): 1043 -1056.

[32] Fuchs, V. R. The gross domestic product and health care spending. New England Journal of Medicine, 2013, 369 (2): 107 -109.

[33] Fuller, R. L., Goldfield, N. I., Averill, R. F., Eisenhandler, J., Vertrees, J. C. Adjusting Medicaid managed care payments for changes in health status. Medical Care Research and Review, 2013, 70 (1): 68 -83.

[34] Furukawa, M. F., Patel, V., Charles, D., Swain, M., Mostashari, F. Hospital electronic health information exchange grew substantially in 2008 - 12. Health Affairs, 2013, 32 (8): 1346 -1354.

[35] Frieden, T. R. Government's role in protecting health and safety. New England Journal of Medicine, 2013, 368 (20): 1857-1859.

[36] Ginneken, W. Civil society and the social protection floor. International Social Security Review, 2013, 66 (3-4): 69-86.

[37] Ginsburg, P. B. Achieving health care cost containment through provider payment reform that engages patients and providers. Health Affairs, 2013, 32 (5): 929-934.

[38] Godager, G., & Wiesen, D. Profit or patients' health benefit? Exploring the heterogeneity in physician altruism. Journal of Health Economics, 2013, 32 (6): 1105-1116.

[39] Grob, R., Schlesinger, M., Davis, S., Cohen, D., Lapps, J. The Affordable Care Act's plan for consumer assistance with insurance moves states forward but remains a work in progress. Health Affairs, 2013, 32 (2): 347-356.

[40] Hartman, M., Martin, A. B., Benson, J., Catlin, A., National Health Expenditure Accounts Team. National health spending in 2011: overall growth remains low, but some payers and services show signs of acceleration. Health Affairs, 2013, 32 (1): 87-99.

[41] Hagemejer, K., McKinnon, R. The role of national social protection floors in extending social security to all. International Social Security Review, 2013, 66 (3-4): 3-19.

[42] Harris, E. Financing social protection floors: Considerations of fiscal space. International Social Security Review, 2013, 66 (3-4): 111-143.

[43] Heiss, F., Leive, A., McFadden, D., Winter, J. Plan selection in Medicare Part D: Evidence from administrative data. Journal of Health Economics, 2013, 32 (6): 1325-1344.

[44] Hernaes, E., Markussen, S., Piggott, J., Vestad, O. L. Does retirement age impact mortality?. Journal of Health Economics, 2013, 32 (3): 586-598.

[45] Herrera, C. N., Gaynor, M., Newman, D., Town, R. J., Parente, S. T. Trends underlying employer-sponsored health insurance growth for Americans younger than age sixty-five. Health Affairs, 2013, 32 (10): 1715-1722.

[46] Higgins, A., Veselovskiy, G., McKown, L. Provider performance measures in private and public programs: achieving meaningful alignment with flexibility to innovate. Health Affairs, 2013, 32 (8): 1453-1461.

[47] Holzmann, R. Global pension systems and their reform: Worldwide drivers, trends and challenges. International Social Security Review, 2013, 66 (2): 1-29.

[48] Hurley, J., Mentzakis, E. Health-related externalities: evidence from a choice experiment. Journal of Health Economics, 2013, 32 (4): 671-681.

[49] Joynt, K. E., Chan, D., Orav, E. J., Jha, A. K. Insurance expansion in Massachusetts did not reduce access among previously insured Medicare patients. Health Affairs, 2013, 32 (3): 571-578.

[50] Kangovi, S., Barg, F. K., Carter, T., Long, J. A., Shannon, R., Grande, D. Understanding why patients of low socioeconomic status prefer hospitals over ambulatory care. Health Affairs, 2013, 32 (7): 1196 - 1203.

[51] King, D., Greaves, F., Vlaev, I., Darzi, A. Approaches based on behavioral economics could help nudge patients and providers toward lower health spending growth. Health Affairs, 2013, 32 (4): 661 - 668.

[52] Koch, T. G. Using RD design to understand heterogeneity in health insurance crowd - out. Journal of Health Economics, 2013, 32 (3): 599 - 611.

[53] Krueger, A. B., Kuziemko, I. The demand for health insurance among uninsured Americans: Results of a survey experiment and implications for policy. Journal of Health Economics, 2013, 32 (5): 780 - 793.

[54] Kulke, U., Guilbault, E. S. P. The Social Protection Floors Recommendation, 2012 (No. 202): Completing the standards to close the coverage gap. International Social Security Review, 2013, 66 (3 - 4): 87 - 109.

[55] Langel, S. J. Solving the value equation in health care. Health Affairs, 2013, 32 (3), 526.

[56] Lee, J. L., Maciejewski, M. L., Raju, S. S., Shrank, W. H., Choudhry, N. K. Value - based insurance design: quality improvement but no cost savings. Health Affairs, 2013, 32 (7): 1251 - 1257.

[57] Lee, S. Y. D., Weiner, B. J., Harrison, M. I., Belden, C. M. Organizational transformation: a systematic review of empirical research in health care and other industries. Medical Care Research and Review, 2013, 70 (2): 115 - 142.

[58] Lewis, G., Kirkham, H., Duncan, I., Vaithianathan, R. How health systems could avert "triple fail" events that are harmful, are costly, and result in poor patient satisfaction. Health Affairs, 2013, 32 (4): 669 - 676.

[59] Liu, D., Darimont, B. The health care system of the People's Republic of China: Between privatization and public health care. International Social Security Review, 2013, 66 (1): 97 - 116.

[60] Loewenstein, G., Asch, D. A., Volpp, K. G. Behavioral economics holds potential to deliver better results for patients, insurers, and employers. Health Affairs, 2013, 32 (7): 1244 - 1250.

[61] Loewenstein, G., Friedman, J. Y., McGill, B., Ahmad, S., Linck, S., Sinkula, S., Madrian, B. C. Consumers' misunderstanding of health insurance. Journal of Health Economics, 2013, 32 (5): 850 - 862.

[62] Okeke, E. N., Adepiti, C. A., Ajenifuja, K. O. What is the price of prevention? New evidence from a field experiment. Journal of Health Economics, 2013, 32 (1):

207 - 218.

[63] Olfson, M., Marcus, S. C. Decline in placebo - controlled trial results suggests new directions for comparative effectiveness research. Health affairs, 2013, 32 (6): 1116 - 1125.

[64] Pérotin, V., Zamora, B., Reeves, R., Bartlett, W., Allen, P. Does hospital ownership affect patient experience? An investigation into public - private sector differences in England. Journal of Health Economics, 2013, 32 (3): 633 - 646.

[65] Powell, A. A., Bloomfield, H. E., Burgess, D. J., Wilt, T. J., Partin, M. R. A conceptual framework for understanding and reducing overuse by primary care providers. Medical Care Research and Review, 2013, 70 (5): 451 - 472.

[66] Porter, M. E., Pabo, E. A., Lee, T. H. Redesigning primary care: a strategic vision to improve value by organizing around patients' needs. Health Affairs, 2013, 32 (3): 516 - 525.

[67] Rathert, C., Wyrwich, M. D., Boren, S. A. Patient - centered care and outcomes: a systematic review of the literature. Medical Care Research and Review, 2013, 70 (4): 351 - 379.

[68] Rokicki, S., Donato, K. Measuring the impact of China's rural insurance scheme on health: propensity score matching valuation using biomarkers. The Lancet, 2013, 381, S127.

[69] Rogerson, R., Wallenius, J. Nonconvexities, retirement, and the elasticity of labor supply. The American Economic Review, 2013, 103 (4): 1445 - 1462.

[70] Ryan, A. M. Will value - based purchasing increase disparities in care? . New England Journal of Medicine, 2013, 369 (26): 2472 - 2474.

[71] Ryu, A. J., Gibson, T. B., McKellar, M. R., Chernew, M. E. The slowdown in health care spending in 2009 - 2011 11 reflected factors other than the weak economy and thus may persist. Health Affairs, 2013, 32 (5): 835 - 840.

[72] Sabik, L. M., Bradley, C. J. Differences in mortality for surgical cancer patients by insurance and hospital safety net status. Medical Care Research and Review, 2013, 70 (1): 84 - 97.

[73] Saloner, B. Does expanding public insurance prevent material hardship for families with children? . Medical Care Research and Review, 2013, 70 (3): 267 - 286.

[74] Schoen, C., Osborn, R., Squires, D., Doty, M. M. Access, affordability, and insurance complexity are often worse in the United States compared to ten other countries. Health Affairs, 2013, 32 (12): 2205 - 2215.

[75] Seddon, J., O' Donovan, B. The Achilles' heel of scale service design in social security administration: The case of the United Kingdom's Universal Credit. International Social Security Review, 2013, 66 (1): 1 - 23.

[76] Sommers, B. D., Oellerich, D. The poverty - reducing effect of Medicaid. Journal

of Health Economics, 2013, 32 (5): 816 –832.

[77] Song, Z., Landrum, M. B., Chernew, M. E. Competitive bidding in Medicare Advantage: Effect of benchmark changes on plan bids. Journal of Health Economics, 2013, 32 (6): 1301 –1312.

[78] Thomson, S., Schang, L., Chernew, M. E. Value – based cost sharing in the United States and elsewhere can increase patients' use of high – value goods and services. Health Affairs, 2013, 32 (4): 704 –712.

[79] Timbie, J. W., Hussey, P. S., Adams, J. L., Ruder, T. W., Mehrotra, A. Impact of socioeconomic adjustment on physicians' relative cost of care. Medical care, 2013, 51 (5): 454 –460.

[80] Weissman, J. S., Vogeli, C., Levy, D. E. The quality of hospital care for Medicaid and private pay patients. Medical Care, 2013, 51 (5): 389 –395.

[81] Wouterse, B., Huisman, M., Meijboom, B. R., Deeg, D. J., Polder, J. J. Modeling the relationship between health and health care expenditures using a latent Markov model. Journal of Health Economics, 2013, 32 (2): 423 –439.

[82] Zhao, M., Konishi, Y., Glewwe, P. Does information on health status lead to a healthier lifestyle? Evidence from China on the effect of hypertension diagnosis on food consumption. Journal of Health Economics, 2013, 32 (2): 367 –385.

[83] Bilger, M., Carrieri, V. Health in the cities: When the neighborhood matters more than income. Journal of Health Economics, 2013, 32 (1): 1 –11.

[84] de Meijer, C., O' Donnell, O., Koopmanschap, M., Van Doorslaer, E. Health expenditure growth: looking beyond the average through decomposition of the full distribution. Journal of Health Economics, 2013, 32 (1): 88 –105.

[85] Okeke, E. N., Adepiti, C. A., Ajenifuja, K. O. What is the price of prevention? New evidence from a field experiment. Journal of Health Economics, 2013, 32 (1): 207 –218.

[86] Zhao, M., Konishi, Y., Glewwe, P. Does information on health status lead to a healthier lifestyle? Evidence from China on the effect of hypertension diagnosis on food consumption. Journal of Health Economics, 2013, 32 (2): 367 –385.

后　记

一部著作的完成需要许多人的默默奉献，闪耀着的是集体的智慧，其中铭刻着许多艰辛的付出，凝结着许多辛勤的劳动和汗水。

本书在编写过程中，借鉴和参考了大量的文献和作品，从中得到了不少启悟，也汲取了其中的智慧菁华，谨向各位专家、学者表示崇高的敬意——因为有了大家的努力，才有了本书的诞生。凡被本书选用的材料，我们都将按相关规定向原作者支付稿费，但因为有的作者通信地址不详或者变更，尚未取得联系。敬请您见到本书后及时函告您的详细信息，我们会尽快办理相关事宜。

由于编写时间仓促以及编者水平有限，书中不足之处在所难免，诚请广大读者指正，特驰惠意。